MINISTERS AT WAR

拯救不列颠

温斯顿·丘吉尔与他的战时内阁（1940—1945）

Winston Churchill and His War Cabinet 1940-1945

[美] 乔纳森·施内尔　著　　欧阳瑾 宋和坤　译

Jonathan Schneer

上海人民出版社

本书赞誉

（丘吉尔）首相在英国把控的国家事务，无疑超过了美国总统罗斯福所掌控的国家事务。不过，乔纳森·施内尔撰写的这部作品，却对此有所修正，强调了战时内阁发挥的重要作用……面对这个战时内阁，丘吉尔虚怀若谷、贤明决断，可以把他不感兴趣和自知没有资格做出公断的许多问题，都交由大臣们去办理。

——《纽约书评》

见解精辟……施内尔撰写了一部精彩的作品。

——《好书指南》

本书行文流畅，深入探究了处在纳粹战争机器之下而危机四伏的年代里，曾经协助过丘吉尔的众多人物。对于绝大多数读者而言，这是一部令人爱不释手、忍不住要一口气读完的好书。本书论述了一个非常重要的主题，是一部出类拔萃的历史佳著。

——《图书馆杂志》，重点书评

本书眼光独到、引人注目，深入审视了处于非常时期的英国政府：在那个充满挑战的年代里，一些最耐人寻味的人物既在为国家的生死存亡而战，同时也在为他们自己的野心和抱负而战。海量的历史著作，已让丘吉尔的战时领袖角色变得家喻户晓，尽管如此，本书在描述这位政府领袖发挥的作用方面，仍属近期的佳作之一。条理分明，细节丰富生动，读起来饶有一番趣味。

——《科克斯书评》，星级书评

非常适时……扣人心弦，读来令人惬意。

——英国报业协会

本书行文生动明快，可读性强……令人叹服地描绘了丘吉尔手下众位内阁成员的形象，并强调了战后规划问题，因此施内尔的叙述让人觉得整个故事耳目一新。

——《外交事务》杂志

乔纳森·施内尔的这一作品引人入胜，极其生动地描述了第二次世界大战期间带领英国走向胜利的那个“劲敌幕僚”。他的深入探究和生花妙笔，让一批耐人寻味的人物变得栩栩如生；在引导整个英国顽强应战的过程中，正是这些在温斯顿·丘吉尔联合政府里的杰出人士，发挥出了至关重要的作用。本书巧妙地揭示出了英国历史上最波澜壮阔的五年里政治形势的复杂性。

——李·波洛克，“丘吉尔中心”执行理事

本书引人入胜，描述了第二次世界大战期间丘吉尔领导政府内阁时的具体情况。那届内阁是一个由劲敌组成的团队，无论国家处于何种险境，其中的大臣们都从未忘记过政治斗争。

乔纳森·施内尔凭借非凡的学识，极为巧妙地驾驭了这个非同寻常的主题。

——安德鲁·罗伯茨，英国皇家艺术协会会员、畅销书《拿破仑大帝》作者

乔纳森·施内尔的叙述扣人心弦……让大家耳熟能详的一个主题呈现出了新的面貌。可谓是通俗史著的巅峰之作。

——理查德·托伊，埃克塞特大学历史学教授

与前人亚伯拉罕·林肯一样，温斯顿·丘吉尔也证明了自己是一位伟大的战争领袖，这一点世人皆知。但乔纳森·施内尔的成功之处，在于向我们揭示出了原因，说明了丘吉尔为什么不得不与战时内阁里的“劲敌”共事。本书娓娓道来，说服力极强，通篇都点缀着生动和人性化的细节。

——皮特·克拉克，《丘吉尔先生的职业生涯》作者

乔纳森·施内尔运用生动的文笔，凭借丰富的史料，讲述了温斯顿·丘吉尔“大联合内阁”引人入胜而不为人知的历史。这个内阁中的政治领袖，既有保守党人士，也有工党人士和自由党人士，他们在打败希特勒、赢得第二次世界大战的过程中，发挥出了至关重要的作用……丘吉尔并非完人，但他仍是一位出类拔萃、不可或缺的英雄人物，拯救了英国及其盟友。本书见解深刻，可谓是一大贡献，有助于世人了解 20 世纪这一最为重大的历史事件。

——皮特·斯坦斯基，斯坦福大学历史学教授

谨以此书，献给

玛格丽特、本和赛思

目　录

第三部分　战时内阁分裂

人物简介（按英文姓氏排序）

下面这些人物简介，旨在帮助读者熟悉本书涉及的人物。

威廉·麦斯韦尔·艾特肯，比弗布鲁克男爵一世［Aitken, William Maxwell, first baron Beaverbrook, 1879—1964］：比弗布鲁克本是加拿大人，在第一次世界大战前移居英国，然后发了财，成了《每日快报》、《周日快报》和《伦敦标准晚报》以及苏格兰两家报纸的老板。他是一个狂热支持帝国主义经济合作的人，曾经坚定地拥护内维尔·张伯伦所奉行的绥靖政策。尽管如此，丘吉尔起初还是让他负责飞机生产部，后来又让他担任了供应大臣。比弗布鲁克的身体不好，最终丘吉尔便允许他辞去了职务。不过，后来比弗布鲁克勋爵还发起了一场“全面帮助苏联”的改革运动，支持“开辟第二战场”。

阿尔伯特·维克多·亚历山大［Alexander, Albert Victor, 1885—1965］：亚历山大是一位工党政治家，其职业生涯是从负责英国合作运动的政务次官一职开始的。他曾在第二届工党政府（1929—1931）内担任过海军大臣；1940 年，丘吉尔又委任他担任了这一职务。

利奥波德（利奥）·查尔斯·莫里斯·斯坦特·艾默里［Amery, Leopold (Leo) Charles Maurice Stennett, 1873—1955］：艾默里是一位保守党政治家，鼓吹经济保护主义和大英帝国内部的合作，曾在1924—1929年间斯坦利·鲍德温首相麾下担任过殖民大臣；不过，他在20世纪30年代一直只是一名普通议员，部分原因就在于他不那么狂热地支持张伯伦的绥靖政策。1940年5月7日，他发表了一场反对张伯伦的伟大演说，对张伯伦政府的垮台起到了一定的作用。几天之后，丘吉尔便任命他为负责印度事务的国务大臣。

约翰·安德森爵士，威弗利子爵一世［Anderson，Sir John，first viscount Waverley，1882—1958］：安德森是一位非常务实而高效的文职人员，于1938年作为无党派议员进入议会，在战争爆发之后曾被张伯伦任命为内政大臣与国内安全大臣。丘吉尔1940年接管政府之后，曾要求安德森继续担任这两个职位，但后来又让他担任枢密院议长，位列战时内阁之中，以取代此时即将去世的张伯伦。

克莱门特·理查德·艾德礼，艾德礼伯爵一世［Attlee，Clement Richard，first earl Attlee，1883—1967］：艾德礼是工党政治家，1922年第一次当选议员进入议会，曾在1929—1931年的工党政府内短暂任职，并于1935年跃升为工党党魁。1940年5月，丘吉尔让他加入第一届战时内阁，担任掌玺大臣，然后又在1942年擢升他为负责自治领事务的国务大臣和副首相。许多人都低估了艾德礼，误以为他有缺乏自信的弱点。

威廉·亨利·贝弗里奇，贝弗里奇男爵［Beveridge，William Henry，baron Beveridge，1879—1963］：贝弗里奇是一位敏感易怒、雄心万丈、十分能干的学者与文职人员，在战争期间曾受政府委托，带领一个委员会研究社会服务的协调工作。他把这项原本不足为道的研究工作，变成了对英国社会服务领域内诸多缺陷的一项大规模调查研究，而随后发布的《贝弗里奇报告》，也针对战后英国社会服务方面的改良提出了广泛的建议。他的这份报告，在当时引起了极大的轰动。

欧内斯特·贝文［Bevin，Ernest，1881—1951］：贝文原本是布里斯托尔港码头的一名卡车司机，曾经将“运输和杂工工会”逐渐发展成两次世界大战之间规模最大的工人组织。丘吉尔明白自己需要得到贝文的支持，才能让自己的国民联合政府发挥作用，因此先是任命他为劳工大臣，后来又擢升他为战时内阁成员。丘吉尔曾经评价说，贝文与比弗布鲁克勋爵，是他麾下那群杰出人士当中办事效率最高、最能干的两位。

布伦丹·伦道尔·布雷肯，布雷肯子爵［Bracken，Brendan Rendall，viscount Bracken，1901—1958］：布雷肯是一位保守派政治家，从事过新闻工作，对丘吉尔忠心耿耿。丘吉尔在 1939 年担任海军大臣之后，曾经让布雷肯担任过他的首席私人秘书（PPS）。1941 年，丘吉尔又任命他为情报大臣。

艾伦·弗朗西斯·布鲁克，艾伦布鲁克子爵一世［Brooke，Alan Francis，first viscount Alanbrooke，1883—1963］：布鲁克是一位非常可敬的职业军人，在战争和备战方面经验十分丰富；他在 1940 年夏季被丘吉尔任命为国内武装部队总司令，后来又在 1941 年 12 月被任命为帝国总参谋部参谋长。过后不久，布鲁克又担任了参谋长委员会主席，从而成了战时内阁里最主要的一位战略顾问。在必要的时候，他会勇敢地与首相据理力争。

理查德·奥斯汀（拉布）·巴特勒，萨福隆沃尔登的巴特勒男爵［Butler, Richard Austen（Rab）, baron Butler of Saffron Walden, 1902—1982］：巴特勒是一位保守党政治家，与内维尔·张伯伦的绥靖政策密切相关。1940 年 5 月和 6 月间，他曾支持过哈利法克斯伯爵，后者希望与德国进行和谈。尽管如此，丘吉尔还是很赏识他在议会里的才干，因此非但没有让他走人，反而最终任命他为教育大臣。在这一职位上，巴特勒实施了一系列重大的改革措施。

卡多根，亚历山大·乔治·蒙塔古勋爵［Cadogan, Sir Alexander George Montagu, 1884—1968］：位列外交部顶层，担任常务次长之后，卡多根先是成了哈利法克斯伯爵的顾问，后来又成了继任外交大臣安东尼·艾登的顾问。战时内阁的所有会议，他都曾经列席。并且，他还撰写了一部日记。

詹姆斯·爱德华·休伯特·加斯科因-塞西尔，索尔兹伯里侯爵四世［Cecil, James Edward Hubert Gascoyne-, fourth marquess of Salisbury, 1861—1947］：塞西尔是赫赫有名的索尔兹伯里政治家族当中的一员（他的父亲曾经担任过英国保守党首相），后来成了保守党中的重要人物，也是英国最有影响力的一位贵族。他对张伯伦的绥靖政策持反对态度。在战争期间，他曾经领导过一个“看守委员会”，在迫使张伯伦辞职的过程中发挥出了重要的作用。

内维尔·张伯伦［Chamberlain，Neville，1869—1940］： 张伯伦是保守党首相，也是没能阻止第二次世界大战爆发的“绥靖政策”的始作俑者。1940 年 5 月 10 日，丘吉尔取而代之，成了英国首相。

（理查德·）斯塔福·克里普斯勋爵［Cripps，Sir（Richard）Stafford，1889—1952］： 克里普斯是一位富裕而事业有成的律师，曾在 1929—1931 年间的工党政府里任职，并在 20 世纪 30 年代完全转向了政治左翼，疏远了所属党派的领导层，后者因此开除了他的党籍。1940 年，丘吉尔任命他为驻苏大使；1942 年，又让他进入了政府。

（爱德华·）休·尼尔·道耳吞，道耳吞男爵［Dalton，（Edward）Hugh Neale，baron Dalton，1887—1962］： 道耳吞是一位强烈反对绥靖政策、反对张伯伦的政治家，在 1940 年 5 月工党领导层开会研究日后方针的过程中，他参加了其中最重要的一些讨论。丘吉尔并没有委任他进入战时内阁任职，而是让他在政府内阁里担任战时经济大臣。

克莱门特·爱德华·戴维斯［Davies，Clement Edward，1884—1962］： 戴维斯先是议院里的一名自由党议员（MP），后来成了一名国家自由党议员，而到了 1940 年，他又成了下议院里的一名独立派议员。他是“治安委员会”（该委员会由一些反对张伯伦的议员组成）的领头人，在打倒张伯伦首相的过程中发挥出了重要的作用。不过，丘吉尔并没有委任他在政府里担任职务。

（罗伯特·）安东尼·艾登，埃文伯爵一世［Eden，（Robert）Anthony，first earl of Avon，1897—1977］：艾登是一名保守党议员。1938 年，时任张伯伦政府外交大臣的艾登，因为在对意（大利）政策上与张伯伦存在分歧而辞去了职务。反对绥靖政策的保守党“造反派”曾经希望他当领袖，可他婉言拒绝了。第二次世界大战爆发后，张伯伦又把他召回政府，委任他为负责自治领事务的国务大臣。后来，丘吉尔把他调入了陆军部。1940 年底，丘吉尔派哈利法克斯勋爵前往美国华盛顿特区担任驻美大使之后，便让艾登再次担任外交大臣。

亚瑟·格林伍德［Greenwood，Arthur，1880—1954］：1940 年，格林伍德正担任着工党副党魁。丘吉尔让他进入了最初的战时内阁；在战时内阁反对哈利法克斯勋爵提出的建议，即让英国去接触墨索里尼、打听希特勒的和谈条件这一过程中，格林伍德发挥了至关重要的作用。不过，格林伍德酗酒，使得他没有太大的用处，因此丘吉尔在 1942 年 2 月解除了他的职务。

莫里斯·帕斯卡·奥勒·汉奇，汉奇男爵一世［Hankey，Maurice Pascal Alers，first baron Hankey，1877—1963］：从第一次世界大战到 1938 年，汉奇一直都是一名职业公务员，担任历届首相的顾问；第二次世界大战爆发时，他仍在张伯伦的政府里任职。他坚定不移地支持绥靖政策，并且对张伯伦忠心耿耿；因此，丘吉尔在 1942 年 3 月解除他的职务，就不足为奇了。在日记里，汉奇对此表达了强烈的不满。

塞缪尔·约翰·格尼·豪尔，坦普尔伍德子爵［Hoare, Samuel John Gurney, viscount Templewood, 1880—1959］：豪尔参与了“慕尼黑阴谋”，也是一位狂热支持张伯伦绥靖政策的保守党政客兼内阁大臣。后来，他得到了报应。丘吉尔上台之后，便把豪尔派往西班牙，让他担任英国驻西大使去了。

（伊萨克·）莱斯利·霍尔-贝利沙，霍尔-贝利沙男爵［Hore-Belisha,（Isaac）Leslie, baron Hore-Belisha, 1893—1957］：霍尔-贝利沙是一名国家自由党人，曾在张伯伦的政府里担任过陆军大臣；可在《慕尼黑协定》签署之后，他开始认为，英国与德国开战已成难免之势。他开始与那些身居高位的将领争吵，因此张伯伦想把他调走，让他去担任贸易大臣。霍尔-贝利沙拒绝了这一职务。他曾经希望，丘吉尔会让他进入“大联合”政府，可丘吉尔没有那样做。他撰写了一部日记，透露了其中的隐情。

威廉·艾伦·乔伊特，乔伊特伯爵［Jowitt, William Allen, Earl Jowitt, 1885—1957］：乔伊特起初是一名自由党人，后来转投工党，目的就是为了能够到1929—1931年间的工党政府里任职。1940年5月，丘吉尔让他进入了“大联合”政府，担任副检察长，并在1942年3月又任命他为主计大臣。在此任上，他曾经担任过“重建问题委员会”主席，为《贝弗里奇报告》的出台奠定了基础。

罗杰·约翰·布朗洛·凯耶斯，凯耶斯男爵一世［Keyes, Roger John Brownlow, first baron Keyes, 1872—1945］：凯耶

斯是一位舰队司令，曾经坚定地反对绥靖政策；1940 年 5 月 8 日，时为保守党议员的凯耶斯身穿旧制服，在下议院里发表了一场演说，谴责了英国在挪威的军事策略，并且颂扬了丘吉尔。

奥利佛·利特尔顿，查杜斯子爵一世［Lyttelton, Oliver, first viscount Chandos, 1893—1972］：利特尔顿原本是一名商人，对金属工业有着广博的知识与浓厚的兴趣。他也是温斯顿·丘吉尔的朋友，后者在 1940 年 10 月让他进入政府，担任贸易委员会主席。到了 1942 年，利特尔顿又接替比弗布鲁克勋爵，担任生产大臣。

（亨利·）戴维·雷金纳德·马杰森，马杰森子爵一世［Margesson, (Henry) David Reginald, first viscount Margesson, 1890—1965］：马杰森是一名保守党议员，在 20 世纪 30 年代一直担任英国政府的“党鞭”*。许多保守党普通议员都很畏惧他。他支持张伯伦的绥靖政策，但丘吉尔上台后仍命他担任“党鞭”，后来又擢升他为陆军大臣，到 1942 年政府改组时才让他走人。

弗雷德里克·詹姆斯·马奎斯，伍尔顿伯爵一世［Marquis, Frederick James, first earl of Woolton, 1883—1964］：马奎斯本是一名事业一帆风顺的商人，有从事殖民工作的背景，是“刘易斯连锁百货商店”的董事兼董事会主席。第

* 党鞭：政治名词，起源于英国，指议会内代表政党领袖掌管政党纪律的人，其功能是确保议员出席并按照政党的立场行事。“党鞭”一般是一人，也可以有多人。——此类注释为译者注，下同，不另标出

二次世界大战爆发后，尽管伍尔顿伯爵不属于任何党派，张伯伦还是委任他担任粮食大臣。丘吉尔上台后，又让他继续担任此职，直到 1943 年任命他为复兴大臣。

沃尔特·特纳·蒙克顿，布伦奇利的蒙克顿子爵一世［Monckton, Walter Turner, first viscount Monckton of Brenchley, 1891—1965］：蒙克顿是斯塔福·克里普斯的朋友，与克里普斯一样，他也是一位事业非常成功的律师。他是英王爱德华八世的密友，还与继任的国王乔治六世保持着良好的关系。战争期间，他虽说在政府里担任过诸多职位，却不愿到议会去任职。

赫伯特·斯坦利·莫里森，朗伯斯的莫里森男爵［Morrison, Herbert Stanley, baron Morrison of Lambeth, 1888—1965］：莫里森是一名工党政治家，曾在 1929—1931 年的工党政府里任职，并怀有领导该党以及全国的抱负。这使得他成了克莱门特·艾德礼的竞争对手，也成了欧内斯特·贝文最讨厌的人。在“假战争”* 之前和期间，他参与了工党许多重要的战略会议；而在让张伯伦倒台的过程中，他也发挥了重要的作用。不过他似乎认为，应当由哈利法克斯伯爵而不是丘吉尔来取代张伯伦担任首相。丘吉尔先是委任他为供应大臣，后来又任命他为内政大臣，在战时内阁里占有一席之地。

---

* 假战争：指纳粹德国在 1939 年攻占波兰至 1940 年春天进攻挪威、丹麦之间那段沉寂的时间，亦称“静坐战”“奇怪的战争”。

约翰·艾尔斯布鲁克·西蒙，西蒙子爵一世［Simon，John Allsebrook，first viscount Simon，1873—1954］：西蒙原先是一名自由党人，曾在第一次世界大战前位列阿斯奎斯政府内阁，后于1931年转而加入国家自由党。在接下来的十年里，他担任过各种各样的内阁职务，最终成了张伯伦政府的财政大臣。他坚定地支持张伯伦的绥靖政策，因而在丘吉尔掌权之后付出了代价。新任首相把他赶出了内阁，让他去担任大法官，并在上议院担任议员。

阿奇博尔德·亨利·麦克唐纳·辛克莱，图尔索子爵一世［Sindair，Archibald Henry Macdonald，first viscount Thurso，1890—1970］：辛克莱是一名自由党议员，并在1935年担任该党党魁。他支持改良装备，反对绥靖政策，因此第二次世界大战爆发之后，他拒绝了张伯伦请他到政府任职的要求。他的老朋友丘吉尔担任首相之后，提出让他去担任空军部大臣，辛克莱便接受了这一职位。

爱德华·弗雷德里克·林德利·伍德，哈利法克斯伯爵一世［Wood，Edward Frederick Lindley，first earl of Halifax，1881—1959］：哈利法克斯勋爵是一位保守党政治家，曾在安东尼·艾登被迫出局之后，担任过张伯伦政府的外交大臣。人们认为他是参与“慕尼黑阴谋”的一员，但在希特勒入侵捷克斯洛伐克之后，他对绥靖政策便开始产生疑虑。张伯伦下台后，曾希望由哈利法克斯勋爵而不是丘吉尔来接任首相。后来，哈利法克斯勋爵要求意大利人弄清希特勒的和谈条件。丘吉尔不同意这样做，便把他派往美国的华盛顿特区，让他当驻美大使去了。

(霍华德·)金斯利·伍德勋爵[Wood, Sir (Howard) Kingsley, 1881—1943]:伍德是一位保守党政治家,在 20 世纪 30 年代曾经担任过诸多不同的内阁职位;其中最为重要的,就是他在 1938—1940 年间担任过空军部大臣,然后又短暂地担任过枢密院的掌玺大臣。尽管他支持绥靖政策,但在他的领导下,英国的飞机生产有了大幅的增长。他在张伯伦倒台过程中发挥的作用并不明显。丘吉尔委派他担任财政大臣,起初并没有让其进入战时内阁。1940 年 10 月,伍德勋爵成功进入了战时内阁,却又在 1942 年 2 月的改组中失去了席位;不过,到 1943 年意外离世之前,他一直都担任着财政大臣。

//《大家都支持您，温斯顿》（该漫画刊登于 1940 年 5 月 14 日的《伦敦标准晚报》）

前　言

1940 年 5 月 10 日，大英帝国国王乔治六世很不情愿地接受了首相内维尔 · 张伯伦的辞呈，并根据张伯伦的建议，旨令海军大臣温斯顿 · 丘吉尔组建新一届政府。国王原本是更愿意由别人来组建新政府的；可尽管如此，他还是与绝大多数人一样，认识到这位海军大臣身上具有诸多异乎寻常的品质与能力。但是，他并不相信丘吉尔可以掌控好这些品质与才能。他认为，丘吉尔是一个放荡不羁、我行我素的人。

失势了的张伯伦也信不过丘吉尔。他本来更愿意将英国的最高政治职位转交给时任外交大臣的哈利法克斯勋爵，因为他认为哈利法克斯勋爵的性格要稳重得多。不过，出于诸多复杂的原因，哈利法克斯勋爵却不愿意接受这一职务，而丘吉尔则挖空心思地想要当首相。在此前的十年间，丘吉尔一直都处在“政治荒野”，绝大多数保守党人都有意避开他，主要原因就在于他不愿遵守该党的绥靖原则。最终，随着战争爆发，丘吉尔的主张证明了他具有先见之明，因此张伯伦只得很不情愿地委任他为海军大臣，让他去掌管了不起的英国海军。现在，又出现了此次的进一步晋升。这既标志着丘吉尔的政治复出达到了高潮，也让他的终生抱负变成了现实。

此时，英国正处在水深火热当中；形势究竟危险到了何种程度，任何一个人，包括即将上任的首相，都未曾知晓。德国已经发动了第一轮战争，在几个星期之内就打败了波兰，接着又发动了第二轮，用闪电攻击的方式控制了斯堪的纳维亚半岛，并刚刚开启了第三轮攻势。阿道夫·希特勒刚刚对卢森堡、荷兰、比利时和法国发起了一场闪电战。德军装甲师迅速穿过整个西欧，纳粹战机在西欧上空呼啸而过；没有哪支部队能够挡住它们，抵抗者甚至都无力阻滞它们多久。英国以及英国的盟友法国，都被打了一个措手不及；德军已经把两国逼得节节败退。事实上，法国当时差不多已经被打败了。从上任的第一天起，丘吉尔便面临着万分紧急的形势。

本书叙述的，就是温斯顿·丘吉尔和他选择出来的、协助他领导英国度过这场严重危机的一小群非凡之士，以及他们在接下来的五年内如何应对危局，直到打败德国的情况。书中描述的丘吉尔，既是政治家，又是用人高手，因为他必须鼓励、引导、催促、安抚好手下那个不可战胜的团队，必须巧妙地控制好手下那些非凡之士不断变化的性格气质。在扮演这些角色的过程中，他通常都干得非常成功，但也不总是一帆风顺。

本书也描述了战时内阁里各位大臣之间的关系。丘吉尔掌控全局，而其身后则紧跟有风度优雅的安东尼·艾登，日后他会选择艾登来当自己的政治继承人；有他的终生好友、带有海盗气质的加拿大裔报业巨头比弗布鲁克勋爵；有像一台“人力推土机”一样、身为英国最大工会主席的欧内斯特·贝文；有谦逊而不爱出风头的工党领袖克莱门特·艾德礼；有艾德礼的竞争对手、野心勃勃的赫伯特·莫里森；有清心寡欲、思想高尚的社会主义者斯塔福·克里普斯，还有其他许许多多的人。团结起来之后，这些人便组成了英国历史上最能干、最不屈不挠的一届政府。

这些人所撰回忆录的主题，都是说他们在五年的时间里形成了一个无可匹敌、饱含兄弟情谊的团队；现在看来，这种说法也完全属实。倘若他们没能展开协作，那么英国绝对不可能在第二次世界大战中幸存下来。然而事实上，即便是在形势最令人绝望的时候（比如说在 1940 年 6 月，当时法国已经投降，英国远征军在敦刻尔克陷入绝境，几乎就要全军覆没，而英国本土也有可能遭到侵略），战时内阁里的大臣们也仍在不断地彼此抨击、质疑各自的判断。在接下来令人精疲力竭的那几年里，其中有些人甚至开始做起了白日梦，想要自己去当首相。有两个人还采取了试探性的措施，要把这种想法付诸行动。国家危难，并没有让个人的野心消失殆尽。尽管他们有时候的确情同兄弟，但有些人仍然彼此作对，甚至与他们的这位领袖作对；就连他们正在领导英国与轴心国交战的时候，也是如此。

与此同时，从全国范围来看，英国人民日益开始把这场战争看成是一种正当理由，认为政府应当创造公平的生活环境，为所有公民提供广义上的社会保障。他们不想再回到战争之前的状况了。他们想要一个新的英国。如若不然，他们又为什么要战斗，要冒着生命危险，去挽救它呢？他们想要政府确保所有公民都能够获得医疗保险、养老保险、家庭补贴、免费教育、体面的住房以及全面就业。可温斯顿·丘吉尔却不怎么认同这种观点。由于对国内政策的兴趣有限，他没能理解国内日益积聚起来的左翼思潮的力量。他本来就想马马虎虎应付过去，因此自然也没有付诸行动。就战时内阁而言，大臣们在实施这些措施的愿望方面，在采取这些措施时政府应该做到何种程度的慷慨方面，都存有分歧。

于是，意识形态便与嫉妒心、个人的猜忌以及相互冲突的野心一样，让这帮兄弟四分五裂了。随之而来的种种争执，预示并导致了 1945 年吵闹不休、麻烦不断的大选。此外，尽管当时没有几个人理解这一点，但工党人士的信心日增、保守党人士的信心相应下降，也早已预示出此次大选的结果。因此，本书探究的，并非仅仅是丘吉尔战时内阁中同僚之间的个人争斗，还有一场从未结束的意识形态方面的斗争。在这场斗争中，丘吉尔首相发挥了作用，而它也预告了保守党在 1945 年的大选中注定会以惨败而告终。

几乎每一个人都知道，丘吉尔是一位伟人，我们全都深受其惠，无法还清。本书并不否认这种说法。不过，我还是希望自己能够转动历史这支“万花筒”，把我们熟悉的一些东西，用大家都不熟悉的方式呈现出来。战时内阁内部的运作方式，内阁大臣们相互矛盾的个性与意识形态之间种种复杂的相互作用，丘吉尔为了掌控这些方面所做的各种尝试，这些冲突引发出来的种种戏剧性效果，经常都被人们忽视了。它们恰恰就是本书的重点。我希望，原本以为自己早已非常熟悉这一段历史的读者，能够从中看出这段历史的一些新颖之处。我也希望，那些全然不了解这一主题的读者，对这个“劲敌幕僚”①（正是这个团队，在第二次世界大战期间领导英国走向了胜利），对领导过他们的那位更加卓越非凡的人物，能够获得更加全面的了解。

① 参见多丽丝·科恩斯·古德温所著的《林肯与劲敌幕僚》（*Team of Rivals: The Political Genius of Abraham Lincoln*）一书（纽约，2005）。——此类注释为原注，下同，不另标出

序

1940 年 5 月 6 日星期一上午，英国皇家海军的轻型巡洋舰“奥罗拉”号 * 径直穿过了位于挪威北部纳尔维克港近海那片冰冷刺骨的水域。这艘巡洋舰，是受英国海军大臣温斯顿 · 丘吉尔近 1 个月之前的派遣而来到此处的。它驶过那条灰蒙蒙、阴森森的峡湾，危险地预示着英德两国即将在北大西洋这处无情的海域里展开一场可怕的战斗。然而，就在那个星期一的上午，对于一些有眼光的人来说，这条舰艇却并非仅仅是一种凶兆。在第二次世界大战的早期阶段，英国所有的成功希望，全都寄托在这艘战舰身上，因为在挪威各地，英军的作战行动一直都损失惨重。

“奥罗拉”号是一小支驱逐舰队里的旗舰，由海军上将、“科克和奥雷利伯爵十二世”威廉 · 博伊尔指挥。科克勋爵是一名强硬、好斗的老水兵，出生于爱尔兰一个历史悠久的贵族家庭；那天上午，他正站在“奥罗拉”号的舰楼上，凝视着海岸线，以及这个小港里被炮弹炸得只剩残垣断壁的建筑。他既清楚自己的首要目标是什么，也清楚要怎样才能实现这一目标。不管有多少胜算，他都必须对这个已经残破不堪的小港实施一场正面的两栖进攻；他必须消灭、俘虏或者驱散据守此地的 5 000 名德国士兵与水兵。他必须在此时此刻，就在德军得到增

---

* 奥罗拉：古罗马神话故事中的曙光女神，相当于古希腊神话中的厄俄斯。因此有人亦将此舰译为“曙光女神”号。

援之前，发动进攻。

不过，摆在他面前的，却是一个又一个难题。纳尔维克港坐落在一个相对平坦的半岛之上，距一条景色极为壮观、美丽而修长的峡湾顶端很近。峡湾两侧，都是从水面高耸而起、参差不齐的悬崖与山峰。1940 年 5 月 6 日，这里地势较高处的积雪普遍都厚达 5 英尺*；而在正下方那个地势平坦的半岛上，积雪也厚达 4 英尺。英国的气象部门已经预报说，尽管白天变得越来越长，但这一年春季的化雪时间会比常年晚上 2 个星期。这就意味着，英军绝不可能出奇制胜，因为黑夜的时间不够长。此外，一旦攻到岸上，陆地上的条件也非常险恶。

德军在大约 4 个星期之前，对纳尔维克发动了突然袭击。他们是德国那支规模庞大的侵略军队中的一部分；这支侵略部队完全打了挪威一个措手不及，同时还占领了丹麦（该国几乎是未发一枪便投降了）。德军是从海上和空中对挪威发动突然袭击的。他们占领了特隆赫姆、卑尔根、斯塔万格、奥斯陆，还有纳尔维克。在挪威境内，他们所向披靡，虽说有的时候经历了残酷的战斗，但有的时候根本就没有交火。绝望的挪威政府在耽搁了许久之后，开始向盟国求助了。英国本身早已有了出于自身目的而占领纳尔维克的计划，但这一计划却被德军无意中抢占了先机，因此只得匆匆忙忙地派遣部队前去；这些部队既没有合适的枪支弹药和迷彩伪装，也没有经过训练，甚至连雪橇和雪地鞋都没有配备。英军曾经派出主力部队去解特隆赫姆之围，结果却大败而回：部队在齐臀深的大雪中挣扎着前进，因皑皑白雪的映衬而显得黑白分明，成了明显的靶子，被

---

* 英尺：英制长度单位。1 英尺等于 12 英寸，约合 0.304 8 米。

纳粹空军的机枪扫射，连躲闪都做不到。事实上，英军不管走到哪里，凡是与德军遭遇交战，几乎都被打得一败涂地。一部分保住了性命的英军震惊、沮丧，并且对那些派遣他们在准备如此不充分、装备又差的情况下前去作战的政客与战略家感到愤怒，因此他们一路撤退到舰艇上；这些舰艇先是把他们送来，如今又要把他们送回国内。

只有在遥远的北方，即奥福特湾，在第一次纳尔维克战役无果而终之后，英军才在第二次遭遇战中取得了明确的胜利。英国皇家海军在那里把德军的作战舰群严密地封锁住了，使得德军舰船没法再驶往外海。接下来，战舰“沃斯派特”号与9艘驱逐舰又在奥福特湾及两侧的峡湾把德舰一一击沉或者重创，使之失去了战斗力。此时，已经从陆路抵达纳尔维克的德军，以及在英军火炮的猛击之下幸存下来并撤退到岸上或者把己方舰艇凿沉后乘坐救生艇回到岸边的德国水兵，便躲进了这个小港，主要由水上飞机运送给养。

科克勋爵认为，他原本可以在那场决定性的海战结束后的1天之内，就通过正面进攻占领这个村庄的，但当时他是与皮尔斯·J.麦克赛伊联合指挥作战，而后者希望采取更加谨慎的办法。麦克赛伊提出了一个陆上作战的计划，说要等到大雪融化之后才能开始实施。于是，科克勋爵便很不情愿地停止了作战。他转而开始指挥麾下的舰队炮轰德军。此时，他的炮击目标全都蜷缩在这个村庄里，虽说又冷又饿、疲惫不堪，甚至有可能害怕得很，但也并非彻底地感到绝望。他们的各路友军，已经占领了挪威其余的绝大部分地方。时间一到，他们就会前来救援的。科克勋爵明白，英军在挪威的有利战机正在一点一点地消失，可麦克赛伊显然并不清楚这一点。

起初，英军之所以想要占领纳尔维克，是因为占领该港之后，他们就可以阻断德军沿着挪威漫长的海岸线从瑞典通往波罗的海的那条铁矿砂运输线，而铁矿砂正是敌人战争机器必需的一种重要资源。假如占领了纳尔维克，那么英国便控制住了北欧各个地区的沿海贸易。那样的话，英国可以阻止德国入侵挪威。英国海军大臣温斯顿·丘吉尔一直竭力主张占领纳尔维克，可他的同僚们却不愿那样做。有些同僚认为，这场战役会分散英军的精力。还有一些同僚，则可能是完全没有采取主动作战的胆量。虽说他们最终批准了丘吉尔的计划，可为时已晚。如今，英军之所以需要占领纳尔维克，却是出于一个大家都没有预料到的原因：这是为了向全世界表明，德军并非是战无不胜的。位于伦敦的英国政府正在急不可耐地等待着科克勋爵的电报，希望听到他发来消息说不管通过什么办法他都已经完成了这一使命，已经挽回了英国以及他们自己的声誉。

那天早上，科克勋爵的确曾向海军部和战争部发出了一封电报。收到这封电报的时间，是凌晨4时21分。在电报里，科克勋爵承认自己是在军事同僚们的逼迫之下，“很不情愿地”发出这封电报的；他与这些同僚们的意见并不一致。虽说此时他担任总司令，职位在麦克赛伊将军之上，但他必须考虑部属们的意见才行。这封电报的部分内容如下：“我们没有充足的进攻登陆艇……乘坐敞篷船只的士兵，起码要经受4个小时的空袭……由于岩石与大雾，部队将无法挺进……（他们）将没有充足的防御设施。”①科克勋爵报告说，他希望无论如何都要

① 引自马丁·吉尔伯特所编《丘吉尔战时文集》（*The Churchill War Papers*）第1卷，《海军部任职时期文集》（*At the Admiralty*），第1200页（纽约，1993年）。

发动进攻，还认为打赢这场战斗的胜算很大，可他手下那些“战争经验丰富的军官”全都反对他的看法。他们与麦克赛伊将军全都坚持从陆上进攻的方案。

几个小时之后，待温斯顿·丘吉尔与同僚们在伦敦的海军部里看到这封电报时，他们一定全都恨得咬牙切齿呢。

第一部分

组建战时内阁

第一章 跟首相叫板

1940年5月6日上午，伦敦似乎与那些正在严阵以待的士兵和水兵们毫无关系。就在温斯顿·丘吉尔实现他成为大英帝国首相这一终生抱负的那个星期的第一天破晓，天空晴朗无云，阳光灿烂，又是长久以来的一个美好清晨。的确，虽说英国已经与德国交战9个月了，但伦敦的安宁还没有受到太多的打扰。每天晚上都进行灯火管制，很是令人讨厌。房屋被一些很难看的沙袋保护着，以免遭到轰炸和破坏；人们还在公园里面掘出了战壕，以便在遭到轰炸时为民众提供避难场所。不过，迄今连一次轰炸都没有发生。这是一段“假战争”时期，伦敦人称之为“烦人战”，觉得这种情况持续得越久越好。他们认为，德国的经济形势没法支撑该国进行一场持久的战争，可英国却做得到这一点。他们相信内维尔·张伯伦首相在1个月之前，即4月4日对他们所说的话：事实上，敌人既没有进攻英国，也没有进攻法国，说明德国的好日子已经过去，时机已经站到了同盟国这一边；因此，希特勒“已经坐失良机”。在这场天摇地动的危机爆发之前的周末，他们似乎并没有感觉出有什么疑虑，也没有感觉出有什么不祥的预兆。他们都挤到伦敦的各大餐馆里，尽情享用着丰盛的食物；他们像往常一样，去看戏，去看电影。各大公园里的草地都新鲜翠绿，栗树正在开花，蓝铃花与报春花也在盛开；英国这座最大城市里的居民，则充分利用了这段时间，好好地享受着他们的城市与大好的春光。[①]

日后不可能继续这样了。大街上的男男女女并不知道挪威战事，或者说随着消息扩散虽然感觉到却故意忽视了渐增的疑虑，继续在公园里散步，到外面去下馆子。其他一些消息比较灵通的人士则很清楚：德军的重型坦克在几个星期之内便席卷了整个波兰；德军刚刚打了丹麦一个措手不及，还用差不多相同的时间，占领了丹麦和挪威的绝大部分地区。德军的充分准备与同盟国的拖延不决，德国的果断有力与同盟国的糊涂混乱，德军的节节胜利与同盟国的节节败退，都形成了巨大的反差。倘若英法继续像现在这样，两国很可能面临在这场战争中被德国打败的严重危险。目前的英国政府根本无力进行这场战争，更别说去打赢这场战争了。英军在挪威的惨败，就进一步说明了这一点。

因此，就在那个星期一的上午，在白厅*所有的“权力走廊”**里，人们三五成群，在各自所属的俱乐部、各个委员会的会议室、每一个人的公寓和家里聚集，讨论他们的政治抉择。一年一度的“圣灵降临周”***休会在即，下议院将在第二天，即星期二的下午，举行一场为期 2 天的辩论。辩论的主题将是挪威，而张伯伦首相也会到场，说明挪威发生的情况。此次辩论，并非仅仅会给他的批评者提供一个谴责政府的机会（他们

---

① 关于当时春光明媚的情况，有诸多的证据。例如，可以参看保存在剑桥大学丘吉尔学院里《马丁文集》当中，约翰·马丁所著的《唐宁街 10 号 5 年（1940—1945）》（*Five Years at No.10, 1940—45*）这部并未发表的日记的第 1 页。在第二次世界大战期间，马丁曾经担任丘吉尔的首席私人秘书。

* 白厅：英国政府所在地，亦指英国伦敦主要政府机关所在地的那条街道。

** 权力走廊：能够暗中控制决策的权力中心，亦译“权力圈”。

*** 圣灵降临周：基督教的一个节期，指“降灵节”后的那一周，尤指前三天。据《圣经》记载，耶稣“复活”后第 40 日“升天”，第 50 日差遣“圣灵”降临，门徒领受圣灵后开始传教。因此，“圣灵降临周”就是复活节后的第七周。

当中的一些人，已经这样做过好几次了）；要是工党这个反对党敢于在辩论结束时提出一项不信任案的话，这场辩论最终还有可能让首相彻底下台。

不过，身为保守党首相的张伯伦，却不容置疑地在议会里拥有绝大多数支持者，其支持票是工党的两倍。①他手下的“党鞭”执行着铁一般的纪律。议会多数党的普通议员中，少有几个人胆敢公开反对他们，因为那样做的话，就意味着自己所有的升迁希望都会化为泡影。那么，让政府倒台的赞成票又从何而来呢？同样重要的是，假如工党要求进行投票表决，并且力排众议，把绝大多数自由党议员、小派别议员和持不同政见的保守党议员团结起来，最终强行把这位首相赶下台去的话，那么，谁又是继任的最佳人选呢？

那天上午 11 时 30 分，丘吉尔向张伯伦的 8 人战时内阁宣读了科克勋爵发来的电报。这个战时内阁，是从统治着英国的那个规模庞大得多的政府内阁当中，选取人员组成的一个小机构。其中包括 6 名保守党人、1 名国家自由党人（国家自由党由 1931 年成立的自由党分裂而成），以及 1 名无党派人士。②所

---

① 当时的议员人数分别为：保守党，387 人；工党，154 人；自由民族主义党，33 人；自由党，21 人；国家自由党，8 人；独立工党，4 人；爱尔兰国民党，2 人；国家独立党，2 人；国家党，1 人；共产党，1 人。

② 1940 年 5 月，张伯伦战时内阁的成员，包括他自己、丘吉尔、哈利法克斯勋爵、塞缪尔·豪尔勋爵（时任负责空军事务的国务大臣）、金斯利·伍德勋爵（时任掌玺大臣）、约翰·西蒙勋爵（时任财政大臣）、汉奇勋爵（时任不管部大臣）和奥利弗·斯坦利（时任陆军大臣）。西蒙是国家自由党人，汉奇则是无党派人士。国家自由党里的二号人物莱斯利·霍尔-贝利沙一直都不那么热衷于支持绥靖政策；张伯伦在 1940 年解除了他的陆军大臣职务，让他去贸易委员会任职，可霍尔-贝利沙婉言谢绝并离开了政府。

有的内阁成员当中，除了丘吉尔，其他人在战前都多多少少热烈地支持过张伯伦对德国采取的绥靖政策；不过，时任外交大臣的哈利法克斯勋爵在 1938 年希特勒入侵捷克斯洛伐克之后，便开始对这种政策持保留意见了。[①]此时，哈利法克斯勋爵提出，与德国谈判可以给英国争取时间，为科克勋爵攻入纳尔维克做准备。在丘吉尔看来，这一提议令人想起了政府以前的做法。他大发脾气，而外交大臣则退了一步。哈利法克斯勋爵强压怒火，递了一张便条给丘吉尔，上面写道："您说我这些想法不负责任，真的是太不公平了。这些想法或许很愚蠢，当然也很危险，但它们并不是什么大逆不道的叛国行径。"海军大臣也写了一张便条，答复道："在目前此种令人沮丧的气氛当中，您的想法可是一种非常致命的观点。您是不可能预见到这一点的。请原谅。"[②]

下午 5 时，海军大臣召集了一次会议，与会者还有其他两位作战主管：一位是时任陆军大臣的奥利弗·斯坦利，一位是时任空军大臣的金斯利·伍德。在这个"军事协调委员会"里，丘吉尔提出，"法国陆军的组织，需要"由英国皇家陆军去"加强"。他提醒同僚们，要他们注意以前一致同意过的那种战略，即万一德国入侵荷兰，或者欧洲大陆其他地方爆发大规模陆地战争时，英国应当采取什么样的应对措施。[③]他让同僚们都注意到，英国在战时生产方面存在许多严重的不足之处。[④]

① 主管陆军的国务大臣奥利弗·斯坦利也持有此种态度，但他没有公开表明过自己的立场。

② 参见吉尔伯特所著的《海军部任职文集》，第 1205—1206 页。

③ 同上，第 1207 页。

④ 参见马丁·吉尔伯特所著的《温斯顿·S.丘吉尔》（*Winston S. Churchill*），第 6 卷，《辉煌时刻，1939—1941》（*Finest Hour*, *1939—1941*），第 289 页（伦敦，1983 年）。

史料说明，在5月6日星期一，丘吉尔就已经表现出了他对英国处境危险的深切理解，表现出了自己的刚毅与勇敢。

温斯顿·丘吉尔这样做，人们有可能料想得到，因为他非常了解战争；这种了解，不仅是通过战争研究（他的确对战争进行过深入的研究），而且也是通过他的亲身经历，以及他对这个方面的偏爱得来的。他的父亲，就是那位才华横溢、行为古怪、最终以悲剧收场的保守党政治家伦道夫·丘吉尔；伦道夫早已看出，儿子身上具有一种性格倾向，爱好一切与军事有关的东西（首先就是喜欢玩具士兵）。后来，他便把儿子送到位于桑德赫斯特的皇家陆军学院就读；在那里，年轻的丘吉尔加入了英国女王第四私人轻骑兵队。毕业之后，丘吉尔曾经亲历了1897年印度西北边陲围攻马拉坎德的战斗。这次经历，促使他写下“生命当中没有什么事情，会比中了弹却安然无恙更令人兴奋的了”这句名言。[①]1898年，他作为骑兵，参加了恩图曼战役[*]中英国骑兵最后一次大规模的进攻作战。1899年，他还在南非参加过针对布尔人的作战：起初他是英国《晨报》的一名战地记者，可在他旅行的时候，布尔人袭击了他乘坐的火车；后来，他便在雷德弗斯·布勒将军手下的军队中担任军官。在布尔人袭击火车时，他被俘虏，可后来却设法逃脱了，并且艰难跋涉300英里[**]，重新回到了英军军营。这一英勇事迹，让他变成了一个家喻户晓的人物。

---

① 参见温斯顿·丘吉尔所著的《马拉坎德远征史》（*The Story of the Malakand Field Force*），第107页（伦敦，1898年）。

* 恩图曼战役：非洲苏丹马赫迪国家军队抗击英、埃联军的一场血战。此战摧毁了马赫迪军队的主力，苏丹马赫迪国家随之覆灭，英国的殖民势力便统治了整个苏丹。

** 英里：英制长度单位。1英里约合1.609千米。

温斯顿·丘吉尔上了战场之后，总是尽力往最危险的地方冲；他一向都表现得非常勇猛，不但勇往直前、果敢刚毅、很有主见，而且聪明机敏。事后，他还能把自己的经历用文字记录下来，并且描绘得非常出色、美妙。

1900年，丘吉尔从军中退伍，成功地进入议会，成了一名保守党议员。四年之后，他因为反对该党的反自由贸易政策，转而加入了自由党。1908年，首相H.H.阿斯奎斯邀请他进入内阁，担任贸易委员会主席，在1911年又擢升他为海军大臣。于是，丘吉尔便成了海军与陆军两个领域里的行家。第一次世界大战爆发之后，他曾经主张在加里波利半岛实施登陆行动，以免西线的协约国军队遭到敌人屠杀，同时将奥斯曼帝国赶出战场，以便从后方击败同盟国；不过，这一方案最终却以惨败而告终。见识不凡的人都明白，这是因为当时的形势非常复杂；可是，丘吉尔事后却承担起了所有的责任，并且在此次战役失败之后辞去了职务。他还在西线战场当过志愿兵。在那里，他又是主动请缨到前线去，以少校军衔随同近卫步兵团第二营作战，还曾以陆军中校的身份，指挥过皇家苏格兰燧发枪手团第六营。与其他许多人不同，他在这个杀戮战场中幸免于难，然后又回到政界，重新进入了内阁。到1924年，他已经先后掌管过英国陆军部、皇家空军（RAF）以及海军部。接下来，由于自由党在战后变得四分五裂，他便重新回到保守党，继续平步青云，成为斯坦利·鲍德温首相麾下的财政大臣。

大家都知道，丘吉尔身上拥有许多异乎寻常的品质与能力；但是，他的身上还有一种永不安宁的好斗性格，使得他酷爱战争。1919年他在陆军部任职时，恰逢伊拉克人正在反抗英国的统治，他曾经写过一份会议备忘录，其中部分内容就是：“我强烈支持对野蛮民族使用毒气。”①差不多与此同时，他还协助组建了声名狼藉的“爱尔兰王室警吏团”*；该团全部由退役士兵组成，被他派往爱尔兰镇压民族运动。对于这个警吏团极端残忍而血腥的行径，丘吉尔既不谴责，也不否认。在 1926 年的英国大罢工期间，他想与工会一决雌雄的狂热态度，还一度令时任英国首相不得不让他去负责政府主办的一份报纸，即《英国公报》，以便转移他的注意力。除此以外，在对待自由贸易政策、对印政策（让印度实现自治的任何举措，他都反对），以及后来对希特勒的绥靖政策等方面，丘吉尔与保守党之间的分歧也相当巨大。难怪，保守党的领袖们都开始疏远他；到 1929 年之后，他们就完全不让丘吉尔坐在议会的前排座席**上了。

当然，丘吉尔身上这些令人猜忌的品质，也正是英国再次与别国交战时最需要的品质。接下来，尽管心存疑虑，但继鲍德温担任首相的内维尔·张伯伦，还是让丘吉尔回到了海军部。“温斯顿又回来了，”海军部里的那些常务官员一边说着，一边不知所措地搓着自己的双手，“这下子，又要鸡飞狗跳了。”确实如此。他想要主动出击，去进攻德国人，而不是坐在那儿等着敌人上门。他会干涉其他部门的事务，与其他大臣争论，指手画脚，决意按照自己的想法去行事。他认为，自己比同僚们更懂如何战斗，也更加懂得如何才能打赢战争。令同僚们惊愕不已的是，他这样说的时候简直是口无遮拦、毫不犹豫。他主

---

① 不过，这一记录的意思并不明确。他可能只是指催泪瓦斯，实际上当时没有使用过毒气。

* 爱尔兰王室警吏团：1920 年 6 月被英国政府派往爱尔兰去镇压新芬党武装起义的一支武装警察部队。

** 前排座席：英国议会里为反对党领袖保留的座位，因此这里实际上是指保守党把丘吉尔完全排除在领导层之外了。

张在挪威发起的战役，就是一个例子。

不过，在德国根本不等英国做好准备便发动侵略之后，丘吉尔也的确犹豫过。起初，他被手下的军事顾问说服了，同意了这种观点：特隆赫姆应当取代纳尔维克，成为英军的第一目标；然后，应当取消海军经过精心策划的、对纳尔维克的正面进攻，以便为一场夹击作战提供支援。盟军将在没有海军支援的情况下，从纳姆索斯北上，从翁达尔斯内斯南下，然后在特隆赫姆会师。不过，盟军的夹击之势始终都没有形成，而德军却实施了各个击破。此时又有人窃窃私语，说丘吉尔心里仍然记着加里波利的耻辱，因此才会愚蠢地攻入挪威，想要报那一箭之仇。他原本应当不管挪威的。还有一些人的私下议论则正好相反，他们都说，丘吉尔原本应当否决军事顾问们提出的建议。他应当坚持从海上对纳尔维克实施正面攻击，同时进行夹击；可他记起了加里波利的那次惨败，因此便没有胆量那样去做了。

那些已经开始谋划让张伯伦下台的人士可能都认为，丘吉尔并没有丧失勇气；他们都觉得，丘吉尔非常老练、能干，但是不好管束。许多人都更喜欢哈利法克斯勋爵，因为他们认为，哈利法克斯勋爵的性格更加沉稳。

倘若温斯顿·丘吉尔本身不是政府内部的一员，那么，在5月6日这一天，他肯定会带领其中的一个“政变”小集团，把现任政府打倒的。战争爆发之前，丘吉尔一直都是一个对政府持强烈批评态度的人。但是，挪威陷入了险境这一不幸事件发生之后，这位海军大臣却没有说过一句谴责政府的话。他没法去谴责，因为他自己也有责任；事实上，他一直都是进行这场战役的主要支持者。此外，他也觉得，尽管内阁里的绝大多数现任同僚在战前都曾嘲笑过、排挤过他，但他还是必须忠于自己最终位列其中的这个政府。丘吉尔的效忠对象，甚至包括张伯伦首相。而首相呢，却在私下里说丘吉尔的话实在太多；说他傲慢无礼、冲动鲁莽；说他不恰当地沉迷于战争；说他需要忘掉膨胀起来的虚名，可他从来都做不到。[①]不过，待即将到来的那场为期 2 天的议会辩论结束后，张伯伦仍会要求丘吉尔来重振政府的士气；对于这一点，张伯伦并不感到后悔，而身为保守党内最高超的演说家，丘吉尔这位海军大臣也同意了。就在那个星期一，两人都知道这场议会辩论的气氛将极其激烈，只是他们都没有料想到，辩论竟然会以工党提起一项不信任案而告终。

工党和自由党这两大主要反对党在 5 月 6 日希望看到的，不仅仅是一场气氛激烈的议会辩论。两党都希望，只要做得到，就罢免内维尔·张伯伦。战争爆发之初，张伯伦曾经毫不热忱地邀请两党领袖加入内阁，可他们都拒绝了；后来，这种情况又出现过几次，因为他们都不想继续巩固张伯伦政府内阁的实力。他们很讨厌张伯伦首相。他们没有忘记，张伯伦在不需要他们的时候，是怎样对待他们的。一位工党人士曾经回忆说，张伯伦对待他们简直“就像是对待粪土一样”。更加重要的是，他们不相信张伯伦会高效而积极主动地继续这场战争。他们仍然宁愿留在政府以外，发挥批评者的建设性作用。“国家需要

① 参见罗伯特·布莱克所著《丘吉尔是怎样当上首相的》（How Churchill Became Prime Minister）一文，载于罗伯特·布莱克与威廉·罗杰·刘易斯两人合编的《丘吉尔：关于其和平与战时经历的重大新评》（*Churchill: A Major New Assessment of His Life in Peace and War*），第 159 页（牛津，1993 年）。

变革的时机终将到来，”工党领袖克莱门特·艾德礼曾经预言道，“而这一时机到来时，我们已经做好了准备。”[①]就在5月5日星期天，工党的另一位领袖赫伯特·莫里森还进一步说明：“我会保留这样的一种权利：一旦确实做得到，就要打倒张伯伦。”[②]第二天，随着英军在挪威溃败的消息慢慢传开，随着这场议会辩论即将到来，工党的领袖们都开始认识到，这个星期就是他们打倒张伯伦的大好时机。于是，他们第一次开始严肃认真地考虑提出不信任案这个问题了。

保守党里的绝大多数普通议员，都坚定地支持张伯伦及其政府；不过，该党内部还有一小撮“造反派”（人们称之为“麻烦的年轻人”[③]），他们同样开始严肃认真地考虑，要在那个周末提出一项不信任案。其中有一些人，也是“看守委员会”里的成员；当时，这个组织由79岁的索尔兹伯里侯爵四世詹姆斯·塞西尔领导。据塞西尔称，这个委员会由上下两院中一些“具有影响力和丰富经验的人”组成（当然，也绝对不会全都是年轻人）。[④]还有更多的人，则属于所谓的“艾登集团”；他们是一些年轻人和家境富裕的保守党人士，也是同样年轻英俊的外交大臣安东尼·艾登的盟友。意大利入侵埃塞俄比亚之后，艾登因为抗议张伯伦对墨索里尼实行绥靖政策而在1938年辞

---

① 引自未标注日期的演讲抄本，见于牛津大学博德利图书馆第一馆的《艾德礼文集》，第53页。

② 参见1940年5月6日的《每日邮报》。

③ 林恩·奥尔森曾经以此为题，写了《麻烦的年轻人》（*Troublesome Young Men*）（纽约，2007年）。她在其中引用了哈罗德·麦克米伦1928年写给丘吉尔一封信中的一句话：“对于我们通常都只是看成‘讨厌的年轻人’的那些人，您的态度一向都极其和蔼。”

④ 参见1941年索尔兹伯里勋爵写给詹姆斯·斯图亚特的信，见于牛津大学博德利图书馆“保守党档案”中的“党鞭”，1/4。

职，退出了政府。张伯伦曾经不屑一顾，称这些人都是“时髦的小伙子”。此时，由于艾登重新回到政府，担任负责自治领事务的国务大臣，所以这个集团便由前保守党殖民大臣利奥·艾默里领导。最后，就是克莱门特·戴维斯这个无党派议员领导的第三个议院联合团体，叫做“治安委员会”；戴维斯原本是一位自由党人，后来转而加入了国家自由党。加入“治安委员会”的人，都属于三大主要政党里的议会议员，但保守党议员在数量上占有优势。当时，议员们跨派别地加入这三个不同政见集团的情况，是非常普遍的；起码，保守党人就是这样。此外，重要的是，戴维斯与工党党魁艾德礼及副党魁亚瑟·格林伍德关系密切，还经常与两人一起，在“改革俱乐部”里吃饭。①

5月6日，正是这个性命攸关的星期的第一天；《每日邮报》以“一个新内阁？”为题，在头版刊登了一封来信。这封来信，是“下议院一位领导人物所写，这位人物的名字全世界都家喻户晓，但眼下却希望隐匿其真名”。这封神秘来信的作者，就是斯塔福·克里普斯；他是英国左翼的领军人物，自1939年1月因为主张与共产党和自由党合作组成联合阵线对抗法西斯主义而被工党开除之后，一直都是一名无党派议员。克里普斯并没有加入议会里的任何一个反对派团体。就算是行止另类，并且暂时性地相对孤立，他也很令人敬畏。尽管如此，在这个关键时刻，他中意取代张伯伦的人选，却不是温斯顿·

① 参见罗伯特·布思比的《手稿》当中关于戴维斯在张伯伦倒台过程中所起作用的论文（日期不详），以及威尔士国家图书馆的《克莱门特·戴维斯文集》，I/2/8。

丘吉尔，而是哈利法克斯勋爵。此外，他还力主“新内阁”应当精简编制，就像第一次世界大战中戴维·劳合·乔治手下的那个战时内阁一样，只需 4 名大臣（丘吉尔位列其中），他们不负责具体的部门职责，可以将全部精力集中在战事上，并且协助新任首相领导政府。①

英国自由党的首脑们都很赞同他的观点。在发表这封“公开信”之前，克里普斯曾经亲自登门拜谒过劳合·乔治；后者此时已经年届 77 岁高龄，却仍然是卡那封郡的议会议员。劳合·乔治在第一次世界大战期间，曾经取代阿斯奎斯担任英国的自由党首相，然后又在寡不敌众的情况下，由那个规模很小的战时内阁协助，带领英国走向了胜利。1918 年，许多人都称誉劳合·乔治是“赢得了战争的人”；可绝大多数保守党人对他却是又恨又怕。20 世纪 30 年代，他们把劳合·乔治赶出了保守党领导的那一届英国政府；于是，他便成了一个“没有工作的伟人”。此时，他赞同克里普斯的观点，也认为张伯伦必须下台，并且说“温斯顿不能当首相，只能让哈利法克斯勋爵来当首相”②。5 月 3 日，就是请教过劳合·乔治之后的第二天上午，克里普斯又与自由党（从劳合·乔治的鼎盛期开始，自由党的威望就令人遗憾地一落千丈了）领袖阿奇·辛克莱共进了早餐；辛克莱是丘吉尔多年的好友（第一次世界大战期间，他们一起在法国服役），他对于选定的这 4 名大臣“非常折服

① 这 4 名不管部大臣，将是丘吉尔、劳合·乔治、莫里森和艾登。克里普斯的最佳传记是彼得·克拉克所著的《克里普斯的脚本》（*The Cripps Version*）一书（伦敦，2003 年）。

② 参见斯塔福·克里普斯 1940 年 5 月 2 日所写的日记，见于牛津大学博德利图书馆的《斯塔福·克里普斯文集》，SC5/1。

和支持，并对这份名单的巧思大加赞赏”。

克里普斯并没有去拜会工党的领袖们，因为自从被工党开除之后，他与这些人就没有多少来往了；不过，工党的领袖们也认为，张伯伦必须下台，应当由哈利法克斯勋爵而非丘吉尔来继任首相。5 月 6 日星期一，也就是莫里森承诺“一旦确实做得到，就要打倒张伯伦”的第二天下午，赫伯特·莫里森亲自会晤了哈利法克斯勋爵。他们的这次会晤并无记录，但莫里森的传记作者曾经写道，两人磋商完分开时，莫里森认为张伯伦很快就会倒台，而哈利法克斯勋爵则会取而代之，并且会让莫里森在新政府里担任很高的职位。①或许，莫里森还向艾德礼汇报过此次会晤的情况，因为就在第二天，工党领导层便提醒丘吉尔的首席私人秘书，说要是一个新政府真的掌权，“他的人……有望变成哈利法克斯勋爵的手下”②。第二天，哈利法克斯勋爵的一位贴身助手也曾向他转述另一位杰出的工党人士休·道耳吞的话，“他的党派只会在您而不是现任首相的领导之下加入政府”，“这是他和他的朋友们希望转达给您的观点”③。

---

① 参见伯纳德·多诺霍与 G.W.琼斯所著的《赫伯特·莫里森：政治家的肖像》(*Herbert Morrison: Portrait of a Politician*) 一书（伦敦，1973 年），第 275 页。

② 通报这一消息的是丘吉尔的密友布伦丹·布雷肯。参见利奥·艾默里所著的《我的政治生涯》(*My Political Life*)，第 3 卷，《不可饶恕的时代，1929—1940》(*The Unforgiving Years*, 1929—1940) 一书（伦敦，1955 年），第 371 页。多年之后，艾德礼否认自己对布雷肯说过这话，但布雷肯不但把这话汇报给了艾默里，还告知了 E.L.斯皮尔斯。斯皮尔斯同样在日记里记载了这些话，参见由其日记结集成书的《敦刻尔克前兆》(*Prelude to Dunkirk*) 一书（伦敦，1954 年），第 131 页。另外，可参见 A.J.P.泰勒发表在 1964 年 1 月 19 日《周日快报》上的《他们此刻都想变成英雄》(They All Want to Be Heroes Now) 一文。

③ 这位贴身助手，就是 R.A.巴特勒。参见纽约大学《哈利法克斯文集》中 1940 年 5 月 9 日巴特勒写给哈利法克斯的信，A4/410/16。

因此，所有党派的人都在密谋让现任政府垮台。不用去看克里普斯的文章，张伯伦也清楚这一点。5月4日星期六，他曾经写信给自己的姐姐，如此说道："我认为，这一次敌人是打不垮我的。"[①]然而，到了星期一，他的一位私人秘书却说："首相非常沮丧。"而在战时内阁里，外交部的常任政务次长亚历山大·卡多根也说，那天上午张伯伦主持会议的气氛"非常糟糕，令人沮丧"[②]。"他心里有事，"另一名见识不凡的观察家如此说道，"但他和朋友们都认为，他们会渡过这个难关的。"[③]此次会议，也就是丘吉尔与哈利法克斯勋爵两人互递便条的那一次。在英国，会议上互递便条似乎是一件司空见惯的事情。正当其他人都在内阁会议上讨论挪威局势时，保守党"党鞭"戴维·马杰森给张伯伦首相递了一张纸条。他正在思考，政府该如何在明天的议会辩论上拖延时间。他预计工党不会提出不信任案，因为那样做的话，工党很有可能以失败收场。因此，他写道"我们在此可以全面地说，（他们）和我们党内的不平者……都不希望向我们发动挑战，或者来取代我们"；换言之，就是说他们都不敢那样做。他们都是胆小鬼。[④]

马杰森差一点儿就说中了。或许，就在他向首相递过这张纸条的那一刻，工党领袖艾德礼、格林伍德正与"治安委员

---

① 引自基思·法伊林所著的《内维尔·张伯伦传》（*The Life of Neville Chamberlain*）一书（伦敦，1970年），第439页。

② 参见戴维·迪尔科斯编著的《亚历山大·卡多根勋爵日记，1938—1945》（伦敦，1971年），第277页。

③ 参见A.J.西尔维斯特1940年5月6日写给戴维·劳合·乔治的信，见于上议院档案室编著的《劳合·乔治文集》，LG/G/24/1，以及《西尔维斯特每日会议记录》。

④ 参见马杰森1940年6月5日写给张伯伦的信，见于伯明翰大学的《张伯伦文集》，NC8/35/47。

会”的克莱姆*·戴维斯讨论提出不信任案的问题呢。[①]艾德礼已经胆怯起来了。他说，在辩论开始之前发表声明，会给保守党的“党鞭”们留下更多的时间准备；那样一来，他们就会逼得一些摇摆不定的保守党议员重新就范，而要是现任政府在这项不信任案中得以幸免的话，其势力就只会得到巩固。现任政府甚至会提出要求，仓促地举行大选，赢得压倒性的胜利。因此，艾德礼告诉戴维斯，工党在这个关键问题上必须保留自己的意见才行。

5月7日星期二，又是一个晴朗和煦的春日。11时30分，丘吉尔参加了一场内阁会议。在会议上，他报告说，科克勋爵又发来了一封电报；这一次科克勋爵提出，无论如何，都要在48小时之内对纳尔维克发动一次进攻：“虽说我不敢肯定我方一定会赢，但胜算很大……”[②]于是，内阁便命令科克勋爵不要再等，而应当马上行动。由于政府不能公开谈论正在实施的军事行动，因此除了少数几个人之外，其他人都不知道接下来在挪威的冰天雪地里将会上演一场艰苦卓绝的战斗。英军将会占领该港；而当战争的焦点转向荷兰、比利时和法国之后，英军还会出人意料地从此地撤走。

那天上午开始在议会门前聚集起来的民众，则是民意确实正在转向的一种标志。他们明白，议会将讨论挪威的战况；或许，他们还感觉到了现任首相面临的危险。少数特权人士鱼贯而入。不过，那些持不同政见的保守党人士已经看出了艾德礼

---

* 克莱姆：“克莱门特”的昵称。
① 我们并不清楚此次会晤是什么时候举行的。
② 参见吉尔伯特编著的《海军部任职文集》，第1221页。

的暧昧态度，因而绝望得很。“看守委员会”的一名议员曾经写信给自己的儿子，如此说道：“我很担心，反对党的软弱……会让张伯伦继续独揽大权。”①还有一名最为积极、最有决心的反对者，他既加入了“艾登集团”，又加入了“治安委员会”；他在下议院茶水室里吃茶点的时候，曾经对两个朋友预测说，现任政府将会熬过这场辩论。此人还悻悻地说，或许政府理应熬过这场辩论，“让那些人恶有恶报吧”②。

马杰森已经下令，让那些可以参加的保守党议员都来参会。有大约20名保守党议员，身穿制服前来。他们都是从各自所属的军团前来参加此次辩论的。其中有些人刚刚从挪威返回国内。“时髦的小伙子”和“治安委员会”里的人，纷纷开始个别或者集体地接触他们，敦促他们与身在政府里的该党领袖脱离关系。对于部署在挪威的英军准备不充分、装备不足的情况，对于把他们派往那里的人是多么愚钝和平庸，谁又会比这些返回国内的士兵更加清楚呢？在下议院的茶水室里，在吸烟室里，在走廊里，在各个委员会的办公室里，在酒吧间里，甚至是在议员和朋友们吃午餐、俯瞰泰晤士河的阳台上，男女议员们都在尽力说服对方，要求对方支持或者反对现任政府。保守党内的反对者，试图说服工党领袖提出不信任案。休·道耳吞曾经对哈罗德·麦克米伦说，自己那个党派将会

---

① 引自吉尔伯特所著的《辉煌时刻》，第290页。写信者是劳合勋爵。他不但指责工党，还指责“绝大多数下院议员都俯首帖耳”。

② 引自奥尔森所著的《麻烦的年轻人》，第290页。这位反对者，就是罗伯特·布思比。他在茶水室里的那两位客人，一位是他的情妇多萝茜·麦克米伦，她是哈罗德·麦克米伦的夫人，也是一位坚定不移的“造反派”；另一位则是巴菲·达格代尔，他是亚瑟·贝尔福的外甥，也是英国一位主要的犹太复国主义者。

在第二天早上做出决定。哈罗德·麦克米伦是“看守委员会”里的一员，未来还会当上保守党首相。麦克米伦马上把这个消息报告给了索尔兹伯里勋爵。[①]与此同时，有两名“治安委员会”的成员还在冒着风险，满怀希望地讨论着另选内阁的问题。[②]

午餐时间过了之后，辩论室里议员开始落座。到了下午3时30分左右，议员们便把辩论室挤得满满当当。丘吉尔在保守党一侧自己的位置上坐下来。这是一个大房间，里面摆着一张桌子，把政府成员与反对党议员们隔了开来。那一天，丘吉尔并没有携带笔记本，他不准备发言。他的背后，是一排排渐次上升的后排座位，上面坐着其余的普通保守党议员；而工党议员们则在桌子对面那一排排渐次升高的座位上，与他相对而坐。张伯伦出场的时候，工党议员都起哄道：“坐失良机，坐失良机。”这可是一句非常恰当的嘲弄之语，张伯伦首相在4月4日评价希特勒的时候如此说过。下午3时48分，当张伯伦脸色苍白地站起身，下定决心，神情冷漠、面带轻蔑地开始讲话时，他们仍在起哄。

内维尔·张伯伦首相原本是一位事业有成的商人，后来又历任卫生大臣、财政大臣，一直牢牢地控制着绝大多数保守党人；他的父亲约瑟夫，则是一位非常了不起的帝国主义者和激进的脱党人士。那些不喜欢张伯伦的人都畏惧他，因为一切都

---

① 参见本·平洛特所著的《休·道耳吞传》（*Hugh Dalton: A Life*）一书（伦敦，1985年），第273页。

② 参见奈杰尔·尼科尔森编著的《哈罗德·尼科尔森日记：战争年代，1939—1945》（纽约，1967年），1940年5月7日，第77页。

是他说了算，而“党鞭”们则会不折不扣地去执行他的命令。不过，绝大多数普通的保守党议员也确实很喜欢和尊敬他，只是少有几人充分了解他，因为他并不会主动去跟别人交游或者交心。他们都愿意把国家的命运交到他的手里。他们都认为，张伯伦不但目光敏锐、极具才能，而且是一个对蠢材也很有耐心的人。他头脑冷静的判断，以及他不动声色的自信，他们都信得过。有位崇拜者曾经如此写道：“（他）有一颗清晰而理性的头脑；即便是在争论的时候，他也会非常强劲有力地摆出‘造反派’完全是一派胡言的理由。”①

张伯伦几乎始终认为，“造反派”是在胡说八道。就在那一天，就在那一刻，就在那间了不起的辩论室里，面对那些起哄的人，他只有一种冷漠的轻蔑感。他认为，自己在 20 世纪 20 年代早就领教过他们的手段了；当时，工党曾经反对过他削弱工党主导的地方政府权力的计划，而在 20 世纪 30 年代他担任财政大臣时，工党又曾强烈反对过他主张的财政紧缩政策。他认为，工党里的那些对手既喜欢吹牛，又感情用事。他相信，今天工党会出于党派原因，夸大挪威战事不利的后果。他会纠正他们的做法。“我方并没有派出大规模的部队参与作战，”起身开始讲话后，他居高临下地对他们说道，“事实是，参战的兵力不超过一个师，因此我方的损失其实并不大，遗留的辎重物资也不多，并且没有留下什么贵重的补给物资给敌人。”工党议员们都发出巨大的倒彩声，议长不得不进行干预，才让他们安静下来。

---

① 参见约翰·西蒙 1940 年 5 月 9 日所写的日记，载于牛津大学的《约翰·西蒙文集》，西蒙 12。

至于决定尽力先增援特隆赫姆、然后才去进攻纳尔维克的问题，张伯伦谴责了挪威政府，而没有指责英国的军事顾问。由此导致溃败的责任，他也归咎于挪威人。他反对成立一个更加精简、更有效率的战时内阁，认为那些要求这样做的人，并不清楚自己在说什么。工党议员继续奚落他，因此他做了“一个有点儿女性化的生气姿势”①。但他毫不退让，甚至不愿试着去安抚一下批评者。发言之后，他实际上没有做出任何妥协。

接下来的辩论，起初一直都沿着人们料想的方向发展。下午 4 时 45 分，艾德礼起身开始反驳了。不管张伯伦怎样想，艾德礼这个人既不喜欢吹牛，也不喜欢感情用事；当然，他并不是一位出色的演说家。尽管如此，他还是很有特色地表达出了自己至关重要的观点：“并非仅仅是挪威一个地方……先是捷克斯洛伐克和波兰，接着又是挪威。所到之处，听到的都是‘太迟了’的说法……所到之处，（我们）看到的都是控制失利、进攻不利。”接下来，代表自由党发言的辛克莱，又一口气列举出了政府一系列疏忽大意、用人不当和判断失误，导致目前这种灾难性后果的失职行为，他说这些情况数不胜数。支持首相的那些议员，先是用大家要团结这样简单的劝告来进行反击，接着又嘲弄对手，最后还开始恶毒地含沙射影。“这位议员阁下的演讲，肯定会让柏林极感满意的。”②有人说道。在这个节骨眼上，张伯伦的首席私人秘书写道：“大家普遍公认，政府会‘侥幸成功’。”③

---

① 参见尼科尔森编著的《日记》，1940 年 5 月 7 日，第 76 页。

② 此话为埃普瑟姆的阿奇博尔德·索思比勋爵司令官所说。

③ 参见约翰·科尔维尔所著的《权力边缘》（*The Fringes of Power*）一书（波士顿，1985 年），1940 年 5 月 7 日，第 117 页。

然而，就在那天下午和傍晚，后来的两次发言却把支持现任政府的人撇到一边，并让前头的人批评政府的发言显得相形见绌了。

北朴次茅斯选区的保守党议员、舰队司令罗杰·凯耶斯勋爵是一位英雄人物，曾在第一次世界大战中指挥过一场成功突袭比利时泽布吕赫德军潜艇基地的大胆战役；他在晚上 7 时 10 分抵达了议会大楼，身着整齐的制服，衣服上挂着一排排勋章。在过去的一个星期里，他一直都在请求海军大臣派遣他去进攻特隆赫姆，还说有必要的话，他可以率领一支老旧舰队去，以免新的舰队冒险。他向丘吉尔游说，请这位多年的好友支持，却没有获得成功。他知道自己不擅公开演讲，因此还预先写好了讲稿，准备在议会宣读。虽说那样做违反了议会的规定，可当他真的开始朗读讲稿之后，却没有人提出异议；他的话就像重锤一样，掷地有声，让吵闹不休的会场变得鸦雀无声。

“攻下特隆赫姆至关重要，势在必行，生死攸关。”凯耶斯反驳首相的观点，坚持如此认为。只有一个非常鲁莽的人，才会奚落一个全身披挂勋章，并且带着如此明显的感情和权威来发言的战争英雄。不过，没有任何人那样做，所有的议员都继续沉默不语。“我无须详细说明，但我认为，如果陆军做好配合准备，马上派遣数艘舰艇驶入特隆赫姆湾，那么，我们就能迅速占领那里，占领供我方战斗机起降的重要机场，以及供重型火炮、坦克和机械化运输船登陆所用的码头。”可是，政府却在最后一刻拒绝了海军的作战行动，同时不负责任地推进两场旷日持久的陆上进攻，从而导致战事失利。整件事情，就是“一种令人震惊的蠢行，我正告议会，政府本来是不应当让这种情况发生的”。

然后，凯耶斯没有再描述英军在挪威进行这场战役时的无能表现，而是转而开始说明下面这一点：在战争年代，顶层领导的低效与无能，必然会导致灾难性的后果。与斯塔福·克里普斯一样，他也希望成立一个精简的、由新领导层掌控的战时内阁。与克里普斯不同的是，他认为新的领导人不应该是哈利法克斯勋爵。他站在自己的座位上，俯瞰着坐在前排的那位老朋友，即海军大臣。我们不清楚丘吉尔是否与他有眼神交流，但凯耶斯正对着他，也正对着整个议会说道：“我极度钦佩与喜爱这位议员朋友……我希望看到他的本领得到恰当的发挥。我可不相信在现存的制度之下能够做到这一点。这场战争没法靠委员会打赢，而那些负责执行的人必须拥有行动的全部权力，必须不为各种会议拖累。”

“整个议会全都聚精会神地聆听着，鸦雀无声，”一位曾经与会的人士如此写道，“凯耶斯坐下之后，辩论室里响起了雷鸣般的掌声。”事实上，从前一个星期起，民意就已经转向了。挪威的溃败，改变了一切。现任政府习惯于倚赖的那帮人，刚才竟然在向一个谴责政府的人欢呼。克莱姆·艾德礼坐在反对党前排席位的正中央，做着笔记。不过，此时凯耶斯已经讲完，议员们开始骚动起来，他们都要吃晚饭了。议员们纷纷离去，辩论室慢慢地变空。然而，傍晚最具戏剧性的一幕，即将到来。

由“时髦的小伙子”组成的“艾登集团”的临时领导人利奥·艾默里也希望发言；当然，他可不会对着一座空无一人的议会大楼发言。这位令人敬畏的政治家、公务员兼谋略家，是在内维尔魅力非凡的父亲、坚定地捍卫帝国联邦制度的约瑟夫·张伯伦的鼓励之下，才步入政坛的。后来，他跃居高位，担任过鲍德温首相麾下的内阁大臣。希特勒起初承诺只占领苏台德地区*，却在1939年占领了捷克斯洛伐克全境。艾默里断定，与德国的这场战争势不可免，可是，英国还没有做好开战准备。他明确指出局势危急，结果也像丘吉尔那样，碰了一鼻子灰。不过，战争刚开始时的这番波折，并没有让他气馁。如今，他在三个反对张伯伦议会团体中的两个里面发挥着主导作用。原本应当不偏不倚、实际上却支持张伯伦的下议院议长，直到辩论室里的议员走得差不多的时候才叫他发言，原因就在于此。“我发言的所有效果，都取决于下议院议员全都在场时的反应，”艾默里后来如此写道，“不过，议长却知道我会捣乱。”①

艾默里几乎想要再一次坐下来，因为他的听众太少了。但是，克莱姆·戴维斯在他的耳边低语了几句。只要艾默里这位同僚能够拖延片刻，他就能聚拢一批听众。接下来，随着“治安委员会”的这位领袖在议会大楼里跑来跑去地叫人，呼吁议员们回到辩论室，艾默里便清了清嗓子，摆正了自己的领结，看了看天花板，说了几句无关痛痒的开场白，然后对了对自己的怀表。他再次扫视了辩论室一眼，看到自己“至少有了几个下院议员当听众”，便开始发言了。他的意图，就是“只要做得到，就把政府赶下台去”。

他发起了一场激烈的控诉，谴责政府在挪威战役中的做法，谴责政府没能预见到德国的进攻，谴责政府对德作战的战略，

---

* 苏台德地区：捷克斯洛伐克西北部与德国接壤的一个地区，居民主要是日耳曼人。

① 参见艾默里所著的《我的政治生涯》(*My Political Life*)，第3卷，第360页。

谴责政府对于没能成功地做到这一切而做出的解释，谴责政府对挪威战事中相对于德军的己方得失评估。在他发言的时候，议员们陆续进入了辩论室；他前面与后面的保守党议席，也坐满了议员。艾默里注意到，他们当中有人低声表示赞同并鼓掌，便抖擞起了精神。与凯耶斯一样，他发现，下议院里有许多议员都开始接受他的观点。

他的发言中，第一部分就是一场控诉，详尽而尖锐；第二部分则是呼吁，敦促大家采取行动。“我们不能再像现在这样下去，”他警告说，“必须有所改变才行。首先，我国政府的制度和结构必须有所改变。这可是战争时期，而不是和平时期。”不过，仅仅有一个经过精简却依然由张伯伦手下组成的战时内阁还不够。战时内阁，必须有各个党派的代表，加上在英国势力无比巨大的工会运动代表，或者得到各个党派和工会运动的支持。“建立一个真正的国民政府……的时机已经到来。”但是，大家都很清楚，工党是不会加入一个以张伯伦为首的政府的。艾默里说，这个国民政府的领袖，必须具有“远见卓识、勇敢无畏、反应敏捷和决策一致”等能力；除了最后一点，其他能力在张伯伦的身上显然都没有体现出来。然而，温斯顿·丘吉尔却具备这些能力。艾默里并没有像凯耶斯那样直接说出丘吉尔的名字，只是简单地提醒下议院：“我们不能再接受如今这样的领导了。”

艾默里的目的是推翻现任政府，而不是提名一位新的首相；此时，他的发言也达到了高潮。即便如此，他还是犹豫着，不知要不要继续说下去，这些话都太过刺耳、太过伤人，永远都不可能被收回，人们也永远都不会忘记。他是面对坐在前排的朋友和同僚发言；过去，他与这些朋友和同僚一起工作，关系密切，其中还有他无比崇拜的那个人的儿子。尽管如此，他最终还是继续说了下去："我们是在为自己的生存而战，为我们的自由而战，为我们的一切而战。"下议院里那些刚刚开始与他产生同感的议员，似乎都表示同意。后来，他曾在自己的回忆录里如此写道："我觉得，当时我是被自己的演说在周围议员当中激起的那种汹涌情感裹挟着前行的。"于是，他又重申了刚才所说的话；这些话，是他那天早上在准备演讲时精心想出来的。不过，即便是到了那个时候，他仍在怀疑自己会不会用到奥利弗·克伦威尔在 1653 年对"尾闾议会"* 所讲的那些话；克伦威尔说那些话的原因，是他认为"尾闾议会"不再适合于管理整个国家的事务。艾默里伸出胳膊，戏剧性地指着前排的议员们，指着他的朋友与同僚，说道："你们已经因为自己发挥出的那一丁点儿作用而在这里坐得太久了。走吧，我说，让我们和你们断绝一切关系吧，看在上帝的分上，滚吧！"

此时正是晚上 8 时 44 分。他已经讲了 41 分钟，震惊了整个下议院。"这是我听到过的最令人可畏、最为猛烈的一场抨击性演说。"哈罗德·麦克米伦曾经如此评价道。① 戴维·劳合·乔治说，这是他五十年来听到过的最激动人心的演讲高潮。② "其中都是一些可怕的词句。"在日后所著的战争回忆录当中，丘吉尔则会如此写道。③

---

* 尾闾议会：亦称"残缺议会"，指 1648 年 12 月托马斯·普莱德率军将反对审判查理一世的议员驱逐以后的英国议会。1653 年，尾闾议会被克伦威尔解散，1659 年复开，1660 年最终解散。

① 参见哈罗德·麦克米伦所著的《战争的冲击》(*The Blast of War*) 一书（伦敦，1968 年)，第 56 页。

② 参见艾默里所著的《我的政治生涯》，第 3 卷，第 365 页。

③ 参见温斯顿·丘吉尔所著的《第二次世界大战回忆录》，第 1 卷，《风暴前夕》（波士顿，1948 年)，第 659 页。

那天晚上，还有其他一些人发表演说，其中既有批评现任政府的，也有捍卫现任政府的。不过，再也没有哪一个人能够消除凯耶斯和艾默里两人给他们留下的印象，或者补充更多的什么了。过后，议员们纷纷来到下议院的吸烟室、酒吧、旮旯和角落里，三五成群地聚集在一起。他们在下议院里逗留了好几个小时，一遍又一遍地修正、思考和决定自己的计划。没有证据表明丘吉尔参与了这些秘密会议当中的任何一场。但在那时，他也要准备发表一场了不起的演讲。第二天，待这次辩论最终结束之后，他就会发表这个演说。他打算替没有辩护余地的那一方，进行一场猛烈而才华横溢的辩护。

5月8日星期三上午，又是一个晴朗无云、天空蔚蓝的日子。在战时内阁会议上，尽管因为艾默里的猛烈抨击而觉得很是生气，但张伯伦首相还是装出一副心情不错的样子。或许，各大报纸上的头条和社论鼓起了他的勇气；因为它们都预测说，不管怎样，他都会安然无恙地度过这场议会辩论的。或许，他天真而不现实地以为，到了必要的时候，他仍然有退路可走，可以罢免掉以前最明显地支持过绥靖政策的那几位内阁大臣，即塞缪尔·豪尔、约翰·西蒙和金斯利·伍德，并且用工党人士取而代之，从而丢卒保帅，安抚住那些批评者。那天晚些时候，哈利法克斯勋爵会向赫伯特·莫里森提出这一方案。至于张伯伦首相对自己的看法，自然与外交部常务次长亚历山大·卡多根勋爵的看法一样；后者在当天的日记中曾经写道，张伯伦仍然是“目前最合适的首相人选”①。

---

① 参见迪尔科斯编著的《卡多根勋爵日记》，1940年5月8日，第277页。

实际上，就在那天下午下议院重启辩论的时候，莫里森与其他工党领袖正在讨论究竟要不要提出不信任案。艾德礼改变了自己的立场。此时他认为，工党应当要求举行不信任投票。前一天晚上他已看到，下议院里的民意发生了转向。很有可能，他与克莱门特·戴维斯又商谈过一次。后来他回忆道："不满情绪已经达到的程度，要比我们原本以为的严重得多。我敢保证，假如产生分歧的话，许多保守党议员应该会支持我们。"① 格林伍德表示同意，可道耳吞却不赞同那样做。②至于莫里森，他后来宣称自己在此次会议上发挥出了决定性的作用，支持工党提出不信任案。他可能开始意识到，眼下的要求，已经压倒了他在星期一与哈利法克斯勋爵达成的任何协议（如今，没人知道那个协议的内容究竟是什么，因为那场会晤没有留下任何记录）。然而，艾德礼后来却指出，当时莫里森只是很不情愿地支持提出不信任案。当天下午开始党内辩论的时候，莫里森宣布了这一决定。过了一会儿，在下议院开始辩论之前，工党议员们便正式批准了党魁的这一决定。

"看守委员会"也在5月8日上午举行了会议。这次会议，是在索尔兹伯里勋爵位于阿灵顿大街上的豪宅里面召开的。虽说此时各位委员还不知道工党的计划，但他们也需要确定好自己的行动方案。"（政府人事方面）不会做出任何普普通通的改组。"索尔兹伯里勋爵警告他们。③如果不是说现任首相必须下台，那么他这话又是什么意思呢？可是，在自己的逻辑暗示出来

---

① 参见剑桥大学丘吉尔学院《艾德礼文集》中的打印件，ATL 1/16。

② 引自奥尔森所著的《麻烦的年轻人》，第296页。

③ 参见尼科尔森编著的《日记》，1940年5月8日，第78页。

的这种结论面前，索尔兹伯里勋爵却退缩了。假如工党提出了不信任案，那他就会“恳求”委员们全都不要投票。他的最终目的，是要改良张伯伦领导的政府，而不是推翻这个政府。一些思想更加激进的委员，却不同意这一观点。①因此，最后散会时，与会者似乎都心意未决。虽然他们听到了索尔兹伯里勋爵的提议，可前一天晚上艾默里的讲话，却仍然在他们的耳边回响。

这三场会议结束之后，便到了午饭时分。丘吉尔回去给自己的演讲做最后的收尾工作。与许多议员不同，每次要在下议院发表讲话的时候，他都会带着非常详尽的笔记，用来提示自己。他期待着自己面对的挑战，期待着看到自己替那些差不多把他逼走了近十年的人辩护时，会出现一种什么样的讽刺意味。

到了下午 3 时 45 分，辩论室里再一次被议员们挤得满满当当。后排座位上，普通议员人满为患，有些议员再次穿上了自己的军装。整个辩论室里的气氛，差不多跟前一天晚上一样紧张。按照议程，莫里森起身开始发言。此时正是 4 时零 3 分，他明白，这是迄今为止，深陷战火的祖国面临的一个最重要的时刻。莫里森身材矮小精悍，一目失明，很可能是工党有史以来最优秀的一位政治机构缔造者。他很清楚，若想让英国生存

---

① 参见戴维·弗里曼所著的《是谁真正让丘吉尔上台掌权的?》（Who Really Put Churchill in Office）中摘录的拉里·L.威瑟雷尔的《索尔兹伯里勋爵的“看守委员会”与 1940 年 5 月内维尔·张伯伦的下台》（Lord Salisbury's Watching Committee and the Fall of Neville Chamberlain, May 1940），见于《英国历史评论》，2001 年 11 月，丘吉尔研究中心，网址：www.winstonchurchill.org/support/the-churchill-centre/publications/finest-hour/issues-109-to-144/no-114/651-witherell-larry-l-qlord-salisburys-watching-committee-and-the-fall-of-neville-chamberlain-may-1940q。

下去，并且不仅只是让英国生存下去，那么现任政府就必须下台。他必须戳穿现任政府在组织机构、效率和能力方面的种种托词，并且让保守党内那些犹豫不决的议员认识到，必须换一个政府才行。

在接下来的演讲中，他非常出色地达到了这一目的。关于挪威战役一系列无可辩驳的具体问题，揭穿了政府在能力方面找出的种种借口。他质问道："有没有制定过什么作战计划，让挪威的不同部队之间实现统一指挥呢？"

> 派防空火炮过去，却没有预警机，并且过了一个星期之后才派防空火炮过去，难道不是事实吗？派其他火炮过去，却没有弹药，难道不是事实吗？机枪没有多余的枪管，难道不是事实吗？我方在纳姆索斯占领的港口与在翁达尔斯内斯占领的港口之间，有没有恰当的联络方式，这两个地方之间，又有没有恰当的通信联络呢？军队没有装备雪地鞋，结果使得部队困在路上并受到轰炸，难道不是事实吗？派遣地方自卫旅过去……却是从未接受过编队训练的第二地方自卫军，难道不是事实吗？①

他的控诉毫不留情，他的结论无可逃避。就像艾德礼前一天已经控诉过的一样，问题并非仅仅在于挪威的局势。"事实是，在战前和战争期间……至少一些大臣的整个精神面貌、步调和性情都是错误的，既不合格，也不恰当。我不得不特别指

① 引自赫伯特·莫里森所著的《英国议会议事录》中的《战争行为》（*Conduct of War*），1940 年 5 月，第 360 卷。

出的，就是首相……”他还提到了其他一些以前支持绥靖政策的人。因此，莫里森结束演讲、要求提出一项不信任案的时候，应该是没有一个人感到惊讶的。

然而，张伯伦的反应却是大吃一惊，而且非常生气。因为若是打算提出此种不信任案的话，反对党通常都会预先通知他。不过，张伯伦还是很自信，因为他会算数：反对党不可能以多数票击败他。莫里森一讲完，他就迫不及待地站起身。“尊敬的议员先生刚刚所说的话，让我不得不在这个时候插上一两句。”他反对进行投票表决，因为这意味着国家不团结。“不过，我会跟议会里的朋友说，因为我在议会里有很多的朋友（此时，据一位当时正在密切注视着他的人说，他的脸上掠过了‘一丝胜利的神色’），我会接受挑战……我们不妨来看一看，究竟是谁在支持我们，又是谁在反对我们；因此，我呼吁所有的朋友，今晚都到议院走廊里来支持我们。”

根据当时和此后大家的一致意见，张伯伦向“自己的朋友”发出的这一呼吁，不仅被人误解了，还导致了灾难性的后果。这位首相，似乎想把此次不信任案投票变成一个政党忠诚度的问题；可其他任何一个人都明白，这项不信任案的意义，显然要比政党忠诚度深远得多。“治安委员会”的克莱姆·戴维斯马上就意识到，谁是可以把议员们这种受到首相贬低的感觉传播开来的最佳人选。于是，他“捎了一句话给劳合·乔治”。很显然，莫里森的想法与此一致。此外，自由党的“党鞭”以及劳合·乔治的女儿兼安格尔西岛郡*议员梅根，也是

---

* 安格尔西岛郡：1974 年以前英国威尔士的一个旧郡。

这样认为的。他们全都清楚，谁能够对张伯伦首相发动反击；但起初，这位老人家却不想干预。戴维斯“神情激动地用威尔士语与他说话……（他）回答道：‘难道了不起的阿喀琉斯*也无计可施了吗？’”不管最终是谁说服了他，戴维·劳合·乔治还是帮上了忙。①

虽然坐在反对党前排议席的一角发言，但劳合·乔治实际上隶属于自由党，而不是一位工党人士。“他在自己的位置上站起身，身材矮胖结实，满头银发，”美国《基督教科学箴言报》的一位记者曾经如此写道，“以前的那种激情，迅速回到了他的身上，他的演讲变得熠熠生辉，他开始用手指威严地指着过道对面坐在前排的政府议员们……（他的）话语中仿佛仍然回响着克里基厄斯**的钟声。”②有些人曾经希望，张伯伦倒台之后，劳合·乔治能够取而代之。许多人都以为，就算不当政府领袖，这头“冬日雄狮”也会在新一届政府里担任其他职务。可实际上，5月8日的这场演讲，将是劳合·乔治最后一次重大的政治介入活动。他不会再发表一场比此次更加精彩的告别演说了。

劳合·乔治仔仔细细，列举出现任政府在最近展开挪威战役之前出现的多次失误：丢掉了捷克斯洛伐克和波兰；被迫放弃了短命的法苏同盟（1935—1938）（倘若希特勒胆敢在东西

---

* 阿喀琉斯：古希腊神话传说中的一个半神英雄，是海洋女神忒提斯和凡人英雄珀琉斯之子，荷马史诗《伊利亚特》中曾描述他参加过特洛伊战争，是希腊联军中的第一勇士。他全身刀枪不入，只有脚踵是弱点，后被帕里斯用箭射中脚踵而死。

① 引自赫伯特·莫里森所著的《英国议会议事录》中的《战争行为》，1940年5月，第360卷，以及布思比所著的《手稿》。

** 克里基厄斯：英国威尔士的一个小村庄，是劳合·乔治的故乡。

② 参见1940年4月16日《基督教科学箴言报》上的《五十年后的劳合·乔治》（Lloyd George After 50 Years）一文。

任何一线发动战争，而斯大林没有对这一同盟失去信心，并且没有在西方民主国家做出慕尼黑妥协之后废除协定，法苏同盟原本是可以让德国两线作战、腹背受敌的）；而其中最主要的，还是没能有效和迅速地重整军备。“大家都很清楚，无论政府做什么事情，都做得很不认真、很没有效率，并且毫无动力、很不明智。”劳合·乔治指责说。他想替丘吉尔开脱，撇清丘吉尔与挪威战事失利的责任，因为他希望丘吉尔继续在政府里任职：“我认为，海军大臣对挪威发生的一切没有任何责任。”与众不同的是，丘吉尔却并不认同这一说法，而是说：“我会对海军部所做的一切负全责，并且承担起我的全部责任。”可劳合·乔治马上反驳道：“尊敬的议员阁下不必任由自己变成一个防空洞，来防止弹片伤及自己的同僚。”

他的结束语，比当天发表的其他任何一场演说，都更让张伯伦陷入不利的境地：“首相必须牢记，他已经遇到了我们不论是在和平时期还是战争时期都最强大的一个敌人。可他已经被敌人打败了……他呼吁我们做出牺牲。只要有坚强的领导，整个国家都随时准备做出任何牺牲……我要郑重说明的是，首相应当做出牺牲的表率，因为没有哪一种牺牲，会比他牺牲自己的官印更能让我们在这场战争中走向胜利。”

丘吉尔对坐在前排的一位保守党议员低声说道：“这样说，可真的让我今晚遇上麻烦了。”待到劳合·乔治终于坐下之后，针对他的这场演讲，丘吉尔只说了寥寥几个字的评语：“绝对毁灭性的。”①后来还有人发表演说，其中包括斯塔福·克里普

① 引自威廉·曼切斯特所著的《最后的雄狮：孤独的温斯顿·斯宾塞·丘吉尔，1932—1940》（*The Last Lion*：*William Spencer Churchill*, *Alone*, *1932—1940*）一书（波士顿，1988年），第659页。

斯，他也对现任政府施加了猛烈的抨击。不过，正如克里普斯当天深夜在自己的日记里所写的那样，劳合·乔治的努力，是“一场近乎完美的议会演说。在那两天发表的所有演讲当中，劳合·乔治的演说是唯一一场表现出真正的领导才能与激情的演说”①。

克里普斯可能小看了丘吉尔本人为了给现任政府打气而做出的努力，因为这位海军大臣当时可以说是“粗瓷碗雕不出细花来”。批评张伯伦的人都明白，别人做得到的事情，丘吉尔也做得到。其中一人曾经回忆道：“我希望他碰上好运，可又加了一句，希望他的演讲不要太过具有说服力。”丘吉尔则回答说，“他既然已经签字航行，就会与座舰同生共死”②。接下来，他便离开吸烟室，步履蹒跚、摇摇晃晃地去参加辩论，如同一名海盗。此时，刚过晚上 10 时。

起身发言的时候，丘吉尔的注意力主要都是放在挪威的战事之上。批评者都说，英军在那里没有采取主动出击的姿态，因为英军没有获得制空权。这种情况，该由谁来负责呢？直到 1938 年之前，两大反对党一直都在反对扩充皇家空军。这次反对党之所以提出批评，完全是因为丘吉尔取消了从海上进攻特隆赫姆的行动。但所有的军事顾问都建议过，要他放弃。倘若丘吉尔无视他们的建议，派出一支英军的话，那么就算这支英军在困难重重的情况下设法占领了那座城市，“也不可能承受住德军从位于奥斯陆的庞大基地出发，沿着奥斯陆通往北方的

---

① 参见克里普斯 1940 年 5 月 8 日所写的日记，见于《克里普斯文集》，SC5/1。
② 参见曼切斯特所著的《最后的雄狮：孤独的丘吉尔》，第 659 页。

铁路与公路进击所带来的巨大压力”。

一如既往，他表现得非常机智，辛辣刻薄的话语连珠而出。当一位坐在前排的工党议员提出，是战时内阁而不是参谋长委员会在进攻特隆赫姆的问题上优柔寡断时，丘吉尔仿佛极为生气，厉声说道：“不要再有这种错觉了。”片刻之后，当工党后排的普通议员打断他的发言时，他又一次厉声说道：“一整天我们都在口出恶言，而现在反对党的各位议员阁下竟然连听一听都不愿意了？”至于内维尔·张伯伦对反对党提出不信任案的反应，他是这样说的：“有人已经提出了异议，因为首相说过，他会向朋友们呼吁。他认为自己有一些朋友，我也希望他有一些朋友。天下太平的时候，他当然是有很多朋友的。”

不过，对于挪威的情况仅仅是一种预兆，预示着一个严重得多的问题这一批评，丘吉尔却没有做出回应。或许，这是因为他很清楚，自己无法回应这个问题吧。

接下来，就是艾默里曾经写道的“我迄今为止参加过的一场最具戏剧性的分边站”。[①]每当下议院投票表决的时候，议员们都会分边站：或是走进赞成厅，那是位于议长席右边、政府议员席后方的一个房间；或是走进反对厅，这个房间位于议长席左边，在反对党议员席的后边。议员们分别走进这两个房间的时候，都会向站在门口、面无表情地计算票数的计票员和“党鞭”微微鞠上一躬。这天晚上，工党和自由党的所有议员全都走向了反对厅。那些持不同政见的保守党议员也是如此，

---

① 参见艾默里所著的《我的政治生涯》，第3编，第368页。

其中还包括一些此前一直不打算参与投票、只作壁上观的议员。其他一些议员则继续明目张胆地坐在那儿。他们宁愿放弃投票，可这本身也是一种意味深长的选择。身穿军装的议员几乎全都是保守党人，他们也走向了反对厅，其中有些人还在流泪。“我直接从纳姆索斯回来，就是要给现任政府投反对票的。”其中一人曾对工党的休·道耳吞如此说道。[①]令人敬畏的道耳吞也流泪了。那天晚上，后来还有一名议员对自己的父亲解释说，可惜的是，投反对票是他能够行使的唯一一种抗议办法。第二天，他就要率领自己手下的部队开赴前线。他的这支部队既无装备，也没有经过训练，因此显然会为此付出代价；可在政府当局里面，竟然没有任何一位领导人愿意听他诉说。[②]两派议员分开阵营之后，支持现任政府的议员们都朝对方高声叫着“吉斯林”，这是挪威政治家对那些背叛祖国、帮助纳粹占领者人的称呼。而批评现任政府的议员则回敬说，对方都是些“唯唯诺诺的人”，或许，这还是一种程度较轻的辱骂。总而言之，“这里就像是一个疯人院。”一位对张伯伦忠心耿耿的议员写道。[③]不过大家全都明白，英国这个“议会之母”正在以自己的实际行动，向全世界表明什么才是民主。民主值得捍卫，甚至值得为了民主而付出生命。德国人可做不到这一点。

投票之后，议员们便回到辩论室里，等待着计票结果。坐

---

① 参见奥尔森所著的《麻烦的年轻人》，第 302 页。

② 这是昆廷·霍格对父亲黑尔舍姆勋爵道格拉斯·霍格所说的话，后者接下来便给张伯伦首相写了一封信，解释了儿子这样做的原因。参见《张伯伦文集》中黑尔舍姆勋爵致张伯伦的信，NC7/11/33/73。

③ 参见亨利·香农于 1940 年 5 月 8 日所写的日记，引自吉尔伯特所著《海军部任职文集》，第 1252 页。

着的议员全都焦躁不安，紧张地说着话，而那些无处可坐的议员，则心急如焚地在过道里或者议长席边乱转。丘吉尔在自己的前排座位上坐下来，那里离首相不远。辩论室里弥漫着一种紧张不安的气氛。接着，现任政府的“党鞭”马杰森终于来到辩论室中央的那张桌子前站定，用冷淡而平静的声音，宣布了计票结果：281 票赞成，200 票反对。

一位工党议员写道：“整整过了 5 秒钟之后，我才意识到这两个数字的重要性。”如果保守党团结一致的话，张伯伦原本是可以获得 213 张多数票的，可如今，他却只获得了 81 张多数票。有 42 名保守党议员，都给他们的党魁投了反对票。大约有 60 位保守党议员放弃了投票，意味着这些人也对他们的领导人没有信心；否则的话，他们就会投下赞成票。一阵喘息之后，紧接着就传来了一声大喝：“辞职。”这是工党议员们喊出来的。其他议员也随声附和：“辞职，辞职。”一些议员开始一遍一遍喊道：“看在上帝的分上，滚吧。”他们重复着艾默里引用克伦威尔的那句话：“滚吧，滚吧。”后来，艾默里在他的回忆录里写道：“这并不是一个让人觉得舒服的时刻。”[①]“我们应当唱点儿什么。”一位持不同政见的保守党议员说道。于是，坐在他旁边的那位工党议员马上唱起了《大不列颠颂》。[②]其他人也纷纷加入进来。此时，马杰森向那些忠于张伯伦的保守党议员示意，要他们为首相喝彩；毕竟保守党在下议院里仍然占大多数。这些议员发出的喝彩声，让辩论室变得更加嘈杂喧嚣了。

---

① 参见艾默里所著的《我的政治生涯》，第 3 编，第 368 页。

② 参见约西亚·韦奇伍德所著的《战斗生涯回忆录》（*Memoirs of a Fighting Life*）一书（伦敦，1941 年），第244 页。

听到计票结果之后，张伯伦的脸色一下子变得极其苍白难看，但不久之后，他就恢复过来，嘲讽地笑了一下，然后站起身，挺直腰板，坚定不移地走出了辩论室。就在那一刻，他觉得自己完蛋了，但又不能表现出来。“我非常替他难过，”保守党内对他批评得最严厉的一位议员曾经如此写道，“我想起，仅仅18个月之前他才入主唐宁街（与德国达成《慕尼黑协定》之后），当时身边全都是蜂拥而来向他欢呼的民众。”①如今，只有前排议员继续追随他，而当他离开辩论室的时候，听到的也只有嘲笑和嘘声了。他在议会里的敌人，已经把他牢牢地钉到一个钩子上，他们下定了决心，要让他没法偷偷地溜走。

在德国，此时很快就要天亮了。而在北方的莱茵河畔，德国第十八军的士兵们都在宁静中酣睡着。他们并不知道（可以说，几乎没有一个人知道），即将破晓的这一天，即5月9日星期四，会是他们最后的宁静时光，因为在以后很长的一段时间里，他们都没法享受太平了。到了星期五，他们就会跨过莱茵河，进入荷兰（目标是阿姆斯特丹和鹿特丹），并且开往北部沿海地区。驻扎在南边的第六军，会向布鲁塞尔和安特卫普进军。第四军会向比利时的沙勒罗瓦和迪南两市进军。随着英法两军急速向北驰援、抵抗入侵者，德国第十二军将会从英法两军的南方穿插而过，经由卢森堡和比利时的阿登高地森林，然后越过法国色当附近的默兹河，切断英法两军之间的联络，将

---

① 参见罗伯特·布思比所著的《我为生存而战》（*I Fight to Live*）一书（伦敦，1947年），第218页。

两军包围起来。

5 月 9 日星期四，是整个西欧在接下来五年多里的最后一个宁静之日。这一天破晓之后，又将是一个晴空万里、云淡风轻的好日子。[①]

① 参见安东尼·比弗所著的《第二次世界大战》(波士顿，2012 年)。

第二章 确定战时首相

温斯顿·丘吉尔上台掌权，并不是一件必然的事情。5月8日晚上，就在张伯伦轻蔑地大步走出议会辩论室，耳边回响着一声声嘲笑之语的时候，在由谁来取而代之这个问题上，批评他的那些议员并没有达成一致的意见。无疑，有一些人，尤其是那些持不同政见的保守党议员和“治安委员会”的议员，都是支持丘吉尔的。可保守党、自由党内的其他人，甚至是工党的其他议员，却想要哈利法克斯勋爵来当首相；还有少数人，则更愿意让利奥·艾默里、戴维·劳合·乔治，或许甚至是安东尼·艾登来担任首相。英王乔治六世原本希望张伯伦能够坚持下去，可是，如果张伯伦必须辞职的话，他也希望由哈利法克斯勋爵来接任首相。

随着辩论结束后的第二天（也就是5月9日）一分一秒地过去，即将加入丘吉尔那个战时内阁的人，在选择偏好方面也发生了变化。不过，他们绝对不是全都支持丘吉尔的。工党领袖克莱门特·艾德礼曾经说过，他更愿意由哈利法克斯勋爵来当首相。①可后来他又说，自己也搞不清哈利法克斯勋爵与张伯伦有什么差别，因此他都不想效力。②在当天的另一个时候，他又说，只有丘吉尔当首相，他才不会拒绝加入

---

① 休·道耳吞曾经如此向巴特勒汇报（而巴特勒又在1940年5月9日报告给了哈利法克斯勋爵），参见《哈利法克斯文集》，A4.410.16。

② 引自奥尔森所著的《麻烦的年轻人》，第309页。

政府效力。[1]工党副党魁亚瑟·格林伍德曾对克莱姆·戴维斯说，他和“其他几位社会主义者前座议员将会最迅速地效力于”艾默里的麾下[2]，其中也包括艾德礼，因为艾德礼正是这些社会主义者前座议员的领袖。他们为什么没有全都围到海军大臣的身边去呢？这是因为，尽管丘吉尔身上具有诸多超出常人的品质，可他们全都知道，丘吉尔是一个狂热的反社会主义者，是他们在1926年大罢工期间最凶狠的敌人，并且是一个极端的帝国主义者，他连辩论一下印度自治的问题都要反对；而在这个问题上，哈利法克斯勋爵起码还是愿意讨论的。[3]在其他那些不久之后也会一起来到这位20世纪（或许还是英国有史以来）最伟大的保守党首相身后的人心中，同样也充满了不确定感。就连丘吉尔的终生密友、自由党党魁阿奇博尔德·辛克莱，在几天之前支持的，也还是哈利法克斯勋爵。到了5月9日，辛克莱又开始担忧起德军即将发动一次进攻，因此非常不情愿地得出结论说，最好还是让张伯伦继续留在台上，直到度过此次突发事件。张伯伦本人自然是不想下台的。就算不得不下台，他也希望由哈利法克斯勋爵接掌大权。丘吉尔本人呢，尽管心中无疑也怀有自己的抱负，可他在那天却仍然明确表示过好几次，说不管是哪个人担任首相，只要能够团结和组建起一个真正的国民政府，他都会前去效力；而他所指的人，显然首先就是哈利法克斯勋爵。实际上，在丘吉尔组建的第一个战时内阁

---

① 布伦丹·布雷肯曾经如此向比弗布鲁克勋爵汇报。参见A.J.P.泰勒所著的《比弗布鲁克勋爵》（纽约，1972年），第409页。

② 参见艾默里所著的《我的政治生涯》，第3编，第370页。

③ 参见艾德礼1965年7月19日写给劳伦斯·汤普森的信，载于《赫伯特·莫里森文集》，伦敦政治经济学院，莫里森8/2。

当中，唯一不愿意让哈利法克斯勋爵当首相的阁员，就是哈利法克斯勋爵自己。但是，连他也犹豫过，因为他曾经对一位密友说，他清楚自己干得好首相的工作。假如认为还有其他人够资格来当首相的话，他就不会这样说了。

导致丘吉尔平步青云的民意聚合力，几乎是到最后一刻才形成的；而这整个过程，也很难说是必然的。这种情况，带来了一些不利的后果。丘吉尔将会记着，自己的上台纯属偶然，而到了后来，即战争结束之后，他还会据此认为，手下的一些大臣想要阴谋陷害他。他记得，人们的政治忠诚已经丧失殆尽。不过，他却不记得工党是张伯伦下台这一过程当中的关键因素，不记得工党曾经占有优势，尽管工党在当时并不知道这一点。而且，他也从来没有想到，工党在 1940 年发挥出的作用，可能会从某些方面预示出该党在 1945 年将把他赶下台。

5 月 8 日午夜前不久，在那场戏剧性的分组表决之后离开辩论室时，张伯伦最先想到的，就是他必须马上辞职。他对丘吉尔说，“他不能继续执政下去，应当组建一个国民政府”。不过，原先他手下那些支持绥靖政策的前座议员，却并不认同这一观点。“以本人的谬见来看，我可不知道到哪里去找这样一个出色的团队。”在辩论开始之前，其中一位议员曾经在日记里如此写道。[①]“我认为，作为首相，您可以说是不可或缺的。”另一人又在辩论结束数小时之后对他说道。[②]更令人惊讶的是，当时连丘吉尔也认为张伯伦不应该辞职。他发了脾气，否则他

① 参见约翰·西蒙 1940 年 5 月 8 日所写的日记，载于《西蒙文集》，西蒙 11。

② 参见莫里斯·汉奇 1940 年 5 月 9 日写给张伯伦的信，载于剑桥大学丘吉尔学院里的《汉奇文集》，4/32。

不会无缘无故发表那场好斗的演讲。分组表决之后的混乱局面，只是激起了他更大的怒火。“这是一场具有破坏性的辩论，但您获得了多数支持，”丘吉尔曾经如此安慰自己的领袖，“请不要把这件事放在心上，也不要太难过……从各个方面来巩固您的政府，让我们坚持下去，除非绝大多数人都抛弃了我们。”[①] 丘吉尔还写道，当时他以为自己的劝导毫无用处。[②]可事实并非如此，或许，张伯伦实际上并不需要太多的劝慰。

不管怎样，张伯伦都改变了主意，决定继续抗争。他离开议会大楼，前往白金汉宫，对英王乔治六世说，他会继续担任首相，会改组政府，会邀请工党和自由党领袖加入政府。这让乔治六世放下心来，觉得很高兴。到那天晚上就寝的时候，张伯伦已经对过去 24 个小时里发生的这些事情感到泰然自若了。他的私人秘书度过了那个非同寻常的一天一夜之后，曾经在自己的日记里深信不疑、鹦鹉学舌般地添加了一句话：“政府获得了 81 张多数票——他们原本希望获得 100 票——还是相当令人满意的。”[③]

第二天清晨（此时，伦敦正值“郁金香盛开期”，巴黎和柏林两地无疑也是这样[④]），距希特勒发起闪电战还有不到 24 个小时，张伯伦开始着手按照丘吉尔的建议行事了。他没有与工党或自由党的领袖们联系，而是打了一通电话，试图通过赢得保守党内投了弃权票的那些议员的支持来巩固政府，因为这些议员虽然心存不满，却并没有投他的反对票。对于这些人，

①② 参见丘吉尔所著的《风暴前夕》，第 661 页。

③ 参见科尔维尔所著的《权力边缘》（波士顿，1985 年），1940 年 5 月 8 日，第 119—120 页。

④ 参见迪尔科斯编著的《卡多根》，1940 年 5 月 9 日，第 277 页。

他使尽了浑身解数，逐个利诱。他还承诺，把其余那些突出地支持过绥靖政策的人（即塞缪尔·豪尔、约翰·西蒙和金斯利·伍德）逐出自己的政府，并且开始对政府实施改组。对于那些彻底持反对态度的人，他抛出了一根重要的橄榄枝：那天早上 8 时整，他把曾经要求他“看在上帝的分上，滚吧”的利奥·艾默里请到了唐宁街 10 号，任由后者在内阁中选择自己合意的职位，包括外交大臣一职。不过，这种形式的安抚（有些人称之为“收买”），却没有发挥出作用。那些投了弃权票的保守党议员与“造反派”，全都希望张伯伦下台。艾默里也断然拒绝了首相的要求。①与此同时，9 时 30 分，索尔兹伯里勋爵的“看守委员会”在阿灵顿大街再次召开了会议。其中一名委员记录道，该委员会“一致同意下述方案”：

1. 必须组建一个联合政府。

2. 假如张伯伦、豪尔和西蒙留任，那么工党不会加入这个联合政府；因此

3. 上述 3 人必须下台。

有趣的是，该委员会责成索尔兹伯里勋爵将这一消息立即传达给哈利法克斯勋爵。就在那时，或许该委员会的绝大多数委员都希望，哈利法克斯勋爵这位外交大臣会取代张伯伦担任首相呢。②

可议会里的工党议员却不那么想。就在索尔兹伯里勋爵将

---

① 参见艾默里所著的《我的政治生涯》，第 3 编，第 370—372 页和其他诸多资料；以及布莱克所著《丘吉尔是如何当上首相的》，第 257—273 页。

② 参见尼科尔森编著的《日记》，1940 年 5 月 9 日，第 80 页。

消息传达给哈利法克斯勋爵的时候，斯塔福·克里普斯正在征求工党的意见。他很快就意识到，工党的议员们非但“不希望哈利法克斯勋爵当首相（而且）……其中许多议员也害怕温斯顿”。他找到了劳合·乔治。那么，这头老雄狮会不会“接受这份工作”呢？不过，就算工党议员们可能会乐见这一结果，绝大多数保守党议员也绝不会同意。总之，劳合·乔治拒绝了。但是，他们两人都认为，不一定非得由丘吉尔来接替张伯伦担任首相。他们讨论了一下丘吉尔当选的可能性，然后得出结论说，在必要的时候，丘吉尔无疑会同意到哈利法克斯勋爵麾下效力。[①]

此时的丘吉尔，也在重新考虑一些问题。他给安东尼·艾登打了个电话；后者反对绥靖政策，并且与丘吉尔一样，是1939年战争爆发之后，才加入张伯伦政府的（艾登也是第二次加入政府）。丘吉尔希望“尽快”见到他。艾登抵达海军部大楼之后，发现这位海军大臣正在刮胡子。丘吉尔手里举着安全剃刀，向他“复述了一遍前一天晚上发生的事情”。就算真的曾经建议张伯伦“从各个方面”来巩固自己的团队，现在的丘吉尔也不再认为张伯伦能够做到这一点了。相反，“他认为内维尔是没法让工党加入政府的”。他还告诉艾登说：“必须组建一个国民政府。”[②]这句话的含意非常明显：必须由别人而不是张伯伦来组建这样一个政府。此时，丘吉尔并没有把自己推出来。

艾登离开之后，丘吉尔的终生密友比弗布鲁克勋爵到了。

---

① 参见克里普斯1940年5月9日所写的日记，载于《克里普斯文集》，SC5/1。

② 参见艾登1940年5月9日所写的日记，载于《埃文伯爵文集》，伯明翰大学，20/1/13-20A。

就在前一天，比弗布鲁克这位加拿大裔报业巨头兼顽固不化的政治阴谋家，曾经给张伯伦写过一张神秘的便条，似乎是建议后者继续坚持下去：在不信任案中险胜对手并非总是致命的，因为前首相戴维·劳合·乔治和安德鲁·博纳·劳两人，都曾熬过了此种情况。①然而，此时比弗布鲁克询问的，却是丘吉尔会不会到哈利法克斯首相麾下效力。据他后来所写的一份报道称，当时他希望这位朋友拒绝，并且要求自己荣登高位。②不过，对于比弗布鲁克的话，我们永远都不甚明了；或许，连比弗布鲁克自己都搞不清。一离开丘吉尔那里，他就对一名前内阁大臣说，他认为艾默里会担任首相。③

比弗布鲁克与丘吉尔刚一分手，张伯伦的门生、时任枢密院掌玺大臣的金斯利·伍德便到了。从这个身材圆胖、戴着眼镜的绅士那里，丘吉尔得知张伯伦首相最终还是接受了现实：假如他无力像自己确信的那样，组建一个团结各党派的国民政府，那么他必须辞职，并且支持一个能够做到这一点的新首相。④这种情况，很快就会发生。现在，丘吉尔必须开始严肃地考虑继任首相的问题了。此时，还不到中午。

伍德说得非常准确。张伯伦的确已经回到了议会辩论刚刚结束时的悲观失望状态。⑤或许，是艾默里的闭门羹动摇了他的信心。或许，是因为他已经接触过工党，而工党又断然拒绝了他。或许，是因为保守党的“党鞭”摸清了下议院里的情况，

---

① 参见比弗布鲁克勋爵 1940 年 5 月 8 日写给张伯伦的信，载于《张伯伦文集》，NC7/11/33/22。

② 参见泰勒所著的《比弗布鲁克勋爵》，第 409 页。

③ 参见艾默里所著的《我的政治生涯》，第 3 编，第 370 页。他把此事告诉过张伯伦手下的前陆军大臣莱斯利·霍尔-贝利沙。

④⑤ 参见丘吉尔所著的《风暴前夕》，第 555 页。

回复的都是令人悲观的结果。10 时，他把外交大臣兼最亲密的同僚哈利法克斯勋爵召至唐宁街首相官邸，并对他说，唯一能够重振政府信心的办法，就是改组政府，吸纳所有党派的人士，不过，“工党到他麾下效力的可能性……微乎其微”。哈利法克斯勋爵遗憾地表示同意。他已经考虑这个问题好多天了。他认为张伯伦必须走走过场，邀请工党加入，但工党会做出否定的回应，这一点也是可想而知的。这样一来，他或者丘吉尔就必须升任首相了。他明白，张伯伦希望由他来继任首相。①

对于一个终生都与特权和权威分不开的人来说，这似乎是一种非常自然的想法。哈利法克斯勋爵本名爱德华·弗雷德里克·林德利·伍德，身高 6 英尺 5 英寸*。他出生于约克郡的一个大贵族地主家庭。尽管刚一出生，他的一只胳膊就萎缩了，但他还是培养出了猎狐的爱好，骑马纵狗打猎的本领非常娴熟，并且终生都保持着这种爱好。宗教信仰在他的一生当中也显得非常突出。从父亲那里，他习得了一种信仰，认为必须将英国的国教与天主教重新统一起来，而这也成了他一生极其热爱的一项事业。但是，后来政治开始对他发出召唤。1910—1926 年，他一直担任里彭地区的议员；那是一个非常可靠的保守党选区，很少出现什么竞争激烈的选举。在斯坦利·鲍德温首相委任他担任印度总督之后，哈利法克斯勋爵便放弃了议会里的安全席位，获得了欧文爵士的封号（父亲去世之后，他成为子爵；第二次世界大战结束后，他又因为做出了卓越的贡献而获封哈利法克斯伯爵一世）。1931 年，他重回英国政界，加入了

---

① 参见哈利法克斯勋爵 1940 年 5 月 9 日所写的日记，载于《哈利法克斯文集》，A7.8.3-12。

* 约 1.956 米。英寸也是英制长度单位，1 英寸约合 2.54 厘米。

上议院，不再是下议院议员了。担任教育大臣的时候，他曾经造访过约克郡南部的一个村庄，注意到一些小男孩。“我们需要创建一所学校，”他说道，“来把他们培养成仆人和管家。”[①]接下来，他开始把注意力集中到外交事务上。他曾经与纳粹领袖、纳粹空军司令赫尔曼·戈林一起猎过狐，后来又到过纳粹位于巴伐利亚阿尔卑斯山脉的前哨贝希特斯加登；在那里，他还把希特勒误认为是一位门房呢。由于他态度超然、优秀出众并且极其聪明，安东尼·艾登因为反对英国政府对墨索里尼实行绥靖政策而辞职之后，他便接任了外交大臣。从那时起，他便与张伯伦亲密共事，制定了英国的外交政策。不过，在希特勒入侵捷克斯洛伐克之后，他似乎也开始对张伯伦首相的绥靖政策产生疑虑。

如今，张伯伦提出，要将首相一职转交给他。哈利法克斯勋爵又是如何理解这一点的呢？从他的日记当中，我们了解到，一开始的时候，他还是盼望张伯伦能够获胜，无论是采取什么样的办法。或许是出于谦虚，但更有可能是出于预先料想到的原因，他“想出了所有能够反对自己的理由”。他强调说，身为上议院议员，他与下议院没有任何关系。不过，“首相并没有考虑这么多”。在哈利法克斯勋爵心中，最重要的问题可能是这个：如果张伯伦必须下台，政府也必须进行重组，那么在这一危机期间，有什么最佳办法，既可以继续利用丘吉尔的非凡能力，同时又不让他做得太出格呢？他自己，哈利法克斯勋爵，究竟是应当担任首相来制约丘吉尔，还是最好继续担任目

---

① 参见《牛津国家人物传记辞典》中D.J.达顿所撰的“哈利法克斯勋爵”一条。

前的外交大臣呢？张伯伦认为他应该担任首相，可哈利法克斯勋爵自己却没有那么大的把握。

这位外交大臣的心中，可能还产生了另一种想法。假如他此时接任首相的话，那么丘吉尔就会是他理所当然的继任者。因此，倘若哈利法克斯勋爵失败了，那么丘吉尔就会取而代之。但是，如果丘吉尔先接任首相，并且失败了的话，那么哈利法克斯勋爵就可以站出来，在身后没有明显竞争对手的情况下接任首相。或许，那样才是一种更聪明的做法。可能出现的情形太多，并且全都不好应付："（与张伯伦的）交谈……让我胃疼得厉害。"他在日记里写道。

11 时左右，哈利法克斯勋爵离开了唐宁街 10 号，前往外交部。在那里，索尔兹伯里勋爵向他传达了"看守委员会"的决定，施加了更大的压力，要他接任首相一职。他与自己关系最密切的一位副手谈了谈，据说那人"苦口婆心地劝说了半天，努力想要说服（他）接受首相一职"[①]。他曾对那人说，"他觉得自己能够干好这份工作"。可他又说，如果接任首相的话，"丘吉尔的本领与经历，肯定会导致他'千方百计去掌握战争大权'，而哈利法克斯勋爵自己，则会迅速变得像是一位荣誉首相"[②]。他还有一个拒绝继任首相的理由。他的心里可能很清楚，丘吉尔比他更懂如何去打这场战争。出于这些原因，哈利法克斯勋爵或许在中午之前，就已经对这一问题做出了令自己满意的决定。

11 时 45 分，内阁在下议院召开了一次会议。会议从 12 时

① 参见科尔维尔所著的《权力边缘》，1940 年 5 月 10 日，第 122 页。

② 参见 R.A.巴特勒所著的《无限可能的艺术》（*The Art of the Possible*）一书（伦敦，1971 年），第 94 页。

15 分开始，由张伯伦主持。内阁大臣们再一次讨论了挪威的战局。但在柏林，阿道夫·希特勒却已下令，实施德军第一集团军参谋长埃里希·冯·曼施坦因想出的一个绝妙计划。这一计划的具体内容是，佯装重复 1914 年阿尔弗雷德·冯·施里芬*计划中以“右勾拳”穿过比利时的战法，吸引英军和法军北上，可实际上却让德军自南向北发动主攻，从南方开始，以“左勾拳”的战法，让装甲师从阿登森林开出，向英吉利海峡进击。到时，英军和法军将发现，他们陷入了德军的包围之中。希特勒这位元首，此时正在起草第二天要向军队发表的声明：“从今天开始的这场战役，将决定德国日后数千年的命运。”①

据外交部常务次长亚历山大·卡多根的记载，在不知道希特勒已经做出这一致命决定的情况下，“内阁大臣们的会议在沉闷的气氛中一直开到了下午 1 时 35 分”，他们仔细考虑着挪威的战局。②张伯伦的政敌们同样不知道这一情况，仍在继续干着他们的事情。由克莱姆·戴维斯担任主席的“治安委员会”和艾登集团中那些“时髦的小伙子”，对张伯伦的首相地位发起了更加沉重的最后一击。他们一致同意，“必须组建一个团结所有党派的真正国民政府……”,并且，他们会“全力支持任何一位能够组建起这样一个政府的首相，而不会去支持任何一位做不到这一点的首相”③。接着，艾默里匆匆跑到下议院的第

* 阿尔弗雷德·冯·施里芬（1833—1913）：德国陆军元帅，卓越的天才战略家，曾于 1905 年提出著名的“施里芬计划”，成为后来“闪电战”的雏形。

① 引自比弗所著的《第二次世界大战》，第 80 页。

② 参见迪尔科斯编著的《卡多根》，1940 年 5 月 9 日，第 280 页。

③ 参见罗伯特·布思比 1940 年 5 月 9 日写给丘吉尔的信，载于剑桥大学丘吉尔学院的《丘吉尔文集》，查特维尔信托基金会，CHAR 2。

八委员会会议室，将前一天晚上投了不信任票的保守党议员召集到一起。他们的这次会议，也得出了相同的结论。①不久，张伯伦首相便获悉了这两个“阴谋”集团的商议结果。

不过，这两场会议都没有明确指出，该由谁来接替张伯伦担任首相。哈利法克斯勋爵拥有一批支持者；而到了此时，支持丘吉尔的人很可能也更多了，起码在与会者当中来看是这样。然而，大家都一致认为，目前的首要任务，就是打倒现任首相。至于继任人选，可以过后再来决定。

于是，张伯伦便完全站到了悬崖边上。他手下的内阁大臣们和他自己，都很清楚这一点。那天整个上午，就在德军紧锣密鼓地准备发动攻势的时候，这些人的注意力却仍然全部集中在威斯敏斯特*。保守党的“党鞭”仍然“非常积极”，向他们认为虽然心怀不满却还是可以安抚的议员，提出了“诸多安抚性的承诺”。但到了此时，首相张伯伦却认为，这些努力全都无关紧要了。他已经认识到，一切都取决于工党的态度。内阁会议结束后不久，他便安排艾德礼和格林伍德两人在傍晚的时候去见他。张伯伦也已安排好，在这两位工党领袖来之前的4时30分，先让丘吉尔和哈利法克斯两人来见他。

丘吉尔、金斯利·伍德与安东尼·艾登共进了午餐。他们告诉艾登这位自治领大臣，“内维尔已经决定下台了”。他们又讨论了一下未来的局势。伍德“认为温斯顿应当继任首相，并且强烈要求，假如有人提出首相继任人选的问题，丘吉尔应当

---

① 参见奥尔森所著的《麻烦的年轻人》，第308页。

* 威斯敏斯特：英国伦敦所辖的一个自治市，为英国议会所在地，故多用于指代英国议会或英国政府。

明明白白地说，自己愿意接任首相”①。张伯伦的这位门生，已经对张伯伦持有敌对态度了。或许，部分原因就在于，伍德业已得知，张伯伦提出要把他这个原来支持绥靖政策的大臣丢开，要把他扔到火坑里去，以便重新赢得持批评态度的保守党人士的支持。他还提醒说，张伯伦支持哈利法克斯勋爵继任首相，并会要求丘吉尔去辅佐哈利法克斯勋爵。他提出，要是果真如此的话，丘吉尔最好“不要答应，什么也不要说”②。

克莱姆·戴维斯是在“改革俱乐部”里，与艾德礼、格林伍德两人一起吃的午餐。他希望两人拒绝到哈利法克斯勋爵手下效力，接受丘吉尔继任首相。不过，艾德礼与辛克莱一样，都感觉到德军的进攻迫在眉睫，认为现在去推翻一位首相的做法不太明智，因为日后可能证明，此时正是这场战争当中关键一役的前夕。③戴维斯、格林伍德两人与他争论了两个小时，艾德礼这位工党领袖才最终转而接受他们的意见。接下来，他便和格林伍德动身前往唐宁街 10 号，与首相会晤。

午餐过后，丘吉尔回到海军部审阅文件。哈利法克斯勋爵吃完午饭之后，在外交部会晤了法国大使，并且安慰法国大使说，英军仍然打算从德军手中夺取纳尔维克（之所以如此，

① 参见艾登 1940 年 5 月 9 日所写的日记，载于《埃文伯爵文集》。

② 参见安东尼·艾登所著的《清算：埃文伯爵安东尼·艾登回忆录》（伦敦，1965 年），第 96—97 页。上议院档案室的《比弗布鲁克文集》（BBK D/489）中也有一页备忘录，题为《金利斯·伍德问答录》，其中引述说，伍德声称，张伯伦在战争刚一爆发后就明白自己必须下台，并且一直都支持丘吉尔来接任首相。然而，这种说法却与其他所有的证据相矛盾。至于说要丘吉尔保持沉默，显然丘吉尔的首席私人秘书布雷肯已经在午饭之前，即比弗布鲁克勋爵前来造访的时候，就向丘吉尔提出过与伍德相同的建议了。参见泰勒所著的《比弗布鲁克勋爵》，第 409 页。

③ 参见《克莱门特·戴维斯文集》，I/2/8。

是因为德军准备入侵法国)。就在4时30分之前，哈利法克斯勋爵与丘吉尔两人都离开了办公室，步行前往首相官邸，去参加他们人生当中最重要的一场会议。这次会议，可能也是英国20世纪历史上，同时有三位政治家参加的一场最重要的会议。

丘吉尔对张伯伦和哈利法克斯勋爵都非常了解，因为就算说不上是朋友，他们也是同僚和政治对手。三人都曾在20世纪20年代的斯坦利·鲍德温首相麾下效力。1931年，在英国对印度的政策问题上，丘吉尔与哈利法克斯勋爵还爆发过激烈的冲突。1935年，鲍德温让张伯伦接任了丘吉尔的财政大臣，并且委任哈利法克斯勋爵担任枢密院的掌玺大臣。他把丘吉尔逐出了内阁，以此来惩罚后者各种各样的僭越之举。我们可以想见，丘吉尔看到这些人升迁时会觉得多么苦闷。他明白，自己的这些同僚都非等闲之辈，每一个都有权有势，但他也明白，他们并没有自己那样出色。接下来，张伯伦的位置越升越高，在1937年接替鲍德温担任首相，在1938年艾登辞职之后，又委任哈利法克斯勋爵担任外交大臣。只是到了丘吉尔曾经警告过的这场战争爆发之后，张伯伦才最终把他召入内阁。丘吉尔在他手下效力时表现出来的耿耿忠心，是无可指责的。但到了5月9日，形势已是三十年河东、三十年河西：他们将在唐宁街10号的内阁会议室会晤，讨论张伯伦是否应当下台，要是果真如此的话，该由哈利法克斯勋爵还是丘吉尔来接任首相。

关于此次会议的细节，不同资料的描述大相径庭。哈利法克斯保留了一本日记，他在其中记下了当天所有的事情，以及他对这些事情的想法。会议结束之后，他还随即把情况告诉了卡多根，后者也在自己的日记里进行了记录。两人的日记都保存下来了。至于丘吉尔本人，则在他所著的那部了不起的二战回忆录《风暴前夕》一卷中，描绘了他对这次会议的回忆。不过，该卷是这次会议过后八年才出版的，因此在几处具体情况上明显不准确。

张伯伦先是对当前的形势进行了概述，由此开始了这次讨论。此时，只有组建一个真正的国民政府，才能管理好整个国家；可他怀疑，自己能不能够组建起这样一个政府，因为工党是不会加入他领导的政府的。倘若工党不加入，那么他就必须辞职。他将到这间会议室里其余两人之一的麾下效力。他没有说明，自己支持的究竟是哪一位。

差不多就在此时，艾德礼与格林伍德到了。艾德礼身材瘦小、秃顶、说话简洁，偶尔还显得有点儿拘谨，乍一看去，并不会给人留下深刻的印象。不过，我们往往会受到第一印象的误导。他可是工党有史以来最具悟性、最有效率的一位社会主义者领袖，并且具有一种强硬无情的气质。

1904 年，他毕业于牛津大学，后又于 1906 年获得律师资格，只是他从来都没有开业当过律师。他出身于安逸舒适的环境，原本可以轻而易举地步家人的后尘；可他觉得，自己必须去为别人服务。贫困的伦敦东区吸引了他。在那里，他先是为斯特普尼* 工人阶层家庭的男童开设了一所慈善机构。后来，他又在英国最著名的一家全国性社会服务所“汤因比堂”当过秘书。在伦敦东区的所见所闻让他确信，私人慈善活动永远都

---

* 斯特普尼：英国伦敦东部原有的一个区，现为陶尔哈姆莱茨市的一部分。

不可能减少真正的贫困现象，因此国家必须进行干预。他变成了一个社会主义者，加入了独立工党，开始投身地方政界。“他不喜欢出风头。”一位伦敦东区人曾经说道。这句话代表了那一地区许多人的观点，他们都已经学会喜欢和尊重这个出身优裕却从不摆架子的外人。第一次世界大战期间，他亲自参加过战斗，获得了两次晋升。战争结束后，人们选举他为莱姆豪斯的工党议员。1935 年，他赢得了工党的领导权。当时，欧内斯特·贝文操纵他身后庞大的“运输和杂工工会”投了集体票，以便把他痛恨的赫伯特·莫里森拒之门外。许多人都曾以为，艾德礼在这个位置上坐不长久，可他们却低估了这个“小个子”的能耐。“小个子”一词源自工党里的另一位中坚分子休·道耳吞，（在学会赏识艾德礼的本领之前）他时而会在自己的日记里这样轻蔑地称呼艾德礼。

有位社会主义派议员回忆道，艾德礼有时可能也会显得“冷漠粗暴”[①]。“冷淡、不友好，说话强硬。”[②]一位记者如此回忆。议会工党的一位前秘书则说，“他在任何问题上都勇往直前”，这种评价似乎比较宽宏大量。“简短、尖刻、一针见血。”[③]开会时，他喜欢用铅笔在纸上涂鸦，不怎么发言，但事无巨细，什么都不会漏掉。后来在战争期间，他曾在丘吉尔外出时代理主持过战时内阁（因为当时他既是工党领袖，又是副首相）。显然，他主持的内阁会议要比首相亲自主持的更加顺畅、更有效率。事实证明，在把工党议员擢升到各部副大臣职位、进入政府各

---

① 参见 1968 年 1 月 12 日对詹姆士·格里菲斯的采访，载于《赫伯特·莫里森文集》。

② 同上，参见对金斯利·马丁的采访。

③ 同上，参见对 F.琼斯女士的采访。

个战略性委员会等方面，他的办事效率也极高。[①]他是中产阶级，却丝毫没有架子；他是社会主义者，却不是一个空想家；他强硬有力、富有效率，像英国陆军一样不屈不挠。这些品质，都深深地吸引了欧内斯特·贝文，从而让贝文成为了他最重要的政治盟友。

至于格林伍德，他起初是一名教师，支持教育改革和工人教育，曾经在第一次世界大战结束后的“重建部”担任过公职，并且是伦理社会主义的倡导者。他在工党内部逐级擢升，几乎跻身高层。然而，到了1940年，他却没那么走运了。有人可能会说，他已经度过了自己最辉煌的日子。不过，结果却表明，此时才是他人生的巅峰。或许是因为他的酗酒习惯在战前危及他的职业生涯，否则，他可能早已是工党领袖了。后来，十有八九，这一习惯也给他的职业生涯带来了不利的影响。但是，在英国历史上的这个关键时刻，酗酒这一点并没有影响到他的事业。这场战争的早期，就是亚瑟·格林伍德最辉煌的一个时期。

那天下午，在一位曾经看到他们走入唐宁街10号的人士看来，两人似乎都“面色苍白，非常紧张”[②]。此时，距他们在“改革俱乐部”里同克莱姆·戴维斯进行那场冗长而艰难的谈话，不可能太久。现在，他们面对的是张伯伦、哈利法克斯和丘吉尔——一个史上最具挑战性的“三头同盟”，不过，他们的态度仍然非常坚决。张伯伦首相直截了当，邀请艾德礼和格

---

① 参见罗伯特·克劳克罗夫特最近出版的《艾德礼的战争：二战与一名工党领袖的诞生》（*Attlee's War: World War II and the Making of a Labour Leader*）一书（伦敦，2011年）。

② 参见卡姆罗斯勋爵的《记与内维尔·张伯伦先生的一次谈话》（Notes of a Conversation with Mr. Neville Chamberlain）一文，引自吉尔伯特所著的《海军部任职文集》，第1261页。

林伍德加入他领导的政府。“他似乎完全不知道，自己已经完蛋了。”艾德礼后来如此说道。可这种看法并不正确。张伯伦非常清楚自己的胜算有多大，他当时不过是装得若无其事罢了。艾德礼还回忆道，令人惊讶的是，丘吉尔竟然插了进来，开始神情激昂地提出，他们都应当“投身张伯伦麾下”。艾德礼认为，当时丘吉尔的态度“非常真诚”①。此时，格林伍德表现出了自己的勇气：“我们来这儿，并不是为了听您演说的，温斯顿。”②哈利法克斯勋爵一句话也没有说。可艾德礼发了言：“我们的政党是不会接受您的，”他非常严厉地告诉首相，“我认为，整个国家也不会接受您。”③

最后，张伯伦提出了一个至关重要的问题：假如由另一位保守党人士而非他本人来当首相和组阁，工党会不会到这位新首相麾下去效力呢？虽说艾德礼和格林伍德其实都认为工党会去效力，可他们却回答说，自己无法代表整个党派发表意见。不过，工党的年度代表大会第二天就将在伯恩茅斯召开。他们会前往伯恩茅斯，向该党的“全国执行委员会”（NEC）提出下述两个问题：“你们打算加入由张伯伦领导的政府吗？”“你们打算到另一位首相的麾下去效力吗？”一旦得到答复，他们马上就会回来汇报。据他们估计，该党“全国执行委员会”对前一个问题的回答是“不”，而对第二个问题则会给出肯定的回答。

两位工党领袖离开唐宁街10号之后，丘吉尔和哈利法克斯二人仍然留在内阁会议室里；接着，保守党的“党鞭”戴维·马杰森进来了。张伯伦终于承认自己无法再坚持下去，便竭尽

① 引自肯尼斯·哈里斯所著的《艾德礼》（伦敦，1982年），第174页。
② 引自曼切斯特所著《最后的雄狮：孤独的温斯顿·S.丘吉尔》，第668页。
③ 参见哈里斯所著的《艾德礼》。

全力，要把位子交给他喜欢的哈利法克斯勋爵。他暗示说，丘吉尔在前一天晚上的议会辩论中发表的那场好斗的演说，进一步疏远了工党议员。因此，工党是不会同意由丘吉尔来继任首相的。接下来，他又想通了哈利法克斯明显反对继任首相的原因。“他目光敏锐地看着（丘吉尔），问道：‘温斯顿，您看得出有什么理由，能说如今贵族不应该当首相吗？’”①这是一个陷阱，因为倘若丘吉尔回答“能”，那他就会被当成一个自吹自擂的人而被抛在一边；可要是他回答“不能”，那么张伯伦就会提出，让哈利法克斯勋爵来当首相。丘吉尔没有回答，而是听从了金斯利·伍德的忠告，一言不发。正如他日后解释的那样：“我通常都会滔滔不绝地说很多话，可是在这种情况下，我却一言不发……我一直不说话，因此我们的交谈中断了很久。与‘休战纪念日’大会上静默的那两分钟相比，这段停顿的时间似乎还要更久。”②

哈利法克斯勋爵更加直接一些。出于自身的利益，他对张伯伦说：“在我看来，继任首相将会造成一种非常难以忍受的状况……温斯顿负责防御……而我无法获得下议院的支持……我会迅速变成一个类似荣誉首相的角色。”③出于一些显而易见的原因，他并没有谈及导致自己犹豫不决的其他一些更加自私的理由。在日记里，他只写下了这样一句话：“温斯顿带着一脸尊重与谦逊的合适表情，说他完全感受到了我所说话语的力量，因此首相最终很不情愿地接受了我的观点，而温斯顿却明

---

① 参见科尔维尔所著的《权力边缘》，1940 年 5 月 11 日，第 123 页。

② 参见丘吉尔所著的《风暴前夕》，第 663 页。

③ 参见哈利法克斯勋爵 1940 年 5 月 10 日所写的日记，载于《哈利法克斯文集》，A.7.8.3-12。

显没有那么不情愿。”

此时此刻，张伯伦必须见到其他某个人才行。可这场至关重要的会议已经开始，而至关重要的决定也已做出，只是此时仍然没有明说罢了。在这种情况下，正派的英国人会怎样做呢？丘吉尔与哈利法克斯勋爵下楼，来到唐宁街10号首相官邸的后花园，沐浴着春日午后和煦的阳光，喝了一杯茶。

当天晚上8时30分，丘吉尔与辛克莱、艾登（还有其他一些人）一起共进了晚餐。此时，他似乎“心如止水，沉着冷静”。他向共进晚餐的人简要说明了下午会议的情况。他认为，自己不久后一定会接替张伯伦的职位。根据艾登的记载，丘吉尔说张伯伦首相“会建议国王派人来请他。爱德华（哈利法克斯勋爵）并不希望继任首相。对哈利法克斯而言，议会的形势太过棘手了”。此时，他已经开始考虑自己上台后政府的格局。他会在担任首相的同时兼任国防大臣，并且会像各党派批评者所要求的那样，调整军事政策，简化军事决策过程。然而他也明白，保守党内的许多普通议员都信不过他，都认为他是一个“造反派”和天马行空的人。因此，他希望张伯伦能够继续担任保守党党魁和下议院领袖（最终，工党没有接受后一条建议）。他希望艾登负责陆军部，掌管英国陆军。[①]当天晚上，丘吉尔的儿子伦道夫曾经打电话给他，询问有没有什么最新消息。此时，丘吉尔便可以将这个只有保守党领导层里少数几个人知道的消息告诉儿子了：“我认为，明天我就会当上首相。”

然而，这种情况却差一点儿没有出现。5月10日星期五，

---

① 参见艾登1940年5月9日所写的日记，载于《埃文伯爵文集》。

德国陆军在破晓时分突然越过比利时、卢森堡和荷兰三国边界。德国陆军得到了纳粹空军的支援。德军的滑翔机攻击了比利时位于比荷边境附近的要塞，以及艾伯特运河沿岸的重要桥梁。法军和英军紧急北上，迎战德军。两军都没有想到，曼施坦因会“有如镰刀切入一般”，径直南下。英法两军此时还没有意识到，希特勒的目标是从南北两方把他们合围起来。

早上5时30分，丘吉尔便被人叫醒了。几分钟后，他开始处理海军部、陆军部和外交部送来的大量电报。起初，他只知道荷兰的情况。半个小时之后，他获悉德军同时也在大批进入比利时。7时左右，伦道夫又给他打来了电话，要打探消息。丘吉尔告诉他说，盟军部队正在开进，准备迎战德军。接着，就发生了下面这段对话。

“一两天之内，就会正面交战了。”

“您昨天晚上对我说过，您会在今天当上首相，情况如何了呢？”

“噢，我不知道。现在除了打败敌人，什么都不重要。”

多年之后，丘吉尔的儿子把此次电话交谈的内容公布了出来，具体情况大致如此。①这有可能是一种充满深情的回忆，目的是给丘吉尔的传奇经历增添色彩。因为不论对儿子说了什么，尽管德军正在进攻，丘吉尔都没有打算轻易放过张伯伦。一旦获得某种有利地位，他就不会轻易拱手出让，而在接下来的那几年里，他一次又一次地表现出了这一点。不久之后，我们就

① 引自吉尔伯特所著的《辉煌时刻》，第306页。

会看到这种情况的迹象。

那天早上，丘吉尔是在一连串的紧急会议当中度过的：6时，与负责陆军和空军的国务大臣共进早餐；7时，召开军事协调委员会会议（他担任该委员会的主席）；8时，召开战时内阁会议。与此同时，一系列坏消息也接踵而来：纳粹空军已经轰炸了比利时、法国北部的机场和南锡市；德军已经在比利时空降伞兵，并在莱顿和海牙之间及鹿特丹附近投下空降兵。德国潜艇用鱼雷攻击了一艘英国舰艇。在11时30分举行的第二次战时内阁会议上，他得知德军已经轰炸了法国更多的城市，还轰炸了布鲁塞尔、海牙以及其他一些具有战略意义的机场。可直到此时，他与英国政府里的其他人，却仍然没有搞清曼施坦因真正的作战意图。

对于张伯伦来说，德军的突袭尽管可怕，却意想不到地为他提供了一个暂缓困境的机会。形势说明，他终归不能辞职，起码他要等到敌人的进攻得到遏制之后，才能辞职。他指示保守党“党鞭”办公室，将这种改变后的想法公之于众。①那天上午10时过后不久，艾登便得知了这一消息。“所有的改革都暂缓了，这种情况，似乎还会持续一段时间。”②原来支持绥靖政策的人全都同意，可金斯利·伍德却不买账。他对首相表明了自己的反对意见之后，便匆匆跑去提醒丘吉尔。虽说海军大臣有可能的确对儿子伦道夫说过“此时唯一重要的事情就是对德作战”，可他绝不会逆来顺受地同意张伯伦的决定。若不是顽强坚韧，丘吉尔也不会成为一代伟人。此时他想要做的，就是

---

① 参见艾默里所著的《我的政治生涯》，第3编，第373页。

② 参见艾登1940年5月10日所写的日记，载于《埃文伯爵文集》。

绝不妥协。在11时30分举行的内阁会议刚刚开始后，对张伯伦忠心耿耿的枢密院掌玺大臣萨姆*·豪尔曾经向艾登发牢骚说，丘吉尔仍然“强烈要求尽早改组政府”①。

此时，丘吉尔也在展示他操纵手中权力的本领，就像他当选首相之后那样。他一定已经命令自己在议会里的私人秘书布伦丹·布雷肯，把他的情况同样广而告之。当然，公布的对象并不是内阁大臣们，而是保守党内那些领头的“造反派”议员。布雷肯的努力，获得了“看守委员会”中索尔兹伯里勋爵的积极回应：“今天就应当委任温斯顿为首相。”②当布雷肯提醒“治安委员会”和“时髦的小伙子”注意计划有变之后，这两个团体也一致认可了索尔兹伯里勋爵的观点。丘吉尔正在联合诸多重要的力量，来传递这样一种信息：尽管德军正在进击，但一切都没有改变；张伯伦仍然必须下台，越快越好。要说有变化的话，那就是军事上的突发事件，让改组政府这一问题变得更加紧迫。

但张伯伦首相不愿下台。在11时30分的内阁会议结束时，他对内阁大臣们说，自己原本已经打算下台，可如今不再这样想了。“他认为，一切都得等到战局平稳下来之后再说。”哈利法克斯勋爵曾在日记当中如此写道。③据同样写了日记的安东尼·艾登称，随后张伯伦又说，他已经与艾德礼沟通过自己的想法，“艾德礼同意了”。首相还责成艾德礼，要他发表一份“公告，其中含有政府表示支持这一立场的内容”④。

---

* 萨姆：“塞缪尔”的昵称。

① 参见艾登所著的《清算》中引用约翰·西蒙的话，第97—98页。

② 参见尼科尔森编著的《日记》，1940年5月10日，第82页。

③ 参见哈利法克斯勋爵1940年5月10日所写的日记，载于《哈利法克斯文集》。

④ 参见艾登1940年5月10日所写的日记，载于《埃文伯爵文集》。

张伯伦首相已经确切地指出了问题的核心。最终，保守党内的“造反派”还是无法迫使他辞职。丘吉尔也做不到这一点，不管他有什么样的本领，也不管他如何不屈不挠。因为他们代表不了绝大多数保守党人士，而张伯伦首相却能代表。如今，在大家全都清楚整个国家必须团结起来的时候，只有工党拒绝加入，拒绝支持张伯伦领导的政府，才能迫使他下台；张伯伦以为，他已经说服工党领袖加入政府了。事实上，张伯伦可能是误解了艾德礼那天上午早些时候对他所说的那番话。或许，也有可能是艾德礼起初的反应确实如此，但后来又改了主意。张伯伦首相要求他发表一份在这场危机当中支持现任政府的声明。可前一天下午在“改革俱乐部”里，戴维斯、格林伍德和艾德礼早已敲定了方案。当时，他们最终得出的结论是，尽管德军的进攻迫在眉睫，但张伯伦首相依然必须下台。艾德礼再次与格林伍德，同时还有道耳吞交换了意见，后者此时还没有动身前往伯恩茅斯。或许，这两个人都向艾德礼指出过，德军的突然袭击并未改变什么；要说有所改变的话，那就是德军的突袭，更加凸显出重组政府的必要性。或许，他们根本无需指出这一点。艾德礼应张伯伦的要求而发表的那份声明里，是这样说的：“鉴于希特勒最近一系列令人憎恶的侵略行径，工党坚信要想打赢这场战争，本国政府的彻底重组迫在眉睫、至关重要。工党重申，全党都有决心尽最大的力量去赢得胜利。工党在此呼吁，所有党员都应当为此目标而奉献出全部力量。”①

这份声明虽然没有要求张伯伦立即下台，但也没有认可他

① 参见哈里斯所著的《艾德礼》，第175页。

推迟下台的决定。张伯伦不难看出自己的前景。据《约克郡邮报》的一位记者称，内阁会议结束之后不久，“从那些未曾批评首相的人当中选出来的”一群保守党议员，便敦促张伯伦组建一个联合政府。然而，“这些议员走的时候，心中都已明白，无论张伯伦怎样努力地去组建这样一个政府，他还是会甘心接受辞职这一结果的”①。

张伯伦在内阁当中的盟友，却还没有甘心接受这种结果。他们对工党的那份声明极感愤慨，可更加糟糕的事情还在后头。艾德礼、格林伍德与道耳吞三人乘坐火车前往伯恩茅斯，他们刚刚抵达，就收到德国战机已经轰炸了坎特伯雷*市的报告（其实那是一则谣言）。下午 3 时 30 分，他们在高崖酒店（Highcliffe Hotel）的地下室里与工党的“全国执行委员会”举行了会谈，迅速而一致地做出了决定。工党会为政府效力，但只会“在一位新首相领导下的获得全国信任的新一届政府里，作为一个全面的合作党派”效力。道耳吞坚持要加上“一位新首相”这几个字。他警告说，不这样的话，张伯伦就会千方百计地坚持下去。因此，结果与艾德礼、格林伍德两人前一天的预计完全一样：对于张伯伦的那两个问题，工党的回答一为“不”，一为“是”。

工党的声明，并没有具体指出应当由谁来担任新首相。在这个千钧一发的危急关头，工党原本也会到哈利法克斯勋爵的麾下效力。艾德礼和格林伍德都不知道，前一天他们刚刚离开唐宁街 10 号，哈利法克斯勋爵就已经自行出局。不

① 参见 1940 年 5 月 10 日《约克郡邮报》上的《首相意见》与《政治通讯》。

* 坎特伯雷：英国一座历史悠久的文化古城，位于苏格兰东南部。

过，他们不愿到张伯伦的手下效力，而最终他们也掌握了主动权。

4时45分，艾德礼给首相办公室打了个电话，以口述记录的速度，对张伯伦的一位秘书宣读了工党的决议。[①]当时，张伯伦正在主持另一场内阁会议，在那糟糕的一天之内，这是首相举行的第三场内阁会议。他开始召集这次会议的时候，心中仍然抱着一线希望，以为工党会支持他。不过，他即将获悉工党不会为他效力的消息。正当他主持讨论英国是否应当开始轰炸德国莱茵河以东的目标时，秘书向他递交了艾德礼的决议。张伯伦盯着决议，直至他看完并完全理解其中的内容。然后他放下文件，脸色平静，继续主持讨论。不过，此刻他明白结局终于到来了。内阁会议结束后，他再次拿起了那份文件，大声地读给内阁大臣们听。根据此次会议记录的描述，接下来，"首相说，鉴于这一回答，他已经得出结论，正确的做法就是他应当马上向国王提交辞呈。他提出当天晚上就去"[②]。

丘吉尔、哈利法克斯勋爵与其他内阁大臣鱼贯走出了内阁会议室。艾德礼和格林伍德赶上了5时15分的火车，从伯恩茅斯返回伦敦。丘吉尔回到海军部继续处理公文。哈利法克斯勋爵前往外交部，会晤荷兰派来的几位公使；他向几位公使承诺，英军将保护委内瑞拉近海出产石油的荷属岛屿。[③]张伯伦前往白金汉宫，抵达时英王刚刚喝完下午茶。他把自己的官印交给了

---

① 参见剑桥大学《艾德礼文集》中的回忆手稿，ATLE 1/16。

② 参见1940年5月10日的《战时内阁会议记录》，载于《内阁文集》，65/7。

③ 参见哈利法克斯勋爵1940年5月10日所写的日记，载于《哈利法克斯文集》。

国王。“他对我说，”国王后来回忆道，“工党会在一位新首相领导的新一届政府中效力，但不会在一个由他担任首相的政府中效力。”这些话，与工党的决议差不多是同一个意思。“接下来他对我说，他希望辞去职务。”英王曾经热情地支持过张伯伦的绥靖政策，因此带着极其真诚的遗憾之情，接受了他的辞呈。“我对他说，我认为他受到了极其不公正的待遇。”国王欲召见哈利法克斯勋爵，因为在他看来，哈利法克斯勋爵显然是取代张伯伦这位辞职首相的“不二人选”[①]。张伯伦解释说，哈利法克斯勋爵已经自行退出了，因此“温斯顿才是您应当召见的人”[②]。国王忍住满腹的疑虑，答应了。下午6时刚过，丘吉尔就抵达了白金汉宫。

温斯顿·丘吉尔从小时候起就想当首相。第一次世界大战结束后，他重新加入保守党时，这一目标似乎可以实现了，而鲍德温首相也委任他为财政大臣，这是人们通常认为仅次于首相的一个职位。不过，接下来他却走了下坡路。他离开了政界，时间长达十年，人们认为他是一个耶利米*式的悲观主义者、一个疯子和一个极端分子。虽然大家都明白他本领非凡，可几乎没有人相信他能够掌控住这些才能。在英国历史上这个最重要的时刻，德军冲过边界，把挡在他们面前的一切全都踩在脚下碾碎，祖国日益危险，但丘吉尔对自己没有一丝怀疑。那天晚上，他上床就寝的时候，清醒地感受到“一种深刻的

① 参见J.W.威勒·贝内特所著的《国王乔治六世：生平与在位》(*King George Ⅵ：His Life and Reign*)一书（伦敦，1958年），第444页。

② 参见吉尔伯特所著的《海军部任职文集》，第1281页。

* 耶利米：《圣经》中的人物，他是希伯来的先知和祭司，被称为“流泪的先知”。

慰藉。我终于拥有向所有人发号施令的权力了。我觉得自己仿佛就是在与命运之神同行，而过去的一生，完全都是在为这一刻、为这种考验做准备”①。那么，走入白金汉宫，向即将任命他为首相的英王致敬时，他的心中又怀着一种什么样的情感呢？

“我告诉国王，我会马上派人将工党和自由党的领袖人物召集起来。”②他后来回忆道。他将组建一个真正的国民政府，以及一个由五人组成的战时内阁，其中包括：他自己、张伯伦和哈利法克斯勋爵，这三人代表保守党；还有艾德礼和格林伍德，他们代表工党。丘吉尔会兼任国防大臣。他还提到了其他一些名字，都是他希望选入政府内阁的人：比弗布鲁克勋爵、艾登，以及英国最大工会的领袖欧内斯特·贝文。或许是因为已经开始喜欢上这位新任首相，国王事后还如此评价说，当时的丘吉尔“充满了激情和决心”③。

回到海军部大楼之后，丘吉尔开始以一种更加正式的方式，整合所有零碎的事情。首先，他给张伯伦写了一封信，然后又给哈利法克斯勋爵写了一封，感谢两人过去、现在对他的支持，希望两人将来仍然支持他。他指望这两人协助他定策理政，因为他很清楚，许多保守党人仍然不喜欢、不信任他。他安排人到滑铁卢车站去接艾德礼与格林伍德，然后把两人送到他这里。直到晚上9时下了火车、丘吉尔的密使告知之后，两人才知道，丘吉尔已经登上了首相宝座。莫里森还没有得知消息。当时，

---

① 参见温斯顿·丘吉尔所著《第二次世界大战回忆录》，第2卷，《他们的辉煌时刻》（波士顿，1949年），第667页。

② 同上，第665页。

③ 参见威勒·贝内特所著的《乔治六世》，第443—444页。

他正在等待哈利法克斯勋爵的电话，却一直都没有等到。可就在那时，也就是晚上 9 时，张伯伦发表了一次广播讲话，向全国人民解释说，他已经辞职，丘吉尔将接任首相。莫里森听到这个消息时，心中一定是五味杂陈。

艾德礼和格林伍德两人没有听到广播。他们抵达了距火车站很近的海军部，然后跟新任首相一起行动起来。他们立刻就同意了丘吉尔之前跟英王提过的组成新内阁的五人方案。这些核心人物将不负责各部具体事务，以便更好地把注意力集中在战争上。张伯伦担任枢密院议长，这个职位可以让他全面地考虑各种内政问题。哈利法克斯勋爵继续担任外交大臣。他们还一致同意，安东尼 · 艾登应担任陆军大臣，掌管英国陆军；丘吉尔的老朋友、自由党领袖阿奇博尔德 · 辛克莱，则会担任空军大臣；工党人士 A.V.亚历山大担任海军大臣，因为他曾经在上一届工党政府中担任过这一职务。于是，温斯顿 · 丘吉尔组建的第一个国民战时内阁，就新鲜出炉了，还有三位作战大臣，分别来自三个不同的党派。

就在这个周末，即 5 月 11—12 日两天，丘吉尔设计好了整个政府的框架。虽说因为战争，这个政府不会一成不变，但也不会变得面目全非。这种安排，必然反映出丘吉尔在自己党派内部的不安全感，反映出保守党在下议院里占据优势的局面。简单来说，情况就是：他委任了 52 名保守党人士和 16 名工党人士。他的这个政府，几乎留下了原来所有支持过绥靖政策的官员。其中，只有塞缪尔 · 豪尔一人丢了官职，可一个月后，丘吉尔又任命他为英国驻西班牙大使。丘吉尔把一直担任财政大臣的西蒙从下议院调到上议院的议长席，担任上议院大法官（英国司法机关的领袖）。他把西蒙原来担任的财政大臣一职给了金斯利·伍德，以此作为对后者舍弃张伯伦的回报。他甚至留下了令保守党内“造反派”又畏又恨的“党鞭”马杰森。他把36个大臣职位中的21个，都委任给了曾经在张伯伦手下效力的那些人。

不过，他也安插了自己的一些支持者。他委任老朋友比弗布鲁克勋爵担任飞机生产大臣。他委任利奥·艾默里负责印度事务部，还把一些“麻烦的年轻人”安排在职别较低的位置上（然而，这种安排并不足以让他们满意）。至于工党一方，他如自己对英王说过的那样，安排莫里森、道耳吞和欧内斯特·贝文三人进入政府内阁（而且，战时内阁里还有艾德礼和格林伍德两人）。两个星期之后，他又委任另一位左翼人士（但不再是工党党员）斯塔福·克里普斯为英国驻苏大使。他并没有酬谢“治安委员会”的领袖克莱姆·戴维斯，因为后者是一个无党派人士，所以在议会相对没有什么势力。不过，戴维斯实际上是一个德高望重的人，让他担任高级职务毫不为过。最终，丘吉尔组建起一个国民政府，其中虽说忠于张伯伦的人占据优势，但同时也有保守党内的“造反派”、社会主义者、自由党人，以及不属于任何党派的行政人员与商人。

到了5月13日星期一，丘吉尔便以首相身份站在下议院前，为整个国家打气鼓劲了：“你们问，我们的政策是什么？我会说：我们的政策就是开战，在海上、在陆上、在空中，用我们的全部本领，用上帝能够赐予我们的全部力量，向一种在人类黑暗而悲惨的罪恶史上从未有过的、穷凶极恶的暴政开战……你们问，我们的目标是什么？用一个词就可以回答，那就是胜利，就是不惜一切代价去获取胜利，就是克服一切恐惧去获取胜利，就是不管前进道路有多远、有多难，都要去争取胜利。因为没有胜利，我们就不可能生存。”①

英国没有哪一个人知道，就在那一天，兵力庞大的法国陆军正在德军强大有力的闪电进击之下节节溃败。在伦敦，丘吉尔刚刚敲响警钟，而在巴黎，警报已经迅速变成恐慌。这位英国首相，刚刚宣布自己的目标与政策；这些目标与政策，即将面临最大限度的考验，而这种考验，可能也要比他料想的来得更快。

① 参见《英国议会议事录》，1940 年 5 月 13 日。

第二部分

丘吉尔与他的战时阁僚

第三章　考验战时内阁

此时，温斯顿·丘吉尔已经组建起自己的团队。这个团队主要由支持张伯伦的人士组成，但经过他的精心安排，已平衡各方的利益冲突。尽管如此，他和这个政府的处境仍然岌岌可危。这不仅是因为德军带来了巨大的威胁（此时，他们还没有充分认识到这种威胁），而且是因为忠于前首相的人士都认为，继任的丘吉尔是一个篡权者，新组建的政府只是临时的权宜之计，很快就会解散。他们都瞧不起丘吉尔联合起来的保守党人士，以“流氓”或者更具污辱性的词汇称呼这帮人。“此时，”一位支持张伯伦的人士，带着无比怨恨、目光短浅且令人惊讶的褊狭思想写道，“那些卑鄙的人全都……会偷偷地爬到他们并不胜任的职位之上……我认为，这是一种比德军入侵低地国家*还要严重的灾难。”①

虽然丘吉尔如今已经荣登首相之位，可这些人仍然讨厌和不信任他。就在星期一，即5月13日，当他走进下议院的辩论室，首次以首相身份发表那份掷地有声的目标和政策声明时，这些人都没有为他喝彩。不过，张伯伦反而喝了彩。他们纷纷给这位前

---

* 低地国家：欧洲西北部沿海地区荷兰、比利时和卢森堡三国的统称，因为此处地势低平、多湖泊沼泽而得名。

① 这是托马斯·达格代尔的夫人南茜·达格代尔所说，引自安德鲁·罗伯茨所著的《杰出的丘吉尔支持者》（*Eminent Churchillians*）一书（伦敦，1994年），第146页。

首相写信，为他的下台表示惋惜，用他们的忠心安慰他，并恳求他夺回自己原先拥有的位置。“您，也只有您，”（由保守党普通议员组成的）“1922 年委员会”主席在一封典型的信件中写道，“才可获得绝大部分普通保守党民意的信任，才是绝大多数普通保守党人士的领袖；不管是在议会、党内，还是在全国范围内，都是如此”①。就在星期五，即 5 月 10 日的下午，正当张伯伦前往白金汉宫向英王递交辞呈的时候，有四位支持他的人士，其中包括萨弗伦沃尔登区的保守党议员 R.A.“拉布”·巴特勒以及一名外交部常务次长，愁眉不展地聚集在外交部。巴特勒悲叹着说，张伯伦背弃了自己的立场，“竟然向现代政治史上一个最大的投机分子让了步……向一个美国杂种让了步”（因为丘吉尔的外祖父母都是美国人）。这四个人开了一瓶酒，为“水上之王”*（此时他们指的就是张伯伦这位前首相）干了一杯。②最终，丘吉尔会赢得这四个心怀不满之人的敬重。不过，保守党内部许多普通的、属于“可敬派别”的人士，却仍然与丘吉尔势不两立，这种情况不是一天两天、一周两周、一月两月，而是长达一年多的时间。③

丘吉尔也指望不上他委任或者重新委任进入政府部门的许

---

① 参见帕特里克·思彭斯勋爵 1940 年 9 月 5 日写给张伯伦的信，载于《张伯伦文集》，NC7/11/33/162。

* 水上之王：1688 年，英国光荣革命后，詹姆斯二世被赶下王位。在此之后，他及其后裔即被称为“水上之王”（King over the Water）。当时，支持他们的詹姆斯党人（多为保守派）常在祝酒时使用该词。

② 参见科尔维尔所著的《权力边缘》，1940 年 5 月 10 日，第 122 页。除了巴特勒，当时在场的人还有：张伯伦的私人秘书约翰·科尔维尔、外交部常务次长亚历山大·卡多根、巴特勒的首席私人秘书兼绍森德区的议员亨利·“薯条”·香农。

③ 参见安德鲁·罗伯茨在其所著的《杰出的丘吉尔支持者》一书中的《保守党人对阵丘吉尔》（The Tories Versus Churchill），第 137—210 页。

多保守党人和思想保守的人士。其中一位就是莫里斯·汉奇，他虽说是一位无党派的职业公务人员，却支持绥靖政策。丘吉尔让他留任兰开斯特公爵郡大臣*，可他随后却将丘吉尔称为“一个独裁者”和“一头离群的凶恶野象”。汉奇承认丘吉尔的确“具有一定的想象力”，但他认为，丘吉尔无力像张伯伦那样“掌控这场战争”。唯一的希望，就是让张伯伦和哈利法克斯勋爵这两头“聪明的老象”“约束住”他，不过这种希望仍然值得怀疑。①

这两头“老象”也有疑虑。在5月11日所写的日记里，哈利法克斯勋爵曾经如此评价这位新任首相：“我很少碰到有人像他这样，知识上存在缺口，思想上却大起大落。”当时，丘吉尔刚刚度过他首相任上的第一天。5月12日，哈利法克斯勋爵写道：“我对温斯顿的做法感到不安。”第二天，他又如此抱怨道：“温斯顿与张伯伦两人作为首相，毫无可比之处。”②与此同时，张伯伦正在给一位记者写信：“我不相信新政府会比上一届政府更有效。实际上，我知道新政府不可能更有效。”③安东尼·艾登认为，张伯伦“显然不喜欢整个新政府”④。至于金

---

* 兰开斯特公爵郡大臣：英国政府五个不属于内阁大臣职位的特殊大臣（即掌玺大臣、枢密大臣、兰开斯特公爵郡大臣、主计大臣和不管部大臣）之一，虽不专管某一领域的具体政务，但深得首相重用，地位极高，甚至可以插手各部事务。

① 参见莫里斯·汉奇1940年5月12日写给塞缪尔·豪尔的信，载于《汉奇文集》，4/32。

② 参见哈利法克斯勋爵1940年5月11—13日所写的日记，载于《哈利法克斯文集》。

③ 参见张伯伦1940年5月11日写给玛丽·克朗施德·恩迪科特的信，载于《张伯伦文集》，NC1/20/1/198。

④ 参见艾登1940年5月12日所写的日记，载于《埃文伯爵文集》。

斯利·伍德，他可能早已知道，丘吉尔在退出保守党加入自由党、然后又脱离自由党重新加入保守党之后，曾经如此评价过自己的做法："任何人都可以变节，但再次变节却需要一定的智慧。"因此，伍德也有可能始终都想要重新倒戈。他曾经告诉前任首相张伯伦，"他怀疑这届政府能否长久"，还说，千万不要不愿听或者不相信，他的这位老上级应当随时做好准备，因为"不久之后，人们可能又会需要"张伯伦。①

左翼人士也表达了不满。他们并没有忘记丘吉尔的过去，他们认为，除了1914年之前在H.H.阿斯奎斯自由党内阁里的任职时期，丘吉尔的其他经历都极其保守、反动。不过，丘吉尔也是一位斗士，而他对德国的判断也是正确的，因此，左翼人士便尽量控制自己的怒气，不像对待仍然留在政府里任职、原来支持过绥靖政策的人那样去对待丘吉尔。"为什么，"斯塔福·克里普斯问道，丘吉尔要"让那些标志失败的人进入一个我们希冀胜利的政府呢?"他所说的"标志失败的人"，就是指约翰·西蒙勋爵（尽管丘吉尔已经把他踢到一边，让他去当上议院议长了）、金斯利·伍德（丘吉尔已经擢升此人为大法官），尤其是内维尔·张伯伦。"为什么要在重新开始的时候，背负他那种沉重的传统呢?"克里普斯想知道原因，答案当然就是，丘吉尔不敢把张伯伦完全晾在一边，因为保守党不会容忍他那样做。②另一位左翼人士在给戴维·劳合·乔治的一封私人信件中写道："政府组建起来之后，我可没法相信工党做了

① 参见张伯伦1940年10月1日向玛丽·克朗施德·恩迪科特描述他与金斯利·伍德会谈的情况，载于《张伯伦文集》，NC1/20/1/202。

② 参见斯塔福·克里普斯一篇文章的手稿，这篇文章很可能是为《论坛报》而写，载于《克里普斯文集》，SC35/3。

正确的事情。”[①]他的意思是说，工党没有跟丘吉尔讨价还价，尽力为该党争取足够多的利益，也没有坚持赶走克里普斯曾经提到的那几个人。至于劳合·乔治本人，根据克里普斯在日记中所写，他认为“战时内阁是非常糟糕的一届内阁”[②]。事实上，左翼人士将会继续要求丘吉尔将那些参与“慕尼黑阴谋”的人清除出政府。丘吉尔不理这些要求会让自己承担风险，但疏远那些“可敬的”、希望这些人留在政府内部的保守党人所造成的后果，他同样承担不起。

因此，这位新任首相必须在两个政治派系的批评者之间找到一种平衡。与此同时，他还必须应付内阁大臣们中的错误判断、相互嫉妒和关系恶劣等普遍现象。这些大臣彼此相识，打了多年的交道，而他们之间的关系，也并非总是融洽或者互敬的。比弗布鲁克勋爵曾经在笔下对虔诚地信仰宗教的哈利法克斯勋爵冷嘲热讽，说“他总是装出一副穿着靴子的耶稣模样。之所以需要脚蹬长靴，是因为他必须蹚过深深的污泥。可他对污泥却没有责任。噢，天哪，不！（他）绝对不可能造出像污泥这样肮脏的东西，也决不愿意把这种污泥甩到别人的身上”[③]。然而，哈利法克斯勋爵却很有可能向别人泼污泥，至少他在自己的日记当中就会这样。丘吉尔把比弗布鲁克这位报业大亨拉入政府之后，哈利法克斯勋爵嗤之以鼻地写道：“如今，我们不能太过挑剔了。”[④]5 月 11 日，就在丘吉尔赶走豪尔、西

① 参见理查德·阿克兰勋爵 1940 年 5 月 17 日写给戴维·劳合·乔治的信，载于《劳合·乔治文集》，LG G/1。

② 参见克里普斯 1940 年 5 月 13 日所写的日记，载于《克里普斯文集》，SC5/1。

③ 引自泰勒所著的《比弗布鲁克勋爵》，第 327 页。

④ 参见哈利法克斯勋爵 1940 年 5 月 15 日所写的日记，载于《哈利法克斯文集》。

蒙和伍德，而把艾德礼和格林伍德拉入政府之后，他又如此轻蔑地写道："当然，我们在智力上并没有获得什么长进。"在丘吉尔向自己的那位老朋友颁发委任状两天之后，他还直截了当地在日记中写道："阿奇·辛克莱担任空军大臣，在我看来就是一场重大的灾难。"①

与此同时，张伯伦正在向丘吉尔提出不利于工党第二号人物格林伍德的建议，他提醒丘吉尔说，格林伍德这个人"非常和蔼可亲、令人愉快……可他（没）有别的大用"②。不过，当时的格林伍德，实际上包括所有的工党人士，也都认为张伯伦没有什么用处。他们完全是很不情愿地接受了张伯伦在战时内阁里任职的这一事实，因此待丘吉尔又委任张伯伦为下议院议长之后，这些人便彻底闹了起来。丘吉尔在自己所著的那部二战回忆录中，曾经不加渲染地写道："艾德礼先生告诉我说，在此种人事安排之下，工党工作起来会很不容易。"③于是，丘吉尔只好撤回后一任命，但他还是把张伯伦留在战时内阁里担任枢密院大臣，让其实际上掌管国内事务。当然，工党也不喜欢这种安排。

那时所有的人，包括内维尔·张伯伦自己，都早已明白绝大多数工党人士对他的看法了。可工党人士彼此之间的评价，却不那么为人所知。以沉默谨慎著称的艾德礼，1940 年并没有公开他对同僚们的评价。就我们的研究发现来看，格林伍德也没有公开谈及过自己对同僚们的看法。然而，工党内部众所周知，格林伍德酒喝得太多。1939 年，他曾经戒过一段时间的

---

① 参见哈利法克斯勋爵 1940 年 5 月 12 日所写的日记，载于《哈利法克斯文集》。

② 参见《张伯伦文集》，NC7/9/82。

③ 参见丘吉尔所著的《辉煌时刻》，第 9 页。

酒，当时，他正代替生病的艾德礼担任工党的党魁。可待艾德礼病愈归来之后，“他故态复萌，又开始酗酒了”[①]。休·道耳吞曾经在自己的日记里带有优越感地写道，格林伍德“行动非常迟缓，一点儿都不着急”[②]。赫伯特·莫里森觉得，自己完全了解工党这位副党魁（还有党魁）。得知丘吉尔对两人委以重任之后，莫里森曾经抱怨道：“艾德礼和格林伍德，这两个人并不是代表全党的合适人选。”[③]丘吉尔提出，让莫里森担任供应大臣，莫里森犹豫了一阵之后，最终还是接受了这一任命。不过，他原本希望，自己能够在一个完全不同的联合政府里，获得一个更显赫的职位。与此同时，当时已被丘吉尔委任为劳工大臣、不久后就发挥出绝对必要之作用的欧内斯特·贝文，却出于诸多的原因，多年来始终都瞧不起、也不信任赫伯特·莫里森。[④]有人回忆贝文在听到莫里森这个顽固不化的阴谋家是他本人死敌的这一说法后，厉声回道：“只要我活着，他就是的。”[⑤]

---

① 参见对菲利浦·诺埃尔-贝克尔的采访，载于《赫伯特·莫里森文集》，6/1。

② 参见本·平洛特编著的《休·道耳吞在第二次世界大战期间的日记：1940—1945》（*The Second World War Diary of Hugh Dalton：1940—45*）一书（伦敦，1986年），1940年6月18日，第42页。

③ 引自多诺霍与琼斯合著的《莫里森》，第274页。

④ 例如，1931年，莫里森曾经想要加入拉姆齐·麦克唐纳领导的国民政府，而贝文非常瞧不起麦克唐纳，认为后者是工党的叛徒；莫里森反对工会加入国有企业或市辖企业的董事会，而贝文却坚决支持工会加入；莫里森是一个支持工党的人，而贝文却是一个支持工会的人。

⑤ 例如，可以参看2002年3月31日英国广播公司（BBC）新闻频道的布莱恩·沃尔登在主持《威斯敏斯特时间》时，播出的节目《只要我活着，他就是的》的第一部分，脚本参见 http：//news.bbc.co.uk/2/hi/programmes/the_westminster_hour/1899102.stm。然而，这是一句非常著名的引语，在别的地方也可见。

丘吉尔选定来协助自己拯救国家的那些人，全都如此难以驾驭。在接下来的五年里，英国政府面临多次危机，可没有哪一次危机，会比政府刚刚组建起来时面临的危机更加严重。这些新任内阁大臣们还在白厅里相互诽谤的时候，德军的装甲车已经向欧洲大陆猛冲过来了。不出埃里希·冯·曼施坦因所料，英国和法国的军事专家们完全误解了德军的意图。他们派遣部队，匆匆忙忙地迎战经由比利时向西和向北推进的德军。正像曼施坦因预测的那样，他们以为希特勒正在按照 1915 年德皇使用过的“施里芬计划”展开行动。希特勒还能用别的什么办法，到别的什么地方，去攻打自己的敌人呢？他们以为，马其诺防线已经让法国中南部变得固若金汤、万无一失。法国的将领们都坚信希特勒不可能突破那条要塞林立、连绵不断的防线，也没法绕过，因为防线以北的阿登地区山脉起伏、森林密布，不可能逾越。

可悲的是，他们都大错特错了。德军的主攻部队是 10 个精锐装甲师，他们并没有势如闪电般穿过比利时（希特勒派往比利时的军队虽说难以对付，但还属于二流部队），而是躲过盟军侦察机，神不知鬼不觉地穿过阿登山区的茂密森林。他们突然出现在马其诺防线以北的色当，那里是法军防御体系中最薄弱的一环，也是在那里，德军击溃了法国第二集团军。一旦德军通过色当、越过默兹河，他们的坦克便会如镰刀一般，切过法国空旷的乡村，朝着海边挺进。德军甚至来不及把俘虏集中起来，只是把已经投降的法国士兵轻蔑地扔在一边。此时，已经匆匆开往比利时境内迎战敌军的盟国部队，必须想尽办法抵挡南翼更加庞大的敌军。他们既应付不了敌军的迅速，也应付不了敌人作战计划的大胆与新颖，更应付不了敌方那些最优秀将领表现出来的果敢无畏。德军已经包围了他们，一如曼施坦因所想。

这不啻一场可怕的雪崩，以风驰电掣般的速度，砸到了这位刚刚上任、脚跟还没站稳的首相头上，砸到了他手下政府里那些相互之间龃龉不断的同僚们头上。一开始的时候，他们都是在唐宁街 10 号首相官邸的内阁会议室碰面（到了 9 月初，德军开始轰炸伦敦之后，他们就不得不转到一个地下碉堡开会），与会者有战时内阁里的五位大臣、三位军事作战官员、情报大臣、数名参谋长、外交大臣以及一位秘书。丘吉尔坐在桌子中央，张伯伦坐在他的右边，然后是艾德礼。哈利法克斯勋爵坐在桌子对面，正对丘吉尔，他的左手边就是格林伍德。[①]唐宁街 10 号那间内阁会议室的门口，有一对双排立柱；首相的座位背后，有一个壁炉，而壁炉又正对着一排从地板延伸到天花板的落地长窗。他们头顶的天花板上，悬挂着三盏黄铜吊灯。这是一间威严的会议室。在其中开会的那些人，即便算不上是一个和睦的团队，也是一个威严的团队。而他们的世界，正在各自的耳边崩塌。

每次他们开会的时候，从欧洲大陆上传来的消息都越来越糟糕。5 月 17 日，外交部次长卡多根在日记中写道，丘吉尔“突然跳起身，说他要去法国”[②]。后来，他的确去了，在他上台掌权到法国 7 月 22 日投降那段短暂而可怕的时间里，他总共去了六次。他竭尽全力，想让这个盟国坚强起来。然而，法国却一败再败、一退再退。两国共同制订的一个反击计划，最终

① 参见迪尔科斯编著的《卡多根》，1940 年 5 月 13 日，第 282 页，其中还附有一幅座次图。

② 同上，1940 年 5 月 16 日，第 284 页。

也成了一种空想，始终都没能实施。英法两国的防御部队疏散了法国一个又一个的港口，因为德军已经进击到沿海地区，此时正势如破竹地横扫法国北部。最后，英军的25万兵力，还有13万名盟军士兵（其中主要是法军），几乎都撤退到比利时边境的敦刻尔克，那是法国唯一一个还没有被德军控制的港口。德军已经把他们与法国陆军中已被击溃、斗志尽失的主力部队隔离，因此他们陷入了绝境：背靠茫茫大海，敌人的装甲师就在南边15英里以外的地方，步步逼近，而纳粹空军也只待戈林一声令下，就会发动轰炸，把他们炸成齑粉，然后扫射幸存者。大家都心知肚明，就算不是不可能，要疏散这些部队也是极其困难的。这些部队，很有可能被敌人全歼。比利时的抵抗即将溃败，因此德军还会从北方发动攻击；法国已经岌岌可危，濒临彻底投降。倘若没有盟友，没有在敦刻尔克即将被炸得粉碎的这支陆军精锐部队，要说英国还能够继续对抗穷凶极恶的德国，是没有几个人相信的。因此，在这个令人绝望的节骨眼儿上，一些人开始悄悄议论英国可以向希特勒提出签署一份妥协性和约的时机已经到来，这一点就不足为奇了。

事实上，在1940年5月的第四个星期之前，许多多多少少有影响力的人，都早已考虑过与德国签署一份妥协性和约的问题了。他们这样想的原因多种多样，而其中最主要的，就是张伯伦在战前采取绥靖政策的动机：本能的反共产主义思想，对德国在《凡尔赛和约》中受到的不公正对待心存同情，对德国的反犹太主义抱有同感（尽管这些人并不赞同后来德国在战争期间实施的完全可以说是残暴无道的诸多做法）。就算反对党派或者全国人民不是如此，上述念头在普通的保守党人当中，也仍然算得上强烈。其他的主要原因还有：和平主义，因为即便是在当时的情况下，也并非所有的英国人都认为反战主义不合时宜；共产党人反对战争，因为他们认为工人阶级在这场战争中并无利益可言，这是英国帝国主义与德国帝国主义之间的一场较量；英国在这场战争中的胜算，人们已对此进行过简单而实事求是的估量。因此，与希特勒达成妥协的想法，对议会上下两院的议员以及所有政党成员来说，可能就很有吸引力了。不过，公正地来说，支持这一做法的绝大多数有影响力的人物，还是依然想向“水上之王”致敬的那些人。对于保守党人来说，在 1940 年 5 月的第四个星期讨论与德国签订妥协性和约的问题，就是趁丘吉尔的支持者还没有机会巩固他们的地位而德军又扼住英国政府命脉，让张伯伦一派与丘吉尔的支持者重新开始一场激烈的较量。

哈利法克斯勋爵率先提出了妥协建议。他早已结识支持英德两国之间尽早达成和约的人。身为外交大臣，他自战争爆发以来，一直都源源不断地收到这些人寄来的请愿书、发表物和信件。偶尔，他也会亲自会见这些人。他总是彬彬有礼地做出回应，但同时也对这些人持有怀疑的态度。在 1940 年 3 月 12 日写给布罗克特勋爵（此人是保守党内的一名极右翼人士，想要联系希特勒，搞清楚希特勒的和谈条件）的一封信中，他对这个问题做出了典型的回应：“根本性的难题”就是“全世界都完全不相信目前的德国政府会做出任何承诺”①。不过，由于德军在所到之处都所向披靡，而且意大利也有可能参战，支持其法西斯盟友发动致命一击，降伏法国，所以英国的前景极其

① 参见哈利法克斯勋爵 1940 年 3 月 12 日写给布罗克特的信，载于《外交大臣文集》，英国国家档案馆，FO 800/326。亦可参见 2008 年 8 月 30 日的《每日电讯报》。

堪忧。哈利法克斯勋爵不得不重新考虑这个问题。他认为，英国还是有可能与墨索里尼讨价还价，说服意大利不参战，然后让双方的磋商转向“欧洲那些更广泛的问题”。5月25日星期六那一天，他正是这样仔细地叮嘱意大利驻英国大使朱塞佩·巴斯蒂亚尼尼（Giuseppe Bastianini）伯爵的。[①]这是对意大利的一种间接邀请，目的就是想要弄清楚：盟国必须付出什么样的代价，才能让意大利不参战；希特勒要求盟国付出什么样的代价，才愿意结束战争。在率先提出这些议案的过程中，哈利法克斯勋爵是否也认为，这是在为他爬上首相宝座做准备呢？虽然我们并没有证据说明他的动机确实如此，但这种想法可能真的在他的心中出现过。

在1940年5月26—28日的三天之内，战时内阁史无前例地召开了九次会议。此时，战时内阁正在努力应对敦刻尔克即将出现的紧急状况，应对比利时即将投降的危局（这将使困在敦刻尔克的军队陷入比之前更危险的处境当中），应对法国完全垮掉的紧急形势（法国总理保罗·雷诺曾飞往伦敦，亲自说明这一情况），应对德军有可能入侵英国的危急局势。尽管此时一切都已环环相扣，但战时内阁首先必须应对哈利法克斯勋爵提出的建议：马上解决所有危急的最佳办法，就是贿赂墨索里尼，让他不要参战，再通过墨索里尼，打听清楚希特勒的和谈条件（雷诺总理坚定地支持这一建议，因为法国政府同样想

① 引自伊恩·克肖所著的《命运攸关的抉择：1940—1941年间改变世界的十个决策》（*Fateful Choices: Ten Decisions That Changed the World, 1940—1941*）一书（伦敦，2007年），第32页。关于这些讨论，还有一份重要的二手资料，那就是约翰·卢卡奇所著的《1940年5月伦敦五日》（*Five Days in London, May 1940*）一书（美国康涅狄格州纽黑文，1999年）。

到了这个办法）。究竟跟不跟墨索里尼接洽，的确是一个关乎生死存亡的问题。假如同盟国说服意大利的这位领袖不参战，然后让他去找希特勒，让英、德两国在1940年就停战，商谈和谈条件，那么接下来的一切，就会全然不同了。

早在5月25日，哈利法克斯勋爵就已开始敦促内阁。战时内阁的会议纪要记录下了他的警告："我们必须面对现实，如今的形势，已经不是完全战胜德国的问题，而是保护我们大英帝国独立性的问题了。"①他在第二天又说，这样做的必然结果，就是："如果我们……发现自己可以达成以不毁掉我国独立性为前提的条件，但又不接受这种条件的话，那么我们就是愚蠢至极。"不过，丘吉尔马上就意识到，哈利法克斯勋爵的建议风险太大。他随即反驳："和平与安全，可能只有在德国统治了整个欧洲的情况下，才能获得。那种情况，我们是决不能答应的。"②后来丘吉尔又警告说，哈利法克斯勋爵的建议，会让英国"陷入迅速衰落的境地"。假如此时就开始和谈，那么英国永远都不会再开战事了。而且，"假如任由德国为所欲为，那么德国就会把无数条件强加到我们的身上"③。因此，辩论就形成了两极分化之势：哈利法克斯勋爵支持与纳粹再达成一个慕尼黑式的协定，希望以牺牲整个欧洲大陆（或许还有英国在非洲的一些殖民地）为代价，来挽救大英帝国；丘吉尔则强烈反对再签署协定，确信那样做非但挽救不了英国，反而会让英国走向末日，从而丧失其他的一切。

在接下来的几天里，战时内阁的五位大臣讨论了英国和整个世界的未来。他们还对战时内阁这个整体机构的未来进行了

①②③ 参见英国国家档案馆的《保密附件》，1940年5月26日，第3页。

讨论。丘吉尔之所以上台掌权，是因为他支持做出一种更加坚定、更有活力、更加全面的战争努力。他已经委任了一个战时内阁，协助他组织力量，奋力抗争。假如战时内阁此时投票决定与敌人展开和谈，就与战时内阁存在的理由相矛盾了。这会让首相的任命变得毫无意义，也会让他们长久以来努力把内维尔·张伯伦赶下台所获得的成果完全变味。

不过，丘吉尔其实完全无意与敌人展开谈判。此时，这头“恶象”更愿意承担彻底失败的后果，而不愿去跟法西斯分子谈判。在战时内阁进行辩论的时候，他曾经断言：“在战斗中被打败的国家会重新崛起，但那些逆来顺受地投降的国家，却会彻底完蛋。”[①]还有一次，他又声称：“假如真的出现最糟糕的情况，那么这个国家在为了其他已经被纳粹暴政征服的国家而抗争的过程中失败，也不是一件坏事。”[②]这正是一些“可敬的”保守党人希望那两头“聪明的老象”去加以约束的言辞与情绪，因此，他们绝对不可能任由丘吉尔根据这种想法制定政策。哈利法克斯勋爵在日记当中写道：“在他原本应当用自己的脑子去想、去分析的时候，他却任由自己感情用事，这让我陷入了绝望。”[③]这位外交大臣认为，如果英国在抗争中战败，那么无论抗争得多么英勇辉煌，都将是一件非常糟糕的事情。尽管无法明说，但他担心，爱好空想、不切实际的丘吉尔会推着英国走向失败，会引导德国占据英国，从而彻底消灭这个国家。

---

① 参见英国国家档案馆的《保密附件》，1940 年 5 月 28 日下午 4 时的会议记录，第 4 页。

② 同上，参见 1940 年 5 月 27 日下午 4 时 30 分的会议记录，第 5 页。

③ 参见哈利法克斯勋爵 1940 年 5 月 27 日所写的日记，载于《哈利法克斯文集》。

只要做得到，他哈利法克斯勋爵就必须挽救英国。

工党人士却坚定地支持丘吉尔。虽然在那九次会议上艾德礼都很少发言，但他的介入却说明，他从来都没有想过英国应当停止战斗。他警告过三次，说既然法国差不多已经战败了，那么，希特勒接下来就会向英国进军。在5月27日召开的首场内阁会议上，他非常明确地谈到了德军入侵后英国应当采取的一些措施："我们应当拥有无数支机动部队，随时准备主动而迅速地展开行动。以师为单位太过庞大。西班牙和芬兰两国已经有过勇敢而果断的士兵应如何对抗坦克的例子。"这位工党领袖在第一次世界大战期间曾经亲历战斗，还负过伤，当时他擢升到了少校，因此说这话很有权威性。他间接地谴责和反驳了哈利法克斯勋爵的观点。接下来，在5月28日下午4时的那次会议上，他又与外交大臣正面交锋。"我们必须重视本国的民意才行。"会议记录表明，他曾如此警告。假如英国人民得知，本国政府此时已经开始与法西斯分子展开谈判，"他们将会承受巨大的打击……有一种严重的危险……我们将发现，自己无法再鼓舞人民的士气"。艾德礼的意思很明显：假如人民对政府的决心失去信心，那么英国就会完蛋；如果英国政府在这个节骨眼上与意大利进行谈判，那么结局必将如此。

在5月26—28日的那几次战时内阁会议上，格林伍德的发言比艾德礼更加尖锐。虽然他的言辞不如温斯顿·丘吉尔那样令人难忘（因为丘吉尔原本就是无与伦比的），但他说得非常明白、直率。有一次，他提醒道："雷诺先生太过喜欢兜售他那种率真的哀求了。"（这是间接引述欧内斯特·贝文在1935年为了打倒工党那位和平主义领袖乔治·兰斯伯里时所说的话。此时，格林伍德是在暗示，那位法国总理同样怀有不惜一切代价获得和平的希望。）“这种办法（指的就是要求墨索里尼去当中间人），”他说，“是又一种毫无益处的尝试。”[①]艾德礼警告说哈利法克斯勋爵正在冒着削弱英国人民斗志的风险，格林伍德完全支持他的看法：“就我国的工业中心而言，政府的任何畏缩行为，都将是一种灾难。”他认为，法国迟早都会完蛋，此时提出谈判并不能挽救法国，因此与德国谈判是毫无意义的。与丘吉尔一样，他也认为英国绝对不应该豪赌，而应该勇敢战斗。在必要的时候，就算没有法国，英国也应当战斗到底。会议记录显示，格林伍德承认，“抵抗当然也是一种赌博”，“但他觉得，此时并不是彻底投降的时机”[②]。哈利法克斯勋爵则神情激动地打断道：“（我提出的）建议里面，没有任何东西可以说成是彻底投降，哪怕最轻微地沾上‘彻底投降’这几个字的内容都没有。”或许确实如此，但格林伍德、艾德礼和丘吉尔三人都认为，这种建议最终还是会导致彻底投降的结果。出现这种交锋，完全说明哈利法克斯勋爵与其对手在对这场战争的理解、对目前什么情况最为危急等方面，存在着巨大的分歧。

正是考虑到哈利法克斯勋爵在此时的内阁讨论中具有很大的影响力，丘吉尔才开始感觉到，尽管有两位工党领袖在背后支持，他也必须巩固自己的权力才行。在5月27日星期一——那场为期3天的辩论的第二天，他便召来刚刚担任空军大臣的阿奇·辛克莱，让他参加战时内阁会议。从表面上来看，辛克莱之所以与会，是因为他领导的自由党必须参加如此重要的一场讨论，即便自由党在下议院里只拥有25个席位。但实际上，丘

① 参见英国国家档案馆里的《保密附件》，1940年5月28日下午4时的会议记录，第3页。

② 同上，第4页。

吉尔是想要另一个反对绥靖政策的人士参加这场辩论。然而，就算这样做了，也还不够。很有可能，是在5月28日星期二傍晚6时15分至7时的那次会议上，除了战时内阁成员之外，政府所有内阁大臣全都与会，丘吉尔的信心才得到了决定性的增强。

面对这些内阁大臣，丘吉尔毫不粉饰地说明了局势：英军被截断在欧洲大陆，并被敌人包围；法国濒于战败，德军极有可能入侵英国本土。“可以说……如今法国北部的形势，可能是英国数个世纪以来最严重的一次军事失败。”不过，他也表达出了一种继续战斗、不屈不挠的决心。就让德军放马过来吧：“我们会在整个海岸地区布满水雷；我们的海军异常强大；在这个岛屿上组织部署我们的防空部队，要比跨过英吉利海峡组织和部署容易得多；我们的食品、石油等的供应都很充足；我们在本岛上有着精锐的部队，还有一些部队正从海上赶来……至于飞机，我们现在已经拥有不止是可以补足目前损失的战机了，而德国却不是这样。”

丘吉尔还提出了另一个观点，或许也是更加中肯的一个观点，供战时内阁讨论：“与继续战斗、奋战到底相比，如果我们目前尽力达成和约，可能会从德国那里获得更加优厚的一些条件，这样想是痴人说梦。德国人会要求我们的舰队进行所谓的‘解除武装’，会要求获得我们的海军基地，还有其他诸多的东西。我国将变成一个遭受奴役的国家。”①工党人士休·道耳吞是个老牌伊顿人*，毕业于剑桥大学，丘吉尔已经任命他

① 参见平洛特编著的《休·道耳吞日记》，1940年5月28日，第27—29页。

* 伊顿人：即伊顿公学的学生或者校友。伊顿公学是英国最著名的贵族中学，由亨利六世于1440年创办，坐落在距伦敦20英里的温莎小镇，以“精英摇篮”“绅士文化”等闻名世界，也素以军事化的严格管理而著称。

担任经济战争大臣。他仔细聆听着，不但充分理解了首相明确表达的意思，也充分理解了首相没有明说的意思。后来，他曾在自己的日记中写道："很显然，尽管'老雨伞'*（即张伯伦）想在很早的时候就逃跑，可温斯顿的想法却完全相反。"道耳吞认为，丘吉尔首相"相当杰出"。在日记本的页边，他还直接引述了丘吉尔即席说出的一句话——英国决不应当放弃："假如我们这段悠久而独立的历史最终必须终结的话，那也只能在我们中的每一个人全都咽下最后一口鲜血，英勇倒下的情况下终结。"①在这次会议上，不论是保守党、自由党还是工党，内阁大臣们全都没有任何异议，也没有提出任何一种有根有据的反对观点。相反，丘吉尔曾经写道，待他讲话完毕之后，"许多人似乎都是从桌边一跃而起，跑到我的座位旁，一边大声说着话，一边拍着我的肩，以示鼓励"②。道耳吞原本是那种不苟言笑、不露声色的英国统治阶层中完全没有什么特点的一个人。不过，在日记当中，道耳吞却是如此描述那天晚上的温斯顿·丘吉尔："他真是一个可爱的人！"

这场非比寻常的会议之后，战时内阁马上又召开了一次会议。丘吉尔向其余四位大臣解释：他刚才说了些什么话，那些话是针对谁而说的，以及与会者的反应，他还说自己非常满意刚才的感受。此时，哈利法克斯勋爵必定已经明白，英国是绝对不会去接洽墨索里尼的。

不过，会议室里还有另一头"聪明的老象"，即内维尔·张伯伦。就算到了此时，倘若张伯伦站出来，坚定地支持哈利

---

* "老雨伞"：张伯伦的绰号，因为英国多雨，他一年四季都伞不离手。

① 参见平洛特编著的《休·道耳吞日记》，1940年5月28日，第27—29页。

② 参见丘吉尔所著的《辉煌时刻》，第100页。

法克斯勋爵这位外交大臣的话，形势可能也会大不相同。不过，他却含糊其词、态度暧昧。对于哈利法克斯勋爵提出的建议，他的第一反应原本是首肯：他觉得，这一提议既可以让意大利不参战，又可以让法国继续作战，因此值得一试。然而，到了第二天，他却断定，法国此时已经完全退出战争，因此“去接洽墨索里尼先生不会达到任何有益目的”①。他同意丘吉尔在那场为期3天的辩论里所说的一句话：正当德国在所有战线上都显得并自觉不可一世之时，倘若击退德国即将发动的进攻，那么英国就会获得与德国讨价还价的更大优势。不过，丘吉尔希望，击退入侵能使英国用某种当时还不可预见的方式获得最终的胜利；可张伯伦仅仅认为，击退入侵可以让英国在一种更加平等的基础之上跟敌人谈判，然后达成一份妥协性的和约。正如他在辩论第三天时所说的：“如果……我们能够坚持下去，那么我们应当可以争取到一些不会影响我国独立性的条件。”②虽然这使得张伯伦与哈利法克斯勋爵之间出现争执，但两人并不是在根本原则上产生分歧。“尽管……与意大利接触在目前这种情况下没有益处，但我们可能在很短的时间之后，或许只要一个星期之后，就会改变观点。”总而言之，张伯伦反对的是哈利法克斯勋爵所提建议的时机，而不是反对这种建议的最终目标。道耳吞认为这把“老雨伞”“想要逃跑”，其实是不对的。他也想要战斗，但只是暂时性地进行战斗。与哈利法克斯勋爵一样，张伯伦希望跟德国达成一份妥协性的和约，只不过，他认为英国当时还无法获得一份可以接受的和约罢了。

---

① 参见英国国家档案馆里的《保密附件》，1940年5月27日下午4时30分的会议记录，第2页。

② 同上，1940年5月28日下午4时的会议记录，第3页。

假如张伯伦一往无前地支持外交大臣哈利法克斯勋爵，那么我们就很难说如此不受保守党普通人士待见的丘吉尔，要怎样才能坚持下去。他可能会失去战时内阁里保守党大臣的支持。假如张伯伦与哈利法克斯勋爵两人都因为这个问题而辞职的话（有一次，哈利法克斯勋爵曾经暗示他可能那样做），丘吉尔就无法继续担任首相。那样，最终结局就无人可知了，不过，自然也不会有什么好结局。

张伯伦在 1940 年 5 月下旬对于形势的估计，可能比丘吉尔的估计更加实事求是。他知道，仅凭英国是绝对不可能打败德国的。哈利法克斯勋爵也这样认为。丘吉尔可能也明白这一点，他或许一直都把希望寄托在美国参战。不过，他明白一个更加重要的道理，而他的两位保守党同僚，却都没有明白。这个道理就是，绝不要指望跟阿道夫·希特勒达成什么协定；事实上，继续与之战斗，甚至是在必要的时候血战到底，也要胜过试图与他谈判并达成妥协。正由于温斯顿·丘吉尔是一头“恶象”，不仅毫不畏惧，而且知晓战争，因战而荣，所以他的理解才会比那两头“聪明的老象”更加深刻。艾德礼与格林伍德两人也理解这场战争，因为他们都是工党人士，都了解他们那些德国同志被纳粹迫害、折磨和杀害的情况，所以他们早就知道，英国是不可能与希特勒谈判的。

这样，丘吉尔领导下的这个战时内阁，便经受住了第一场严重的考验；不过，他们只是侥幸通过。尽管历史学家都强调，此时丘吉尔首相与战时内阁那些保守党同僚之间的关系有所改善，但事实上，丘吉尔的心中一定继续怀有深深的疑虑，至少会对手下的外交大臣哈利法克斯勋爵如此。这一年还没有过去，形势的意外发展将促使他出于疑虑采取行动。

第四章　危机四伏的岁月

1940 年夏季，丘吉尔领导的战时内阁里，包括他本人，一共有五位阁员。在战争期间，虽说他偶尔会重新安排内阁人选，但在职的内阁人数，从来都没有超过八位。其中的四五位核心大臣几乎一直在阁，不过只有克莱门特·艾德礼一人自始至终都没有出过局。起初，除了哈利法克斯勋爵，战时内阁里的其他大臣都不负责具体的部门事务。但是，这种旨在将战时内阁的精力全都放在战争上的安排，日后却随着战事的推进而明显变得不合时宜，从而令一些对政府持批评态度的人担忧不已。①

英国的存亡取决于整个国家能否保持统一与团结，因此战时内阁必须反映出整个国家最重要的思想潮流。丘吉尔明白这一点，并据此组建了战时内阁。他在左翼和右翼、工党与保守党之间保持着平衡。显然，在范围更大的政府内阁里，在整个英国政府里，意见更加复杂多样，因为其中有二十几位资历深浅不一的大臣。丘吉尔的这个联合政府尽最大努力团结了极右翼的保守党人和极左翼的社会主义者，使他们为了一个共同的目标而联合起来。

战时内阁发挥着英国最高权力机构的作用。根据设计初衷，它只负责处理每天最重要的一些问题，也就是战争引发的一些

---

① 丘吉尔在担任国防大臣时还要负责部门事务，但由于国防大臣的职责就是进行这场战争，所以他兼任此职并不要紧。

重大的外交、内政问题以及与大英帝国息息相关的问题。精心组建起来的各个委员会（其中级别最高的就是“国防委员会”以及“枢密大臣委员会”。前者由丘吉尔领导；后者起初由张伯伦领导，但战争期间绝大部分时间都由约翰·安德森勋爵领导，后来又由艾德礼领导），会解决各种旁枝细节，确保战时内阁绝不会收到次要的提案而只须认真考虑通过筛选的提案。一开始，战时内阁每天都召开会议，但后来其日程逐渐变得更加灵活。到了紧要关头，只要有此必要，战时内阁就会召开会议，每个星期至少三次：星期三和星期四的午间会议，一般只有战时内阁大臣与会，但在处理一些特殊问题时，可能也会邀请其他大臣参与；星期一下午5时30分召开的“周一巡游”会议，一些“常务参会者”（比如空军大臣阿奇·辛克莱）会出席，三军参谋长会提供军事简报，而其他一些具体负责当天会议相关问题的大臣也要参加。有时，一些碰巧来到伦敦的自治领代表，也会参加星期一的会议。

丘吉尔是模仿戴维·劳合·乔治在第一次世界大战期间领导的战时内阁，来组建自己手下的战时内阁的。不过，两者之间有一个重大的差别。丘吉尔不但担任首相，兼任国防大臣，同时还担任“国防委员会”主席。这样，他对战争各部（陆军部、空军部和海军部）、参谋长委员会（COS）以及军事事务的掌控，就比劳合·乔治更加全面。另外，与劳合·乔治不同的是，丘吉尔反驳起自己的军事顾问来，从不犹豫，比如说，在参谋长委员会里的一群委员给战时内阁做简报的时候，他就会如此。不过，尽管温斯顿·丘吉尔非常了解战争，可他手下的将军们却更加了解，问题在于要让他明白这一点。他抑制不住内心的想法，而一旦确定了某种想法，他又会顽固执拗地坚持到底，即使那样做没有任何好处。艾伦·布鲁克将军曾在1941年被丘吉尔任命为帝国总参谋长（CIGS），后来又升任陆军元帅，并获封艾伦布鲁克男爵一世。在他的日记里，到处都零散记载着这位上级“极其没有耐心”、遭到反驳时表现得就像是“一个被宠坏的孩子”①以及诸如此类的内容。然而，丘吉尔面对的布鲁克，却是一个同样坚毅、同样精明和机智，而且更加不可能受到胁迫的人。如果觉得不错，布鲁克将军就会支持丘吉尔的计划，必要的时候也会勉强同意丘吉尔那些不好的计划（或者设法加以完善）；而倘若觉得绝对不行，他就会公开反驳这位领袖。这样做，并不会确保结果完美，但领袖与将帅之间可以进行一场全面而坦率的讨论。这种情况非常罕见，留下了一段佳话，因为希特勒手下的将领们自然是不可能享有类似权利的。

直到1940年9月德军开始大规模轰炸伦敦之前，战时内阁会议都是在唐宁街10号的首相官邸召开的。此后，战时内阁会议就转移至皇家骑兵卫队路与国王查理大街夹角处、正对圣詹姆斯公园的新政府大楼的一套地下公寓里举行。②1938年春季，战争爆发前夕，英国当局就已选定这套合适的公寓，将其作为临时的紧急行政中枢。在当局的安排下，这里构筑了防御工事，配备了一应设施，还设置了一间内阁会议室。丘吉尔担任首相后不久，就造访过此处，并说：“我将在这个房间中指挥这场

---

① 参见亚历克斯·丹切夫和丹尼尔·托德曼编著的《1939—1945年战时日记：陆军元帅艾伦布鲁克勋爵》（*War Diaries, 1939—1945: Field Marshal Lord Alanbrooke*）一书（洛杉矶，2001年），1942年9月8日，第319页以及1944年8月9日，第444页。

② 战时内阁会议曾经有两次是在伦敦西北的多利士山邮政研究局的地下室里召开的。不过，那个地方不在市中心，交通很不方便。

战争。”①

如今，这里变成了一个博物馆，名为“战时内阁会议室博物馆”。倘若穿过这些会议室，游客就会对它们那种可能导致一个人患上幽闭恐惧症的气氛有所了解，因为这些房间里的天花板都不高，许多房间还相当狭小，而房间里自然也是没有窗户的。丘吉尔曾经在其中的一间，发表过他最著名的一些广播演说。还有一个房间比较大，墙上现在仍然挂着一张标绘出（或没标绘出）盟军进军路线的大地图。在伦敦遭遇大轰炸以及在 1944—1945 年间希特勒发射“V-1”飞弹与“V-2”火箭弹的时候，一些战时内阁大臣和军事要人不仅在那里工作，而且在那种僧侣式的小房间里睡觉。他们也可以在那里吃饭。丘吉尔通常都会回到首相官邸用餐，在唐宁街 10 号一栋经过特殊加固的配楼里睡觉；而哈利法克斯勋爵则继续住在多切斯特酒店，自从德军的一枚炸弹炸毁他在伊顿广场的房屋之后，他就一直住在那里。轰炸机飞来时，他会像其他客人一样，到酒店的地下室里避难。

战时内阁里的每一个人，几乎都住在首相官邸附近。卸任首相职务之后，张伯伦搬到了唐宁街 10 号对面的 11 号，此后他一直住在那里，直到重疾缠身，才回到位于汉普郡赫克菲尔德他那座名叫“海菲尔德庄园”的乡间别墅。艾德礼原本在伦敦西北郊的斯坦福拥有一栋大别墅，可他一般都是在唐宁街 11 号过夜。安东尼·艾登通常都待在陆军部，后来又住进了外交部大楼的一个房间。比弗布鲁克勋爵一度住在自己那栋豪华气

---

① 参见理查德·霍尔姆斯所著的《丘吉尔的碉堡：战时伦敦的秘密指挥部》（*Churchill's Bunker: The Secret Headquarters in Wartime London*）一书（美国康涅狄格州纽黑文，2009 年），第 2 页。

派的“斯托诺韦别墅”里，该住宅位于距蓓尔美尔街*尽头不远的克利夫兰大街，步行到首相官邸只需10分钟，而在德军轰炸伦敦期间，他又住到了自己经营的《伦敦标准晚报》社位于舰队街的办公室里，那儿距首相官邸也不远。欧内斯特·贝文住在稍远一点儿的梅菲尔区**，他在南莫尔顿街上有一套公寓。还有两位即将发挥重要作用的工党人士，同样住在首相官邸附近：赫伯特·莫里森的家在伦敦东南部，可他通常都睡在内政部的地下室，或者睡在附近的旅馆；斯塔福·克里普斯在陆军部与“维多利亚堤”之间的白厅联排别墅（Whitehall Court）里购买了一套小型公寓。距离如此之近，就说明了为什么丘吉尔只需稍加通知，即可在深夜召集内阁大臣前来磋商。

战时内阁大臣们的工作地点，几乎都相互紧挨。海军部与陆军部隔着白厅街，彼此相对。白厅街是一条宽阔的大道，从特拉法尔加广场一直延伸至议会广场。沿着这条路往下走，就是与之垂直相交的唐宁街，其一侧是唐宁街10号，另一侧就是外交部。外交部大楼的后面是国王查理大街，而国王查理大街的对面则坐落着财政部和新的政府办公大楼，战时内阁会议室就位于新政府大楼的地下室。沿着白厅街再往下走一点儿，就到了议会大楼。这里几乎是一个封闭的工作区域，只有德国的炸弹时不时地在这里猛烈爆炸。因此，我们完全能够理解，丘吉尔为什么喜欢在周末前往首相的乡间宅邸“契克斯别墅”，艾登为什么喜欢前往苏塞克斯郡的“宾德顿”乡间别墅，而比弗布鲁克勋爵又为什么喜欢前往萨里郡莱瑟黑德附近的“切尔

* 蓓尔美尔街：伦敦城区的一条街道，以俱乐部众多而出名。

** 梅菲尔区：伦敦西区的一个城区，以古老的房屋及艺术馆而闻名，现属于高档住宅区，故多用于指代伦敦的上流社会。

克利宫”乡间别墅。毫无疑问，其他大臣到了周末的时候，也会到乡村寻求暂时的解脱。

一旦战时内阁否决了通过与墨索里尼磋商，促成与希特勒谈判的那项建议，英国就必须面对德军入侵的可怕前景了，因为英国国内几乎没有留下什么训练有素、装备精良的部队。绝大多数英军仍然滞留在法国境内，其中的大部队都挤入了敦刻尔克。就在比利时边境以南的敦刻尔克，大约 25 万名英军和 12.5 万名盟国士兵，面对着数百万装备精良、领导有方、冲劲十足，并从四面八方逼近的德军。英国必须将这些部队撤回国内，以此迎战入侵之敌。英国能够动员“无敌舰队”，把这些部队从法国运送回国吗？撤退的时候，英军士兵必须排成长队，从海滩蜿蜒入海，站在齐腰深的海水里，等着登上那些运送他们回国的船只。英国皇家空军能够保护他们免遭纳粹空军的轰炸吗？假如撤退行动失败，那么对于这些士兵来说，对于英国的整个国运来说，后果都是不可想象的。令人忧心的是，这种失败似乎极有可能出现，因为此时德军占据了所有的优势。

关于英国在重重困难之下如何成功挽救这些兵力的过程，大家都耳熟能详。英国组织了一支小型船队，其中除了有皇家海军的舰艇，还有渔船、“蝶形帆船”、拖船、游艇、游船、泰晤士河上的救生艇、“捕虾小渔船”，甚至还有一艘伦敦的垃圾运输船（称为清淤漏斗船）。面对即将到来的枪林弹雨，这些船只再加上其他船舶，都发挥出了巨大的作用。它们努力将人员摆渡到等候在海上、准备把部队送回英国的运输船上。英国皇家空军也的确没有让纳粹空军夺得敦刻尔克上空的制空权，否则，下方的撤离行动根本就不可能实施。5 月 27 日—6 月 4

日，这次极其惊心动魄的救援行动持续了一个星期，其中，一开始的四天最为重要。

英国政府将这次孤注一掷的任务称为“发电机行动”。起初，战时内阁里的大臣们以及少数几位参加过战时内阁会议、了解局势发展的人士，都对这一行动抱有悲观的态度。外交部官员亚历克斯*·卡多根在撤离开始那一天，即5月27日晚，打开日记写道：“英国远征军（BEF）的情况相当糟糕，除了其中的一小部分人，我根本看不到他们获救的希望，因为比利时已经停止抵抗。”5月28日，他又心情沮丧地写道：“英国远征军的前景，比以往任何时候都更显黯淡。”二十四小时之后，他认为形势有所好转，但基本上还是没有什么希望：“我们已经救出了4万兵力，此时还正以每小时2 000人的速度进行抢运。不过，结果仍将是可怕的。”英国皇家海军与皇家空军都全力以赴，想要加快救援的速度。令人惊讶并与所有人的预计恰好相反的是，他们竟然做到了这一点。到了6月1日星期六，卡多根就欢欣鼓舞地在日记里写道：“撤离行动简直就是一个奇迹。我们已经抢运出了22.4万人，其中包括大约3.4万名‘盟军’。”①最终，他们大约撤出了22.5万名英军以及11.1万名盟军士兵。盟军当中，许多都是法国士兵，后来，他们又迅速回到了祖国，孤注一掷地想要力挽狂澜，帮助法国遏制德军势如破竹的攻击。

当时的英国人以及此后的许多人，都认为“发动机行动”几乎堪称奇迹。不过，丘吉尔却承认，无论多么令人不可思议，

---

*　亚历克斯：“亚历山大”的昵称。

①　参见迪尔科斯编著的《卡多根》，1940年5月26日—6月1日，第290—293页。

战争都不可能靠撤离行动打赢（此时，英国刚刚撤回终于成功占领挪威纳尔维克港的那些部队）。事实上，许多英军和盟军士兵都认为，整个撤离行动混乱不堪，他们都是靠运气好才幸存下来。他们都很清楚，尽管英国派出了种类异常繁多的船只，可事实上船只的数量却不足以将全部人员从海滩转运到送他们回国的那些大船上，因此最终导致了许多不必要的人员折损。他们在海滩上等候时，几乎没有多少军官进行组织，这也导致了人员损失。而且，他们几乎把所有的武器装备都丢下了，包括坦克、枪炮、卡车、牵引式飞机和弹药。后来人们发现，英国政府曾经禁止这些返回国内的士兵公开谈论当时的情况，以免削弱国内方面的士气。①

当时，绝大部分德国军官都觉得，英国的这次撤离行动无关大局。他们都认为，英军不光彩地从欧洲大陆撤退，将使他们征服欧洲的丰功伟绩达到巅峰。事已至此，英国这个岛国要么会恳求签订和约，要么就得面对抵抗带来的后果。尽管对赫尔曼·戈林任由英军逃跑的做法感到不悦，但对侥幸逃脱的这25万兵力，希特勒并没有太过担心。他的注意力集中在100多万正在向他的部队投降的法军和盟军上，然后又集中在即将迫使这些法军和盟军领袖于6月22日签署的那份条约上。他对英国战时内阁里刚刚发生的争斗一无所知，并且似乎认为，英国向他恳谈和约条件只是时间问题。按照他的行事风格，只要英国承认他迄今为止业已占领的那些地方归他所有，他在和谈的

---

① 参见马克斯·黑斯廷斯所著的《温斯顿的战争：丘吉尔在1940—1945》（*Winston's War: Churchill 1940—1945*）一书（纽约，2011年），第40—44页；保罗·艾迪森所著《通往1945年的道路》（*The Road to 1945*）一书（伦敦，1982年），第107—109页。

时候就会非常慷慨。①

不过，丘吉尔在战时内阁这场生死攸关的辩论中占据了上风，因此英国不会承认希特勒对欧洲的征服。6 月 16 日晚，首相在议会里发出警告："敌人的全部愤怒与威力，很快就会转到我们的头上。"他预测："希特勒知道，他必须在这个岛屿之上击溃我们，否则就会在这场战争中失败……因此，我们应当准备好承担起自己的义务，并且照此行事。倘若英联邦和大英帝国能够存续 1 000 年的话，人们就会说：'这是他们最辉煌的时刻。'"②战时内阁认同这一观点，全国绝大多数人也都同意这一观点。普通百姓下定了绝不屈服的决心。丘吉尔发出强音，普通大众则会进行充实。他们不但会赋予这种强音活生生的形式，还会付出鲜血、汗水、辛劳和泪水。当时那些强调皇家海军与皇家空军实力强大的人，那些因此而低估德军入侵英国本土可能性的人，虽说可能抓住了军事形势的核心，却没有抓住精神形势的核心。英国人民已经做好了准备，他们的领导人也做好了准备。从他们彼此的信函当中，从他们所写的日记当中，我们都能看出，他们已经做好了德军很快便会入侵的心理准备。在内阁会议上，在公众面前，他们也是这样说的。从 1940 年 6 月中旬开始，至少直到 9 月中旬，他们关注和担忧的首要问题，始终都是德军即将发动的侵略。

---

① 参见黑斯廷斯所著的《温斯顿的战争》，第 40—44 页；约翰·卢卡齐所著的《决战》（*The Duel*）一书（美国康涅狄格州纽黑文，1990 年），第 106—130 页。

② 一些学者又提出了另一种观点：德军要用几个月的时间才能巩固该国在欧洲大陆上的胜利成果，因此不会立即试图入侵英国；比起到别的地方去发动战争，英国武装部队的位置与装备，都更适于防守大不列颠岛。比如，可以参见黑斯廷斯所著的《温斯顿的战争》，第 65 页。

危险的临近，使得英国政府的官员们都开始思考各种不切实际的可能性，都开始想象各种不可思议的情景，并且都开始做出种种轻率的判断了。6 月 30 日，就在法国投降之后不久，丘吉尔接到了一份方案："假如命令地方政府在所有平坦的田地里都掘出长达 400 多码* 的壕沟……应该能将敌人空降兵带来的危险降低到忽略不计的程度。"在这份公文上，首相潦草地批了一句："今天就实施。"①不过接下来，一些头脑更清醒的人士占据了上风。英国国内武装部队司令估算道："这项工作需要 20 万人……花上一年的时间才能完成。"②农业大臣莫因勋爵表达出了"他的牢骚，说这样做会给全国的农业生产带来不必要的严重损害。"而且，掘出的壕沟并非仅仅会让德军的飞行员无地可降，同样会让英国的飞行员在紧急着陆时无地可降。最重要的一点，就是英国的农民会火冒三丈。虽说政府的确掘出了一些壕沟，但到了盛夏时节，这一项目便慢慢停顿下来了。

然而，假定德军并非空降，而是从海上登陆，再向内陆开进的话，又要用什么去阻挡他们呢？丘吉尔曾经写信给陆军部的艾登，提到了一种"能够将一只普通的瓶子（比如说一只啤酒瓶）投到 150 码开外"的投射器。"这些瓶子里可以装满烈性炸药……"他还有一个主意："我们可以利用全国成千上万辆商用厢式货车和拖车，把它们当成移动式碉堡。它们可以装上

---

* 码：英制长度单位。1 码合 3 英尺，约 0.914 4 米。

① 参见英国国家档案馆"F.A.L."于 1940 年 6 月 30 日呈交给首相的信，CAB 120/442。

② 同上，参见《关于利用志愿劳力使田野与开阔地区不适合飞机降落的报告》(*The Employment of Volunteer Labour for Making Fields and Open Spaces Unfit for Aircraft Landings*)，未署名。1940 年 7 月 26 日写给伊斯麦将军的信，字迹潦草难辨。

防弹甲板，牢固地嵌合起来，只留有适当的缝隙，便于从里面射击。"[1]一群"老爷兵"朝着挺进的德国装甲师投射啤酒瓶，并用改装后的卡车与之对抗，这种想法，是经不起细思的。首席军事助理黑斯廷斯·莱昂内尔·"巴哥犬"·伊斯麦是丘吉尔与参谋长委员会的联络官，他认为侵略者到来之后，英军应当穿上德军的军装去迷惑他们。[2]可这样做，也会让英军分不清敌我。丘吉尔的女婿、保守党议员邓肯·桑迪斯刚刚在挪威服完现役回到英国，他居然问过，要是德军侵入英国之后，"把囚犯、疯子和野兽都放出来"的话，又该怎么办呢？[3]国内防御执行长官认真地考虑了这个问题，然后回答道："囚犯的问题，我们已经考虑过了……就精神病人的问题而言，试图先发制人、预先阻止德军的阴谋，似乎要比应对德军的阴谋本身更加困难……至于野兽的问题，似乎还没有人仔细考虑过。"[4]

丘吉尔收到了大量关于如何抵抗入侵的建议。一位刚刚从法国回到国内的保守党议员报告说，"大批大批的难民在德军还没有到来的时候就蜂拥而逃，是法国覆灭的主要原因"。因此，这位议员建议说，应当"在今晚，而不是明天或者后天"就颁布命令，"……一旦敌人从空中或者海上登陆，所有的非作战人员，除了那些在防御必需的关键部门参与现场行动的人，都应当留在自己的家里或者掩体里，应当提前自行准备好一个

---

① 参见丘吉尔 1940 年 7 月 3 日写给艾登的信，载于《丘吉尔文集》，CHAR 20/2A。

② 参见英国国家档案馆内伊斯麦于 1940 年 7 月 3 日写给 F.G.博蒙特-内斯比特将军的信，CAB 120/445。

③ 参见英国国家档案馆邓肯·桑迪斯 1940 年 8 月 8 日写给芬内特·斯图尔特的信，CAB 120/468。

④ 同上，参见鲁特姆 1940 年 8 月 26 日写给桑迪斯的信。

星期的食物”[1]。“最好是立即实施军事管制。”另一位保守党人士则向首相如此建议。[2]负责印度事务的国务大臣利奥·艾默里代表了“看守委员会”的观点，这个团体在促使张伯伦下台的过程中发挥了重要作用，此时仍在召集会议。他呼吁成立一个“公共安全委员会”（这个英国保守党人，竟然借用了法国大革命中雅各宾派所用的术语，这种做法让人觉得很是古怪），并赋予该委员会采取独裁措施的权力。民众“应当服从直接命令，强制……参加整个防御任务”[3]。而左翼人士也呼吁进行“一场人民战争”，要求所有英国人都以不同的方式参与到战争中去。事实上，国家危亡激励了英国的左翼人士。左翼关于一个政府为了大众利益应该具有强制性权力指挥一切事务的信念，终于在所有阶层的心中找到了共鸣。随着战争推进，丘吉尔麾下战时内阁里的社会主义者，也将日益强烈地表达出这一观点。

一些与丘吉尔有信件往来的人，在军事问题上发表了非常专业的见解。其中有一个人预计，德军会从东海岸登陆英国本土[4]；另一个人说德军会从西南沿海登陆[5]；第三个人则说，德军一开始的时候根本就不会试图登陆，而是会将注意力集中在“摧

---

① 参见莫里斯·彭斯瑞克 1940 年 7 月 3 日写给丘吉尔的信，载于《丘吉尔文集》，PREM 4/37/8。

② 参见埃利班克子爵亚历山大·默里 1940 年 6 月 23 日写给丘吉尔的信，载于《丘吉尔文集》，PREM 4/37/5A。

③ 参见利奥·艾默里 1940 年 6 月 16 日的一份无题文件，载于剑桥大学丘吉尔学院的《艾默里文集》，2/1/31，第 1 号文档。

④ 参见约西亚·韦奇伍德 1940 年 5 月 21 日写给丘吉尔的信，载于《丘吉尔文集》，CHAR 20/8。

⑤ 参见英国国家档案馆里汤姆·霍拉宾 1940 年 7 月写给丘吉尔的信，CAB 20/438。

毁英国舰队”上[①]。对于这些好心的建议，丘吉尔通常都是迅速而礼貌地做出回应，而在必要的时候，他也会回答得含糊其词。有一位工党议员曾经给他写信，想要他确保伦敦绝对不会像巴黎那样宣布为“自由市”。对此，丘吉尔回信道：“您大可以放心，我们会在伦敦市内的每一条街道及郊区战斗到底。这里将是入侵敌军的葬身之地。不过，我们更希望将敌军的大部分兵力淹死在茫茫大海中。”[②]对于一个原来支持绥靖政策、此时仍然认为可以与希特勒媾和的人，他的回应就要尖刻得多：“我为您写了这样一封信而感到羞耻。现在我把这封信退还给您，以便您烧掉并忘记。”[③]（不过，丘吉尔还是保存了一份副本，放进了自己的文件里。）

首相热衷于非正统、甚至可以说是轻率的全国性防御计划，可能让同僚们感到沮丧；但是，他那种不论胜算如何都要战斗下去的坚定决心，却无疑也对他们产生了激励作用。当然，他领导的战时内阁也具有实事求是地判断、脚踏实地地谋划和坚决彻底地行动的本领，否则，英国绝对不可能幸存下来。战时内阁摒弃了异想天开的计划，哪怕那些计划是丘吉尔提出来的。不过，对于无法掌控的非主流观点，战时内阁也并未加以排斥。任何一种能够增加英国战胜几率的措施，不管如何难以实施，都必须加以考虑。即使这种措施干涉到财产权利或者民众所珍视的自由，即使这种措施颠覆了历史悠久、业已根深蒂固

① 参见“博比提”（即克兰伯恩勋爵）1940年6月28日写给丘吉尔的信，载于《丘吉尔文集》，PREM 4/37/5A。

② 参见丘吉尔1940年7月5日写给韦奇伍德的信，载于《丘吉尔文集》，CHAR 20/8。

③ 参见沃尔特·艾略特1940年6月25日写给丘吉尔的信以及丘吉尔1940年6月28日写给艾略特的回信，载于《丘吉尔文集》，CHAR 20/1。

的等级制度，也该如此。就丘吉尔来说，凡是他认定为挽救国家于危亡所必须做的事情，他都会去做。左翼和右翼都向他施压，要求政府获得全面的权力。首相没有一丝的犹豫。5月22日，他授权艾德礼在英国广播公司发表了讲话：

> 今天，议会代表你们，将掌控所有人员和财产的全部权力都赋予政府。贫富之间、劳资之间、男女之间，全都一视同仁……如今，政府有权要求任何一个英国公民去做国家利益最迫切需要的任何工作。政府有权管控任何一家企业、工厂、矿山、商店或者银行，并且命令这些单位按照政府的希望经营。政府可以征收所有种类的财物……劳工大臣欧内斯特·贝文将指挥各类人员提供服务。①

这样，工会这个巨人便开始走上政治舞台的中心。“可敬的”保守党人可能认为上述措施属于“异端邪说”，但欧内斯特·贝文并没有吓得不敢行动；而在战胜那些忧心忡忡地看待其政策的懦弱之辈的过程中，他必定也会得心应手。

欧内斯特·贝文出身贫寒，年轻时曾经在布里斯托尔港当过货车驾驶员。后来，他在那里加入了以前的“码头工人工会”。虽说没有受过教育，但他智力超群，体格健壮，令人敬畏（他长着一颗硕大的脑袋，身躯巨大，有人还把他的双手比作两把香蕉），因此在工会里面迅速爬升，先是在当地享有盛

① 参见克莱门特·艾德礼的《掌玺大臣广播讲话》，载于牛津大学的《艾德礼文集》，第1部。

誉（1914年以前），然后又变得全国闻名（1918年以后），不但成了工人们强大有力的后盾，而且成了工会里面那些反共产主义左翼人士的领军人物。1922年，他像一台人力推土机，将工会那位年纪渐老的创立者与领导人本·迪利特推到一边，让其退休养老去了。然后，他将原来的“码头工人工会”并入了“运输和杂工工会”这个新的机构，并担任新机构的领袖。到了20世纪30年代末，“运输和杂工工会”已经发展成为欧洲规模最大的一个工会。他没有谋求政治职位，“运输和杂工工会”就是他的终生事业。在两次世界大战之间，甚至包括“大萧条”* 时期，他一步步地巩固这个工会，使之变得日益强大，并成功地抵挡住了所有后来者对这个工会的染指，不管这些后来者是右翼还是左翼。

丘吉尔认识到了贝文身上种种非凡的能力，而日后他也会倚仗贝文的这些本领。不过，贝文之所以不可或缺，原因在于他是英国杰出的工会运动领导人。他领导着“运输和杂工工会”，在一个联盟组织中发挥主导作用，并从1937年起一直担任这一联盟的主席，其中最大的分支机构就是“工会大会”(TUC)。这个机构，代表了差不多500万名工人。此时英国的存亡，就取决于这些工人愿不愿意不遗余力地劳作、愿不愿意受苦受难。内维尔·张伯伦绝对不可能动员起这些工人的积极性。工人们都厌恶他，厌恶他们认为张伯伦所代表的那些东西。不过，要是让欧内斯特·贝文站在政府一边，温斯顿·丘吉尔就可以动员起这些工人。

---

* 大萧条：1929—1933年之间发源于美国，后来波及许多资本主义国家的一场严重的经济危机。

起初，贝文并不愿意与丘吉尔共事。他还记得丘吉尔在1926年大罢工期间尖锐的反工会主义态度，因此把丘吉尔看成是英国工人阶级的敌人。而且，贝文也没有到英国政府担任官职的野心。有一位曾在5月初德军刚刚发动攻势时参加工党年会的人士回忆道："工党人士在伯恩茅斯与（他）激辩了15个小时，试图说服他接受任命。"待他终于同意进入内阁之后，起初还希望只是任职而不当议会议员。①不过，最终他还是接受了丘吉尔的邀请，而工党也为他在下议院里提供了一个安全席位。他这样做，并非仅仅是出于显而易见的爱国之心，还有一个原因，那就是他在接受任命不久后，参加工会领袖一次特别会议时所指出的："假如此时我们的运动和我们这个阶层拼尽全力挺身而出，挽救全国人民于水火之中的话，那么整个国家都会无比信赖地……转向挽救他们的人。"②而且，他也明白，"挽救国家于危亡的人"在打赢这场战争之后，将会提出一些什么样的要求。此时，从数量和信心方面来看，这种要求都在全国各地不断地增强。这种结果，也正是他想要得到的："一种新的工业动力和生存目标。"他在另一次会议上还指出，"你们的整个经济、金融、组织、科学以及一切……最终目标都是提供社会保障……针对的都是整个社会"③。

因此，贝文终究与丘吉尔站到了一起。刚一接受委任，他

---

① 参见1968年3月11日对工党书记J.S.米德尔顿的私人秘书D.罗宾逊夫人的采访，载于《赫伯特·莫里森文集》中的"采访"。

② 引自彼得·威勒所著的《欧内斯特·贝文》（英国曼彻斯特，1993年），第103页。

③ 参见1940年11月20日《欧内斯特·贝文议员阁下在扶轮社午宴上的讲话》（Speech at the Rotary Club Luncheon by the Rt. Hon. Ernest Bevin, MP, November 20, 1940），载于《丘吉尔文集》，PREM 4/83/A。

就估计说，英国幸免于危亡的几率只有差不多2.5%。“我面对的是一个拥有2亿兵力可用的敌人（也就是欧洲的绝大多数工人阶级），”他曾经回忆道，“因此我必须权衡，用什么方式才能与之抗衡。”他必须迅速行动起来，而他确实也是那样做的。“我是星期二下午2时30分上任的，而到了星期三上午的11时，我已经至少勾勒出了整个计划的基础。接下来，到下午3时，所有职员便都围到了我的身边，研究计划的一切细节。到了星期五的晚上，我们就已把这一计划分发到了其余的各个部门。”[①]当然，他是在夸大其词，因为这个计划并不是他构想出来的，他只是在以前的版本之上进行了修改。不过，谦虚绝不是他的强项，组织能力才是。

1940年5月，英国的成年人口总计约3 300万，其中并不包括那些很快就要应征入伍的人。贝文的任务，就是协调和刺激国内方面的生产，以便与敌人的生产相抗衡，或者超过敌人。不过，工人阶级都是需要流血牺牲的人，因为军队必须征召他们。贝文必须解决这个两难问题。他所秉持的原则，使得这个问题变得更加难以解决。虽说自己有权力向工人发号施令，可他并不喜欢那样做。作为一个长久支持工人的领导，他喜欢工人自愿劳动，而不是强制工人劳动。这一点，不但是他遵循的一条原则，而且是因为他觉得，从长远来看，自愿劳动更有效率。此外，只要做得到，他都希望继续保持工会中那些习惯性的做法。贝文曾经回忆道：“你必须制定出一个非常仔细的时间表，务必做到不要过快地把手下的人都动员起来，要尽可能地让工人待在工厂和车间里的时间久一点儿。一旦装备生产出

---

① 参见威勒所著的《贝文》，第104页。

来，就要及时送到作战部门，让部队去进行基础训练，从而不至于浪费时间。”很快，他便意识到，英国的女性也必须挺身而出才行，要是可以的话，最好也是让她们自愿站出来，而不是通过强制征召（不过，最终他还是不得不下令征召女性），代替男性到商店、矿山、磨坊、工厂和田间地头劳动。“我为这个问题头疼了好几个星期，”对于征召女性劳力，贝文后来如此说道，“我并不害怕女性，倒是有点儿担心那个老头子*会怎么说。”他必须制订培训计划。他必须区分事情的轻重缓急，然后再根据优先原则，动员男男女女到工业生产所需的任何岗位。另外，他还必须获得他们的理解。他明白，倘若没有这些人的理解，生产就无法增长，而英国就会输掉这场战争。“我想尽千方百计，试图增加俱乐部、社会福利机构、休假旅行的数量，利用全国所有的教堂和各种各样的机构、工会组织、合作社，尽量让工人们在战争条件下的生活舒适一点儿。”①

他接受的几乎是一个不可能完成，却又至关重要的任务。因此，他是不可能让每一个人都满意的。右翼的批评者认为他偏袒工人和工会；左翼的批评者却又认为，他秉持自愿原则太久，因为他们此时想要的，就是让政府为了大众的利益发布命令。在必要的时候，贝文也曾修改过自己的计划，然后一路推进。②他在

---

* 此处和后文中的“老头子”都应指德高望重的劳合·乔治。

① 参见1945年2月4日《关于欧内斯特·贝文议员阁下在诺威奇市皇家剧院演讲的报告》(Report of Speech by the Right Hon. Ernest Bevin at Theatre Royal, Norwich)，载于剑桥大学丘吉尔学院的《欧内斯特·贝文文集》，4/7。

② 贝文及其同僚们取得的成就，与一些历史学家的观点相矛盾。这些历史学家认为，英国在战争时期的经济最终远不如德国的多产和高效。参见科雷利·巴内特所著的《战争审计》（*The Audit of War*）一书（伦敦，1986年），该书认为英国当时很无能；以及戴维·埃杰顿所著的《战争机器》（*Britain's War Machine*）一书（伦敦，2011年），该书则有力地反驳了这一观点。

政府内阁里，接下来又在丘吉尔1940年10月擢升他进入的战时内阁里，风头都盖过了工党低调的党魁艾德礼和“不急不躁”的格林伍德，只是他从来都没有想过要取代这两人来当工党的领袖（此时，他虽是旺兹沃斯中央区的议员，但从来都不是“一位下议院议员”）。在这一点上，他不但胜过了工党的同僚们，也让绝大多数保守党人士相形见绌。

然而，有一位保守党同僚，他却没有胜过。贝文明白，除非先掌握英国沿海地区上方的制空权，否则德军是不可能入侵英国本土的。因此，倘若英国维持好战机的生产水平，那么英国皇家空军就很有可能拒敌于国门之外。贝文认为，分配和指派建造、维修飞机的劳动力，是他的职责所在。然而，对于这个问题，丘吉尔却转向了他的老朋友，《每日快报》、《星期日快报》和伦敦《标准晚报》及苏格兰两家报纸的所有者比弗布鲁克勋爵。5月14日，丘吉尔任命比弗布鲁克勋爵为刚刚成立的飞机生产部大臣，然后又在8月2日擢升他进入战时内阁，这比擢升贝文进入战时内阁的时间还要早。比弗布鲁克勋爵可不想让贝文这位劳工大臣去侵犯他的地盘。他一意要控制飞机制造行业里的人力资源。贝文不得不接受这一现实，可他心里却很不高兴。因此，两人之间的关系一直都没有好过。

在有些人看来，丘吉尔似乎是不太可能任命比弗布鲁克勋爵担任这一职务的。在第二次世界大战爆发前，比弗布鲁克勋爵曾经支持张伯伦，反对丘吉尔。他对英国的“光辉孤立”政策深信不疑。不过，他对1938年10月张伯伦在慕尼黑背叛捷克斯洛伐克之后，又勉强向波兰提供保证的做法感到不满，因为他认为，英国既无力、也不会去有效地保护波兰免遭德国的入侵。后来的形势证明，他的观点是正确的，德军进攻波兰之后，英法两国几乎没有为波兰做过什么。从战争爆发起，直到1940年4月，比弗布鲁克勋爵都支持英国与德国达成一份妥协性的和约。然而，当希特勒向西进击、打碎了“假战争”的面具之后，这位报业大亨便认识到，他的祖国正站在一道令人恐惧的深渊边上。此时，英国必须为自己的生存而战。为此，英国需要一位懂得战争的首相。于是，跟其他许多人一样，比弗布鲁克勋爵在1940年5月弃张伯伦而去。

丘吉尔召他加入政府时，这位报业大亨并没有在政府里面从事行政管理的经历，在下议院里也没有多少经验。他只是在1910—1916年间担任过议员，然后获封贵族爵位，目的是供劳合·乔治驱策。他在第一次世界大战期间劳合·乔治上台掌权的过程中出过力，协助劳合·乔治与当时的保守党领袖安德鲁·博纳·劳沟通。在加拿大出生的比弗布鲁克勋爵与这两人都交好，他不但将这两人拉到了一起，还让出自己的乡间别墅供两人使用。在两次世界大战之间，比弗布鲁克勋爵在上议院里并未发挥过什么突出的作用，但他建立起了一个庞大的出版帝国。他认识每一位议员。1940年5月4日丘吉尔提议委任他为飞机生产部大臣时，英王却表示反对。乔治六世宣称，“加拿大人都不赏识他”①。更有可能，英王担心的是比弗布鲁克勋爵没有担任行政职务的经验。或许也是因为，在他看来，比弗布鲁克勋爵就是那种放荡不羁、傲慢无礼而又奢侈放纵的“恶棍”，几乎每一个“脾性可敬的”的保守党人都既讨厌、又害

① 参见1940年5月10日英王乔治六世写给丘吉尔的信，载于《丘吉尔文集》，CHAR 20/11。

怕这种人。至于比弗布鲁克勋爵不久前还支持过绥靖政策这一事实，却与此事没有关系，因为乔治六世自己也支持过绥靖政策。

然而，丘吉尔还是坚持了自己的立场。他与比弗布鲁克勋爵相交已有三十年之久，与之相处得很融洽，尽管两人之间的友谊也时有起伏。他们最近的一次疏远，是在 1938 年 4 月。当时，比弗布鲁克撤下了丘吉尔在《标准晚报》上抨击张伯伦和绥靖政策的定期专栏。然而，友谊高涨的时候，两人会一起闲聊谋划、一起喝酒、一起抽雪茄、一起玩牌赌博，令始终都不喜欢、也不信任加拿大人的丘吉尔夫人觉得非常不安。富兰克林·德兰诺·罗斯福总统的巡回大使*埃夫里尔·哈里曼有一次曾说，比弗布鲁克勋爵知道丘吉尔“几乎没有什么打牌心得”。①不过，比弗布鲁克勋爵明白丘吉尔很佩服他，因为他可以做到首相做不到的一些事情，比如赢牌。这位报业大亨可不会轻易放过他的朋友。1943 年 5 月，比弗布鲁克、丘吉尔与哈里曼乘坐“玛丽女王”号横跨大西洋时，哈里曼和比弗布鲁克还达成过一致意见，说两人在牌桌上都不会占丘吉尔的便宜。可是，为了保持他在丘吉尔心目中的形象，比弗布鲁克很快就食言了。哈里曼写道：“大臣打牌赢过首相，可以说是他们两人关系当中不可或缺的一个部分。”②

丘吉尔与其他同僚相处的时间都不长，而他早期在政治圈

---

* 巡回大使：亦称“无任所大使”，指某些国家派出的具有大使衔的外交代表，虽说没有一定的驻在国，但并不是临时派遣的。

① 引自肯尼斯·扬所著的《丘吉尔与比弗布鲁克》（*Churchill and Beaverbrook*）一书（纽约，1966 年），第29 页。

② 引自安妮·奇泽姆与迈克尔·戴维合著的《比弗布鲁克》（*Beaverbrook: A Life*）一书（伦敦，1992 年），第 446 页。

子里关系亲密的朋友，此时也都已过世。在内阁同僚当中，只有比弗布鲁克勋爵曾经在第一次世界大战期间的劳合·乔治政府与他一起任过职（当时，比弗布鲁克勋爵担任情报大臣）。丘吉尔委任比弗布鲁克勋爵的时候，有意撇开了两人不久前在绥靖政策方面的分歧，牢记着两人长久以来的紧密关系。丘吉尔既指望获得比弗布鲁克勋爵的友谊，也指望获得他的帮助。1940 年 5 月，就在最需要获得友谊与帮助的时刻，丘吉尔还让比弗布鲁克勋爵变成了他的心腹。丘吉尔接任首相的那一天，两人一起共进了午餐，晚餐也是一起吃的。第二天，两人又一次共进了午餐。第三天，两人整个下午都在一起磋商，因此比弗布鲁克勋爵仍然是留下吃了晚饭才走的。①当时，比弗布鲁克勋爵正在协助丘吉尔确定第一届政府的人选。

在形势最危急、法国濒临彻底失败的时候，丘吉尔于 6 月 13 日前往图尔市和法国总理保罗·雷诺会晤。结果表明，这是两位领导人之间的最后一次战时会晤。当时，丘吉尔让比弗布鲁克勋爵陪同前往（后来，丘吉尔写道：“碰到问题的时候，他总是能够让人振奋起来。”②），他的老朋友在这次会晤中扮演了一个至关重要的角色。由八人组成的英国代表团抵达法国时，天气阴郁，场景令人沮丧，法方的迎接和午宴也是死气沉沉。然后，他们又听到了一个令人沮丧的消息：除非美国马上参战，否则法国就只有投降了。丘吉尔与同僚们来到后花园里，讨论当时的局势。起初，他们在水坑之间和滴着雨滴的树枝下踱来踱去，犹豫不决，可是，“突然之间，比弗布鲁克勋爵发言

---

① 参见泰勒所著的《比弗布鲁克勋爵》，第 410 页。

② 参见丘吉尔所著的《辉煌时刻》，第 178 页。

了”。爱德华·斯皮尔斯将军是丘吉尔与法国政府之间的联络官，他回忆道：“大家马上就感受到了他的那种活力。‘温斯顿，您只需再说一遍已经说过的话，除此之外什么也不用做。给罗斯福总统发个电报，等着他的回复。跟雷诺总理说，在收到罗斯福总统的回复之前，我们没有什么要说的，也没有什么要讨论的。不要做出任何承诺。我们应该还有一点儿时间，看这些法国人自己怎么解决。我们在这里一点用处也没有。事实上，听到雷诺总理的这些说法，只会带来害处。我们还是回国吧。’”①

丘吉尔欣然接受了比弗布鲁克勋爵实事求是而又见解深刻的建议。就在图尔市政府办公室后面那个泥泞不堪的花园里，他们之间的关系升华到了另一个层面：丘吉尔可能是一个恩主，但他需要依赖接受此种恩惠之人提出的忠告。

了不起的历史学家A.J.P.泰勒曾经写道：“他的性情当中，有一种紧迫感。”他熟知并爱戴比弗布鲁克勋爵。②比弗布鲁克勋爵瞧不起委员会里纷繁芜杂的事务、死板的传统与官僚的习气。尤其是，倘若认为自己是在与不学无术的人交谈，是在浪费时间，那么他就更加无法忍受。他上任两个月之后的一天上午，就在空军部一位高级官员正要离开的时候，有位报社记者受邀前来采访他。“每天上午都得花上一两个小时跟这些空军中将们谈话，”那位官员刚刚离开，比弗布鲁克勋爵便跟记者推心置腹地说道，“简直就是在咒我短命……坐下来听他们说

---

① 参见奇泽姆与戴维合著的《比弗布鲁克》，第378页。
② 参见泰勒所著的《比弗布鲁克勋爵》，第424页。

话，真让我受不了。”[①]他想要的是行动，而不是空谈。他的办公桌上放着三块标牌，正好概括出了他的观点。标牌上面写着：“委员们当以全力摆脱战争”；“组织就是临时凑合的敌人”；“战争中的一切都很简单，但简单之事往往最难做到”。

1940年夏季，英国需要的正是这样一种紧迫感。英国的生死存亡，首先取决于飞机产量能否增加，生产速度能否加快，其中主要是防御英国领空的战斗机。工厂里生产的并不是“空军中将们”更喜欢的轰炸机，他们（错误地）认为，倘若英军去轰炸德国的城市，就会阻止德军前来轰炸英国。比弗布鲁克勋爵面临的问题，也正是丘吉尔希望他去面对的问题，那就是：始终都坚定不移、具有创见、实事求是而高效地把注意力集中在手头亟须完成的任务之上。在比弗布鲁克勋爵看来，这个亟须完成的任务，就是生产战斗机。他突然想到，可以把三四架坠落的飞机（包括敌机）上的零件拆卸下来，然后组装成一架可以服役的战机。维修的工作量迅速增加了。那些拼装起来的战斗机，将在“不列颠之战”中发挥出至关重要的作用。[②]最终，英国拼装起来的战斗机与新造的战斗机，在数量方面竟然不相上下。

比弗布鲁克勋爵突破了原有的一切瓶颈和障碍，从而加快了生产。例如，在需要的时候，他会指示手下的代理人从机场

---

① 参见W.P.克罗泽所著，经A.J.P.泰勒编辑的《不得发表：1933—1944年的政治采访》（*Off the Record: Political Interviews, 1933—1944*）一书（伦敦，1973年）中1940年8月24日对比弗布鲁克勋爵的采访，第197页。本书由《曼彻斯特卫报》编辑W.P.克罗泽对英国一些主要政治人物的采访组成，但他当时并没有将这些采访发表出来。

② 参见汤姆·德赖伯格所著的《比弗布鲁克：权力与挫折研究》（*Beaverbrook: A Study in Power and Frustration*）一书（伦敦，1956年），第256页。

调走多余的部件，令正在囤积备用部件的空军大臣非常不满。比弗布鲁克勋爵回应道："备用零件紧张一点，飞机供应充足一点，总比备用零件富余，飞机却短缺要好。"[①]在对飞机生产部实施专断管理的时期（他在这一时期的做法确实专横武断），他的效率非常高，从而让问题发生了改变：不再是寻找足够多的战斗机来保护英国，而是要训练出足够多的飞行员驾驶飞机。

他让整个飞机生产部以及直接或者间接替该部工作的人，都达到了耐力的极限，有时甚至还会超过他们的忍耐底线。上任伊始，他就坚持要求各大飞机制造厂日夜加班，每周七天，持续生产一个月。接着，他又把这种疲劳战术进行了无限扩展。他会在半夜给下属打电话，会在凌晨两三点钟的时候要求下属报告情况，或者要求下属更加努力。有一则轶事，显然并非不可信，说的是：诺丁汉市有一个鞋带制造商，他家才雇用了六名工人的作坊，也变成了飞机零部件的生产车间。有天凌晨，他的妻子在2时叫醒了他。比弗布鲁克勋爵竟然从伦敦打来电话，祝贺他的生产速度。[②]不过，他也有可能在电话里大发脾气，因此许多下属都害怕他打来电话。有位下属在视察途中，发现自己的飞机着陆了，因为敌人的战机即将轰炸这一地区。"哦，天哪，就这点儿事？"那人如释重负地叫道，"我还以为是比弗布鲁克勋爵打电话来了呢。"[③]

数据说明比弗布鲁克勋爵取得了不菲成就：1940年2—9月

---

① 引自泰勒所著的《比弗布鲁克勋爵》，第418页。
② 参见奇泽姆与戴维合著的《比弗布鲁克》，第259页。
③ 引自泰勒所著的《比弗布鲁克勋爵》，第423页。

间，各种类型的飞机产量翻了一番，战斗机的产量增长了3倍。[①]1940年全年生产的飞机数量，达到了德国的2倍。[②]诚然，在飞机生产部前大臣金斯利·伍德任上时，英国的飞机产量已经开始增长，因此我们不应当把所有的功劳都归到比弗布鲁克勋爵身上。不过，伍德担任飞机生产部大臣时情况不同，并不像当时的比弗布鲁克勋爵那样，必须去应对德军的轰炸。在比弗布鲁克勋爵的管理下，英国生产的战机，不但完全弥补了被德军强击机打下而导致的损耗，甚至还超过了这种损耗量。

但是，数据可不会说明比弗布鲁克勋爵许多同僚的感觉，不会说明与这个反复无常、干劲十足的人打交道有多困难。同僚们反感的，可不只是他的性格。有的时候，他的判断也不正确，这一点大家都清楚。比如说，让工人每天工作十二个小时、每个星期七天连轴转，在短期内或许可以产生良好的效果，可从长远来看，工人们是不可能支撑下去的。然而，比弗布鲁克勋爵却坚持要工人们继续这样干下去。在内阁会议上，他还与自己瞧不起的“空军中将们”的主管，即空军大臣阿奇·辛克莱吵了一架。辛克莱同意手下将领们的意见，认为英国需要的是轰炸机，而不是战斗机；应当将某些战机派往加拿大或者南非，飞行员在那些地方可以接受训练。比弗布鲁克勋爵对这两种观点都进行了反驳，而因为生产多少飞机、在哪里生产、生产哪种类型的飞机等方面全都由他说了算，所以他总是在争论中获胜。在飞机生产部实施紧缩政策的那段时间里，他与空军

① 参见奇泽姆与戴维合著的《比弗布鲁克》，第395页。

② 参见罗伊·杰金斯所著的《丘吉尔》（伦敦，2002年），第633页。这似乎又是重要一击，有力地反驳了认为英国在这场战争中无能的观点。

大臣的关系还恶化到了一种前所未有的程度。[1]

比弗布鲁克勋爵与贝文之间的关系一开始就很不好，后来也继续恶化了。在比弗布鲁克勋爵进入政府任职之前，对这位态度保守、手下系列《快报》全都鼓吹帝国主义的大亨，了不起的工会领袖贝文就心存疑虑。如今，除了这一点，他还对比弗布鲁克勋爵控制飞机生产与维修领域里的人力资源的做法感到愤慨。此外，对于让工人加快生产速度，取消工会的惯例，以及按照比弗布鲁克勋爵的要求冷酷无情地征用人员的做法，他永远都无法认可。不过，战时内阁要想发挥作用，这两个人就必须坐到一张桌子上，一致同意政府制定的政策才行。比弗布鲁克勋爵显然十分敬重这位敌手，认识到他是“英国的一位伟人”，是“一个能力非凡、人格力量强大的人”[2]。贝文可从来都没有这样回敬过他。当飞机生产部大臣比弗布鲁克勋爵坚持要求工人们坚守工作岗位，甚至要求工人们在遭遇空袭的时候也这样做时，劳工大臣贝文还威胁要起诉这位身为内阁大臣的同僚。[3]

丘吉尔始终都得做思想工作，才能让比弗布鲁克勋爵留下，因为后者不停地威胁说要辞职；丘吉尔也始终都必须安抚住贝文，因为后者对比弗布鲁克勋爵这位报业大亨的不信任感，从来都没有稍稍减少过。但是，丘吉尔认为，这两人正是他政府里的大人物。“温斯顿勋爵跟我说过好几次，”他的私人秘书在1964年曾经如此回忆道，“假如英国在1940年遭到德军侵略，我们必须撤退到泰晤士河以北，那么他就会

① 参见泰勒所著的《比弗布鲁克勋爵》，第417—421页。

② 同上，第456页。

③ 同上，第425页。

以他自己、比弗布鲁克勋爵和欧内斯特·贝文三人联合执政的形式，来治理整个英国。”①然而，事实最终证明，比弗布鲁克勋爵是一个能够在关键时刻暂时性地发挥作用的人物，却不是一个愿意长久从政的人物。待关键时刻一过去，待德国入侵英国这种迫在眉睫的危险一消弭，待他真的无法再忍受日常的案头工作和委员会事务，他便辞去了职务。不过，丘吉尔并没有与他断绝往来，在这场战争的后期，丘吉尔还会把他召回战时内阁，让他担任一种不同的职务。那时，战斗就重新打响了。

在 1940 年的整个夏季，人们似乎始终都听得到纳粹空军战机引擎加速运转时的轰鸣之声，听得到纳粹装甲师战车的铿然响声，听得到数百万德军整齐地跨过英吉利海峡时的沉重脚步声。假如希特勒派遣这些部队入侵，英国可就遭殃了，因为英国国内的武装部队在 1940 年 6 月上旬，还只有 54 门发射 2 磅*炮弹的反坦克火炮、420 门野战炮（每一门配有 200 发炮弹）、613 门中型和重型火炮（每门配有 150 发炮弹）、105 辆中型和重型坦克、395 辆轻型坦克、2 300 挺布伦式轻机枪**以及 7 000 支步枪。总计起来，英军的武器数量少得可怜，根本不足

① 参见《不知名者与维奥利特·邦汉·卡特的交谈》，1964 年 6 月 15 日，载于牛津大学新博德利图书馆的《维奥利特·邦汉·卡特文集》，BOX 203，103。

* 磅：英制重量单位，1 磅等于 16 盎司，约合 0.453 6 千克。

** 布伦式轻机枪：第二次世界大战中英联邦国家军队装备的主打武器。1935 年英国从捷克斯洛伐克购买了该枪的生产权，由恩菲尔德兵工厂制造，1938 年投产，命名为“MKI 7.7 mm 布伦式轻机枪”。其名称由捷克斯洛伐克生产商布尔诺公司（Brno）和英国生产商恩菲尔德兵工厂（Enfield）的前两个字母组成。

以保卫整个国家。[①]在陆军部里，风度优雅、能力非凡却又小心谨慎的安东尼·艾登刚获任命。他曾经告诉一位记者，他“必须认真考虑自己敢不敢调动武器装备，比方说把 1 门反坦克火炮从一个地区调往另一个地区”[②]。他的心里，仍然惦记着丢弃在敦刻尔克海滩上的武器辎重。他手下的兵力也不够：只有一个训练有素、装备齐全的旅部，保卫整个英国。他曾经告诉哈利法克斯勋爵，起码需要一个月的时间，他才能把一切理顺。[③]倘若德军的入侵早于这个时间，那么英国可能就会沦陷。丘吉尔采取了一种典型的不切实际、顽固执拗且令人震惊的错误姿态，使得形势对安东尼·艾登来说更加困难了：就在成功地完成敦刻尔克大撤退后，丘吉尔竟然派遣 2 个师的英军和加拿大军队回到法国，参加一场破釜沉舟式的保卫战。[④]艾登气得咬牙切齿。他曾经写信给丘吉尔说，在他刚刚视察过的肯特郡、苏塞克斯郡和萨里郡，“1 个待命营、1 个装卸工营、海斯步兵学校、1 个步兵训练中心以及皇家陆军后勤部队（R.A.S.C.，它负责后勤问题，并不参与作战）的 1 个军官训练团，便组成了这些地区现行的日夜防御体系”[⑤]。

---

① 参见黑斯廷斯所著的《丘吉尔的战争》，第 64 页。在敦刻尔克，英军损失了 700 辆坦克、2 500 门大炮（其中包括 1 200 门野战炮和口径较大的火炮，1 300 门防空火炮和反坦克火炮）以及 12 万辆军车。参见乔治·托马斯所著的《不信任案》（*Vote of Censure*）一书（纽约，1968 年），第 48 页。

② 参见克罗泽所著的《不得发表》中 1940 年 7 月 27 日对安东尼·艾登的采访，第 184 页。

③ 参见哈利法克斯 1940 年 9 月 28 日所写的日记，载于《哈利法克斯文集》。

④ 后来艾伦·布鲁克将军中肯地把它们归纳为“第二场默默无闻的敦刻尔克大撤退”。

⑤ 参见艾登 1940 年 6 月 25 日写给丘吉尔的信，载于《埃文伯爵文集》，AP 20/8/24。

到了7月，英国远征军撤回国内之后，艾登才稍感安心。他在沿海城镇部署了第一道防线，而将增援部队部署在内陆，使之可以迅速调往出现问题的地区。除此之外，他将大口径火炮全都部署在东部和南部沿海。一位记者曾经就德军入侵一事向他提问，艾登回答说，总参谋部仍然相信“德军的进攻即将到来”①。他认为，英国皇家空军与皇家海军能够在德军踏上英国本土之前就解决这个问题。不过，对于皇家空军与皇家海军应付不了之后会出现什么样的局面，他却没有说。

6月下旬，参谋长们都提醒战时内阁，说他们“没法保证德军在哪一天前不太可能发动入侵”。换言之，就是说德军在任何一天都有可能入侵。疏散行动，尤其是疏散东英格兰和肯特郡沿海地区的行动，应当“立即”进行。在这些地区的城镇里，已经出现了“大量人员自发成批撤离”的现象。现在，疏散应当变成一种强制行动。于是，战时内阁原则上批准，疏散东部沿海地区从谢灵厄姆到福克斯顿之间19座城镇里的“闲散人员”，而且这一行动应当从下个星期一，即7月1日开始。②政府会给需要的人提供火车票，还会给收留这些人员的家庭发放留宿津贴。③然而，倘若德军在7月1日前就发动入侵，那么民众应当“留在原地”。至于原因，一本名为《侵略者来了怎么办》的官方宣传手册给出了解释：“如果乱跑……大家就会像荷兰与比利时两国的平民一样，遭到敌人空中机枪的扫射，而且也会堵住我方部队前去驱逐德军的道路。”④

---

① 参见克罗泽所著的《不得发表》中对艾登的采访。

② 参见英国国家档案馆1940年6月25日星期二的“战时内阁会议决议摘要”，CAB 120/439。

③ 同上，《平民疏散令》，未标注日期。

④ 同上，《假如侵略者来了》，未标注日期。

假如侵略者真的前来，那么战时内阁还须决定一系列相关的事宜。比如说，在德军占领期间，英国的警察和消防人员该承担什么样的职责呢？在7月1日召开的一场战时内阁会议上，艾德礼、哈利法克斯勋爵和内政大臣约翰·安德森勋爵各自发表了不同的意见。哈利法克斯勋爵认为，政府应当下令，假如德军真的来了，英国警方应当“自行酌情行动”。安德森认为，政府应当指示英国的警察不要逃跑，而要“留在当地，做出良好榜样”。这种政策，已经“制定多年了”。艾德礼却表示不同意：“我可不愿意让我国人民去听从侵略者的命令。维持社会治安是敌人的事情。”在这个问题上，工党领袖占了上风。这次会议形成了一个决议：“我们承担不起下令（让警察和消防人员）服从敌人命令行事的责任。”①

自然，此时丘吉尔也没有低估德军入侵的可能性。1940年6月29日，哈利法克斯勋爵从波兰驻土耳其安卡拉的大使那里得知了一些可靠消息，德国准备“在7月8日当天或者前后”从海上入侵英国。②第二天，丘吉尔便提醒海军的高层军官，要求他们加强从哈维奇港到多佛一带沿海地区的防卫，并预测说，假如德军真的前来，“敌人将会直取伦敦，发动致命一击”。不是只有他如此认为，“大家一致认为，7月5日可能会是敌人发动进攻的日子”③。7月3日，丘吉尔首相又提醒战时内阁，“敌人试图入侵本国的行动可能近在眼前了”，为了先发制人，应

---

① 参见剑桥大学丘吉尔学院馆藏的《博格斯文集》，BRGS 2/1，1940年7月26日。

② 参见扎列斯基1940年6月29日写给哈利法克斯勋爵的信，见于英国国家档案馆，CAB 120/438。

③ 参见《1940年6月30日17时首相在高层作战室召开会议的概述》，见于英国国家档案馆，CAB 120/443。

当下令皇家空军轰炸德国的港口，而不是德国的炼油厂、机场和编组车场。[1]

在一份没有标注日期、送达首席参谋长“巴哥犬”·伊斯麦以及参谋长委员会的备忘录里，丘吉尔还详细地阐述了挫败敌军入侵行动的计划。那份备忘录，一定就是他在这个时候写下的。“我们的第一道防线……必须像以前一样，应当是敌人的港口。”一开头，他便如此写道。一旦发现敌人的运输船只集结，就应当监视和轰炸这些港口。“我们的第二道防线，就是海上的警戒巡逻，应当拦截任何侵略部队，并在途中将其歼灭。”他希望派更多的驱逐舰展开巡逻。“我们的第三道防线，就是在敌人登陆时进行反击……此时，（正是）敌人最不堪一击的时候……正像有人经常建议的，不要在敌军刚下船的时候反击，而要等到敌军在海滩上面散开、通信联络中断、给养不足的情况下反击。”丘吉尔不相信敌人会从西部沿海入侵英国，因为那样的话，敌军太容易遭到海上拦截。同样，尽管理由不同，敌人也不太可能从北部沿海入侵：“到了那时，原本挤在船上的敌军就会散开。他们将在崎岖难行、人烟稀少的乡村里面行军。那样一来，在敌人运来兵力足够、可以继续推进的部队之前，我们完全可以牵制住他们，而他们的通信联络，马上就会在海上被切断。”[2]这份备忘录说明，此时的丘吉尔，比提出改装厢式货车去对抗坦克、设计一台投射器向敌人投掷装满炸药的啤酒瓶时的丘吉尔更加实事求是，也更加令人敬爱。然

---

① 参见1940年7月3日的《战时内阁会议记录》，载于英国国家档案馆的《保密附件》。

② 参见《伊斯麦将军，后加入参谋长委员会》，见于英国国家档案馆，CAB 120/438。

而，这些建议却都是他在同一个毫无希望的时期想出来的。

7月5日到了，然后又过去了，没有发现德军。外交部的卡多根曾经在自己的日记里预测说，敌人的登陆日期会是7月8日，与土耳其人警告哈利法克斯勋爵的时间相同。[①]可那一天也相对平静地过去了。此时，丘吉尔的确以为危险已经达到了最高点，而之后敌人入侵的可能性将会下降；至少，从当时来看确实如此。他曾经写道："我很难想象敌人会用小型舰船甚至是小艇运送部队，然后将兵力沿着海岸散开。"他没有收到这样一支小型舰队正在集结的报告，不管怎么说，"将一支大型陆军送到变幻莫测的大海上来对抗我方数量众多的武装巡逻部队，将是一次非常危险甚至无异于自杀的行动"[②]。7月9日，他又在战时内阁会议上解释说："沿海地区部署了成百上千条武装渔船、机动鱼雷艇和扫雷舰，倘若敌人胆敢入侵，那么这些船只都可以投入战斗。除此之外，海军部正在沿海地区快速安装大约150门口径为6英寸的火炮，而炮位则可以保护它们不受敌方俯冲式轰炸机的攻击。这些火炮，由大约7 000名海军士兵和海军陆战队员操作。大量陆上鱼雷发射管已经安装完毕。我方还有一重威慑，就是多佛海峡的雷区。"[③]

在接下来的每一天，英国应对入侵的能力都在不断增强，而丘吉尔的自信也日益增加了。他想出了一个新的计划：倘若侵略者胆敢来犯，那就应当把水雷散布到侵略者身后的水域。这样，既可以切断敌人逃跑的路线，又可以阻止敌方的援军从

---

① 参见迪尔科斯编著的《卡多根》，1940年7月1日，第308页。

② 参见1940年7月10日发给英国国内武装部队总司令、帝国总参谋长伊斯麦将军的《入侵，首相所做会议记录》，载于《丘吉尔文集》，CHAR 23/4。

③ 参见英国国家档案馆的《保密附件》，1940年7月9日。

海上前来支援。[1]

晚至9月中旬，丘吉尔依然认为，就算没有以前那么大的几率，德军仍有可能入侵英国。尽管如此，早在7月中旬，他就开始考虑，如何才能将战火烧到欧洲大陆。他曾经向安东尼·艾登强调过这个问题的重要性。7月17日，艾登向他提交了一份备忘录，希望英军的三只胳膊（即空军、陆军和海军）联合起来，在欧洲大陆发起一场全面战争，从而进入“最后一击”的阶段。然而，“直到此时”，艾登提醒他这位急不可耐的上司说，我们仍然处于“实施侦察和在沿海地区进行小规模袭击的实验阶段”[2]。丘吉尔并不在意。他当时考虑的并不是双方军队大规模作战的问题，因为这种情况在当时自然是不可能出现的。他心中考虑的，是采用更加巧妙的手段去削弱德国在欧洲的统治。7月22日，战时内阁批准了他委派本已是经济战争大臣的休·道耳吞去领导一个“特别行动委员会”。这个委员会的任务，就是在已被德国占领的国家里实施间谍活动和破坏活动。后来，道耳吞还在自己的日记里，颇为自豪地记下了首相在任命他担任此职的那一天对他所下的命令：“现在……去给欧洲放上一把火吧。”[3]这句话，更带有丘吉尔的风格。到了8月5日，丘吉尔让战时内阁讨论的问题，就不再是要不要这样做，而是如何真正最有效地利用“凝固燃烧弹”和1 500万枚“炮弹”，给德国的庄稼、森林和田地“放上一把火”了。针对

---

① 参见丘吉尔1940年7月25日写给海军大臣、海军副总参谋长的信，见于英国国家档案馆，CAB 120/443。

② 参见《关于开展进攻行动的总体政策的备忘录》，见于英国国家档案馆，CAB 118/35。

③ 参见平洛特编著的《休·道耳吞日记》，1940年7月22日，第62页。

森林，首相支持一种办法，那就是“通过降落伞点燃树枝”[①]。十五天之后，正当比弗布鲁克勋爵和辛克莱争论究竟应当集中力量生产战斗机，还是应当集中力量生产轰炸机之时，丘吉尔进行了干预：“战斗机是我们的救星。”他的秘书用铅笔在一张印有条纹的黄纸上匆匆记录，试图赶上首相的说话速度。“轰炸机则为我们提供了胜利的手段。”[②]

值得注意的是，在这段极其危险的时间里，尽管丘吉尔正在激励每一位公民去充实各个战斗岗位，哈利法克斯勋爵却似乎还在盼望着与德国进行谈判。他仍然相信，英国可以通过与希特勒谈判成功地保住大英帝国的绝大部分国土，从而保持其大国的独立性。他担心德、英两国持续交战会让苏联渔翁得利，他还担心，不管怎样英国最终都有可能在这场战争中落败。假如可以挽救祖国，使之免遭德国占领，那么进行谈判，难道不是他应尽的义务吗?

然而，一切证据都是间接的。卡多根曾经在他 7 月 2 日所写的日记中说，教皇“就签署协定的问题提出了一些尝试性的并不完善的建议。哈利法克斯勋爵愚蠢糊涂，显然对这些方面满怀期待”[③]。就在同一天，劳合·乔治从其首席私人秘书那里得知，“罗马教皇正在不遗余力地为和平而奔波。在这个方面，据说身为英国国教徒的哈利法克斯勋爵和身为罗马天主教徒的（约瑟夫·）肯尼迪（此人是美国驻英大使，他认为英国打不

① 参见英国国家档案馆的《保密附件》，1940 年 8 月 5 日。
② 参见《博格斯文集》，2/2，1940 年 8 月 16 日。
③ 参见迪尔科斯编著的《卡多根》，1940 年 7 月 2 日，第 309 页。

赢这场战争）正在密切联络，为同一个目标而努力”①。数天之前，哈利法克斯勋爵在外交部的助理秘书R.A.巴特勒，也就是丘吉尔登上首相宝座的当天为“水上之王”干杯，并大骂丘吉尔是“美国杂种”的那个人，曾经告知瑞典驻伦敦公使：“只要是在合理的条件之下提出这种可能性，那么任何一种达成妥协的机会都不应被忽视。”②晚至8月1日，巴特勒仍然与下议院里一小撮和谈派保持着联络。要是他认为自己的顶头上司反对的话，他不太可能敢对瑞典公使那样说，也不敢与议会里那些支持通过谈判解决问题的人保持联络③。

丘吉尔必然发现了巴特勒的这些动向，并且很可能也得知了哈利法克斯勋爵怀有那种“盼望”，所以他不会忽视这两个人。巴特勒对他的地位并不构成直接的威胁，而且，正如丘吉尔曾经承认过的，他也很赏识这个年轻人“回应议会质询时机智而滴水不漏的方式”④。对于巴特勒，只要进行轻微的惩戒就足矣。⑤可哈利法克斯勋爵仍然是他的一个竞争对手，仍然是一个可以接任首相的人。就算以前没有想法，但到了此时，丘吉尔自然也会开始盘算，如何才能“除掉”哈利法克斯勋爵。

1940年那个令人觉得不可思议的夏季，就这样过去了。德

---

① 参见A.J.西尔维斯特1940年7月2日写给劳合·乔治的信，载于《劳合·乔治文集》。

② 参见伊恩·吉尔摩在《牛津国家人物传记词典》中所撰的“理查德·奥斯汀·巴特勒”一条。

③④ 参见R.J.戴维斯1940年8月1日写给巴特勒的信，载于牛津大学三一学院的《巴特勒文集》，RAB E3。

⑤ 参见丘吉尔1940年6月25日写给哈利法克斯勋爵的信，载于《丘吉尔全集》，PREM 4/100/8。

军并未前来，尽管他们似乎仍有可能在任何一天发动入侵。丘吉尔和他领导的政府，虽说已经确立了一点点微弱的优势，但也仅此而已。他们非常清楚这一点，而前路漫漫，暴风骤雨仍将来临。

第五章　调整战时内阁

局势安全时，战时内阁成员都是在唐宁街10号首相官邸的内阁会议室里召集会议，而当形势不安全时，内阁成员则是在首相官邸附近的地下掩体里开会。他们发表报告、进行商议、展开争论，通常最终都会形成一致的意见。在五位或者八位内阁大臣（有时甚至更多）试图制定一种战略来挽救国家的时候，他们的秘书都会跟着出席会议，并手忙脚乱地做着笔记，以便形成一份会议记录。战时内阁成员有很多的问题需要处理，并非只是应对即将到来的这场侵略。在遥远的地平线彼岸，他们还需应对一个日益具有侵略性的日本，还需应对印度动荡的局势，还需应对埃及国王法鲁克与英国大使的破裂关系。在欧洲方面，他们面临的问题也不少，比如西班牙那种可能引发战争的敌意，爱尔兰那种危险性似乎只是稍小一点儿的敌意，英国与土耳其的微妙关系以及德国对罗马尼亚油田的控制。此外，他们还须考虑到一种令人泄气的可能性，那就是：此时，战败后的法国，可能已经变成一个积极支持纳粹德国的国家。①

战时内阁尤其对法国海军感到忧心忡忡。假如这个以前的盟国将海军的控制权拱手交给德国，那就会让英国海军陷入危险的境地。如此不但会危及英国海军在地中海地区的霸权，还

---

① 这是戴维·劳合·乔治的首席私人秘书A.J.西尔维斯特在1940年7月2日向他所作冗长报告中的一部分。参见1940年7月2日的《A.J.西尔维斯特报告》，载于《劳合·乔治文集》。

会危及英国海军在大西洋上的霸权。在7月1日、3日、4日和5日召开的会议上，也就是正在制定必要的决策来防御侵略之时，战时内阁同时还批准和审议了涉及法国舰队的一些棘手决议。7月3日拂晓，英国当局在英属海域和各个港口扣押了200多艘法国舰船，其中包括2艘战列舰、4艘轻型巡洋舰、8艘驱逐舰和数艘潜水艇。在地中海的另一端，英军封锁了亚历山大港，将法国的一支小型舰队困于港内，其中包括1艘战列舰、4艘巡洋舰，从而有效地消除了德军夺取法国舰队的可能性。而在奥兰附近的阿尔及利亚港口凯比尔，由于当地的法军拒绝配合，英国舰艇竟然开火，摧毁了数艘法国舰艇，击毙了1 297名法国水兵，但还是让1艘法国战列舰和2艘驱逐舰逃跑了。①

此次“投石机行动”发挥出了应有的作用，表明了英国出于自我保护会采取任何必要措施的坚定决心，尽管这些措施冷酷无情（在上面所提的情况下，英军采取的手段确实令人诟病，因为驻扎在凯比尔港的法国舰艇根本无力自卫）。此时，几乎每个人都坚信英国会继续战斗下去。希特勒也注意到了这一点。不论战时内阁里的人是怎么认为的，事实上希特勒此前还没有批准入侵英国的计划进入最后的实施阶段，尽管英国已成为德国仅存的敌人。此时，虽说很不情愿，希特勒也不得不承认，英国不会像法国那样屈服，因此，他便签发了《16号命令：关于做好对英国实施一次登陆行动的准备》。②不过，只有在赫尔曼·戈林手下的纳粹空军夺得英国的制空权之后，我们

① 关于这一秘密事件的情况，除了其他诸多资料，还可参见丘吉尔所著的《辉煌时刻》，第232页。

② 参见比弗所著的《第二次世界大战》，第126页。

更为熟知的“海狮行动”才会向前推进。1940年8月中旬，戈林派出了手下的空军与战机。“不列颠之战”爆发了。

一开始，纳粹空军集中轰炸的是英国的各大机场，先是沿海地区，然后是内陆地区。不过，直到9月7日星期六德军转而开始轰炸英国的村镇和城市时，他们仍没有夺得英国领空的制空权。最后，戈林得出结论说，白天进行空袭太过危险，因此他命令德军转而开始实施夜间轰炸。不过，在轰炸城市的第一天，他就派出了350多架轰炸机，由600架战斗机护航，首要攻击目标就是伦敦。“我看到一大批飞机从空中飞来，还以为那是一群鸽子呢。”一名住在伦敦东区的居民天真而亲切地回忆道。[①]不过，这些“鸽子”却造成了巨大的破坏：伦敦的“港口区”本是英国的“食品柜”，受到轰炸之后变成了一片火海。街道和“港口区”附近许多伦敦东区人的住宅，也是如此。

第二天早上，丘吉尔视察了伦敦东区。侍从武官们把他带到一处遭受直接攻击的掩体前。眼前的景象，让他流下了眼泪。一位老妇人惊奇地说：“大家看看，他真的在乎，他在哭呢。”[②]那天下午和晚上，德军又来了，实施了进一步的破坏。9月9日星期一，内政大臣约翰·安德森勋爵向战时内阁报告了此次轰炸的结果。一位名叫劳伦斯·博格斯的秘书做了笔记，他用的是一种特殊的、几乎难以辨认的速记体。这种笔记，原本用作正式会议记录的依据，在整理完毕之后就会烧掉。可有的时

---

① 引自乔纳森·施内尔所著的《泰晤士：英格兰之河》（*The Thames: England's River*）一书（伦敦，2005年），第200页。

② 引自马丁·吉尔伯特编著的《丘吉尔战时文集》，第2卷，《决不投降》（纽约，1995年），第789页。

候，博格斯却会违反纪律，偷偷将自己的笔记保留下来，从而让后来的历史学家大受其惠（但要破译这些笔记，也是一件非常累人的事情）。

安德森向战时内阁汇报的时候，博格斯则匆匆忙忙、潦潦草草地用他那种讨厌的速记体做着笔记。安德森报告说，轰炸造成的破坏是“大范围的”，尤其是在伦敦东区。“200 处着火点需要伦敦消防队采取行动……公共设施遭到损毁……富勒姆发电站……是一颗定时炸弹。很多医院被击中……燃烧弹落到了房顶。”接下来，丘吉尔又报告了他视察这一地区的情况。“人民的精神非常了不起。”他安慰战时内阁诸位大臣说。伦敦人民可以“经受住这次轰炸，并且可以承受更多……国王今天上午进行了视察。毁坏的设施将会迅速恢复正常，包括输电干线、煤气、用水和电力”①。

大家都很清楚，轰炸意味着德国的入侵行动已经拉开序幕。根据博格斯的记录，丘吉尔同一天还一度若有所思地说道：“如果敌人今晚或者明天就入侵的话……”首相的声音逐渐低沉了下去。后来他又说，不管德军会不会在那天或者第二天到来，“泰晤士河以南的 10 万（居民）”，再加上成千上万已经撤离家园的民众，都应当在接下来的 24 小时之内动员起来。他指示说：“这不是强制性的动员，而是一种强烈的敦促。”

两天之后，战时内阁又召开会议，讨论德军入侵的问题。博格斯的记录几乎一字不差（不过，这是笔者根据他所用的代

① 参见《博格斯文集》，2/2，1940 年 9 月 9 日。对于可以理解的地方，笔者都把他的速记符号“翻译”出来了，并纠正了他标点符号的错误。

码式缩写破译出来的，还纠正了其中标点符号的错误），从而让我们感受到，不管彼此的个人观点如何大相径庭，此时的战时内阁成员都在设法有效地协同工作。

艾登：今天上午，我见到了武装部队总司令。

1. 他说德军向海岸一端运输的规模扩大了。

2. 他需要……36门博福斯式高射炮（用于射击低空飞行、前来进犯的德军战机）……

3. 他要求将沿海地区那些（口径更大的）火炮交由他来指挥……将其中的2门或3门火炮调到东南地区。

要是从其他任何地方入侵的话，那就是一种异常情况了……

艾德礼：可以将预备部队调往南部沿海。

艾登：总司令已经考虑过，可以在梅德斯通地区为邓杰内斯角的作战留下坦克……（和）部队。

丘吉尔：（皇家海军舰艇）“罗德尼”号可以留在罗塞斯。

亚历山大：希望这样安排……可以让我们在面对大规模进攻时掌控住局面。

不过，说到底，此时丘吉尔实际上已经开始怀疑，希特勒究竟会不会发动侵略行动。根据博格斯的记录，丘吉尔在此次会议结束的时候，曾经这样说过：“除非他能够打败我国皇家空军的战机，否则他就不可能对我国的平民百姓和埃及实施暴行。”①

① 参见《博格斯文集》，2/2，1940年9月11日。

这是一种相当理性的预测。

倘若有人认为，在这种可怕的形势下，英国战时内阁里的争斗与妒忌已完全消失，那就是大错特错了。战时内阁成员们之所以协同努力，是因为要想让英国生存下去，他们必须那样去做。可他们之间的协同，绝不是一帆风顺的。8月7日，哈利法克斯勋爵曾经对艾登老调重弹，说他信不过“温斯顿的判断”①。数天之后，比弗布鲁克勋爵又当众对前来参加晚宴的客人说，根据他的判断，“有三位大臣坏透了，那就是格林伍德、辛克莱和（情报大臣）达夫·库珀”②，这让客人们全都大吃一惊。8月19日，丘吉尔与艾登共进晚餐时，同样表达出了他对格林伍德以及艾德礼两人的担忧之情。③21日，丘吉尔又发牢骚说，整个政府的责任全都落到了三个人的身上，即他自己、比弗布鲁克勋爵和艾登。（最后一位此时甚至还不是战时内阁成员。可是，他为什么没有提到贝文呢?）④9月6日，比弗布鲁克勋爵又提醒首相说，工党正在“随时准备着，只要政府一出现疲劳之态，就要推翻政府”⑤。事实上，丘吉尔此时早已疲惫不堪了，因为他曾经私下对艾登透露说，他“从来都没有觉得这么孤独过”⑥。几个月后，他又对这位年轻人说：“整个夏季，我都会充满恐惧地从梦中惊醒。”⑦

这些话，都是丘吉尔私下里对他那位接班人说的，那位年

① 参见艾登1940年8月7日所写的日记，载于《埃文伯爵文集》。
② 参见科尔维尔所著的《权力边缘》，1940年8月11日，第220页。
③ 参见艾登1940年8月19日所写的日记，载于《埃文伯爵文集》。
④⑥ 同上，1940年8月21日。
⑤ 同上，1940年9月6日。
⑦ 同上，1940年12月18日。

轻人后来又娶了他的侄女。在公开场合，首相浑身上下流露出来的，都是精力旺盛、自信非凡，而当时他所写的日记与信件，也全都证明了这一点。关于他性情幽默风趣、说话才华横溢、逐渐掌控住下议院（连对他持疑虑态度的一些保守党议员，也都开始心服口服）的资料，如今已经变成诸多文学作品中的重要组成部分。实际上，这一时期，丘吉尔正逐渐巩固权力，掌控政府和议会同僚、掌控整个国家。

一些没有预想到的、出乎意料的形势发展，也促进了这一过程。6月初，报纸上开始流传出关于内维尔·张伯伦健康状况的消息。①戴维·劳合·乔治的首席私人秘书曾经在6月3日提到："他的身体近来一直不太好。"张伯伦患有腹痛的毛病，而随着漫长的夏季到来，他的病情也更加严重了。"内维尔必须离职，去做腹腔手术才行。"哈利法克斯勋爵在6月30日曾向他的一位专题记者如此说道。②那次手术，只是一次探查手术。第二次手术却发现，张伯伦已到结肠癌晚期。8月下旬，比弗布鲁克勋爵曾经对一位记者说，张伯伦再也不会回到政府任职了。这些话，既无意中暴露出他内心的想法，也暴露出他这位病重同僚的情况。在说到这位同僚的时候，比弗布鲁克勋爵毫无同情之心："他不中用了，他完蛋了，你们不要再指望他成为政坛上的一股力量，因为他得了肠癌，他已经完蛋，你们可以把他赶出政坛了！"③

丘吉尔得到的消息，与比弗布鲁克勋爵的一样，可他的反

---

① 参见1940年6月3日的"A.J.西尔维斯特报告"，载于《劳合·乔治文集》。

② 参见《外交大臣文集》中哈利法克斯勋爵1940年7月30日写给豪尔的信，载于英国国家档案馆，FO 800/323。

③ 参见克罗泽所著的《不得发表》中1940年8月24日对比弗布鲁克勋爵的采访，第198页。

应，却与后者截然不同。他非常亲切地给张伯伦写了一封信，说："做完这种手术之后……一个人会迅速恢复精力，可以上半天的班，但要想完全康复，是需要一段时间的。最重要的事情，就是您不要试着太早开始工作，以免身体状况再次恶化。"①张伯伦的确这样试过。他参加了 9 月 9 日和 11 日的两次战时内阁会议，但因为病情实在太重，所以他很少发言。据他自己说，他的病症"大约每过一个小时就得有人照料，而在中间这段时间，虽说不疼"，他"却觉得极其不安，从而不可能去关心其他的任何事情"②。此外，德军的狂轰滥炸也使得他无法入睡。丘吉尔建议他离开伦敦，到外地去休养，张伯伦便走了。后来，首相又做出安排，让他在休养的时候也可以收到内阁的文件。

9 月 22 日，面对现实情况，张伯伦终于提交了辞呈。他在日记里充满遗憾之情地写道，病情使得他必须放弃"再当首相"的所有希望；这就证明，他始终都认为丘吉尔不可能永远待在台上。③起初，丘吉尔拒绝了张伯伦的辞呈，致信这位曾经让他在整个 20 世纪 30 年代都处于"政治荒野"、如今仍在觊觎首相职位的同僚，说："让我们继续携起手来，度过这场暴风骤雨吧。这是一个伟大的时代。"④他会继续给张伯伦写这种随和而亲切的信件，直到张伯伦生命的最后一刻。不过与此同时，

① 参见丘吉尔 1940 年 8 月 31 日写给张伯伦的信，载于《张伯伦文集》，NC7/9/94。

② 参见张伯伦 1940 年 9 月 23 日写给哈利法克斯勋爵的信，载于《哈利法克斯文集》，A4.410.17。

③ 引自费林所著的《张伯伦》，第 450 页。

④ 参见丘吉尔 1940 年 9 月 24 日写给张伯伦的信，载于《张伯伦文集》，NC7/9/98。

张伯伦对于自己在战前的所作所为，却还是执迷不悟，甚至是冥顽不灵。在给原来支持绥靖政策的约翰·西蒙的信中，他仍然非常强硬地写道："我对自己的所作所为从不后悔，也看不出有哪件应当去做我却没做的事情。"[①]1940年11月9日，张伯伦去世。

张伯伦辞职之后，战时内阁里便空出了一个职位。丘吉尔已经在8月2日让比弗布鲁克勋爵进入战时内阁，明面上是让他在张伯伦康复前暂代这一职位。如今，确定张伯伦永远不会再回来之后，丘吉尔便留下了比弗布鲁克勋爵，同时又将内政大臣约翰·安德森勋爵这位职业公务员擢升为枢密院院长，以弥补张伯伦离任之后的空缺。他还将赫伯特·莫里森从供应部调到内政部，接替安德森的职务。也就是说，他让莫里森加入政府内阁，而没有让其进入战时内阁。尽管如此，这仍然意味着莫里森在跃升到杰出地位、身负要职的道路上，又向前迈进了一步。然后，丘吉尔擢升贝文进入战时内阁，并且为了平衡新加入的这位工党大臣的势力，还让担任财政大臣的保守党人金斯利·伍德也进入战时内阁。这样一来，他便将自己的核心圈子从五个人扩充到了八位大臣。

在这些人事变动的过程中，丘吉尔与哈利法克斯勋爵进行了密切而友好的沟通。[②]尽管如此，内阁的人事变动还是削弱了这位外交大臣的地位。至少，内阁中的三位工党大臣，包括势力强大的贝文，都会支持首相对抗这位捍卫保守党利益的保守

---

① 参见张伯伦1940年10月6日写给西蒙的信，载于《西蒙文集》，Ms Simon 87/5。

② 参见丘吉尔1940年9月29日写给哈利法克斯勋爵的信，载于《丘吉尔文集》，CHAR 2/395。

分子。新任命的安德森属于无党派人士，因此不会引发问题。伍德虽然是保守党人，但他在5月曾经“背叛”过张伯伦，而他担任目前的职位也要归功于新任首相丘吉尔，因此他的任命也是一种没有风险的赌注。至于被“可敬派别”看成“恶棍”的比弗布鲁克勋爵，仍然是首相最亲密的朋友之一。因此，尽管小心翼翼地与哈利法克斯勋爵培养友谊，但丘吉尔同时也在逐渐孤立这个剩下来的“慕尼黑阴谋”参与者。

除此以外，丘吉尔也在巩固自己在保守党内的地位。张伯伦因为病重而无法继续担任保守党领袖，该党必须找出一个接班人。此时，保守党内仍然有一些对丘吉尔持怀疑态度的人，其中就包括保守党的主席和总干事，他们两人都不希望丘吉尔来当该党领袖。他们说，丘吉尔应当继续做整个国家的领导人，而不是当某个机构的负责人。不过，正如保守党的正式报告中所称的那样：“这一观点……（首席‘党鞭’）并不认同，而收到报告的丘吉尔首相也不认可。我们征求过张伯伦先生的意见，他说他觉得这一理由没有任何说服力。”[①]到了此时，保守党内对丘吉尔持批评态度的人士明显只占少数了。他对议会和全国人民所做的一场场令人称奇的演讲，他那种鼓舞人心的坚忍与反抗精神，几乎彻底征服了整个英国境内挡在他面前的一切困难和对手。1940年10月9日星期三，他步入伦敦的卡克斯顿礼堂接任党魁一职时，所有的保守党议员、同僚和候选议员都“神情激昂地欢迎他，与会者全都站起身来，热情地欢呼着”。

他是按照自己定下的条件接受这一职位的。待与会者停止

① 参见英国保守党档案馆的“卡克斯顿宫召开的党会……”，党鞭2/5。

欢呼之后，他对整个大会解释道，考虑到他是一个领导联合政府的保守党人，之所以接任保守党领袖，用他自己的话来说，就是因为“如果与下议院里占大多数的保守党议员形成一种正式的上下级关系，那么我履行起自己的职责，就不那么困难了”。不过，这可不仅是一个方便他履行职责的问题。尽管丘吉尔属于右翼人士，但他已经决定，自己领导的政府不应当因为意识形态不同而产生分裂。担任保守党领袖之后，他便可以定下该党的基本原则。“现在可不是我们存有党派偏见，或者吹嘘党派主张的时候，”他提醒听众说，“我要指出的，是下面这一点。如果想要安全而成功地摆脱我们深陷的种种危险，各个党派都必须牺牲党派利益和党派情感，在这方面保守党绝不会落于下风。”哈利法克斯勋爵想到这一点时，会觉得自己陷入怎样一种日益孤立的境地，这不禁令人好奇。

两个月之后，又有一个人去世，同样给战时内阁带来重大的影响。12 月 7 日，在遥远的华盛顿特区，英国驻美大使洛西恩勋爵因为病毒性感染而倒下了。他是一名科学派*基督徒，因此拒绝服药。五天之后，他便去世了。洛西恩原本担任着一个至关重要的职位，在最有能力、也最有可能施以援手的美国，充当业已陷入困境的英国的代言人。接任这一职务的人，必须同样老练才行。丘吉尔首先想到了戴维·劳合·乔治：“他对军需问题了如指掌，再加上他那种热情如火的性格，使得我一眼就看中了他。”[①]不过，劳合·乔治却以健康状况不佳为由，拒绝了他（很有可能，劳合·乔治也在考虑“温斯顿完蛋”

---

* 基督教科学派：美国人艾娣所创的一个教派。该派认为物质是虚幻的，疾病只能靠调整精神来治疗，因而被多数教派认为是一种变种或者边缘教派。

① 参见科尔维尔所著的《权力边缘》，1940 年 12 月 12 日，第 309 页。

后，自己接任首相的问题，因为他认为那种情况是有可能出现的）。[①]

在接下来的那一周里，丘吉尔就驻美大使人选广泛地征求意见。他和哈利法克斯勋爵曾经多次讨论谁可以继任。后来，哈利法克斯勋爵在 12 月 17 日接待了一位访客："比弗布鲁克勋爵来看我，他认为我应当去（华盛顿）。他的态度究竟是不是出于真心……我没有十足的把握。"哈利法克斯心存疑虑是对的。很有可能，飞机生产大臣比弗布鲁克勋爵是在为一种更有分量的邀请做铺垫。就在第二天，丘吉尔致信外交大臣哈利法克斯勋爵，说："亲爱的爱德华：在继续解决驻美大使职位空缺的问题之前，我想知道您自己愿不愿意接受这个崇高而充满危险的使命。我觉得，在考虑其他一些不那么合适的人选之前，我必须先问一问您。"[②]

哈利法克斯勋爵心想："这可真是一个令人作呕的主意。"[③]他觉得美国人都粗鄙得很。第二天晚上，他拜会了首相，并向首相念了一封信，解释了首相不应选择他来担任这一职位的原因。他说，不应该让他这样的保守党人到罗斯福总统治下的美国去代表英国，而应当派一个自由党人去，没准可以让阿奇·辛克莱去；或者，如果不派自由党人去的话，也可派安东尼·艾登或者粮食大臣伍尔顿勋爵去，因为前者是保守党内的自由派，后者则是一位无党派人士，具有自由主义倾向。

① 参见 A.J.P.泰勒编著的《劳合·乔治：12 篇文章》（*Lloyd George*: *Twelve Essays*）一书（纽约，1971 年）。

② 参见丘吉尔 1940 年 12 月 18 日写给哈利法克斯勋爵的信，载于《哈利法克斯文集》，A4.410.19。

③ 同上，1940 年 12 月 19 日。

无论如何，坚持说“甲或者乙是唯一的合适人选”都是不对的，因为“……只要小心谨慎、能力胜任，不管我们派谁前去，美国自身对局势的理解都会迫使其政策迅速地发展变化”①。在艾登看来，哈利法克斯勋爵前一天晚上就已想好了另一个不去的理由，很可能这才是他真正相信的一个理由：“他……躺在狭小的盥洗室里，觉得自己去了可能会毫无用处。”艾登曾经在自己的日记里如此写道。②

哈利法克斯勋爵在12月20日的日记里透露说：“我觉得，自己已经甩掉了温斯顿。”不过，这其实是一种徒然的幻想罢了，因为那天上午丘吉尔便写信给他，坚持要他去，并且对他说：“我毫不怀疑，在这个节骨眼上，由您来担任我国的驻美大使，最符合我们的国家利益。”③可怜的哈利法克斯勋爵孤注一掷地进行了最后一次努力，想让首相改变主意。他把夫人带过去，代他辩解。根据哈利法克斯勋爵的记录，他的夫人是这样说的：“尽管眼下温斯顿的威望如日中天，万事皆顺，但日后却有可能倒霉，没有其他哪一个人会像我一样，能够在那种时候依然忠诚，甚至还能够帮助他应对某些民意。”④

丘吉尔听到这些话之后，有没有回想起战时内阁讨论接触墨索里尼时的情景呢？那种倡议，在保守党内部哪些人的心中引发了共鸣呢？达成妥协，又怎么可能对丘吉尔有用呢？果不其然，哈利法克斯夫人并没有让他改变主意。此时，哈利法克

---

① 参见哈利法克斯勋爵1940年12月20日写给丘吉尔的信，载于《哈利法克斯文集》，A4.410.19。

② 参见艾登1940年12月18日所写的日记，载于《埃文伯爵文集》。

③④ 参见哈利法克斯勋爵1940年12月20日所写的日记，载于《哈利法克斯文集》。

斯勋爵除了让自己出尽洋相之外，还能做什么？他什么也没法做，只好同意前往华盛顿了。

丘吉尔任命安东尼·艾登接替哈利法克斯勋爵担任外交大臣，因为艾登在外交政策上的观点，常常都与丘吉尔本人保持一致。在哈利法克斯勋爵提出英国应当接触意大利，从而搞清楚希特勒的和谈条件之时，这位前外交大臣的政治命运很可能就已尘埃落定了。虽说首相毅然决然地反对这一建议，但有些人试探性地提出的与希特勒签署暂时性和约的建议，还是在伦敦慢慢传开了。丘吉尔看了其中的一份建议之后，曾经写信给艾登说："哪怕是最微不足道的接触，我也坚决反对。"艾登则回信道："我……同意您的看法，事实上还因您的决定而放下了心。"①无疑，手下这位新任外交大臣的战斗精神，同样也让丘吉尔放下了心。然而，与哈利法克斯勋爵一样，艾登也怀有自己当首相的野心，而丘吉尔也清楚这一点。这使得他们之间出现了另一种关系。他们发现，在对英国战时外交政策的某些方面意见相左时，两人之间必然会出现一种不同寻常的紧张氛围。

艾登出身一个古怪的地主贵族家庭。他既从父亲那里遗传了一种艺术眼光，也遗传了一触即发的急性子。这种性格令人不悦，因为他只学会了对自己的下属大发脾气。从母亲那里，他却遗传了一副令人过目难忘的英俊外表和一种令人无法抗拒的迷人魅力（只要他乐意施展）。他还拥有其他一些非同寻常

---

① 参见丘吉尔 1941 年 9 月 10 日写给艾登的信以及艾登 1941 年 9 月 11 日在同一张纸上用铅笔所写的回信，见于英国国家档案馆，PREM 4/100/8。

的品质，这一点不久就变得非常明显了。1915 年从伊顿公学一毕业，他就应征入伍，加入了皇家步枪团。在第一次世界大战期间，他参加过一些最激烈的战役，还因为在枪林弹雨中救出了中士队长而荣获一枚十字军功章。在 20 岁那一年，他获得升迁，成为英国陆军中最年轻的一位旅长。第一次世界大战结束之后，他前往牛津大学，就读现代语言学专业，并获得了一等学位。接下来，他进入政界，一路有如探囊取物，异常迅速地步步高升。1923 年，他赢得选举，进入议会，成为沃里克和利明顿两个选区的保守党议员；1926 年，他受时任外交大臣奥斯汀·张伯伦委任，担任其首席私人秘书；1929 年，他又获得擢升，成为外交部政务次长；1933 年，他担任掌玺大臣；最后，他在 1935 年又被委任为斯坦利·鲍德温政府的外交大臣，此时他年仅 38 岁。

许多人都称颂他是一个前途远大的人。在保守党那些“麻烦的年轻人”中，他赢得了一批追随者。这些年轻人都希望英国能够勇敢地对抗独裁者，他们都认为，艾登当上首相之后，就会那样去做。还有一些人，却对他持有偏见。记者马尔科姆·马格里奇就认为，艾登之所以升迁得那么快，是因为他长相英俊：“一副优雅的外表……使得他具有了非凡的优势。”R.A.巴特勒也认为，艾登“一半是疯狂的准男爵，一半是漂亮的女人”①。许多人都说，艾登身上有一种“女性化”的东西，至于原因，很可能是他非常自负、小气、情绪化，动不动就发脾气，而且很喜欢花花草草。他有一副电影明星般的外表，穿

① 笔者 2014 年 6 月 17 日访问“维基百科”网站的时候，在“安东尼·艾登帽”词条下看到了上述引语。

着打扮上也像一位时装模特：细条纹布长裤、西装之下的白色尼龙马甲、毛皮大衣和俄式羔皮领子、黑色毡制小礼帽。他经常穿着这套衣服，因此这身打扮还有了名气，被人们称为“安东尼·艾登式”。与此相称的是，他在伦敦一栋住宅里住过一段时间，而这栋房子，曾经就属于摄政时期*的一个花花公子博·布鲁梅尔。艾登还喜欢收藏艺术品，眼光很专业（尽管财力并不雄厚），他的房子里全都是柯罗、莫奈、德加斯、毕加索和布拉克等人的画作，还有其他许多名家的名作。他对英国、法国、德国和波斯文学中的经典作品了如指掌，不费吹灰之力就能阅读原版。他非常宠爱自己的两个儿子，只是他的婚姻却很不幸福。

艾登在下定决心之前，既容易激动，又容易踌躇，可一旦下定了决心，他就会变得坚定不移。他野心不小，但又很谦逊；他是一个优雅的唯美主义者，但能够持续、专注、高水准地工作；他是一个投机取巧的政客，但同时也具有坚持原则的性格。①1938 年，他因抗议张伯伦对墨索里尼的绥靖政策而辞任外交大臣。不过，令那些“麻烦的年轻人”失望的是，当时他并

---

* 摄政时期：指 1811—1820 年间，因为英王乔治三世被人们认为不适于统治，所以让他的儿子、之后的乔治四世当摄政王的时期。广义上的摄政时期则指 1795—1837 年，即乔治王时代到维多利亚时代之间的过渡期。下文中的博·布鲁梅尔（Beau Brummel，1778—1840）是这一时期一个著名的纨绔子弟，以其时髦服饰和举止而闻名，后来便成了“花花公子”“纨绔子弟”的代名词。

① 参见戴维·达顿所著的《安东尼·艾登：生平与声名》（*Anthony Eden: A Life and Reputation*）一书（伦敦，1997 年），罗伯特·罗德斯·詹姆斯所著的《安东尼·艾登传》（*Anthony Eden: A Biography*）一书（伦敦，1986 年）以及 D.R.索普所著的《艾登：埃文伯爵一世安东尼·艾登的生平与时代，1897—1977》（*Eden: The Life and Times of Anthony Eden, First Earl of Aron, 1897—1977*）一书（伦敦，2011 年）。

没有进一步发难，因为他不想毁掉自己重返政府任职的机会。第二次世界大战爆发后，张伯伦很不情愿地让他回到了政府，但并未让他官复原职，而是派他担任负责自治领的国务大臣，因此他在战时内阁里没有席位。丘吉尔把张伯伦赶下台之后，便让艾登回到了权力中心。丘吉尔先是让艾登担任陆军大臣，此时又让他再次出任外交大臣。

艾登的强项，就是他的工作能力。他很少在没有全盘掌握相关资料的情况下参加会议。他也具有一名真正外交家所需的罕见本领，可以梳理出同处一室的对立双方未曾发现的共识。这些本领，正好弥补了丘吉尔本人的不足之处。首相具有一种纵观全局的眼光，但不太注意细节。艾登呢，虽说并非总是能够看到整片森林，但他看得清其中的一棵棵树木。丘吉尔很欣赏敏锐直觉所带来的灵光一闪。他忍受不了讲究方法、需下功夫的工作，可艾登擅长的，却正是这种工作。艾登经常安抚这位年纪比他大的首相，约束后者那些意气用事或者不切实际的观点。然而，情况也有例外。偶尔，他的本领与品质会跟首相的相抵触，从而导致两人产生摩擦。在长达五年的战争中，他们之间复杂的“双人舞”，描绘了战时内阁中另一种棘手的关系。之后，战时内阁将会充满类似的关系。

到 1940 年底，尽管此时德军已经开始对英国实施空袭，但丘吉尔的政治地位与六个月之前相比，却变得空前崇高和牢固。他已经在欢呼声中接任了保守党领袖一职。几乎所有支持绥靖政策的重要人物都走了：西蒙到了上议院；豪尔去了西班牙；张伯伦提早入了土；最后就是哈利法克斯勋爵，可他很快也要去华盛顿了。张伯伦最初任命的内阁大臣中，只留下了金斯利·伍德一人。丘吉尔发现伍德很有用处，既可以让他接触到那些所谓“可敬派别”的保守党人的意见，又可以帮助他判断这些意见。

此时，在即将帮助他度过危局的战时内阁里，核心成员就是：代表工党的艾德礼与贝文，代表保守党的艾登和比弗布鲁克勋爵。当然，后来还会有一些所起作用或大或小的人士加入进来。比弗布鲁克勋爵也会根据自己的选择，不止一次地进出战时内阁。即便是在此时，战时内阁里的成员之间，也并不是全然相互爱戴的。他们是一个“劲敌幕僚”，就像亚伯拉罕·林肯组建的、协助他应对美国内战的团队一样。不过，从总体来看，他们形成了一个强大有力的团队。诚然，此时他们当中还没有人看得出，究竟要用什么办法才能打赢这场战争，而他们的领袖丘吉尔同样如此。但是，只要皇家空军继续强大有力，只要皇家海军也保持自己的实力，希特勒就无法成功地入侵并征服英国。这可不是一种胶着之势，因为德军的优势要大得多。不过，经过重组和巩固的战时内阁，必将找出坚持下去的办法，直到命运给英国带来新的转机。

第六章　战时内阁发挥作用

此时，距英国参战已有几乎一年半的时间了，形势虽说险恶，但还没有陷入毫无希望的境地，而温斯顿·丘吉尔也终于到了可以大展身手的时候。在经过重组之后变得强大有力而锋芒毕露的战时内阁里，在他担任领袖职务的保守党内部，在他无可争议地掌控和领导的整个英国，他都毫无对手。正如有位一针见血的观察家所写的那样，他的位置“令人惊讶地稳如泰山”①。他身兼首相与国防大臣二职，同时掌握军政大权，不仅主持着战时内阁，还在一个办事水准与效率都属登峰造极的秘书处的协助下，主持着参谋长委员会一些最重要的会议。此时，他已 66 岁（过了 1941 年 11 月 30 日，他就 67 岁了），但他的身体非常健康，而且似乎不知疲倦。对于这个很喜欢喝香槟酒的伟人，利奥·艾默里曾经不无钦佩地写道：“对他来说，战争才是一种真正的香槟酒。”②

在战争期间，只要条件允许，丘吉尔的日常作息都很有规律。他每天晚上都睡 6 个小时，然后在早上 8 时醒来。不过，他会在床上待着，直到最后一刻才会起身。早餐时，他习惯坐在床上美美地大吃一顿，吃的可能是山鸡肉、鹧鸪肉或者牛排，还有葡萄酒。他也会在床上工作，为了方便他还专门定做了一

---

① 参见沃尔特·蒙克顿 1941 年 1 月 20 日写给克里普斯的信，载于《斯塔福·克里普斯文集》，SC5/2。

② 参见艾默里 1941 年写给豪尔的信，载于《艾默里文集》，2/1/32。

个木制托盘来放书籍与文件。文件都是锁在盒子里送来的，并按照他设计出来的一种方法，进行了分门别类。一些重要盒子里的文件夹，会根据他取阅的次序放置：首先是“顶层”文件夹，其中的文件都属于战报；其次是“外交部电文”；接着是作战部门的头头脑脑及其手下那些身处战场之上的作战主管军官之间往来的“作战电文”；最后则是“定期报告”，其中都是关于生产形势、技术发展、人力资源等国内问题的报告。还有其他颜色不同的盒子，里面的文件则是情报、议会报告以及各种涉及当时一些重要问题的报告。这些公文，他都是早晨在床上处理，或者晚上就寝前在床上处理的（有时间的话，他还会在入睡前阅读所有重要的报纸）。他会在床上向一名训练有素的女打字员口述。这样的打字员总共有三位，她们全都擅长“破译”丘吉尔嘟嘟囔囔、咕噜咕噜、喃喃低语说出来的话，熟悉他在发“l”和“s”时那种虽说亲切，却很奇怪的停顿，这是上流人士的口吃毛病*。这些打字员使用起噪音很小的“雷明顿牌”打字机来，都非常迅速、准确，能够逐字将他的指示记录下来。然后，丘吉尔只需签个名，就可以把文件发送出去。其中的许多文件上，都盖着一道朱红色的命令：“即日执行!”

奇怪的是，丘吉尔很不喜欢用曲别针和大头针。秘书们都已学会把送来的那些公文上的曲别针和大头针换掉，给文件打

---

* 上流人士的口吃毛病：一些语言理论家（比如美国的温德尔·琼斯）曾经认为，口吃者的父母最有可能是那种急于跻身上流社会的完美主义者，他们希望自己的下一代在经济及社会地位上都更成功，并且焦虑地意识到语言技能对孩子的前途会有很大的影响，因此他们就会很夸张地关心孩子说话时的语言模式，总是打断孩子的语言节奏，从而很容易导致孩子患上口吃。

上孔，再用绿色的金属箍穿过孔洞，把文件装订起来。丘吉尔称打孔机为“克洛普”（Klop）。他讨厌纸张发出的那种噼里啪啦的声音，因此秘书们还学会了悄无声息地在纸张之间夹上复写纸。[1]不管他走到哪里，秘书们都会跟着他，随时准备把他的每一句话都记录下来。他只需一声令下，这些秘书就会行动起来。只有在他乘坐汽车时，由于打字很困难，他的话语才有可能不做记录。

丘吉尔绝大部分时间都是待在伦敦。一般情况下，他会到上午10时左右才下床，参加一场参谋长委员会会议；不然的话，他就要到中午才下床，然后主持召开战时内阁会议。而且，他总会在下午5时之前回去睡上一觉，小寐一个小时。正是这段休息时间，让他随后能够工作到深夜，实际上他总是工作到第二天凌晨。这种作息习惯，让许多白天没有机会睡觉的同僚都觉得非常郁闷。上午起床之后，他会泡上一个澡，而在下午小睡之后，他又会泡一个澡，仿佛准备开始第二天的工作。艾登曾经在日记里描绘说，有一天下午，大约5时左右，就在丘吉尔刚刚小睡完后，艾登前去见他，当时的情形是：“他的精神极度痛苦。他说醒来之后，完全不记得自己身在何处，因为他睡得太沉了。他穿着背心和内裤，嘴里叼着雪茄，一只手上端着加了苏打的威士忌酒，一边在自己的房间里大步走动，一边叫内莉把他的袜子拿过来！”[2]这样，丘吉尔便将两个工作日压缩到了一天里。

---

① 参见玛丽·T.G.汤普森所著的《给丘吉尔当秘书》（Secretary to Churchill）一文，载于查尔斯·伊德编著的《同时代人眼中的丘吉尔》（*Churchill, by His Contemporaries*）一书（伦敦，1955年），第235—239页。

② 参见艾登1942年4月24日所写的日记，载于《埃文伯爵文集》。

起床之后，他会穿上俗气的三件套西服，胸前的口袋里放着手帕，脖子上打着领结，怀表的链子露在外面。不然的话，他就会穿一身灰色的细纹毛料“警笛套装”（Siren Suit）。这也是一种套装，是由时尚服装商“腾博阿瑟”专门为他定做的。这种“警笛套装”的拉链，是从中间往上拉的。衣服尺寸裁剪得很宽大，胸前有口袋，两侧的口袋更大，配有折叠式的袖口，而裤子的正面还有裤褶。此外，他在晚上和睡觉时各有一身深绿色的天鹅绒“警笛套装”。有些人还把这种衣服称为丘吉尔的“连衫裤”。他讨厌鞋带，因此总是穿带拉链的鞋子。在重要的场合，他可能会穿上一整套威风凛凛的海军制服，或者是一身与军种相关的制服。但也有一张照片表明，他曾经穿着一件饰有龙形图案的丝制和服，站在美国将领德怀特·艾森豪威尔的身边。在这件和服下面，他穿着的竟然仍是一身“警笛套装”。

要说衣如其人的话，那么丘吉尔的着装至少表明，他是一个具有古怪而大胆的时尚感的人。①

丘吉尔每天的日程，都安排得满满当当：开会、旅行、视察、会见、讲话以及为这些方面和其他更多事情做准备。对于自己的三个女儿，即 1940 年已经 31 岁的黛安娜、26 岁的莎拉和刚刚 18 岁的玛丽，以及时年 29 岁的儿子伦道夫，他几乎没有时间去陪伴，只是经常自豪地提到他们。他晚上是跟妻子分开睡的，不过，有证据表明，他和克莱芒蒂娜算得上是一对幸

---

① 关于丘吉尔日常工作的资料，选自马丁·吉尔伯特所著的《温斯顿·丘吉尔的战时领导才能》（*Winston Churchill's War Leadership*）一书（纽约，2004 年），第 9—18 页以及约翰·基根所著的《温斯顿·丘吉尔》（伦敦，2007 年），第 130—132 页。

福而感人的夫妻。他们会在唐宁街 10 号或者其中的配楼里，安安静静地吃午饭。这栋配楼经过钢筋加固，因而比较安全。在大轰炸期间以及战争后期德国发射“V-1”飞弹和“V-2”火箭弹阶段，这栋配楼尤显重要。不过，有的时候，他们也会在这两处举办规模较大的午餐会，邀请客人前来。这种午餐会，可以让丘吉尔摆脱白天的压力与紧张，得到一定程度的放松。他会发挥自己的机智幽默与诙谐风趣，每当丈夫这样做的时候，克莱芒蒂娜就会哈哈大笑。她不会明显地顺从于他，而是会抓住机会取笑他，即便有外人在场，她也是如此。

即使全国都在按照严格控制的口粮配额生活，他们吃得也算丰盛。唐宁街 10 号一次典型的午餐会，是以一道鱼肉开始，接下来就是一道主菜“蘑菇牛排”以及“焖芹菜”和“土豆片”，然后是一道“奶酪桃子”甜点；开饭之前喝雪莉酒，饭中喝葡萄酒，饭后则是白兰地。据一位客人说，在中午吃牛排的一天，丘吉尔“喝了许多波尔图葡萄酒*和白兰地，抽了一根很大的（古巴）雪茄，至少点了十次火”。还有一次，第一道菜是“奶酪通心粉”，可首相不愿吃，说：“这完全就是一道带刺的铁丝网，目的是不让我们向主阵地发起进攻。”他所说的“主阵地”，是一道“爱尔兰炖肉”。丘吉尔那种“令人愉快的不拘礼节”，深深地迷住了记录下这句话的人。此人是一位报社编辑，在战争期间曾偶尔跟丘吉尔共进午餐。他描述说，首相会跟客人开玩笑，一边随意跟他们谈论这场战争，一边说着一些针对政治对手的、不宜刊印出来的奚落之语，偶尔还会说出一些警句格言，比如：“仁者见仁，智者见智。这就是我

---

* 波尔图葡萄酒：葡萄牙产的一种酒精含量高、呈深红色的浓甜葡萄酒，因早期在葡萄牙港口波尔图（Porto）装船外运而得名。

们有各种格子背心的原因。”①

艾登在英国首相的乡间宅邸“契克斯别墅”里拜会过丘吉尔之后，曾在日记里如此写道：“我可不认识哪位东道主，有他这样完美得体的举止。”丘吉尔竟然坚持“一路陪同我到卧室，并帮我点燃了炉子”②。R.A.巴特勒曾经是离去的哈利法克斯勋爵的手下，是以前外交部里鼓吹失败主义的“二号人物”，此时却重新获得了丘吉尔的青睐。艾登造访之后不久，他就被首相召到了这栋乡间宅邸里。后来，他描述了这样一幅滑稽的场景。“楼梯上传来一阵猛虎下山似的响动，首相穿着他的那身‘警笛套装’出现了……‘您可不能跟任何人说来过这里啊……我要您做的任何事情，您都必须保密。我现在不该说这个。’”巴特勒接着又写道：“然后，他开始仔细地聊起新闻报道，还给我读了晚报上的一些内容。”

与之前到访的艾登一样，巴特勒也在“契克斯别墅”里跟首相度过了一个夜晚，第二天又待了一阵子才走。那天晚餐过后，就在丘吉尔态度激烈、带有侮辱性地说到南亚人（“粗野、肮脏和腐败”）的过程中，他还“详细地、带着令人难以置信的勃勃兴致”，给这位客人朗诵了一段他准备在下议院发表的演讲，然后问道“是否觉得他的演讲缺乏力量或者活力”。巴特勒回答说，他“觉得一点都不缺乏”。丘吉尔把整份演讲稿递给巴特勒，要求后者指教：“您有一整个晚上，可以取笑、纠正或用铅笔修改它，然后明天早上再跟我说。”③

---

① 参见剑桥大学丘吉尔学院《查尔斯·伊德文集》当中《在 1939 年 10 月到 1954 年 3 月间……与丘吉尔先生参加午宴的情况》一文，2/2。

② 参见艾登 1941 年 10 月 10 日所写的日记，载于《埃文伯爵文集》。

③ 参见 R.A.“拉布”·巴特勒 1943 年 3 月 11 日所写的日记《造访契克斯别墅》，载于《巴特勒文集》，RAB G15。

在召开战时内阁会议以及与手下大臣们打交道的时候，丘吉尔可以说非常幽默。比如，在担任首相的早期，科学家们曾经敦促英国人采取一种更加均衡的饮食习惯，所以丘吉尔便称他们为“食疗信徒”，他劝告手下的粮食大臣弗雷德里克·伍尔顿不要听那些科学家的建议，而要听从英国士兵的建议。“他们在意的只有啤酒。”丘吉尔如此赞许地评价英国士兵。此时，正是大家全都担心德军在任何时候都有可能发起侵略行动的关口。尽管如此，丘吉尔还是抽出时间，给伍尔顿写信说：“我认识的所有‘食疗信徒’，比如吃坚果以及诸如此类的人，几乎全都在经历了一段长时间的未老先衰之后，年纪轻轻便去世了……试图强迫英国的民众节食，只许他们在节庆场合食用牛奶、麦片粥、土豆等，会让英国输掉这场战争。”①伍尔顿似乎激发出了丘吉尔的幽默感。大概一年之后，在一次战时内阁会议上，这位粮食大臣提出，应当对所有的罐头食品实行配给制。内阁接受了这一建议，但正如艾登在其日记中所写的那样，“温斯顿在会议余下的时间里时不时地低声嘟囔说‘我再也看不到沙丁鱼罐头了’”②。

倘若认为伍尔顿偏离了正确的路线，丘吉尔便会非常巧妙地应对他。1941 年初，由于急切地想要让所有的英国人都吃饱，伍尔顿曾经在一次广播讲话中强调了德军对英国粮食供给方面的威胁。他宣布餐馆与饭店应当严格限制肉、鱼、蛋类和奶酪的供应，并且宣布，倘若违反这一规定，就要受到严厉的处罚。丘吉尔得知后给手下的这位粮食大臣写信道：

---

① 参见丘吉尔 1940 年 7 月 14 日写给伍尔顿的信，载于《丘吉尔文集》，CHAR 20/2A。

② 参见艾登 1941 年 9 月 11 日所写的日记，载于《埃文伯爵文集》。

“我不喜欢这种相当专制的公开诏告。”[①]伍尔顿回信说：“我这是在极其困难的形势之下尽自己的本分。”[②]丘吉尔又回了一封信，安慰他说：“相信我吧，我明白您此刻正在努力与之斗争的所有困难。”尽管如此，他还是建议说，伍尔顿应当劝告民众尽量少吃一点儿，应当让饭店把剩饭剩菜做得美味可口，重新供应给顾客，而不应当威胁说要不加选择地禁止供应这些食物。[③]

温斯顿·丘吉尔作为一位用人大师，就是这样的。他在这方面的作用，当时的人并没有充分认识到，而此后的历史学家也不常研究。事实上，他曾经努力鼓舞自己的同僚，让内阁团队保持良好的状态。在同僚们呈送的公文上，他都做了许多的批注。他会在必要的时候劝诫和鼓励他们，会在适当的时候向他们表示祝贺，还会在他们陷入麻烦的时候表示同情和理解。[④]他不但祝贺和鼓励他们，也必须始终约束他们，帮助他们找借口，安抚他们本人及被他们冒犯的人。这是因为，他负责的这个政治联盟的成员都强硬坚韧、敏感易怒，他们性格顽固，在受到批评或者反驳的时候，不习惯于逆来顺受。

这方面的例子有很多。其中之一，就是1941年4月欧内斯

① 参见丘吉尔1941年2月25日写给伍尔顿的信，载于牛津大学博德利图书馆的《伍尔顿文集》，Ms Woolton 3。

② 参见伍尔顿1941年2月26日写给丘吉尔的信，载于牛津大学博德利图书馆的《伍尔顿文集》，Ms Woolton 3。

③ 同上，参见丘吉尔1941年3月2日写给伍尔顿的信。

④ 例如，可以参见丘吉尔1941年6月2日写给亚历山大的信，载于剑桥大学丘吉尔学院的《亚历山大文集》，5/6；丘吉尔1942年5月29日写给莫里森的信，载于《莫里森文集》，8/2；丘吉尔1942年9月24日（存疑）写给贝文的信，载于《贝文文集》，Bevin 3/1；丘吉尔1940年6月12日写给达夫·库珀的信，载于《丘吉尔文集》，PREM 4/83/1A。

特·贝文在伯明翰召开的“工程管理协会”年会上发表演讲之后，丘吉尔所做的回应。对于贝文在下议院里实施的政策，有些当地的保守党议员提出了批评，而他当时的态度则非常粗暴。过后被问到此次演讲的情况时，贝文对首相说，他只是进行了“幽默感十足的揶揄”，可正如丘吉尔的一位顾问所说，“贝文先生的揶揄就是粗暴”。由保守党普通议员组成的“1922 年委员会”，也是这样认为的。委员会马上替那些受到贝文抨击的议员辩护。看完演讲稿之后，丘吉尔也不得不同意这一点。他写信给贝文说：“假如您对那些支持政府的议员施加如此极端的人身攻击，那么在我看来，您是很难做到不让人憎恶的，因为您在这个政府里也担任着领导角色。”贝文则很有个性地回应道：“我坚持自己说过的每一句话。”最后，丘吉尔不得不替贝文去平息“1922 年委员会”成员们的怒气。①

虽说丘吉尔掌控着战时内阁，可他也并非始终都能随心所欲，甚至在一些重要的问题上也是如此。稍后一个时期，如 1942 年 6 月 15 日的一个例子，就很能说明这一点。当时，英国政府刚刚从流亡的捷克斯洛伐克总统爱德华·贝奈斯那里得知，在纳粹一名特别残暴的领导人莱因哈德·海德里希遭到暗杀之后，德军对捷克斯洛伐克人民犯下了“野蛮残忍的暴行”（这些暴行当中，包括无差别地杀害 1 300 多名无辜者，还把两个村庄夷为平地）。丘吉尔提出，在一个皓月当空、能见度较好的夜晚，英军轰炸机可以去“消灭”德国的三个村庄，实施报复。他支持派英军轰炸机执行这一任务。冲动好战的欧内斯

① 涉及这一事件的文件当中，就有丘吉尔 1941 年 5 月 4 日写给贝文的信。首相在信中几乎是可怜巴巴地问自己手下的这位劳工大臣：“我该怎么（跟‘1922 年委员会’）说呢?”载于《丘吉尔文集》，PREM 4/83/1A。

特·贝文也同意这样做。根据当时的会议记录，贝文是这样说的：“只有暴力对德国人有效，除此之外，别无他法。”艾默里甚至想要干得更加血腥一点儿。他想知道，为什么不能消灭那些人口高度密集的城镇，而要去轰炸人口稀疏的村庄。这些人都属于彻头彻尾的主战派。不过，之后表态的艾登只是承认说，“这样做可能具有威慑作用”。接下来，艾德礼提到了道德方面的考虑：“对于在恐怖政策方面跟德国人一决高下的做法是否有用，我表示怀疑。”莫里森支持他这位工党同僚的意见，并警告说，假如英国前去轰炸德国的村庄，可能就会出现一种恐怖循环：德国将对英国那些没有还手之力的市镇发动报复。那样一来，“民众就会说：‘为什么你们要去招惹德国，而让我们来承受这些？’”辛克莱考虑得比较实在，他认为轰炸平民将“分散我方在军事目标上的精力”。而安德森也理解这一观点，说：“这样做，会让我方付出代价，而敌人却没有损失。”他的意思是，假如对没有还手之力的城镇和村庄实施轰炸，英军就会丧失一次轰炸重要军事目标的机会，可德国呢，不过是牺牲一些平民百姓罢了。此时，艾登果断地掉转矛头，开始反对丘吉尔提出的做法：“这样做，是浪费了一个皓月当空的夜晚。这种分散精力的做法，比我原先所想的更加严重。”丘吉尔却仍然坚持说：“我的直觉正好相反。”不过，最终他还是不得不听取多数人的意见：“我（勉强地）服从了内阁反对此次行动的意见。”①

这次不同寻常的讨论，非常典型地说明了丘吉尔手下那些

---

① 参见 1942 年 6 月 15 日的《战时内阁会议记录》，见于英国国家档案馆，CAB 195/1。

大臣们在考虑英国以外事务时的情况。首相照例斗志昂扬，要求采取迅速而引人注目的行动；贝文毫不留情，支持首相的观点。然后，其他绝大多数大臣插嘴，使得气氛缓和下来。艾德礼曾经对艾登说，他认为，他们在战时内阁里取得的主要成绩，就是牵制住了首相，使得首相无法去实施最疯狂的计划。①如此一来，他们便意想不到地起到了莫里斯·汉奇发挥的作用。这位支持张伯伦的人物，一直在为张伯伦与哈利法克斯勋爵这两头“聪明的老象”牵制丘吉尔。虽然并未采取报复，但此种情况仍然反映出这场全面战争迅速削弱了英国人传统的顾虑。因为在英国的战时内阁里，深知纳粹的无耻行径令人毛骨悚然的阁员们竟然同样讨论起杀戮非作战人员的问题，其中最重要的几个，竟然也严肃认真地怀有这样的想法。

劳伦斯·博格斯在这一时期的手抄笔记完全能够体现出，温斯顿·丘吉尔领导的战时内阁展开讨论时气氛的高低起伏以及会议主题的范围。尤其是在战争早期，这些笔记给我们留下的印象，有时甚至要比我们从官方会议记录里获得的更加全面，因为官方记录通常都要经过简化才会发表。博格斯的笔记表明，通常都是丘吉尔说上几句开场白，或是汇报他一次视察的情况，或是欢迎一位出访国外的大臣回国，或是欢迎某位在访英期间前来参加战时内阁审议的自治领总理。接下来，作战部门的首脑就会说明当时的军事形势。丘吉尔以及其他一些具有专业知识的大臣会插嘴，而这样做又有可能导致一场范围广泛的讨论，因为内阁必须考虑到全球的几乎每一个地区，尽管不一定是出于军事方面的考虑。读着这些讨论，我们显然能够看出，丘吉

① 参见D.R.索普在《牛津国家人物词典》里所撰的“安东尼·艾登”词条。

尔首相召集起来的这个团队，里面的人员全都头脑冷静、意志坚定、经验丰富，而且毫不妥协。他们会从各个角度来审视一个问题。他们会仔细探究和衡量各种可能性。尽管相互之间分歧巨大，但他们通常都会把注意力集中在共同的目标之上，那就是打赢这场战争。

就在 1941 年 12 月 7 日日本偷袭美国珍珠港的 5 个月之前，丘吉尔曾经在纽芬兰沿海的普拉森舍湾的一条战舰上，会晤了富兰克林·罗斯福总统。当时，丘吉尔首相竭力讨好罗斯福，同时让手下的海军司令们结识并请教他们的美国同行。丘吉尔急切地想要美国承诺增加物资援助，尤其是增加对大西洋战役的援助。发动这场战役的目的，就是维持物资供给线，要是没有美国援助的话，英国必定会被打败。可事与愿违，他得到的却是含有八项条款的《大西洋宪章》，而最后他之所以接受这一宪章，主要还是为了不冒犯富兰克林·罗斯福总统。该宪章第三条宣称，所有民族都有自决的权利。丘吉尔希望这一原则用于被希特勒占领的欧洲各国，但不要用于亚非两洲殖民地（其中就包括南亚地区）的各个民族。也就是说，他希望这一条不要用于大英帝国。第四条表明，全世界都应当采取自由贸易制度，可丘吉尔却很清楚，英国的许多保守党人都反对这一点。再如，第六条承诺，美英两国都应当致力于建设一个摆脱了贫困与恐惧的世界。罗斯福认为，这一点是其实施“免于匮乏的自由”这一国内政策的必然结果，可丘吉尔对这种政策的反应却不甚热烈。当时，是丘吉尔不在伦敦时代行首相职务的艾德礼，在其工党同僚的支持之下，才代表英国对这一具体条款做出了积极的响应。艾德礼在午夜时分匆匆召集战时内阁成员举行了一次会议，然后以电报形式将结果发给了英国的这位领袖。[1]

一回到国内，丘吉尔便与战时内阁大臣们讨论了此次纽芬兰会晤的意义。临时回到英国的哈利法克斯勋爵以及加拿大总理麦肯齐·金两人，也参与了这次会议。博格斯对此记述如下：

> 丘吉尔：我对形势深感担忧。我要求美国在没有受到外界刺激的情况下，忍受战争所带来的不便……（富兰克林·德兰诺·罗斯福是个）政治动物。（他）可能觉得，如果希特勒不去进攻美国，美国就无法提供（充分的援助）……（这样做）将很棘手……我可不能说，我们应当盘算着跟希特勒签订和约，这样我们可能会得到十年的和平。我可不会提及这一点，宁愿去死也不会提。我们可以（向富兰克林·德兰诺·罗斯福）表明……他们（即美国）正处在极大的危险当中。
>
> 艾登：（我们应当跟他们明说，）没有你们，是无法消灭希特勒的。
>
> 丘吉尔：我已经说过，没有你们，我们就打不赢这场战争……
>
> 比弗布鲁克：必须行动起来。美国（正）在坐观其成……必须采取办法，把他们动员起来……共和党正在投票反对美国政府，这种形势会让他们逐渐开始投票反对战争的。

① 参见詹金斯所著的《丘吉尔》，第666页。

接下来，战时内阁又讨论了比弗布鲁克勋爵所说的“应该采取的办法”：

哈利法克斯：我不知道是否有用……私底下问问罗斯福总统：（假如我们）公开声称“单独打败希特勒，对于我国来说是一项艰巨的任务”，究竟是有帮助，还是会帮倒忙？

丘吉尔：我已经说过了。“给我们合适的工具，我们就会完成这项任务。”可以去查阅我的原话。

麦肯齐·金：（我们应当说，）形势实在是太危险了；假如他们还不参战的话，就任何人都救不了……

莫里森：假如美国形成了（连我们都觉得）很难打赢这场战争的印象……（那么）我们越是给他们施压，他们就会躲得越远。

艾默里：整个美国都非常敬重（丘吉尔）您。您说一句话，（会）比罗斯福总统说任何话都更有用处。①

艾默里的这种恭维，可能并不恰当。此时罗斯福总统刚刚向那些为人父母的美国人承诺“你们的儿子决不会被我派去参加任何一场国外的战争”，从而再次赢得大选。②不管丘吉尔发表什么演讲，他终究都得求助于美国的民意，可在当时的美国，民众中的孤立主义思潮仍然十分强大。数周之后，心中仍然想

---

① 参见《博格斯文集》中1941年8月25日的《战时内阁会议纪要》，Burgis 2/5。不管什么时候，只要一回到英国，哈利法克斯勋爵都有参加战时内阁会议的权利。麦肯齐·金是加拿大的自由党总理。

② 罗斯福的这番话，是1940年10月30日在波士顿进行竞选宣传时说的。

着战时内阁建议的丘吉尔视察了他少年时就读的私立学校，即哈罗公学（艾默里也上过这所学校），他做了做样子，聆听并演唱了该校历史悠久的校歌。不过，他还发表了一场演说。“决不放弃，”他敦促聆听演讲的师生说，“决不，决不，决不……应心怀坚定的荣耀感，做出正确的判断。”①无疑，他希望美国人读到这篇演说，并希望美国人得出这样的结论：在他坚定领导下的英国，理应获得所有帮助。因此，战时内阁在之前便协助他润色了这一稿件。

尽管1941年英国的处境艰难无比，但一个不屈不挠、考虑周全，不惜采取严厉措施但不支持采取恐怖手段的战时内阁，却在这位高明、幽默、细心而一视同仁的首相领导下，带领英国安然度过了这场暴风骤雨。这一点听上去难以置信，但事实上情况有时的确如此。不过即便是丘吉尔，也有可能紧张慌乱。即便是丘吉尔，也有可能食言，背弃同僚们认为他已经首肯的共识。即便是丘吉尔，也有可能面露不悦，冲人乱发脾气。下面这个例子，就说明了这一点。

当时正值1941年12月3—5日，战时内阁召开了一系列相关会议。6个月前，希特勒下令入侵苏联，他原以为德国很快就会大获全胜。如今形势日益明朗，他的估计大错特错。英国的三军参谋长几乎每天都向战时内阁汇报东线战事的进展。尽管他们当时并不知道，苏联究竟能够抵抗多久，但苏联的持续抵抗，还是既让他们惊讶不已，又令他们备感欣慰。虽说在战时内阁里，不论是保守党还是工党，大臣们都非常痛

① 参见丘吉尔研究中心网站 winstonchurchill.org 1941年的相关演讲。

恨苏联，不过，如今的英国似乎终于找到了一个政权尚存的盟国。

在国防委员会12月3日举行的一次会议上，比弗布鲁克勋爵曾经提议授权即将启程前往苏联会晤斯大林的安东尼·艾登，使其可以答应迅速将500辆坦克和500架战机交付苏联。丘吉尔同意了这一建议，而艾登也认为这一建议“极有好处”①。然而，到了第二天的战时内阁会议上，这位外交大臣却陷入了麻烦。用艾登自己的话来说，起初莫里森“让我很生气，说他希望我出访的时候，不要不顾及祖国的利益!”接下来，金斯利·伍德又支持莫里森，反对让“任何东西离开我国海岸”②。而更有分量的反对意见来自时任帝国总参谋长（CIGS）的艾伦·布鲁克将军。他警告说，英国无论如何也没法送500辆坦克到苏联，“我们充其量只能送300辆”。此外，他“建议不要送这样一份礼物给苏联，因为那样的话，我们就会严重泄露本国的实力，在时机不到的情况下过早地公开这种新型的坦克”。他继续描绘了一幅“我国本土可能会像利比亚那样爆发一场坦克大战的场景”。在自己的日记里，布鲁克将军还曾经带着一丝冷酷的兴味写道：“这些（描述），吓得金斯利·伍德浑身哆嗦。”尽管如此，经过艰难的讨价还价，艾登还是得到了丘吉尔的首肯，可以“将大约300辆坦克和300架战机当成礼物”，送给苏联。③

到了晚饭时分，会议暂时中断。艾登与朋友们吃完饭后，

---

① 参见艾登1941年12月3日所写的日记，载于《埃文伯爵文集》。

② 参见艾登1941年12月4日所写的日记，载于《埃文伯爵文集》。

③ 参见丹切夫与托德曼编著的《艾伦·布鲁克》，1941年12月4日，第207页。

回去接着参加战时内阁会议。他很快便发现，在吃饭的这段时间里，有人给首相做了工作。布鲁克将军在日记里写道："首相再次彻底改变了想法，将坦克和战机抛到了一边。此时送给苏联的礼物，变成了在利比亚的进攻行动结束之后，立即派去10个战斗机中队（即120架战机）。"我们完全想象得出，当时的艾登是多么郁闷，因为这些战机的数量还不到起初大家一致同意的一半，而且没有了坦克。不过，此时他的心情还没有跌到谷底。空军参谋长查尔斯·波特尔很快也加入了辩论。英国可以答应送一些战机给苏联，但数量不能定死，日期也不能定死。听到这一点之后，丘吉尔（竟然不是艾登）发起脾气来。他不是与半数以上的军事顾问商讨过这个问题吗？"安东尼暂时性地安抚住了他。"布鲁克将军后来写道。这种情况，充分说明了艾登这位外交大臣的作用以及他与首相之间的关系。尽管如此，丘吉尔又发了一通火，然后才慢慢地默然不语了。他"盯着公文看了差不多5分钟之久，然后'啪'地把文件一合，结束会议，走出了会议室。"因此，艾登那天晚上也曾在自己的日记里闷闷不乐地写道，会议根本就"没有做出决定"。

事情至此还没有结束。第二天上午，他们又召开了一次会议。布鲁克将军如此记述道："刚一开会，我们就收到了首相口述的一份备忘录，其中的内容，实际上与昨天晚上我们要求他同意的条件一模一样！"①丘吉尔出尔反尔，令外交大臣深感失望，而他这样做的目的，却是为了取悦手下的军事顾

① 参见丹切夫与托德曼编著的《艾伦·布鲁克》，1941年12月4日，第207页以及1941年12月5日，第208页。

问们。

这种起伏波折、争吵不休与混乱困惑的情形，与历史学家们通常描述的内容相比，更加准确地反映了召开战时会议时的实际情况。即便是参加会议的人，日后也会掩饰这些情况。在回忆录里，艾登并没有提及丘吉尔一夜之间便改变主意、倒向波特尔一边的情况。相反，他把首相先前临时决定的大约10个战斗机中队，描述成了最终的决定，并说这是英苏关系改善的一种很有希望的标志。他写道："更重要的是，我获得了授权，可以派遣皇家空军的10个战斗机中队到苏联陆军的南翼作战。一旦利比亚战役获得成功，我们就会在第一时间撤回这10个中队。"①

可是，待日本偷袭珍珠港之后，连缩减过的这10个战斗机中队，也被丘吉尔保留了。因为他需要这些中队到远东地区作战。

社会和阶级差异，也干扰到战时内阁的平稳运行。一位自学成才的工党大臣，与一位上过一所著名的公学和大学的大臣打交道时，可能会无意识地暴露出自身的不安全感。比如说，内政大臣赫伯特·莫里森原本是伦敦南部一名警察的儿子，他曾经在写给财政大臣约翰·西蒙勋爵的一张便条中炫耀过自己的学识，好像这样做让他获得了心理平衡。约翰·西蒙勋爵上过爱丁堡一所门槛很高的顶级学校——费蒂斯公学，获得过牛津大学的一等学位，并担任过牛津大学辩论社（Oxford Union）的主席。"我可以说，昨天读到您的演讲时我感到多么

① 参见艾登所著的《清算》，第329页。

欣慰吗？”1942年初，莫里森用一种恭贺的口气，尽量谨慎地写了一张便条给他。“只有一个地方稍逊其色，那就是印刷工是个蠢货，犯了一个错误，把《论出版自由》* 一书的出版日期印成了1694年，而非1649年。”①实际上，那本书是在1644年首次印行的。

也有相反的情况。一位身处英国上流阶层的大臣，可能会暴露出自己的势利姿态——即使纯属无意，且只会表露在自己的日记里。比如，在白金汉宫举办的一场晚宴上，从曼彻斯特郊区索尔福德市的一个中下层阶级家庭一步步爬升，直到担任刘易斯连锁百货商店董事会主席，并成为上议院议员的弗雷德里克·伍尔顿，曾经不以为然地说：“国王来到众人当中的时候，贝文却依然大大咧咧地坐在那里。在晚宴上，他还打碎了一个酒杯……国王待他，就像是对待一个毫不懂事的孩子。”②多年之后，在一场采访中，安东尼·艾登也曾表现出自己是一个势利之人。这位参加过第一次世界大战的陆军军官，认为自己完全有权对社会地位更低的人进行评判和随意处置。“莫里森是一名优秀的步兵，”他如此回忆那位内政大臣道，“他就是这样的人：您这个星期把他擢升为一等兵，下个星期他就会把肩章上的几道杠丢掉，可很快他又会获得擢升。伦敦佬都是些很不错的士兵。”接下来，由于意识到这样说不太合适，

---

* 《论出版自由》：约翰·弥尔顿（John Milton，1608—1674）的一部著作。此书最初是弥尔顿在1644年针对英国议会而写的一篇演说词，也是一篇争取言论自由的战斗檄文。

① 参见莫里森1942年3月27日写给西蒙的信，载于《西蒙文集》，MS Simon 89。

② 参见伍尔顿1942年10月24日所写的日记，载于《伍尔顿文集》，MS Woolton 2。

他便要求记者不要引述这句话。[1]我们不难想见，那种无法明说的紧张、犹豫与怨恨，曾经必定是战时内阁会议气氛中的一种基调。

此外，尽管大家全都不承认，但为了位子而耍手腕、拍马屁、欺下媚上的做法以及大臣们性格上的矛盾冲突，却仍然跟以前一样。1941 年 1 月 22 日，比弗布鲁克勋爵对“1922 年委员会”发表了一场演讲。据此次会议的记录者称，“在他讲话的过程中，（他）安慰委员们说，他与同僚之间的关系十分融洽”[2]。他既没有提到，“有两个人，即（他自己）……与贝文之间（当时）正在进行一场无声的竞争”，而争夺的对象，就是人力的控制权和劳动力的征用权[3]，也没有提到他刚刚向首相提交了辞呈，其中写道：“有时候，我觉得极其不舒服，因此请求辞职。”[4]

比弗布鲁克勋爵曾经利用阿谀奉承、甚至是有点儿像贿赂的手段，来让内阁里的同僚们服从他的意志。他使尽浑身解数，想让那些工党大臣都与他在战时内阁里的最大对手，即贝文决裂。例如，他曾经试图去讨好 A.V.亚历山大，后者是一位工党人士，因此自然也是贝文的盟友。战争爆发之前，比弗布鲁克勋爵手下的报纸，曾经抨击过当时正在领导英国合作运动的亚

---

① 参见 1968 年 9 月 25 日对安东尼·艾登的采访，载于《莫里森文集》，LSE，Morrison 6/1。

② 参见保守党档案馆里“保守党普通议员（1922）委员会，关于 1 月 22 日 12 时 30 分在第 14 会议室里召开的一次会议的纪要”，1922/4。

③ 参见西尔维斯特 1941 年 1 月 10 日写给劳合·乔治的信，载于《劳合·乔治文集》，LG/G/24/1。

④ 参见比弗布鲁克勋爵 1941 年 1 月 3 日写给丘吉尔的信，载于《丘吉尔文集》，CHAR 20/20。

历山大。如今，与这位已经升任海军大臣的昔日敌手坐到同一张桌子上之后，比弗布鲁克勋爵就赶紧给他写了一封信："我将竭尽全力，协助您一手掌控好海军，因为我相信，您会把这份工作干得比其他任何人都要好。"[①]那一年，他还邀请亚历山大到他的乡间别墅"切尔克利宫"过圣诞节。"比弗布鲁克勋爵在自己恰好需要的时候，把 A.V.亚历山大牢牢地抓到了手里。"[②]一位高层观察家曾经如此说道。的确如此。在战时内阁里，当比弗布鲁克勋爵受到抨击的时候，亚历山大曾经替他辩护。比弗布鲁克勋爵还潦草地给亚历山大写过另一张便条："曾经的合作运动大佬竟然替老对手辩护，真是令人惊讶啊。不过，您用了如此大度的话语，既让我深受感动，也让我觉得温暖无比，因此我也会给予您最深挚的忠诚。"[③]

他还用同样的手段奉承过赫伯特·莫里森，只是莫里森几乎不需要与贝文决裂，因为贝文是莫里森在工党内部的主要对手。或许，比弗布鲁克勋爵认为，他可以吹捧这一个，以便打压另一个，或者起码也会让另一个的前进道路变得更加难走一点儿。"您今天上午把自己的情况表述得极其精彩，"1941 年底，他曾经如此致信莫里森这位内政大臣，"实际上，这是我担任大臣职位 18 个月以来，听过的最出色的一次演绎。"[④]而一

① 参见"麦克斯"写给亚历山大的一张便条，未注明日期，载于《亚历山大文集》，AVAR 5/5。

② 参见西尔维斯特 1941 年 1 月 10 日写给劳合·乔治的信，载于《劳合·乔治文集》，LG/G/24/1。

③ 参见"麦克斯"写给亚历山大的一张便条，未注明日期，载于《亚历山大文集》，AVAR 5/6。

④ 参见比弗布鲁克勋爵 1941 年 12 月 3 日写给莫里森的信，载于《莫里森文集》，Morrison 8/2。

个月之前，他就已写过："（莫里森）您给下议院留下了极佳的印象。或许这是您做过的最优秀的一场演讲。"[①]这种话，难道听上去没有一丝丝居高临下的味道吗？然而，（尽管有诸多相反的证据，）最终比弗布鲁克勋爵还是觉得，自己能够写信向莫里森这样说了："除了丘吉尔，您是迄今为止全国最伟大的人物……我希望由您来当首相，我愿在您的手下效力。"[②]

与此同时，就算是在吹捧莫里森，比弗布鲁克勋爵也不忘讨好、安抚他在战时内阁里的主要对手贝文，并与之进行密谈。然而，他却碰了一鼻子的灰。也是在1941年底，就是他正准备写信给莫里森的时候，这位百万富翁兼报业巨头曾经在自己写的一张便条上颂扬说，贝文这位工团主义者"在工业中心的民众当中具有伟大的领导能力"。"我们能否为您搭建一个平台，使得我可以站在您的身边呢？"他问道，"我相信，只要决定搭建这样的一个平台，您是做得到的。"[③]在贝文看来，这似乎是一种带有暗示性、却也非常危险的主意。于是，他回复道："除了整个政府通过内阁制定出来的政策，我自己并没有什么其他的政策，因此，我不明白您说为我搭建一个平台是什么意思。在战争时期，除了政府本身的这个平台，我没有建立任何平台的想法。"[④]

比弗布鲁克勋爵可能还进行了一种类似的活动，来向艾德

---

① 参见比弗布鲁克勋爵1941年11月28日写给莫里森的信，载于《比弗布鲁克文集》，BBK C/218b。

② 同上，参见比弗布鲁克勋爵1942年11月23日写给莫里森的信。

③ 参见比弗布鲁克勋爵1941年11月22日写给贝文的信，载于《贝文文集》，Bevin 3/1。

④ 同上，参见贝文1941年11月24日写给比弗布鲁克勋爵的信。

礼示好，尽管在日本偷袭珍珠港之前的战争时期，两人之间并没有往来书信保留下来（然而，在《比弗布鲁克文集》中，我们还是可以看到这位报业巨头于1943年写给工党领袖的一封语气非常谄媚的信件）。[①]总而言之，比弗布鲁克勋爵发现，克莱姆·艾德礼至少也像欧内斯特·贝文一样油盐不进。艾德礼很瞧不起比弗布鲁克勋爵的这些做法。战争结束后不久，他便对即将首次进入下议院的工党议员发出警示："有许多人，说起话来平易近人得很。其中最主要的就是比弗布鲁克勋爵。他对所有的年轻人都很有吸引力，但我要提醒大家的是，与他说话是没有什么好果子吃的。要小心他的花言巧语。"[②]

尽管如此，比弗布鲁克勋爵仍是丘吉尔慷慨大方的东道主与朋友。1941年6月，他突然派人将60瓶1937年的台德斯海姆霍夫斯塔克（Deidesheimer Hofstuck）酒送给丘吉尔[③]，可以说，此举非常出人意料。尽管这种酒是德国出产的，但丘吉尔收到如此优质的"雷司令"* 葡萄酒之后，还是非常高兴。他写信给比弗布鲁克勋爵说："非常感谢您如此豪爽地赠送我这件礼物。"[④]

即便是在1941年初丘吉尔的威望达到巅峰状态时，有些人

① 参见比弗布鲁克勋爵1943年12月26日写给艾德礼的信，载于《比弗布鲁克文集》，BBK/C/16。

② 引自泰勒所著的《比弗布鲁克勋爵》，第446页。

③ 参见丘吉尔1941年6月10日写给比弗布鲁克勋爵的信，载于《丘吉尔文集》，CHAR 2/95。

* 雷司令：德国古老的著名酿酒白葡萄品种，也是用这种葡萄酿制的干白葡萄酒的商标名称。亦译"威士莲"。

④ 参见吉尔伯特所著的《辉煌时刻》，第1102页，脚注5。

仍对他心存疑虑。戴维·劳合·乔治的首席私人秘书，就是这样一个持有怀疑态度的人。他曾经向自己的上司汇报，首相“如今据说非常狂妄自大，一旦下定了决心，就不太可能改变主意了”[①]。两个月之后，他又报告说：“温斯顿这一阵子有点像是得了‘独裁综合征’，他的态度就是：‘不准批评我。我才是伟人。’”[②]这位首席私人秘书心怀一种目的，哪怕这是一种日益不切实际的目的：说服劳合·乔治，在议会里发动一场针对丘吉尔的“政变”，就像第一次世界大战期间（在比弗布鲁克勋爵的支持下）劳合·乔治反对H.H.阿斯奎斯那样，他将再次登上首相宝座。因此，他的评价虽说可能准确，但我们也不能全信。

不过，并非只有培植个人势力的人士才挑剔这位处于有利位置的首相。“每一个重要的问题，都必须呈交给他决断。”飞机生产部的一名重要官员如此抱怨说。[③]“无人能够约束住他。”丘吉尔的朋友特伦查德勋爵也曾感到担心。[④]连最坚定地支持丘吉尔的人，也都怀有此种担忧。艾登在日记当中，就时不时地表达出了这种忧虑之情。“这是我们迄今为止最糟糕的一届内阁，”他在1941年5月26日写道，“温斯顿紧张不安，不可理喻。”几个星期之后，他又写道：“我觉得温斯顿的独断专横与喜怒无常很令人恼火。”[⑤]又过了几个月之后，他继续写道：“温

① 参见西尔维斯特1941年1月8日写给劳合·乔治的信，载于《劳合·乔治文集》，LG/G/24/1。

② 同上，参见西尔维斯特1941年3月6日写给劳合·乔治的信。

③ 参见剑桥大学丘吉尔学院《霍尔-贝利沙文集》中莱斯利·霍尔-贝利沙在1942年3月16日所写的日记，HOBE 1/9。霍尔-贝利沙记录的，是他与威廉·鲁茨勋爵的一次谈话。

④ 参见尼科尔森编著的《尼科尔森》，1941年6月17日，第172页。

⑤ 参见艾登1941年7月9日所写的日记，载于《埃文伯爵文集》。

斯顿想要亲力亲为，凡事都要插手。”[1]外交部顾问卡多根也感到忧心忡忡。“温斯顿非常顽固。”在1941年5月1日的战时内阁会议结束之后，他曾经用那种典型的流水账方式，在日记里如此写道。[2]三个星期之后，他又写道：“他的做法，就是匆匆忙忙地做出决定，完全没有经过充分的考虑，还说后退就是软弱。”[3]

这些在私下里或者半私下里所发的牢骚，最后终于传到了丘吉尔夫人克莱芒蒂娜的耳朵里。她非常震惊，便给自己的丈夫写了一封非常有名的提醒信：“亲爱的……您手下的人当中，有一位（他可是您的忠实朋友）曾经跟我说过，现在也仍告诉我说，由于您粗暴鲁莽，喜欢挖苦人，骄横傲慢，您有被同僚与下属普遍讨厌的危险……您的职责是发号施令，而倘若他们搞砸了，您可以解雇任何人，也可以让大家全都滚蛋，只有国王、坎特伯雷大主教和议长除外。因此，在拥有此种可怕权力的情况下，您必须做到温文尔雅、和蔼可亲，要是可以的话，还应当像上帝一样保持沉着冷静……而且，您也不会从怒气冲冲和态度粗暴中获得最佳的效果……”[4]

克莱芒蒂娜的这封信，起到了应有的作用。丘吉尔原本对笨人很没有耐心，并且通常都把不认可其意见的人全都看成傻子。他的确具有独断专横的脾性，可他并没有组建起一个轻易忍受其独断专横做派的战时内阁，这对他个人来说是一种遗憾，但对整个国家来说却是一件幸事。“我听说，”劳合·乔治的首

---

① 参见艾登1942年3月7日所写的日记，载于《埃文伯爵文集》。
② 参见迪尔科斯编著的《卡多根》，1941年5月1日，第375页。
③ 同上，1941年5月26日，第381页。
④ 引自吉尔伯特所著的《辉煌时刻》，第587—588页。

席私人秘书再次向他的上司写信报告说，“他最亲近的同僚，有的时候也对他的这种态度感到心烦呢。”①就连丘吉尔（相对来说）最没有主见的同僚，也都坚持为自己辩护。比如说，有一次，丘吉尔最关心的海军大臣 A.V.亚历山大在回应首相批评海军的一份备忘录时，就给首相写了一张这样的便条：“我觉得，您会希望收回这份备忘录的……我完全不接受其中第三段的‘调查结果’……假如能够避免的话，我们还是不要彼此伤害的好。”②丘吉尔早期曾经成功而巧妙地对付过的伍尔顿，在一次没那么圆滑的争论之后，也在自己的日记里写道：“我告诉他说……假如他继续像今天这样发表公开评论的话，他就得另请高明，另找一位粮食大臣了。他是个横行霸道的人，对他必须野蛮。”③赫伯特·莫里森可不是一个畏首畏尾的人，他在 1942 年曾经粗鲁地对一位记者说：“遭到别人反对的时候，丘吉尔会瞪着那个惹他生气的人……一言不发……好吧，你必须勇敢地直视他才行。”④比弗布鲁克勋爵和贝文两人一直都是勇敢地面对丘吉尔的，而艾德礼也很有骨气，在丘吉尔面前毫不退让。一些持批评态度的人抱怨说，丘吉尔身边全都是唯唯诺诺的人。虽然他们当中有些人确实这样，但实际上这种指责却是不对的。

---

① 参见西尔维斯特 1941 年 3 月 6 日写给劳合·乔治的信，载于《劳合·乔治文集》，LG/G/24/1。

② 参见亚历山大 1940 年 7 月 29 日写给丘吉尔的信，载于《亚历山大文集》，AVAR 5/4。

③ 参见伍尔顿 1943 年 3 月 25 日所写的日记，载于《伍尔顿文集》，Ms Woolton 3。

④ 参见克罗泽所著《不得发表》中 1942 年 5 月 28 日对赫伯特·莫里森的采访，第 324 页。

然而，待丘吉尔设法压制住自己的脾气，不再说粗鲁的话语之后，人们却又有了其他的不满。跟艾登和卡多根一样，职业公务员莫里斯·汉奇也曾在自己的日记里，牢骚不断地描述了这位首相的缺点：狂妄自大、感情用事，对他们这些手下缺乏判断力。其中反复出现的一个问题，就是这位首相说话说得太多，讲话时间太长。他会对同僚们“高谈阔论”①。汉奇不喜欢丘吉尔，但我们对他的这种批评不能轻视，因为有太多独立的消息来源证实了这一点。而更加糟糕的是，丘吉尔一直都没有学会控制住自己的这种脾性。他的朋友、同僚和传记作者一致认为，他经常喜欢听自己讲话。丘吉尔手下的战时内阁会议，令有一次在伦敦停留时参加过的澳大利亚总理罗伯特·孟席斯“非常生气”。他在大街上碰到了汉奇，“说了一些尖刻的话语……因为战时内阁完全没有时间观念”②（后来，汉奇非常高兴地把这件事记到了日记里）。两个星期之前，艾登也曾嘟囔说：“今晚举行的内阁会议上，温斯顿滔滔不绝，异常详尽地向我们说到了军事形势的各个方面。”③

四年之后，这个问题变得非常严重，以至于艾德礼最终还给首相写了一封直言不讳的抗议信。他亲自打字，好让秘书不知道自己对首相的不满（其实，内阁大臣和参谋长们早就对首相怀有不满了），可丘吉尔接到这封信之后，却告诉了他的夫人、比弗布鲁克勋爵以及其他的人。于是，艾德礼的这封信便在圈子里尽人皆知了。在信中，时任副首相的艾德礼写道：“我认为，目前的情况对我们成功履行政府赋予的使命不利，

① 参见汉奇 1941 年 4 月 28 日所写的日记，载于《汉奇文集》，HNKY 1/7。
② 同上，参见汉奇 1941 年 5 月 1 日所写的日记。
③ 参见艾登 1941 年 4 月 14 日所写的日记，载于《埃文伯爵文集》。

也会危及我们为打赢这场战争所做的努力。”他之所以如此指责，是因为丘吉尔很少阅读为了给他提供指导而准备好的综合报告，内阁“通常都要浪费半个多小时的开会时间，去解释他原本只需看一看文件、两三分钟就能理解的东西。而且，经常出现这种情况：其中某一句话引起了他的注意，他便开始探讨一个虽说很有意思，却与会议主旨关系不大的问题。结果就是，会议的主要问题长久拖延得不到解决，而内阁会议也不必要地开得无比冗长了”①。

艾德礼写这封信的时候，已经到了英国即将打赢战争的1945年，因此大家最终都把首相的欠缺与个人的小毛病撇到了一边。然而，更早一点儿的时候，情况可不是这样的。1941年，英国显然还没有看到打赢这场战争的希望，而且也没人知道如何才能打赢这场战争。虽说国家熬过了“不列颠之战”，令所有的人全都大大地松了一口气，但当时英国不过是在尽力防守罢了。那一年的上半年，英军虽然在北非地区对意大利陆军以及在地中海对意大利海军的作战过程中，取得了巨大的胜利，可接下来，德军却重新夺得了北非地区的核心位置，占领了南斯拉夫与希腊，并且从克里特岛出发追击英军，其间还俘虏了1.3万名英军。此时，一些军事专家仍然认为德军有可能入侵英国，但由于有英吉利海峡防护，所以英国本土还是安全的。不过，在欧洲大陆上，英军与德军交战时却完全无法获得任何优势，他们从来都没有打败过纳粹德军。于是，丘吉

① 参见艾德礼1945年1月19日写给丘吉尔的信，载于《丘吉尔文集》，CHUR 2/4。

尔便把大部分希望都寄托到英国的远程轰炸机上。他以为，这些远程轰炸机会摧毁德国的工业生产和德国的城市，最终迫使德国投降。可实际上，德军却击落了许多的英国轰炸机，导致英国不得不在1941年11月暂时中止轰炸行动。正如一位历史学家所说的：“轰炸行动对英国本身的伤害，要比对德国的更大。”①希特勒愚蠢地入侵苏联之后，英国终于有了一个重要的盟友。不过，当时还没有人知道，希特勒的此种行为，到底有多愚蠢。

因此，随着1941年春入夏、夏入秋，对于英国在这场战争中的形势感到担忧的情绪，便开始蔓延开来。那些持批评态度的人，都揪着丘吉尔的狂妄自大和喜欢自以为是的性格不放。正如1940年4月反对者要求张伯伦与支持绥靖政策的人下台，让一群规模更小、态度更强硬、办事效率更高的人来掌权那样，人们如今又可以听到一种类似的、针对丘吉尔政府的低声抱怨了。批评者的指责基本上都是说，尽管丘吉尔汇聚了坚决抵抗的国家意志，让英国在1940年5月幸存下来，从而避免了一种几乎可以肯定的灾难性后果，事实上还继续用他出色的雄辩鼓舞着英国人民，但在了解如何组织资源去获取胜利，或者如何组建一个意志坚定、效率更高的团队去打赢战争方面，他却比自己的前任强不了多少。这种批评，虽然还没有达到张伯伦下台之前的危险程度，但也并不像丘吉尔可能喜欢认为的或者他曾经以为的那样毫不重要。

克莱姆·戴维斯是一位无党派后座议员，但他在20个月前让支持绥靖政策的人下台的过程中发挥了极大的作用，此时，

---

① 参见A.J.P.泰勒所著的《第二次世界大战》（伦敦，1975年），第106页。

他又率先对丘吉尔发起了批评。他曾经对“利物浦宪法俱乐部”解释说，尽管丘吉尔上了台，但英国需要一个更加高效、更加精简的战时内阁。这个内阁，应当由不负责部门事务，而是把精力专门放在更广泛问题上的人组成；他们的下面，应当安排一名能力相称的国防大臣，履行丘吉尔此时由他自己承担的职责；而国防大臣之下，必须设两名战争大臣，即海军大臣和空军大臣。这个内阁里，还需要委任一名生产大臣，去指挥建设大臣、劳工大臣、交通大臣和粮食大臣，并有权对所有的原材料加以控制。“我国人民是最了不起的，”在报道的结尾，《泰晤士报》曾经如此写道，“我国缺乏的，是指挥才能、领导才能和组织本领。”①

丘吉尔对戴维斯的批评不屑一顾，认为他只是一个失意的谋求官职者。这种态度，激怒了下议院北坎伯兰选区的自由党议员威尔弗里德·罗伯茨。于是，他便在一场公开演讲中警告说：“尽管首相说欢迎我们在下议院里辩论，可他对批评却显得有点儿太过敏感了。我认为，这是不对的。”②罗伯茨当时是空军大臣阿奇博尔德·辛克莱的首席私人秘书。他也是自己刚刚批评过的丘吉尔政府中的一员。这一事实，使得他的介入更为突出。辛克莱给丘吉尔写了一封可怜巴巴的致歉信，承诺解雇罗伯茨。“留下吧，教教他怎么说话。”首相轻描淡写地回复道。③他仍然自信得很。可在此期间，一名保守党议员却提醒一位内阁大臣说：“下议院打算开始批评首相的某些做法

---

① 参见1941年11月5日的《泰晤士报》。

② 参见来源不明的剪报，1941年11月17日，载于《丘吉尔文集》，CHAR 20/29A。

③ 参见丘吉尔1941年11月22日写给辛克莱的信，载于《丘吉尔文集》，CHAR 20/29A。

与决定了。”[①] “一些心怀不满的普通保守党议员正在晚餐时间举行私下集会，准备协力制订出一个行动计划，然后在议会里遵照计划行事，”一位记者声称，“那些发起人都是反对丘吉尔的。”[②]南克罗伊登的保守党议员赫伯特·威廉姆斯曾经在一次公开会议上，反复重申了戴维斯所说的一个更加重要的观点：“尽管丘吉尔可以用演讲鼓舞人心，可他在指挥人民为这场战争而努力的方面却表现不佳。”[③]在另一场被《泰晤士报》报道过的演讲中，戴维斯曾经说：“认为丘吉尔无与伦比，就是我国一种真正的危险……这样既对他自身不利，也对整个国家不利……如果想要更好地为这个国家服务，丘吉尔先生身边必须有一个更加优秀的团队才行。我们已经受够了政府各个部门的无能……除非我们有一个会说‘要是干不好本职工作，您就会被解雇’的首相，否则形势就不会有所改善。”[④]

此时，新闻界也开始掺和，摇旗鼓噪起来。1941 年 11 月 2 日的《周日画报》评论道，丘吉尔仍然是“唯一能够响应国家召唤的人……他既有权力，也有勇气”，不过，“我们需要一个由丘吉尔领导、由六个人组成的‘战争执行委员会’，而他们当中的任何人都不应当在政府部门里担任职务”。“日益增多的抨击，都不是针对丘吉尔的。”《骑兵队》（*Cavalcade*）曾经如

---

① 参见伍尔顿 1941 年 12 月 6 日所写的日记，载于《伍尔顿文集》，Ms Woolton 2。这里所说的保守党议员，就是艾伦·伦诺克斯-博伊德，而所说的内阁大臣就是伍尔顿。

② 参见 1942 年 12 月 16 日的《星报》，引自凯文·杰弗里斯编著的《工党与战时联合政府：詹姆士·丘特尔·埃德 1941—1945 年日记》（*Labour and the Wartime Coalition: From the Diary of James Chuter Ede, 1941—1945*）一书（伦敦，1987 年），1942 年 12 月 16 日，第 32 页。

③ 参见 1941 年 11 月 14 日的《每日镜报》。

④ 参见 1941 年 6 月 10 日的《泰晤士报》，载于《丘吉尔文集》，CHAR 20/62。

此打消读者的疑虑。不过，“批评者想要他摆脱唯命是从、碌碌无为者的拖累……战时内阁与政府都需要进行重大的改组才行”①。

此时，形势发展到了非常严峻的程度，从而引起了海军军官罗伯特·T.鲍尔的深深担忧，他是丘吉尔首相的一位老同盟兼老朋友，也是克里夫兰的保守党议员。鲍尔能够想出的办法，只是去跟利奥·艾默里取得联系。丘吉尔早已不再“费力地倾听”他这种小人物的建议了，可艾默里这位负责印度事务的国务大臣与丘吉尔的朋友关系，却比鲍尔更加长久，因此他应当试着去提醒首相：“不好的苗头已经出现，如今的险恶形势，就像张伯伦下台前的情形一样……议会走廊里、酒吧里、俱乐部里、大街小巷里，都弥漫着一种情绪……这种情绪归纳起来，大致就是说（丘吉尔）……‘Vox et praeterea nihil’（即‘他就会说说，其他什么也不会’）。种种迹象都表明，不同的‘反对派’正合起伙来，局面十分危险。”②

1941 年 12 月 7 日，日本偷袭了美国的海军基地珍珠港，从而将美国拉进了战争。这场战争在此时变成了一场真正意义上的世界大战。丘吉尔马上动身前往华盛顿特区，准备与罗斯福总统再次磋商。他认为，美国参战之后，最终的胜利肯定属于盟国一方，但通往胜利的道路仍然漫长而艰难。不过，此时他留在国内的，却是一个疑虑不安的内阁与一个疑虑不安的议会。自从他担任首相以来，大臣与议员们第一次开始像 1940 年 5 月

---

① 参见 1941 年 11 月 1 日《骑兵队》上的《反对情绪在议会与全国蔓延，丘吉尔考虑对内阁进行重大改组》，载于《克里普斯文集》，SC24/4。

② 参见鲍尔 1942 年 1 月 1 日写给艾默里的信，载于《艾默里文集》，AMEL 2/1/34。

时那样躲在室内盘算、密谋，彼此询问他们当中哪个人既可以成功地对现任首相发起挑战，同时又能带领英国进入一种真正的战争状态。慢慢地，民意开始汇集，落到了一个人的身上。丘吉尔将于1942年1月从美国返回，届时他将面临第一次严重的挑战，那就是他的首相位置有不保之虞了。这种挑战，来自他委任为驻苏大使、最近刚刚回到国内的那个人。许多人都曾以为，或者说都曾希望，此人是为了让自己登上首相宝座而回国的。

第七章 左翼先锋

英国左翼党派的势力，在第二次世界大战期间达到了巅峰。这场战争，似乎使得左翼政党坚持成立一个激进政府的要求有了正当的理由。许多保守党人也都同意，在国家生死存亡的紧要关头，在某些领域里，比如说工资和物价方面，必须实行某种控制和保障措施。如今，左翼党派的势力业已扩张，业已受到激励，信心十足，因此它要求获得的东西也要比以前更多。工党的绝大部分人士都希望，在住房、就业、教育、医疗、养老金和其他津贴方面，政府应当为所有的英国人提供保障，不仅要在战争期间确保，而且日后也要如此。许多人都希望，国家应当将生产资料（其中首要的就是煤矿）、运输（从铁路开始）和汇兑（英格兰银行）收归国有，不仅应当在战争期间对经济的各个方面实行控制，而且应当一直对国家经济实施管控。采取了这些措施，就代表着为一个日后的计划打下了早期的基础，社会主义者都认为，这个计划最终将结束存在已久的阶级划分与种种特权。于是，他们日益宣称，这场战争的目的就在于此，他们认为这样的政府行为，就是将英国的富裕阶层从德国的威胁之下解救出来而必须付出的代价。苏联站在英国一方加入战争之后，他们这样的要求越来越多，也越来越受到大众的欢迎。苏联并未像其他几乎所有国家那样屈服在德国不可抗拒的可怕力量之下。许多人都因此得出结论，正是苏联的制度（也就是社会主义制度）造就了这种不同。

英国的民意在这场战争中倒向左翼，工党成了显而易见的受益方。不过，工党是丘吉尔领导的联合政府里的一员。该党领袖很清楚，此时他们必须在大家甚嚣尘上地要求的所有措施方面做出妥协，否则联合政府就会垮台。他们走在一条政治钢丝上，一些支持者把他们的平衡做法看成是一种背弃原则的行为。1942 年，工党内部一些心怀不满的人士和少数激进的自由党人联合起来，组成了一个新的、不妥协的社会主义政党。他们称这个政党为“公民党”（Common Wealth Party），而几个月之后，他们的候选人便在递补选举*中参与了竞选，并在历次递补选举中都大获全胜（在整个战争期间，他们总共赢得了五场递补选举）。英国共产党也在民意左倾的过程中获得了好处。该党的党员人数在 1943 年达到了最大值，差不多有 6 万名。共产党在工会里的影响力，之前就与其较少的党员人数不成比例，此时变得更加强大了，尤其是在矿工、工程技术人员、交通运输工人（尽管欧内斯特·贝文在这些人中也很有影响力）、消防人员、铸造工人以及电力行业的工人中。[①]这场战争结束后，有两位共产党候选人还会在普选当中赢得议会席位。

要说还有哪一个人也在民意左倾的过程中获得了好处，那就是温斯顿·丘吉尔 1940 年 5 月 31 日委任的驻苏大使了。斯塔福·克里普斯在工党里面，在“公民党”以及共产党里面，都有许多的支持者（但工党领导层里无人支持他）。1942 年，他一度让人想起了两年之前的温斯顿·丘吉尔，因为他几乎团结起了整个英国，并代表了整个英国。就在这个时代，随着英

---

* 递补选举：英国下议院里出现议员空缺时举行的一种特别选举。

① 参见休·阿姆斯特朗·克莱格所著的《自 1889 年以来的英国工会史》（*A History of British Trade Unions Since 1889*）一书（牛津，1994 年），第 2 卷。

国的左翼党派在民众中的人气攀上了一个新高度，斯塔福·克里普斯也成了一名左翼先锋。丘吉尔首相必须降服这位先锋才行。

我们很难想到，还有哪一个人像斯塔福·克里普斯那样，在个人品位、嗜好与外表等方面，与温斯顿·丘吉尔的差异如此巨大。丘吉尔日益发福，看上去壮实得很；不过，尽管拥有旺盛的精力，他还是显得不太健康。克里普斯个子较高、身材较瘦，虽说看上去很健康，却从来都没有显得壮实过。丘吉尔常以人生赐予他种种美好之物为荣。克里普斯也很会享受生活：在这场战争爆发之前，他的收入很高，不但拥有一栋豪华的庄园式宅邸、一个关系亲密而幸福的家庭，还结交了许多的朋友；可他在外表与举止上，却显得像是一位苦行僧。他曾经践行过"亚历山大健身术"——一种用运动和姿势来缓解痛苦以及各种苦恼的方法，因此，他总是站得笔直，就像一根立柱。出于某种原因，他喜欢戴着一副毫不花哨的无框眼镜。他患有结肠炎，因此在饮食上严格遵循素食原则，午餐"只吃两个坚果和半根胡萝卜"（有人谑称为"鸟食"*）①，这些东西，全然不在钟爱烤牛肉的丘吉尔首相考虑的范围。丘吉尔喝酒很厉害，他曾经在战争期间估算说，从21岁生日那天起，他每天都要喝1品脱**的香槟酒。还有一次，他竟然想知道自己喝掉的酒够不够盛满一

* 有一种叫做"亚历山大鹦鹉"（Alexander parrot）的鸟类，主要以坚果、浆果为食，因此有人称克里普斯喜欢的这种素食为"鸟食"（原文实际上是"鹦鹉食"）。

① 参见凯文·杰弗里斯编著的《埃德》，1942年11月22日，第110页。

** 品脱：英制容量单位。在英国，1品脱约合0.568 3升。

节火车车皮（结果是装不满）。与此相反，克里普斯滴酒不沾。丘吉尔喜欢抽雪茄，这一点家喻户晓；可克里普斯却出于健康原因而戒了烟。“他身上有我讨厌的一切美德，”丘吉尔首相曾经如此沉思道，“却没有任何一种我所钦佩的恶习。”①

因此，这两个人在宗教信仰方面并非同道中人，就是不足为奇的一件事情了。丘吉尔曾经承认说，他绝对不能说自己是教会内部的一根坚实支柱，而只能说是一道“飞拱”，因为他更喜欢从外部为教会提供支持。克里普斯却是一位虔诚的基督徒。1942 年 9 月的一天，他曾经在英国皇家剧院举办的一场集会中，站在与坎特伯雷大主教所用的同一个讲台上，发表了一场演讲，题目是《基督教精神的挑战》。最后，他以下面这个问题结束了演讲：“我们身为基督徒，是否愿意把信仰与上帝的意志摆在我们的所有私欲之前，摆在我们世俗的财产和享乐之前，摆在其他一切之前，从而使得两千年前基督开创并献身的上帝之国，在世间实现呢？”②然后，他又匆匆忙忙，从伦敦一路赶往布里斯托尔市莫菲尔兹（Moorfields）的圣马太大教堂。在战时条件下，这段距离可能需要乘坐 3 个小时的火车，而他之所以去那里，只是为了发表一场广播讲话，强调基督徒必须组织起来，才能捍卫贫苦及受压迫人民的利益。③他的一言一行，始终都是正直与品德高洁的典范。不过，丘吉尔很难理解这一点。“除了上帝的恩典归于上帝，还有什么呢？”有一次，当克里普斯从他身边大步走过的时候，他如此

① 引自克拉克所著的《克里普斯的脚本》，第 355 页。本书中关于克里普斯生平的一些具体细节，都源自这部著作。

② 参见《基督教精神的挑战》，载于《克里普斯文集》，Cripps 14。

③ 参见艾迪生所著的《道路》，第 205 页。

嘟囔道。①

最重要的是，两人在政治领域里分处对立的两端。无论有什么样的癖好与逾矩行为，丘吉尔都是他已经加入二十年的保守党的领袖。他属于右翼。而在1940年，克里普斯则是一个极左翼人士，这一点是无可辩驳的。作为一名业务开展得异常成功的律师（但他起初学的是药剂师专业），他在1928年加入了工党，曾经在拉姆齐·麦克唐纳的第二届工党政府里担任财政部主计长，从1929年一直干到这届政府倒台的1931年。与此同时，他还在下议院里担任布里斯托尔东区的议员。1932年，由于深受马克思主义的影响（只有宗教方面除外，因为他从未放弃过自己的基督教信仰，事实上，此后他内心的信仰似乎还变得更加坚定了），他还协助组建了“社会主义联盟”这个工党内部的压力团体*。这个联盟的活动目的，就是将英国所有的社会主义者团结起来，其中也包括共产党人。1933年，克里普斯担任了联盟的领袖，为联盟提供了大量的资金。他曾经公开推断说，一旦人们选出了一个真正决心消除资本主义的社会主义政府，那么为了保卫其权力，下一届选举的时间就不得不推迟。他称国际联盟是欧洲帝国主义者统治的一个“国际盗贼联盟”。他反对英国重整军备的政策，因为他认为张伯伦更有可能派英国军队去跟苏联作战，而不是去跟纳粹德国作战。无论克里普斯在政治上支持什么，温斯顿·丘吉尔和绝大多数其他保守党人士，都有可能加以反对。

当然，不只是保守党人士会反对。工党的领袖们认为，英

① 引自克拉克所著的《克里普斯的脚本》，第xiv页。

* 压力团体：通过政治压力来扩展其本身利益的团体。

国只有一条道路可以通往社会主义，那就是经由议会。其中的大部分人，既瞧不起、又很害怕国内外的共产主义和共产党人。1937 年，工党的“全国执行委员会”经过投票，决定划清该党与“社会主义联盟”的界线，并要开除克里普斯的党籍，除非他能够遵守工党更加温和的原则。作为回应，克里普斯解散了“社会主义联盟”，从而暂时地重新获得了工党的青睐。不过，他并没有改变自己的态度。两年之后，他又发起了一场新的运动，要求成立一个反法西斯的“人民阵线”（其中仍然包括共产党人），要求团结一致反对张伯伦，迫使张伯伦领导的政府垮台。这一次，工党真的把他开除出党了。克里普斯变成了一个无党派人士，但仍然担任布里斯托尔东区的议员，这个地区的选民无论他如何起落，都对他忠心耿耿。

此时，克里普斯实际上成了英国最杰出的政治家之一。他拥有一种名副其实的威望，诚实、果断、高效、慷慨而又清廉。[①]工党内外的极左翼人士都视他为领袖，都认为他有朝一日会当上首相。不过，在工党的核心层，像艾德礼、贝文、莫里森和道耳吞这样的人士，虽然承认克里普斯拥有诸多杰出的品质，但担心他会利用支持者实施草率鲁莽的改革运动。他们都觉得克里普斯很不可靠。除非克里普斯保证规规矩矩地行事，否则他们就不会让这个人回到工党。可克里普斯却不愿那样做。

与此同时，一些自由党人和保守党人也开始看到他非凡的

---

① 但这一点，并没有妨碍当局专门给他建立一份文件，记录他与其他极左翼人士，尤其是与共产党人之间的交谈，因为当局对他的电话进行了窃听。这份文件已经被毁，但残余下来的一部分如今可以在位于伦敦基尤的国家档案馆里看到。参见国家档案馆，KV2/668。

品质了。比如说沃尔特·蒙克顿，此人既是一位杰出的律师，又是前任国王爱德华八世的密友。他认为，克里普斯就是一个天降大任的人。他们变成了一对彼此信任的朋友。不过，绝大多数英国人都认为，这位特立独行的议员与共产党人是同道中人，温斯顿·丘吉尔很可能也是这样认为的。至少，丘吉尔用不上他。1940 年 5 月，就在政府组建后不久，丘吉尔把克里普斯派往苏联担任英国大使的时候，他虽然认为自己是多此一举*（“左翼能够理解左翼”，贝文曾经很令人注目、却并不正确地如此声称），但终究是摆脱了一匹“害群之马”。他希望克里普斯长久留在国外：“他是一个疯子，（如今）去了一个全都是疯子的国家，要是把他调走的话，就会是一件憾事呢。”①

然而，尽管有着诸多差异，他们两人之间还是具有一些重要的共同品质的。两人都极其聪明，有着令人惊讶地持久工作的能力；两人都能够激发出追随者的敬重和忠诚，甚至让追随者产生一种近乎敬畏的心态，而在各个党派的同僚中他们至少也能获得尊敬（不过，这种尊敬之情，常常都会因他们自身极不耐烦的性格而减弱）；两人都认为，自己最了解怎样做才对他们无私献身的祖国有利；两人也都认为，领导其他人前进就是自己的天命。正是出于这些原因，他们两人之间最终才注定会爆发一场激烈的正面冲突。

把克里普斯派往苏联的时候，丘吉尔可能以为，这样做是

---

* 原文是“往纽卡斯尔送煤”（to send coals to Newcastle）。纽卡斯尔是英国著名的产煤区，因此这句话便变成了一句俗语，意指“白费力气、多此一举、画蛇添足”等。

① 引自克拉克所著的《克里普斯的脚本》，第 310 页。

把克里普斯推到了幕后，可实际上，他却是在帮助克里普斯，让后者重新回到政治主流。当时他并没有意识到，克里普斯已经开始重新考虑自己的政治立场，而在苏联的任期，则会进一步让他认清这一点。克里普斯在1939年初曾经支持成立一个“人民阵线”，英国的共产党人也这样干过。可到了那一年底，从一位工党人士与他交谈后惊讶地记录下来的情况看，克里普斯却跟共产党人不同，他“会把社会主义抛到一边”，以便把精力集中到当时最为重大的一个问题上，那就是把张伯伦赶下台。①他会与反对绥靖政策的保守党人合作，实现这一目标，为此，他甚至会与温斯顿·丘吉尔合作。所以，他不再依共产党人宣称的那样，认为保守党人都很糟糕，都是一丘之貉。此外，随着与德国的战争日益临近，克里普斯放弃了英国共产党人主张的革命失败主义*，决意竭尽所能，保卫祖国，与纳粹斗争。

战争爆发之后，克里普斯便按照这两种想法行事，不再从事利润丰厚的律师业务，以便自己可以一心一意地献身国家。他与戴维·劳合·乔治协商之后，曾经把替代内阁的成员名单公布在《每日邮报》，试图在打倒张伯伦的过程中发挥出自己的作用。②他仍然不愿意重新加入工党，但他从温斯顿·丘吉尔手里接过了驻苏大使的委任状，这是因为他认为，自己到苏联去可能有益于祖国。他深信，自己能够比外交部里的外交官更

① 引自克拉克所著的《克里普斯的脚本》，第78页。

* 革命失败主义：革命失败主义从马克思的阶级斗争衍生而来。列宁在第一次世界大战时曾宣称由于无产阶级无法享受任何战争胜利的成果，所以帝国主义的统治者才是无产阶级的真正敌人。将战争转为针对统治者的内战，然后扩大到国际革命，反而能让工人在他们祖国的失败中获得好处。

② 请参见第一章。

好地理解苏联的对英政策以及英国的对苏政策。尤其重要的是，他相信 1939 年签订的《苏德互不侵犯条约》不会持续多久，因为纳粹与共产党人是天生的对手。他希望，作为英国驻苏大使，他既能够加快这一条约的终结，同时又能够保证条约终结之时，英国从中获益。

克里普斯抵达苏联的时候，并不是一个盲目乐观地支持共产主义的人（就算他曾经是这样），而是一个为祖国效力、热爱祖国的人。不管怎么说，在苏联停留的时间越长，他就越发不那么盲目乐观了。“这里证明了一个道理，”抵达苏联数月之后，他曾经在写给女儿的信件中如此说道，“那就是我们无法一蹴而就地进入理想国。”[①]虽说他没有质疑俄国 1917 年革命的必要性，也没有质疑苏俄共产党人在该国历史背景之下为追求所有社会主义者都希望实现的平等社会所做的努力，但他很快就认识到，苏联的做法不一定能够移植到其他国家，当然也无法照搬到他自己的祖国。他在莫斯科曾致信英国的一位朋友说：“在这里，没有坦率而自由的对话，因为没人敢说。”[②]因此，对于英国想要照搬苏联一套的共产党人，他是绝对不可能认同的。

在理解苏联外交政策方面，克里普斯也进行了一种类似的重新调整。他已经开始认识到，与共产党人声称的情况正好相反，苏联的外交手段并没有什么创新，而且该国团结国际工人阶级的各种原则，也没有对其外交产生促进作用。相反，斯大

---

① 引自彼得·克拉克和理查德·托伊两人在《牛津国家人物词典》中撰写的“斯塔福·克里普斯”一条。

② 参见克里普斯 1941 年 2 月 2 日写给蒙克顿的信，载于牛津大学新博德利图书馆的《蒙克顿文集》，蒙克顿第 3 理事会。

林及其下属践行的是一种冷酷无情的权力政治，与以前沙皇的做法相同，而目的也没什么两样，那就是按照他们自己的理解，来捍卫苏联的利益。这就解释了苏联与纳粹德国签订互不侵犯条约，干涉波兰、芬兰和波罗的海沿岸各国事务的原因。一方面，克里普斯赞同苏联的做法。他认为苏联是出于自身正当的安全考虑才那样做的。而另一方面，他与英国的共产党人产生了分歧，因为后者仍然坚持认为，苏联是出于崇高的理想主义才那样做。他很清楚，事实并非如此。

在莫斯科的时候，克里普斯觉得自己受到了政治孤立，觉得自己被大材小用了。斯大林和他手下的外交部部长维亚切斯拉夫·莫洛托夫都跟他保持着一定的距离，原因就在于，他们都不想因为礼遇与德国为敌的英国代表而激怒德国人。或许我们也猜得到，远在英国国内的丘吉尔和英国外交部同样经常无视克里普斯的建议，在没有与后者商讨的情况下宣布新的政策。官方的档案资料中，保存着这位日益恼怒的大使所写的一系列抗议之辞。英国政府其实也注意到了这些。“我为他感到难过，”外交部的一位官员曾经在写给另一名官吏的信件中如此说道，“从字里行间，我们完全可以看出令他变得急躁不安的幻灭感。我希望您能够安抚安抚他。”①不过，英国政府既没有安抚他，也没有更加充分地利用他的才干。

克里普斯心中明白，首相和外交部都不信任他。而克里普斯呢，也信不过他们。他认为，英国外交部实施的是一种本能的反共产主义政策，从而毫无必要地迫使斯大林投入了希特勒的怀抱。对于丘吉尔长久以来都属于反共产主义狂热派的经历，

---

① 参见巴特勒1941年1月21日写给卡多根的信，载于《巴特勒文集》，RAB E3/3/164。

克里普斯简直是深恶痛绝。如今，他努力想要告诫远在伦敦的上司，让他们认识到，苏联的政策根植于一种对西方国家深刻而合理的疑虑心态。他希望英国相应地修改本国的对苏政策。可英国政府并没有对此纠正。于是，在伦敦的命令与他自己的计划不一致时，克里普斯便开始无视伦敦的命令。因此，英国首相对这位大使也日益更感恼火。

即便身处数千英里以外的苏联，克里普斯也没法完全不去干预英国的国内政策。据苏格兰场*情报机关“政治保安处”的在案记录，他曾经给英国的工会发电报，“说他在莫斯科等得心焦，因此敦促他们鼓动工党议员们的热情，力争改善他们与莫斯科之间的关系”①。丘吉尔对于这种说教会有什么样的反应，是可想而知的。

长远来看，更为重要的是，克里普斯与工党内部的许多人士以及更加普遍的左翼人士一样，认为英国应当公开宣布本国的战争与和平目标，这样既能抗衡敌人的目标，又能鼓舞国内外的士气。可丘吉尔却反对这一要求，因为他认为，这种声明将开启政治纷争的“潘多拉魔盒”，他们对手头任务——消灭德军——的注意力会因此分散。而且，丘吉尔本身就完全不赞同这种呼吁，因为他觉得这是一些糊涂虫想出来的主意。日后，他的保守态度会与绝大多数英国选民的愿望愈行愈远，此时只是初露端倪。

---

* 苏格兰场：伦敦警察厅的代称（因为警察厅位于苏格兰场），这一机构由英国内政部管辖。下文中的“政治保安处”（Special Branch）亦译“特别支队”。

① 参见 1940 年 10 月 29 日关于“R.斯塔福·克里普斯”的报告，见于英国国家档案馆，KV2/668。

尽管如此，在莫斯科疲惫不堪的克里普斯还是亲自起草了一份声明，勾勒了一幅战后英国及全世界的社会主义愿景，然后将它送给了英国国内某些位高权重的朋友传阅。这份声明节选如下：

> 那些寻求在和平与繁荣基础之上建立一种世界秩序的人应当做好准备，首先应当在政治与经济领域实现本国的民主。过去，少数特权人物在一个冠冕堂皇的“大众政府”之下实行的统治制度，常常披着虚伪的外衣。我们必须消灭所有这些虚伪的现象……整个社会与整个人类的利益高于个人的私利，不但理论上是如此，而且从日常生活中诸多铁一般的事实来看，也是如此。①

这些原则，他还会扩展到自己的祖国以外：“在整个大英帝国里，我们必须表明，我们已经准备将一种自由标准应用到他者身上，这种自由标准与我们强烈要求用于管理我们自身生活的相同。”②这样，他的倡言便汇入并壮大了一种日益高涨的呼声。没有迹象表明，丘吉尔看到了克里普斯的这份文件。不过，这位首相越是拖延着不愿讨论战后的问题，克里普斯（并且不止克里普斯一人）与他的关系就越发变得疏远。

1941 年 6 月 22 日德军入侵苏联之后，首相与驻苏大使之间的关系马上有所改善。始终都在预测形势发展的克里普斯（但

---

① 参见克里普斯 1940 年 12 月 3 日的“机密文件”，载于《克里普斯文集》，SC 5/2/34。

② 同上，SC 5/2。

他起初并不相信苏联能够承受住此次入侵），觉得事实证明了他的判断是正确的。他欢迎丘吉尔针对此次入侵发表的著名演讲，虽说这次演讲并未收回他以前对共产主义的批评言论，但表明了英国将在自身能力所及的范围内给苏联提供所有支援的态度："任何一个与纳粹政权作斗争的个人或者国家，都会得到我们的援助……因此，我们也理应竭尽所能，去帮助苏联和苏联人民。"[①]此时已经接替哈利法克斯勋爵担任外交大臣的艾登飞往莫斯科，会同克里普斯，与英国的这个新盟国谈判，签署了一份互助条约。这份条约，标志着克里普斯的外交事业达到巅峰。[②]此外，克里普斯还对艾登这位温文尔雅的外交大臣产生出一种持久的敬佩之情。他认为，两人配合得天衣无缝。

可在接下来的 9 月 22 日，丘吉尔却派比弗布鲁克勋爵前去商定条约的细节条款。假如仔细想过的话，他是不会派这样一个不太可能与斯塔福·克里普斯相处融洽的人前去的。不过，结果表明，比弗布鲁克勋爵与约瑟夫·斯大林倒是相处得非常愉快。

比弗布鲁克勋爵已经在 1941 年 4 月辞任飞机生产大臣，之后丘吉尔又在同年 6 月委任他为供应大臣。9 月底，他在富兰克林·德兰诺·罗斯福总统的代表、美国巡回大使埃夫里尔·哈里曼的陪同下，抵达莫斯科。一见到克里普斯，比弗布鲁克勋爵便开始施展他惯常使用的奉承和讨好手段。克里普斯曾经在自己的日记里写道，"他对我说，内阁里面只有他和安东尼（·艾登）两人欣赏我克里普斯"，他还"向我谈及了需要我加

① 引自詹金斯所著的《丘吉尔》，第 660 页。
② 参见克拉克与托伊在《牛津国家人物词典》中撰写的关于克里普斯的词条。

入政府的问题"[1]。他的奉承毫无作用。克里普斯只是肯定了比弗布鲁克勋爵的一点，那就是"他极其渴望打赢这场战争"[2]。不过，克里普斯也很清楚，他希望战后出现的英国，与比弗布鲁克勋爵心中想要的英国并不一样。他认为后者"差不多可以说是最反动的一个人"[3]。当比弗布鲁克勋爵问到两人之间的政治分歧是什么时，克里普斯曾经毫不隐讳地回答道："就是对管理和工党问题的态度不同。"[4]

这才是个开始。比弗布鲁克勋爵接下来的做法，让两人之间的分歧进一步加大了。按照休·道耳吞的说法（不过，此人可能一直都在不停地散布不怀好意的流言蜚语），比弗布鲁克勋爵"占用了克里普斯在大使馆里的办公室，把克里普斯赶出了房间。他想见克里普斯的时候，就打开门，大喊一声：'克里普斯!'外出吃饭的时候，他还要求克里普斯安排乐队为他演奏"[5]。比弗布鲁克勋爵当然也觉得克里普斯是一个道貌岸然、自命不凡的人。苏联人喜欢不停地敬酒，而这位滴酒不沾的大使总是拒绝参与。比弗布鲁克勋爵却是嗜酒如命。他还认为，由于克里普斯是上流社会的一个空想社会主义者，因此苏联人都瞧不起他。不过，苏联人却很敬重他比弗布鲁克，因为他是一个现实的、从不胡说的办报人。不管怎么说，反正是比弗布鲁克得到了丘吉尔的恩典和全力支持，而克里普斯却没有，因此他就有权不让克里普斯参加他、哈里曼与苏联人举行的大多数会谈。关于这些会谈的情况，他甚至都没有告

① 参见克里普斯 1941 年 9 月 29 日所写的日记，载于《克里普斯文集》，SC36/2。
②④ 同上，参见 1941 年 9 月 29 日的日记。
③ 同上，参见 1941 年 10 月 1 日的日记。
⑤ 参见平洛特编著的《休·道耳吞日记》，1942 年 1 月 29 日，第 357 页。

知过克里普斯。

斯塔福·克里普斯忍受不了这样的共事方式。好几个月里，他都一直在想：或许，回到国内可以更好地为祖国效力。就在比弗布鲁克勋爵抵达苏联的一个星期之前，他曾写信给艾登说："我没打算……让自己永远离开英国政坛，去从事外交职业。"① 10月1日，当时比弗布鲁克已经抵达了莫斯科，他又给艾登写信道："我想在10月15日……返回英国，您觉得怎么样？"② 艾登在回信中一直都强调说，首相希望他留在莫斯科。带着一种日益失望的情绪，克里普斯又待了几个月，但他明白了丘吉尔的真正动机。"我相当肯定，丘吉尔之所以希望我继续留在这里，主要是为国内形势所迫，而并非是由于他认为这里的形势真的需要这样安排。"③

在这一点上，克里普斯说得很对。1941年秋季，正是整个英国与下议院里的气氛都变得阴郁沉闷的一个时期：当时，人们开始再次要求组建一个规模更小、效率更高的战时内阁；要求丘吉尔辞任国防大臣；要求英国政府按照克里普斯最近倡言中所确定的原则，发表一份关于战争与和平目标的声明。此时的英国人民也日益开始感激起苏联人来，因为后者承受住了对德作战的主要压力，并且出乎所有人的意料，他们仍在顽强战斗。英国国内情报处（HID）曾经如此报告说："经常听到有人说'谢天谢地，幸好有苏联'，这表达出一种弥漫到英国各个

---

① 参见克里普斯1941年9月14日写给艾登的信，载于《克里普斯文集》，SC35/2。

② 参见克里普斯1941年10月1日写给艾登的信，载于《克里普斯文集》，SC35/2。

③ 同上，参见斯塔福·克里普斯1941年11月5日写给伊泽贝尔·克里普斯的信。

阶层的深刻而热烈的情感。"①英国的保守党人第一次发现，反共、反苏宣传几乎失去了作用，实际上还适得其反了。工党的领袖们也是如此，因为他们此时仍然本能地反对共产主义，一如既往地对苏联怀有疑忌之心。

克里普斯对待苏联和共产主义的观点已经向前发展了，可英国的民众并不知道。对于许多人来说，其中也包括许多不是共产党员的人，此时的他比以往任何时候都更是一位英雄人物。他们都认为，克里普斯在英苏缔结互助条约方面做出了主要的贡献，苏联人都尊重他、与他相处愉快；与其他任何人相比，甚至是与鼓吹社会主义的工党人士相比，他都能更好地与苏联达成一种有益于英国的共识。至于他与丘吉尔、比弗布鲁克勋爵两人的分歧，至于他对苏联某些做法的失望之情以及他起初对苏联抵抗能力的疑虑态度，人们几乎一无所知。报纸杂志开始推测起他的政治前途："有朝一日，斯塔福勋爵将从莫斯科回到国内，"有位记者如此写道，"他将拥有一大批追随者。他从不掩饰的权力感，会充分地表现出来。他将被人们披上领袖的黄袍，找到一个恰当的位置！"②另一名记者则写道："作为一个在极其艰难的时期成功地处理好英苏关系的人，他会带着一种大大增加的威望回到威斯敏斯特。他会拥有登上政治舞台的新兴优势，因为他的声誉没有受到战争时代种种失败与论争的玷污。"③结果又会如何呢？第三位记者注意到"一些精明的政治观察家都在谈论，他有可能当选为下一任首相"④。

---

① 引自艾迪生所著的《道路》，第 134 页。

② 参见 1941 年 7 月 20 日的《雷诺新闻报》，载于《克里普斯文集》，SC36/2。这份文件中，含有打印出来的剪报。

③ 同上，参见 1942 年 1 月 3 日的《新闻纪事报》。

④ 同上，参见 1942 年 2 月 1 日的《雷诺新闻报》。

克里普斯在政界两派里的朋友，也正在迫切要求他返回国内。他们都认为，一种大好前途就摆在他的面前。一名社会主义者写道："我不知道，斯塔福有没有充分认识到，英国'左翼'政党领袖位置上的权力真空正在加剧，有没有充分认识到，此时他有可能第一次汇聚起充足的支持力量。他正当壮年，精力充沛，足以组建起另一个政治集团。"此人认为，工党领袖都本能地反对共产主义，可英国的共产党人却是本能地支持苏联的。①在保守派这一方，克里普斯的朋友、杰出的律师沃尔特·蒙克顿曾经直言不讳地写信给他说："我已经与上上下下各方人士（包括南茜·阿斯特）②，讨论过让您来担任领袖的问题了。我发现，他们全都认同此种可能性。因此，我希望您为了国家利益仔细地考虑一下，转交大使一职是否可行，是否妥当……"③

克里普斯不再需要这样的督促了，此时，他正在认真地考虑自己的前途。他曾经对夫人说道："我十分确信，除非政府答应在人事和政策方面做出诸多调整，否则我是不可能加入战时内阁，也不可能到政府里去担任其他职务的。"④做出重大人事和政策调整的可能性，又会有多大呢？他可能已经在觊觎丘吉尔的位置了。丘吉尔可能也已对他产生严重的疑忌之意。首相曾经在 11 月 14 日对艾登说，克里普斯终究还是会回国的。

---

① 参见珍妮·李 1941 年 8 月 15 日写给伊泽贝尔·克里普斯的信，载于《克里普斯文集》，SC34/4。

② 南茜·阿斯特（Nancy Astor，1879—1964）：亦称"阿斯特女子爵"（Viscountess Astor），是英国第二位当选为下议院议员的女性，也是第一位实际到任的女性议员。

③④ 参见蒙克顿 1941 年 1 月 20 日写给克里普斯的信，载于《克里普斯文集》，SC5/2。

接着，他又说了一句："（我会）给他迎面一拳。"①

不过，当时丘吉尔并没有让克里普斯回国。事实上，他原本可以让克里普斯永远待在莫斯科的，因为让克里普斯留在那里，他带来的麻烦就少些。此外，丘吉尔还认为，克里普斯高度的责任感与爱国情怀，会让他主动留在莫斯科。不久，日本偷袭珍珠港刺激美国参战，丘吉尔感觉到伦敦的气氛有所改善，他的处境也在往好的方向发展。他终于愿意满足难以对付、纠缠不休的克里普斯的心愿了。虽然又耽搁了几个星期，但到1942年1月中旬，克里普斯终于从摩尔曼斯克启程回国。此时，他可能并不清楚下一步该怎么走，只是大概知道回到国内之后自己想干什么。可是，英国有许多人却都以为，他们很清楚克里普斯下一步会怎么走。

丘吉尔似乎始终都非常清楚自己想要干什么。此时，他希望自己能够继续担任首相。他迅速行动起来，想要遏制克里普斯对其位置构成的威胁，但起初并没有成功。他不可能马上戳穿克里普斯的"西洋镜"。不过，在整个战争期间，在对付这位前大使的过程中，丘吉尔大部分时间都掌握主动权，大部分时间都占有优势。首相再一次证明，自己既是一位精明的人力管理大师，也是一位善施政治手腕的高人。

1942年1月23日，克里普斯回到了英国。丘吉尔邀请他和夫人伊泽贝尔在25日星期天到"契克斯别墅"共进午餐。"好吧，斯塔福，您是以什么身份回来的？是朋友呢，还是敌人？"他直截了当地问自己的客人。克里普斯回答道："一个友好的

① 参见艾登1941年11月14日所写的日记，载于《埃文伯爵文集》。

批评者，或者说一个吹毛求疵的朋友。”[①]两人之间的交锋，贯穿于当天耗时甚久的午餐及餐后交谈过程，内容涉及此次战争以及印度方面的诸多问题。丘吉尔喝了四杯不同的葡萄酒，还喝了几杯白兰地。克里普斯当然是滴酒未沾。最后，首相终于进入了正题。诚如批评者指出的那样，尽管政府已经做出了巨大的努力来增加生产，可军工方面的产量却仍然不足。他想要设立一个生产部，来满足批评者的要求，解决军工生产不足的问题。新任命的生产大臣，将在战时内阁里获得一个席位。对于这一切，克里普斯都表示首肯。接下来，就出现了惊人的一幕：丘吉尔不顾艾德礼和贝文两人的反对，执意委派比弗布鲁克勋爵担任这个新设部门的大臣。这种安排，会让比弗布鲁克勋爵此时担任的供应大臣一职空缺。丘吉尔希望克里普斯接任这一职位。在供应大臣任上，克里普斯基本上能够全权决断。然而，在某些方面，供应部却须服从生产部的领导。此外，供应大臣虽然位列政府内阁，却不会在战时内阁里占有席位。

丘吉尔的心里定然清楚得很，克里普斯的第一反应肯定是拒绝：这位前大使，怎么可能接受这样一个职位，到他讨厌的比弗布鲁克勋爵手下效力呢？一个拥有如此广泛民意支持的人，怎么可能希望成为一名二流阁员，而不是一流阁员，也就是说，怎么可能希望担任内阁大臣，却没有位列战时内阁呢？不过，丘吉尔明白自己在做什么。他之所以乐意让克里普斯到政府里任职，既是为了满足批评者日益强大的呼声，也是为了更加充分地利用这位前任大使的一些显著才能。然而，他并不想让克里普斯进入战时内阁，因为加入战时内阁之后，克里普斯可能

---

① 参见克拉克所著的《克里普斯的脚本》，第 259 页。

就会变成取代丘吉尔的一个首相人选。这样安排，可能还达到了一种更加“诡计多端”的目的。克里普斯必须花上一段时间，仔细考虑加入内阁的问题。这就意味着，他不可能再温文尔雅地前去参加一场为期三天的议会辩论了。这场辩论至关重要，将在下个星期的 1 月 29 日举行，至于主题，就是政府在这场战争中的做法。辩论结束后，下议院还会举行一场不信任案投票。此时，丘吉尔就是在封住一个可能非常危险的批评者的嘴。待到议会辩论结束、不信任案计票完毕之后，倘若克里普斯拒绝到他领导的政府里任职，那么丘吉尔就有了正当的理由，在他看来，这样也更好。

克里普斯的确婉言谢绝了。他写给丘吉尔的婉拒信，正是在为期三天的议会辩论过后、开始举行不信任案投票的那一天，送到丘吉尔手里的。在那场议会辩论中，许多议员一面坚决表示忠于首相，一面又表达出他们对远东和中东及南亚地区形势、对政府内阁和战时内阁、对丘吉尔兼任首相与国防大臣两职、对军工生产的极大担忧。他们尤其对比弗布鲁克勋爵承诺却没完全兑现的援助苏联的做法感到担忧。最后这个问题，正是克里普斯非常了解的一个方面，可他却保持了沉默。他像丘吉尔一样心里明白，他去讨论这个问题并不合适，更别说去批评了，因为这个政府刚刚提出让他去担任内阁大臣。到头来，只有规模很小的“独立工党”投了政府的“不信任”票：该党有两位议员担任计票员，因此只有第三位议员独自投了反对票。有 464 名议员都投了支持票。

这似乎是一场令人震惊的、一边倒的胜利，但我们要记住，下议院总共有 640 位议员。无疑，许多议员都没能参会，可有些议员明显是选择不参会，以便不投票；还有一些人，其中包括约20名工党议员，则是放弃了投票，尽管他们都出席了这场辩论。[①]据一位经验丰富的观察家估计，有50名保守党议员原本想要弃权，可丘吉尔在辩论结束时用“一种忧郁的语调”发表的演说，却激发出了他们内心本能的党派忠诚感，因为丘吉尔在演讲中严肃地预计说，“不幸仍将到来”[②]。另一位更加精明、本身也是政府官员的亲历者，则如此写道：“对首相的批评，并非源自派系纷争，而是源自议员们内心无法控制的不安感……我们这些掌权者当中，许多人都必须压制住内心的不安，一句话都不说。”[③]

然而，克里普斯并非全然沉默不语。回到英国的第二天，他就举行了一场关于苏联形势的记者招待会。这场招待会非常有意思，根据参会的劳合·乔治的首席私人秘书的说法，记者们听得“几乎都忘记要做笔记了”。克里普斯讲完之后，他们“全都异常热烈地鼓起掌来，表达出他们对他的赏识”[④]。在那个星期里，当下议院正在辩论政府表现的时候，克普里斯则开展了一系列的政治活动，与朋友和同僚们磋商，其中甚至包括比弗布鲁克勋爵。[⑤]就在议员们投票的时候，他给丘吉尔写了一

① 参见1942年2月4日工党新闻社的报道。

② 参见西尔维斯特1942年1月30日写给劳合·乔治的信，载于《劳合·乔治文集》，LG/G/24/1。

③ 参见巴特勒1942年1月31日写给莱斯韦特的信，载于《巴特勒文集》，RAB 914。

④ 参见西尔维斯特1942年1月26日写给劳合·乔治的信，载于《劳合·乔治文集》，LG/G/24/1。

⑤ 参见《比弗布鲁克文集》，BBK D/448。这份档案中还有比弗布鲁克勋爵所写的一份备忘录，记载的是他在这一期间从政府辞职的情况以及他与克里普斯会谈的情况，当时克里普斯正在就自己加入政府一事而寻求比弗布鲁克勋爵的建议。

封信，婉言拒绝了内阁职位。或许，他的时机选择就表明了他的态度，表明了他若是认为自己适合去参与这场辩论和投票的话，会投上什么样的一票。

在写给丘吉尔的信里，克里普斯把自己归入了批评者一类，想要更加彻底地改造英国的规划与作战机制。他认为，供应大臣应当掌控原材料的分配，有权设定优先顺序，而不是由生产大臣来掌控和确定这些。他反对把供应大臣排除在战时内阁之外。就算对这些权力限制做出了必要的调整，他也无法加入政府担任此职，他必须继续做“一个坦率、同时也希望有所帮助的批评者”[①]。丘吉尔回信道：“我会随时准备着收到您的友好建议。”[②]后来，就在当天晚上，丘吉尔曾对比弗布鲁克勋爵说，他“完全反对让克里普斯在目前进入战时内阁的任何计划”。

于是，这位前任大使便留在政府的大门之外，鼻梁上架着眼镜，仔细地向大门里面张望，计划着自己的下一步行动。可以一针见血地说，目前两人打成了平手，但首相一方或许还占有微弱的优势。

丘吉尔将继续担任英国首相，直到 1945 年 7 月。不过，在 1942 年 2 月，考虑到他同时需要应对一场世界大战、应付一个对他日益感到疑虑与争吵不休的议会、应对一群政治情感愈加左倾的民众，因此人们怀疑他是否能够继续掌权，也是顺理成章的。在最近的一场议会辩论中，他已经有效地封住了一个有

---

① 参见比弗布鲁克勋爵写给首相的信。引自《比弗布鲁克文集》中的一份复印件，BBK D/448。

② 参见丘吉尔 1942 年 1 月 31 日写给克里普斯的信，载于《克里普斯文集》，SC 35/1。

//1938 年的内维尔·张伯伦首相。两年之后，在临终之际，他曾写信给一位朋友，说：“我对自己的所作所为从不后悔，也看不出有哪件应当去做我却没做的事情。”

//哈利法克斯勋爵在华盛顿特区的英国驻美大使馆办公室。1940 年，他曾支持英国与意大利协商，因为这样可让英国与德国谈判，丘吉尔便把他派到美国去了

//1939 年，未来的英国首相与日后变成其接班人的安东尼·艾登在一起

//1940 年，温斯顿·丘吉尔首相与自己的朋友兼顾问比弗布鲁克勋爵在一起

//1940年的克莱门特·艾德礼和亚瑟·格林伍德：两人分别为工党的党魁与副党魁

//1941年的劳工大臣欧内斯特·贝文。最终，他不得不同时征召男性工人和女性工人。当时，他曾说："我并不害怕女性，倒是有点儿担心那个老头子（劳合·乔治）会怎么说。"

//1941年10月6日，战时内阁成员和政府各部大臣在唐宁街10号首相官邸的花园合影。前排就座者（从左至右）是：欧内斯特·贝文、比弗布鲁克勋爵、安东尼·艾登爵士、克莱门特·艾德礼、温斯顿·丘吉尔爵士、约翰·安德森爵士、亚瑟·格林伍德和金斯利·伍德爵士。后排站立者（从左至右）是：阿奇博尔德·辛克莱爵士、A.V.亚历山大、克雷伯恩勋爵、赫伯特·莫里森、莫因勋爵、戴维·马杰森和布伦丹·布雷肯

//1941 年的斯塔福·克里普斯。战争期间，他原以为自己可以取代丘吉尔担任首相

//“自大的伦敦佬”赫伯特·莫里森，他也曾经怀有当首相的野心

//1942 年 6 月 21 日，伯明翰的民众举行集会，聆听比弗布鲁克勋爵要求“立即开辟第二战场”的演讲，这是其中的部分民众。比弗布鲁克勋爵认为，他可以利用民众的这种支持，当上英国首相

//战争时期的丘吉尔首相

//1945 年大选期间，丘吉尔的竞选团队得意洋洋地在全国巡行。大家都以为他会赢得这场大选

//1945 年大选期间，丘吉尔在一次集会中讲话

//1945 年，艾德礼与夫人在工党总部大楼庆祝大选获胜

可能成为批评者领袖的人物的嘴，并且觉得不让这个人加入战时内阁的做法很妥当。不过，他并没有永远堵住这个人的嘴。克里普斯吸引了众多新闻记者，他们全都在猜测他的意图。即便是在这位前任大使住到了一栋新购的农舍里（因为他已经住不起豪华的宫殿式宅邸），淡出了公众的视野，去思考自己的未来之后，关于他的闲言碎语也没有得以平息。2 月 8 日，克里普斯重新露面，到英国广播公司发表了一场关于苏联形势的广播讲话，这成功地激发出人们更多的猜测，尽管他无意如此。

在广播讲话的开头，他说道："我希望，所有正在收听的人都舒适、暖和、安全地坐在收音机旁，心怀感恩之情，尽管你们当中有一些人经历了轰炸，被迫背井离乡。这个冬天，你们经历了风雪与寒冷，但这种寒冷与苏联的寒冷没法相比，那里零下三四十度可是常事。你们已经得知了长时间空中轰炸导致的悲惨、可怕的情景，而你们当中还会有更多人的住宅和财产被敌人毁掉。不过，你们还没有遭受过纳粹侵略者的残暴兽行、野蛮暴力与血腥劫掠。"①

他这场广播讲话的一个主题，就是将苏联的形势与英国的处境进行对比，说明苏联的情况更加糟糕。另外，还有一个主题，那就是进行劝勉：为了让盟军打赢这场战争，每一个英国人都必须像苏联人那样，更加努力地工作；必须像苏联人正在做的那样，付出更大的牺牲；必须发下誓言："绝不能因为我的任何失败，导致国家浪费片刻。"在讲话中，他虽然提到过美国，但只是一带而过。在那个 2 月的寒夜里收听了这场广播

① 参见重申这一广播讲话、以《我们会不会全力以赴?》为题的宣传材料，载于《克里普斯文集》，SC 14。

讲话的人，可能都已经平息了心中的怨气，得出了英国的未来取决于每个公民的辛勤工作，取决于英、苏联起手来的结论。尽管人们都公认，克里普斯是让英苏联起手来的最佳中间人，是两国关系的最佳沟通者，可他既没有用任何方式暗示，他与现任首相相比能够更好地与苏联人合作，也没有消除人们的这种看法。丘吉尔若是听到了克里普斯的这次广播讲话，可能会一方面很不情愿地充满了钦佩之情，另一方面又会越发恼火呢。

在讲话中，克里普斯还巧妙地提到了另一个敏感的问题，那就是英国的战争与和平目标。这一点，同样也是不可能让丘吉尔首相感到欣慰的。“我们都急切地盼望一个新时代的到来，那时，各民族都渴望的、几乎每个人都日夜期盼的一个新世界，就会在我们的前方展露出清晰的轮廓……一个充满崭新价值观，消除了种种旧有的弊端，让所有阶层、宗教、民族和肤色的人民都获得完整而自由的人性尊严的世界……就是我们决意要从这场可怕战争中获取的积极成果，（因为这场战争）本身就是对我们基督教文明教义的野蛮否定。”有位收听了这次讲话的人士表示赞同：“他提到了基督教……说明他没有全盘吸收斯大林的信条……这场讲话表明，过去的问题就在于无人可以取代温斯顿。可现在，克里普斯就是这样的一个人选！”①

然而，就算两人势均力敌，丘吉尔也仍然有本事对付斯塔福·克里普斯。他选择安德鲁·雷·邓肯来代替克里普斯担任供应大臣，后者是一个很有势力的生意人，1940 年 1 月张伯伦

---

① 参见西尔维斯特 1942 年 2 月 9 日写给劳合·乔治的信，载于《劳合·乔治文集》，LG/G/24/1。

曾在下议院里给他安排了一个席位。同时，张伯伦还让邓肯担任贸易委员会主席，丘吉尔上台之后，他继续留任，直到同年10月，后来丘吉尔在1941年6月又重新委任他担任这一职务。首相坚持让比弗布鲁克勋爵去担任生产大臣，但欧内斯特·贝文继续表示强烈反对，或许后者是想要由自己去掌控生产部。丘吉尔承诺不会削弱贝文作为劳工大臣的种种权力，于是贝文暂时勉强同意了。首相还对政府进行了其他一些小的调整，其中最值得注意的，就是他让哈罗德·麦克米伦担任负责殖民地事务的政务次官。这只是一种小规模的重组，克里普斯仍然坐着在野的冷板凳，这正是丘吉尔希望他待的位置。

接下来，战争的发展使得形势变得极其危险而复杂。1942年2月12日，3艘德军舰艇（包括2艘战列巡洋舰和1艘重巡洋舰）从布雷斯特*启程，驶往德国的母港。在光天化日之下，它们沿着英吉利海峡法国一侧的海岸向北航行，后来又有一支小型舰艇组成的护航队和一些战斗机加入。这些战斗机都在桅杆高度飞行，躲避了雷达的探测。英军一开始并没有发现，后来才有所察觉，但为时已晚。这本身就是一件非常丢人的事情，更糟糕的是，英军虽说想尽了办法，结果也只重创了其中的1艘舰艇（但程度算不上致命）。最终，这3艘舰艇都回到了德国国内的母港。

听到这个消息，议会里面乱成了一团，事实上，整个英国都议论纷纷。3艘德军舰艇在光天化日之下沿着法国海岸向北航行，如果英国大肆宣扬的海军连它们都俘虏不了的话，又怎

---

* 布雷斯特：法国西北部的一座军港。如今这里是法国重要的港口和旅游城市。

么能够保护本国不遭到侵略呢？这一事件让英国军方背负骂名，不过，正如劳合·乔治首席私人秘书的告诫，丘吉尔也“难辞其咎，因为他始终都在谈论战争的问题”。在让丘吉尔威信大失的过程中，那些说首相坏话的人也因这次惨败胆子大了起来。他们以前一直都只敢悄悄地议论，说丘吉尔除了有一副气壮山河的嗓子，别无他长。就像那位首席私人秘书后续兴奋的记述，“人们……都说丘吉尔会就此完蛋……上层人士已经开始讨论继任者的人选问题了”①。现在，我们低估当时的那种紧张感是很容易的，可在 1942 年，情况并非如此。连政府各部的大臣们，也在全力应对一种两难的境地：他们全都清楚，两年之前丘吉尔挽救了英国；可他们认为，丘吉尔的傲慢自大、夸夸其谈和独断专权，如今却让英国陷入了危险。粮食大臣弗雷德里克·伍尔顿整夜都在床上辗转反侧，无法成眠，最终“得出结论说，辞去职务来分裂这个政府，可能就是我的义务”②。

当时正值 2 月 13 日。两天之后，又传来了新加坡陷落的消息。这是军事上的一场灾难，与它相比，放跑 3 艘德国舰艇不过是小事一桩。日军俘虏了 13 万人，被俘的英国以及整个大英帝国军队的数量，竟然达到了德军在法国所俘兵力的三倍。一位军事历史学家曾经如此描述当时英军在远东地区的形势：“那里只有令人绝望的失败，我们输给了数量更少却更加优秀、更加勇猛的敌人。”③

尽管在这种突发形势面前表达出自己的强烈不满无济于事，

① 参见西尔维斯特 1942 年 2 月 13 日写给劳合·乔治的信，载于《劳合·乔治文集》，LG/G/24/1。

② 参见伍尔顿 1942 年 2 月 13 日所写的日记，载于《伍尔顿文集》，Woolton 2。

③ 参见黑斯廷斯所著的《温斯顿的战争》，第 203 页。

但伍尔顿还是在日记里写道，不管怎样，丘吉尔都在“朝着垮台的方向前进”[①]。威斯敏斯特宫里，上演了一幅幅有如暴风骤雨的场景。自由党议员们私底下召开了一次会议，发泄他们的失望之情。工党议员们在私下召集的会议上，则“总是吵吵嚷嚷”[②]。连在那些隶属于“1922 年委员会”的保守党议员私下举行的会议上，情形也是如此：

> 卡德韦尔先生说，他希望首相能够听一听议员们的普遍看法，即议员们都希望政府进一步实行大刀阔斧的改组，因为他们对目前的形势普遍感到不满……海军上尉雷克斯说，他不同意首相兼任国防大臣。施特劳斯先生……提出，现任战时内阁里的所有大臣都应当向首相提交辞呈，从而使得首相可以放手去挑选能力最强的人才，而不管这些人士属于哪个党派。卡瑟伯特·黑德勒姆勋爵则认为，3 位军方大臣应当入列战时内阁。[③]

自由党和工党议员表达出他们对一位保守党首相的不满情绪是一回事，而保守党人也这样做，就是另一回事了。不过在当时，他们中的许多人仍然从来都没有喜欢或者信任过温斯顿·丘吉尔。虽说他刚刚在一场不信任案投票中以 464∶1 获得了胜利，但此时的他，不可能满怀信心。

---

① 参见伍尔顿 1942 年 2 月 15 日所写的日记，载于《伍尔顿文集》，Woolton 2。

② 参见西尔维斯特 1942 年 2 月 19 日写给劳合·乔治的信，载于《劳合·乔治文集》，LG/G/24/1。

③ 参见“1922 年委员会会议纪要”，1922/4，载于保守党档案。此次会议是在 1942 年 2 月 18 日召开的，但其会议纪要却是在 3 月 4 日形成的。

丘吉尔起初不愿意进行实质性的改组，但最终还是迅速行动起来了，尽管谣言仍在反复出现，各路人马也都在秘密谋划——有些人是想在一个改组后的政府里获得优势，有些人瞄准的或许是首相职位本身。许多人都预计，克里普斯应该会接任首相，但也有其他一些人选浮现，其中最突出的就是艾登和比弗布鲁克勋爵。[①]有一位并未参与密谋、级别较低的工党大臣，曾在自己的日记里绝望地写道："议会已经堕落到去搞阴谋诡计了。"[②]丘吉尔很幸运，因为批评他的那些人并没有联合起来追随一位领袖，比如说追随克里普斯；更加幸运的是，克里普斯不是冷酷无情之人，不像劳合·乔治在第一次世界大战期间发动罢黜阿斯奎斯首相的运动时那样一根筋。尽管与家人和朋友都谈到了在议会里发动一场政变的问题，但克里普斯没有付诸具体的行动。

至于丘吉尔，他并没有去接触这个最危险的竞争对手，而是在 2 月 16 日与艾登进行了商谈。艾登在战争期间压制住了自己的野心，他认为必须把克里普斯拉入任何一个新的战时内阁才行，即便只是为了约束住克里普斯，也该如此。[③]2 月 17 日，首相又与比弗布鲁克勋爵会商（至于比弗布鲁克勋爵的野心，请参见本书第九章），后者则不出所料，强烈地表达了他反对克里普斯加入战时内阁的态度。[④]丘吉尔还试探出了艾德礼的意

---

① 参见西尔维斯特 1942 年 2 月 12 日写给劳合·乔治的信，载于《劳合·乔治文集》，LG/G/24/1。在 2 月 15—18 日，克里普斯与贝文会晤了五次。参见克拉克所著的《克里普斯的脚本》，第 265 页。

② 参见杰弗里斯编著的《埃德》，1942 年 2 月 18 日，第 51 页。

③ 参见艾登 1942 年 2 月 16 日所写的日记，载于《埃文伯爵文集》。

④ 参见比弗布鲁克勋爵 1942 年 2 月 17 日写给丘吉尔的信，载于《丘吉尔文集》，CHAR 20/52。

向。这位工党领袖也断然反对让克里普斯进入战时内阁。正如后来一位历史学家解释的那样："既然在和平时期就把克里普斯开除出党，所以他压根儿就没打算让克里普斯在战争时期来当'教皇'助理。"[①]丘吉尔敏锐地看出了这一切，因此下定了决心。到了2月18日晚，或者是2月19日凌晨两三点时，他就已经明白，自己应当对政府进行一次彻底的重组，并已经清楚如何才能做到这一点。

首先是相对次要的方面：在政府内阁里，尤其是在低层官吏当中，他将毫不留情地择优汰劣（这项清理工作，需要花上好几个星期才能完成）；他要用更加合适的人选，替换掉大量的助理秘书、议会秘书和次长。必要时，他还会替换掉这些人的上司。比如说，张伯伦的首席"党鞭"戴维·马杰森在1940年原本被丘吉尔委任为陆军大臣，此时则被首相毫不客气地解职。丘吉尔还解除了原来支持过绥靖政策、一直担任兰开斯特公爵郡大臣的莫里斯·汉奇的职务。接下来，他又将战时内阁里唯一支持过张伯伦的金斯利·伍德扫地出门，几乎彻底清除了原来支持绥靖政策的人士。不过，他仍然让金斯利·伍德担任财政大臣。1942年2月这次重组的作用之一，就是打压、消灭战时内阁里的"慕尼黑阴谋"派。

接下来，丘吉尔便向工党里面他认定的累赘之人发起了追击。他已经下定决心，要解除亚瑟·格林伍德的职务。除了在1940年5月曾经坚定不移地反对过哈利法克斯勋爵接触墨索里尼的提议，这个不管部大臣几乎没有做出过什么贡献。不过，

① 参见迪尔科斯编著的《卡多根》，1942年2月17日，第435页，但这是迪尔科斯加的一条注释。

丘吉尔也很清楚，倘若把身为工党副党魁的格林伍德解职，那么一些忠实的工党党徒就会做出愤怒而强烈的回应。丘吉尔安抚这些人的手段，表明他在政治游戏方面具有高超的本领：他将解除格林伍德的职务，但与此同时，他又会擢升工党领袖克莱姆·艾德礼为负责自治领事务的国务大臣，并让其兼任副首相（这样做，不但安抚了工党的支持者，同时也安抚了艾德礼本人）。

丘吉尔对付克里普斯的手段，最为充分地说明了他在政治上的狡黠多谋。尽管本来并不乐意，可他终究还是决定让这位对手加入战时内阁，接任艾德礼的掌玺大臣。那样一来，艾德礼也会心服口服，因为他的地位居于克里普斯这个新来者之上。不过，与此同时，丘吉尔还决定把自己担任的下议院领袖位置让给克里普斯。这看起来是一种重大的让步，但我们怀疑，丘吉尔本人可能并不这样认为。下议院领袖，其实就像是一台“通用解释器”，一方面把政府的政策解释给下议院的议员们听，另一方面又将下议院议员们的观点解释给政府听。丘吉尔认为，克里普斯是干不好这项工作的后一个部分的。毕竟，克里普斯并不是一个擅长交际的人，出于显而易见的原因，他很不喜欢下议院的吸烟室和酒吧间。他没有自己的“下议院”小团体，尽管他在下议院里也有一些追随者。他不隶属于任何党派，这就意味着，并没有一群自然而然的捧场者会去支持他、讨好他。克里普斯与曾经开除他的工党的关系，即便是在最乐观的情况下，也依然棘手得很；他与绝大多数保守党或自由党普通议员之间，几乎也没有什么交往。身为下议院领袖，克里普斯每天都会与不喜欢或者信不过他的议员们打交道，他会忠实地把议员们的情绪、不满等向政府汇报。丘吉尔认为，克里普斯上任之后，与下议院之间可能会有一段“蜜月期”，但普通议员们最终都会厌恶这位新任领袖，逼迫他走人。

最后，就是比弗布鲁克勋爵了。如果这位世交同僚和同志继续反对丘吉尔准备开展的改革，那么，丘吉尔就会起用奥利弗·利特尔顿，让他接替比弗布鲁克勋爵担任生产大臣。利特尔顿是丘吉尔另一位能力极强的朋友，近来一直在开罗担任国务大臣。与比弗布鲁克勋爵和邓肯两人一样，他也是一边从政，一边经商。丘吉尔非常明智地断定，就算按照贝文坚持的建议，对生产大臣的权力进行某些限制，利特尔顿也不会极力反对；可比弗布鲁克勋爵却态度坚决，这些限制是他无法容忍的。

2 月 18 日上午，丘吉尔再次与比弗布鲁克勋爵、艾登两人讨论了此次重组的一些主要问题。艾登后来在日记里写道，比弗布鲁克勋爵“强烈反对让克里普斯担任议会领袖”，不过，当时他并不知道，丘吉尔已经有了一个最终将比弗布鲁克勋爵撇到一边的打算（如果这确实称得上是一种打算的话）。总之，丘吉尔并没有改变自己的计划。或许是为了稍稍满足比弗布鲁克勋爵的要求，他曾问艾登，愿不愿意在担任外交大臣的同时兼任议院领袖。艾登说要考虑考虑，而丘吉尔也给了他时间。两人走后，丘吉尔吃了午餐。这一天，他没有在午后小睡，说明他极其重视当时的形势。相反，他召见了克里普斯这位前任大使。可以想见，他是很不情愿地召见克里普斯的，不过，他的心里或许也对自己巧妙的手段暗暗得意呢（如果我们判断不错的话）。克里普斯刚刚在下议院那间挤得水泄不通的 14 号会议室里，就英苏关系的问题对“帝国议会协会”发表了一场演讲。根据前任张伯伦政府陆军大臣莱斯利·霍尔-贝利沙的记载，克里普斯获得了“极大的支持”①。下午 2 时 30 分，丘吉尔向克里普斯同时提供了两个职位——艾德礼原先担任的掌玺大臣一职与丘吉尔原本兼任的下议院领袖一职。克里普斯立马就接受了。此时，艾登可能仍在考虑，自己能不能在担任外交大臣的同时兼任下议院领袖；不过，丘吉尔已不再需要他这么做了。

于是，重组政府的第一部分工作便完成了。之后，丘吉尔又召见了艾德礼。由于遣走了格林伍德，又让克里普斯加入了战时内阁，所以他必须安抚好艾德礼。到了 5 时 30 分，两人正在讨论上述问题以及重组工作中一些更加广泛的方面时，艾登又火急火燎地赶来了。他刚会过比弗布鲁克勋爵，后者又改变了心意，提出战时内阁只需由 4 人组成，即丘吉尔首相、艾登、艾德礼（比弗布鲁克勋爵实际上非常瞧不起这位工党领袖，这种态度很快就展露无遗）和克里普斯，尽管此时的克里普斯还不是下议院领袖。于是，他们三人讨论了这种新的可能性，但没有做出任何定论。晚餐时分他们中断了会谈，同意在当晚 10 时 30 分再次磋商。②

丘吉尔坐到办公桌旁，粗略地分析着各种组合与排列。待艾登和艾德礼在指定的时间返回，他便提出了战时内阁人员组成方面的两种设想，供他们考虑。他递给他们两张纸，一张纸上列有 5 个人的名字，另一张上面列有 7 个。两张纸上都没有格林伍德的名字，但均列有艾德礼。我们可以推断，第一次看

① 参见霍尔-贝利沙 1942 年 2 月 18 日所写的日记，载于《霍尔-贝利沙文集》，HOBE 1/9。

② 布伦丹·布雷肯和保守党的首席“党鞭”也参加了此次磋商。参见艾登 1942 年 2 月 18 日所写的日记，载于《埃文伯爵文集》。

到自己名字旁边“副首相”那几个字的时候，艾德礼心里一定高兴得很。两张纸上也都列有克里普斯的名字，不过，此时的艾德礼已经被笼络，因此不会再反对这种人事变动了。艾登的名字也列在两张纸上。三人又研究和讨论了其他一些问题。接着，比弗布鲁克勋爵到了。

巧合的是，此时唐宁街 10 号首相官邸的配楼里，已基本凑齐了丘吉尔战时内阁里的法定人数。而接下来的讨论，则可以让我们进一步深入了解他们之间的个人关系。不过，丘吉尔先把比弗布鲁克勋爵这位朋友带到了一个没有人的房间里，给他看了看那两份名单。对于这两种方案，比弗布鲁克勋爵都不喜欢。他说：“用 5 人的这个，把我的名字划掉吧。我想退休了。”这是真心话。这位富豪勋爵出人意料地成了政府里面最坚定地支持苏联的人（但从全国来看，克里普斯仍是最受民众欢迎的最支持苏联的人），可他发现，自己这样做的时候步履维艰。他认为苏联是这场战争的关键，可能也是自己政治前途的关键。他想排挤克里普斯，想要发起运动，让英国更加迅速地向苏联提供更多的援助，可他只有身处政府外部，才能做得到这一点。此外，或许他也不喜欢在这个内阁里面对社会主义者贝文，因为社会主义者克里普斯加入内阁后，进一步增强了贝文的势力。他很清楚，这两人自克里普斯从苏联回国之后一直都在商议，因此，他们将在战时内阁里形成一个强大的组合。而且，正如他之前提出过的，他认为应该由艾登而不是克里普斯来担任下议院领袖。至于任命艾德礼为副首相，他告诉丘吉尔说：“他的能力可无法胜任这一职位。他在这场战争中一直都没有做出什么贡献，而身为工党领袖，他始终不过是在为自己的追随者寻求荣誉与地位罢了……在这种时候，我们需要意志更加坚定的同僚。我们需要能够战斗的人。”他的老朋友深有同感地聆听着。之后，“首相请他到隔壁房间，把他的看法说出来”。

比弗布鲁克勋爵走进隔壁房间，一眼就看到了艾德礼和艾登两人（还有情报大臣布伦丹·布雷肯以及接替马杰森担任保守党“党鞭”的詹姆斯·斯图亚特），可他并没有犹豫。“我重申了一遍刚刚对首相说过的话，还补充说，克里普斯之所以被委任为下议院领袖，是因为他在下议院一间会议室里发表了一场成功的演说。艾德礼之前对工党发表了一场非常糟糕的演讲，因此这就说明了为什么他不应该担任副首相。”这话听起来似乎毫无道理，但当时比弗布鲁克勋爵很可能了解到艾德礼不愿让他知道的一些事情。据艾登说，那天下午早些时候，这位工党领袖一直都在“激烈地谴责麦克斯（即比弗布鲁克勋爵），不允许他担任任何要职”。此时，这位即将上任的副首相却看着比弗布鲁克勋爵，幼稚地问道：“我对您做了什么，以至于让您这样对待我呢？”比弗布鲁克勋爵回答道：“为什么我就不该实话实说呢？您批评我的时候，我可没有反驳过。”艾德礼则非常虚伪地回答说：“我可从来都没有批评过您啊。”①

午夜过后，会议结束了。分手之前，比弗布鲁克勋爵告诉丘吉尔，他不会到新政府里任职。他并未提到自己这样做的一个最重要的理由，那就是他打算全力以赴，更加迅速地为苏联提供更多的援助。不过，他对首相所说的理由也是真的，那就是他无法忍受让艾德礼当副首相、让克里普斯担任下议院领袖

① 参见比弗布鲁克勋爵对他自己在政府重组中所起作用的说明，载于《比弗布鲁克文集》，BBK D/448，第 18 页。

这两件事。总之，只要掌控不了飞机生产、舰船生产和人力资源，他就不可能去担任生产大臣。可贝文不会把人力资源的控制权拱手相送。由于已经把奥利弗·利特尔顿收入囊中，丘吉尔便说自己的决定不会再更改了。他提出，让比弗布鲁克勋爵接任艾德礼原先担任的掌玺大臣一职，可后者立即婉言谢绝了（幸好如此，因为丘吉尔之前已经提出让克里普斯出任此职，而克里普斯也已经答应）。丘吉尔还提出，让比弗布鲁克勋爵负责所有的对外援助事务，可比弗布鲁克勋爵再次拒绝了。在这种情况下，丘吉尔便下令说，比弗布鲁克勋爵必须签署一份声明，说他是因为身体不好而不愿在政府里面任职。比弗布鲁克勋爵答应了。几天之后，丘吉尔又说服比弗布鲁克勋爵前往美国，去协调盟军资源的整合工作。丘吉尔对他说："我们将在宁静中获益，而在行动中受损。"他这句话的第二点，说得很正确；可对于第一点，他却完全说错了。丘吉尔与比弗布鲁克勋爵两人在战争时期波折多变的关系，还远未结束。

到了 1942 年 2 月底，丘吉尔已就手下战时内阁的权力平衡，做出了重大的调整。能力和野心都比格林伍德大得多、但没那么容易猜透和掌控的克里普斯，加入了艾德礼和贝文两人代表的社会主义阵营。虽说能力很强，却不像比弗布鲁克勋爵那样精力旺盛、野心勃勃（这一点不足为奇，因为在这个方面，没有几个人能赶得上比弗布鲁克勋爵）的利特尔顿，加入了丘吉尔与艾登代表的保守党阵营。身为战时内阁里第 7 号人物的约翰·安德森勋爵，则属于无党派人士。简而言之，就是克里普斯入局，比弗布鲁克勋爵出局，战时内阁里社会主义党人和保守党人在数量上平分秋色。

丘吉尔之所以指挥这次重组，部分在于满足民意，更重要的，还是为了巩固自己领导的政府，从而巩固自己的政治地位。不过，他内心其实可能并不喜欢这样重组：左翼势力增强、右翼势力削弱，而斯塔福·克里普斯也在自己登上权力巅峰的道路上又前进了一步。此外，这一时期的钩心斗角，也让一些人付出了代价，不久之后，这一点就会显现。丘吉尔首相非常漂亮地扮演了一个相对弱势的角色，他的狡猾机敏，有可能在未来结出硕果。然而，最新的这一轮争斗，还是克里普斯胜利了。

第八章　对付克里普斯先生

假如说在 1942 年 2 月，温斯顿 · 丘吉尔以为自己改组政府之后，持批评态度的人会给他一个喘息之机，那他就想错了。有一位工党记者的反应，可以代表工党人士的典型态度。这位记者曾经对丘吉尔“决定转向左翼”的做法感到欢欣鼓舞，但同时也警告说：“这些改变，本身几乎解决不了任何问题。”他希望，不是首相的克里普斯能够“出于形势所迫，尽快对战争措施进行大刀阔斧的革新”①。自由党内有一位记者，则对“除了首相之外，唯一一个既有动力、又有能力把事情做好，应当得到所有人信任的人”（即比弗布鲁克勋爵）被挤出政府感到忧心忡忡。②保守党人都痛惜，改组后的政府出现了明显的左倾现象，其中也有一些人，对比弗布鲁克勋爵的出局深感担忧。有一位实业家曾对一位保守党议员说，这可是自己听到过的、“对那些好逸恶劳的制造商来说最有利的消息”③。

因此，丘吉尔根本就没有机会沾沾自喜；恰恰相反，他身上承受的持续不断的压力，终于开始显现。他原本就不是一个喜怒不形于色的人，此时便公开表露出自己的情绪了。他在政

---

① 参见《工党讨论手记》，1942 年 3 月，SC 24/4。

② 参见乔治 · 汤姆森所著的《不信任案》（纽约，1968 年），第 128 页。

③ 参见贝弗利 · 巴克斯特写给比弗布鲁克勋爵的信，1942 年 2 月 25 日，载于《比弗布鲁克文集》，HIST/184/C/28。

府里扮演了一个铁石心肠的“屠夫”角色，这是为形势所迫；可在私事方面，他的心肠其实很软。有一次，他走进下议院的吸烟室时，碰到了约翰·莫尔-布拉巴宗，后者曾在 1940 年取代比弗布鲁克勋爵担任飞机生产大臣，但在此次政府重组过程中也被丘吉尔解职。据当时恰好也在吸烟室里的保守党议员兼记者贝弗利·巴克斯特说，丘吉尔把手搭在约翰·莫尔-布拉巴宗的胳膊上，“说了一声‘哦，我的朋友’，然后泪水就从他的眼中涌出”①。

不过，改组内阁还是小事。祖国在这场战争中遭受的深重不幸，对他的打击更大。在远东地区，日军入侵并占领了缅甸，似乎势不可挡：这就意味着，锡兰*、印度甚至可能还有澳大利亚，都受到了威胁。与此同时，在北大西洋，因为德国的 U 型潜艇而导致的损失，也达到了极其危险的程度。不好的消息接踵而至，无情地打击着他，他快要崩溃了。3 月 9 日，他参加了一场为他举办的午宴并发表了一场不公开讲话，阐述了英国在这场战争中的形势。有一位参宴的人士觉得，当时丘吉尔脸上的肌肉“松弛浮肿”，两只眼睛则是“鼓胀凸出”。这位人士还说，午宴的组织者为首相准备了 3 瓶香槟酒。丘吉尔一进来，马上就喝了一杯鸡尾酒，“而在他面前的午餐桌上，摆着一瓶‘白标’牌威士忌。他开始讲话的时候，酒瓶里面还是满的；等到他讲完，酒瓶已经空了一半”。最后，“为了庆祝午宴圆满结束，他又喝了一大杯白兰地”。当午宴主持人谈到丘吉尔肩负的各种重任时，“首相再也控制不住自己的情绪，泪水

---

① 参见贝弗利·巴克斯特写给比弗布鲁克勋爵的信，1942 年 2 月 25 日，载于《比弗布鲁克文集》一个，HIST/184/C/28。

* 锡兰：印度以南的一个岛国，即现在的斯里兰卡。

夺眶而出，从脸颊上滚落下来”。接着，对与会者发表讲话的时候，丘吉尔又不止一次地被“泪水模糊双眼”。讲话结束后，“他的脸色发红，眼睛比以前鼓胀得更厉害，眼球充血，眼眶里饱含泪水”①。

但是，他从来都没有想过要放弃。相反，他继续坚持着、工作着，等待着命运出现转机。要是斯塔福·克里普斯以为自己的好日子即将到来，那他就真的低估了这个人的坚韧与老练，因为丘吉尔在这两个方面都是非比寻常的。

丘吉尔很快就会表现出这一点，而且，他首先对付的，就是斯塔福·克里普斯。此时，他用于削弱对手势力的策略尚未成熟（如果克里普斯的确是其对手，而这种办法也的确称得上是策略的话），但他让克里普斯担任议院领袖的决定，触动了神经最敏感的一个人，即使他远在美国华盛顿特区。“让我感兴趣的，”哈里法克斯勋爵曾在日记里如此写道，“就是让斯塔福·克里普斯而非艾德礼去领导下议院。我不知道，为什么会如此安排。”②几天之后，如果仔细看一看如实地记录议会议程的《英国议会议事录》，我们或许就会找到一种可能的答案。2月25日，克里普斯以议院领袖的身份，第一次对下议院发表了讲话。“这位了不起的律师和了不起的人道主义者，马上就表现出了议院领袖的各种能力。”一位曾经亲临现场的记者热情洋溢地写道。不过，那位记者可能并没有注意到此次讲话中一个最重要的方面。③在论述英国的全球形势与政府应对此种形势

① 参见西尔维斯特写给劳合·乔治的信，1942年3月9日，载于《劳合·乔治文集》，G/24。

② 参见哈利法克斯勋爵1942年2月20日所写的日记，载于《哈利法克斯文集》，A7.8.10。

③ 参见1942年2月26日的《新闻纪事报》。

的计划时，这位下议院领袖不失时机地谴责了赛狗和拳击比赛；在接受议员质询时，他还谴责了赛马运动。他认为，这些娱乐活动“与人民在这场历史危机中表现出的真正决心完全失调”。然后，他又谴责了“个人的奢华之风……和其他各种不论大小的浪费行径，以及所有不必要的支出”①。

这就是古板守旧的克里普斯，由于他对自己倡导的做法身体力行，所以没人能说他虚伪。事实上，许多人还对他这种20世纪的清教徒观念称颂有加。不过，我们很难相信他的这些话代表了温斯顿·丘吉尔的看法，或者代表了英国政府中绝大部分人的观点，甚至代表了全国绝大多数人的观点。戴维·劳合·乔治的首席私人秘书就认为，克里普斯“让其他人全都望尘莫及，尤其是在他谈到赛狗和拳击比赛的时候”。他接着说，保守党的“党鞭”“大吃一惊，因为克里普斯并没有征询过他的意见，而据我所知，克里普斯（也）没有问过其他任何一个人的意见”。“可怜的斯塔福，”克里普斯的嫂子曾经叹息道，“如果碰到一位劳动者，他根本就不知道如何搭话。”②不过，在下议院里，他讲话的对象可不是工人阶级，而是代表了工人阶级的众多议员。尽管如此，结果也是不出所料的。劳合·乔治的首席私人秘书曾经如此写道：“由于批评了赛狗活动……他与赫伯特·莫里森之间产生了龃龉（后者当时担任内政大臣，并且是内阁成员，比英国政府里其他任何一个人都更加了解伦敦工人阶级的情况）。莫里森不爱听克里普斯说的这番话。”最后，这位首席私人秘书得出结论：“克里普斯的目的，似乎

---

① 参见《英国议会议事录》，1942年2月25日。

② 参见伍尔顿1942年9月8日所写的日记，载于《伍尔顿文集》。伍尔顿记得，克里普斯的嫂子是在“他刚刚进入政府任职之前”说出这番话的。

是让一切都走上正轨。可我认为，如果继续这样干下去，长此以往，他会失去议员们的好感。"①当时，丘吉尔需要应对的问题有很多，不过，要是他看到了这份报告，应该会满意地微微一笑。

克里普斯准备在下一次议会讲话中发表何种令人讨厌的自制之法，今天我们已无法得知，因为其间发生了一些事情。克里普斯不但是下议院的领袖，还兼任掌玺大臣。掌玺大臣虽说不承担具体的部门职责，但在政府制定政策方面却拥有广泛的权力。他的权力，一直可以管到印度。长久以来，印度都是英国左翼派别同情的对象。该国本就因声势浩大的民族独立运动出现严重的分裂，如今在日军的威胁之下，局势更是岌岌可危。克里普斯和左翼派别中的许多人士都认为，如果英国发表一份承诺印度独立的声明，那就有可能让南亚人民团结起来，支持英国正在进行的事业。他想亲自前往德里*，发表这样的一份声明，说服印度民族独立运动的领导人，让他们明白战后选举出来的国民议会将让印度获得独立，不过印度的各个省份，也都有不参加新联邦的权利。②作为交换，英国只有两个条件：一是在战争期间，印度将由英国总督执掌的、具有代表性的内阁管理；二是英国将继续指挥印度的战略防御。

贝文是如此描述丘吉尔对这个问题的态度的："他蜷缩在自己的椅子上，忧郁地说道：'我认为，这是我为了民族团结

① 参见辛克莱1942年2月26日和27日写给劳合·乔治的信，载于《劳合·乔治文集》，LG/G/24。

* 德里：当时的印度首都。如今印度的首都新德里位于德里南部。

② 参见克拉克和托伊在《牛津国家人物传记词典》中撰写的"斯塔福·克里普斯"一条下的说明。

而不得不做出的又一次让步。'"贝文的说法，可能表明了丘吉尔的大致态度；但在具体情况中，此种表述还须修正一下。[1]首先，不管是多么的不情愿，连首相也开始认识到，英国在南亚地区实行老牌帝国主义的时代即将结束。事实上，美国与苏联这两个盟友都不赞成英国的传统做法。除此之外，由于面临印度组织化的反英运动，再加上此次世界大战的消耗，英国也没有力量再去守住印度。因此，丘吉尔只能勉强地同意，克里普斯可能是英国与印度展开谈判，并达成一种体面结局的最佳人选：克里普斯在战争爆发前不久访问过印度，与印度的国大党交往颇多，尤其是与其中的一位领导人，即信奉印度教的民族主义者贾瓦哈拉尔·尼赫鲁关系密切，另外他还结识了一些杰出的穆斯林。丘吉尔虽然不会为这种体面结局歌功颂德，但也不会抵制，只要这种情况是出现在战后就行。不管怎么说，当时他的立场就是如此。

虽然当时很可能疲惫不堪、压力重重，但丘吉尔仍然像往常一样精明。"克里普斯的出现，将温斯顿·丘吉尔推到了次要的地位。"下议院里一名重要的议员曾经如此说道。[2]但丘吉尔不可能永远屈居人后。因此，假如这位最危险的竞争对手离开英国，开始履行一项十分必要而又困难重重的使命，那丘吉尔又有什么理由去反对呢？恰好相反：只要克里普斯身在国外，他就会淡出公众的视野；尽管他位列战时内阁，但出国之后，实际上却跟出阁没什么两样。假如没能完成这项风险很高的使命，那么他的光芒最终或许就会暗淡。所以，丘吉尔同意克里

① 引自平洛特编著的《休·道耳吞日记》，1942 年 3 月 5 日，第 390 页。

② 参见莱斯利·霍尔-贝利沙 1942 年 2 月 25 日所写的日记，载于《霍尔-贝利沙文集》，HOBE 1/9。

普斯去完成这项使命，可不止一个原因。

这一切，身为这项使命发起者的克里普斯可能全都清楚。不过，作为一名社会主义者、国际主义者、人道主义者和有着拳拳爱国之心的英国人，克里普斯希望祖国赢得这场战争，他认为安抚好印度之后，印度将会对英国赢得这场战争做出重大的贡献。因此，他觉得自己必须去。不过，克里普斯这样做，是不是完全没有私心呢？他手下的一位秘书曾经如此写道："如果把印度这个问题处理好了，克里普斯自然就会取丘吉尔而代之。"①要说克里普斯本人没有想过这一点，也是一件不可思议的事情。其他人自然全都想到过这一点。例如，粮食大臣弗雷德里克·伍尔顿正是在这个时候第一次会晤了克里普斯，之后得出结论说："他的目标，就是当上首相。"②

3 月 22 日，克里普斯启程前往德里，后于 4 月 11 日返回英国。在这段时间里，敌人仍然在各地昂首挺进，而英国军队则是节节败退。国内民众的不满情绪，包括对丘吉尔首相的不满情绪，也达到了一个新的高度。"不管走到哪里，听到的都是对温斯顿的辱骂之声，"以前支持过绥靖政策的莫里斯·汉奇欢欣鼓舞地描述说，"俱乐部、政府办公室、议院休息室、伦敦新闻界、私人住宅里，到处如此。"③劳合·乔治的首席私人秘书也证实了这种情况："首相的人气，如今非常低迷。"④丘吉尔自然也清楚这一点。3 月底，他曾经对《泰晤士

① 引自克拉克所著的《克里普斯的脚本》，第 289 页。

② 参见伍尔顿 1942 年 3 月 3 日所写的日记，载于《伍尔顿文集》。

③ 参见汉奇 1942 年 3 月写给霍尔的信，载于《汉奇文集》，4/34。

④ 参见西尔维斯特 1942 年 3 月 19 日写给劳合·乔治的信，载于《劳合·乔治文集》，G/25。

报》的编辑如此说道："我是个老人了……没有人承受过我这样的不幸。"①

假如克里普斯的印度之行取得成功，那么他回来之后，就真的有可能把这位首相赶下台。他的声望将达到巅峰，而丘吉尔首相的威望则会一落千丈，跌至新低。可结果表明，克里普斯的运气实在不佳。尽管对印度教的领导人和穆斯林领袖做了大量颇有技巧且不屈不挠的工作，可他还是没能让印度教方面的领袖接受他的提议。后来表明，双方谈判的关键，就在于将印度独立推迟到此次战争胜利之后的问题。"圣雄"甘地倡导非暴力运动，也是印度最著名的民族主义者，他称这一点相当于向印度提供了一张"延期支票"，因此他不会接受。克里普斯曾经严厉地公开抨击过这位印度领导人，说他是不愿接受"一块面包中的八分之七"。如此，虽说克里普斯本人没有受到批评，可他却为自己的祖国埋下了祸根，也给甘地带来了麻烦。带着极度的失望之情，克里普斯回国了。尽管没有蒙受耻辱，但他回国时，头上也没有闪耀着为英国解决了南亚迷局的光环。他的"声望气球"没有被完全刺穿，可已经漏了一点点气，而且有可能继续漏下去。对于怎么也不喜欢印度独立的丘吉尔而言，克里普斯的失败，无疑是这段非常阴郁的时期内出现的一个亮点。

6 月 21 日，德军又给了英国一次毁灭性的打击，这一次是在北非。在那里，一场激烈的鏖战已经进行了数周的时间。此

① 引自马丁·吉尔伯特所著的《温斯顿·S.丘吉尔》，第 7 卷，《胜利之路，1941—1945》（伦敦，1986 年），第 80—81 页。

时，尽管手下的部队在数量上处于劣势，但德国非洲军团的司令埃尔温·隆美尔将军还是占领了利比亚的托布鲁克，而且再次俘虏了大约3.5万人。英军及大英帝国联军越过埃及边境，一路败退到阿莱曼，距亚历山大港只有50英里，而距开罗也只有80英里。丘吉尔已经出访美国，准备就反对近期在欧洲大陆开辟对德作战“第二战场”、支持在法属西非地区开辟战场（即“火炬行动”）的问题，与美国据理力争。在白宫，当着富兰克林·D.罗斯福总统的面，他收到了这个令人痛苦的消息。[①]他现在面临的，就是英国出局、轴心国占领整个中东地区的可怕前景。他知道，自己回到英国之后，即将面对又一轮责难。

他的猜测完全正确。托布鲁克陷落和英军撤退的消息一到，议会很快就做出了回应。6月25日，来自三大党派和政治领域里从极右翼到极左翼的21名议员，在议会的《议事日程表》——上面列举的是下议院的议事项目，在下议院召开集会时每天都会刊行——上提起了一项“不信任战争基本方针”的议案。他们并不是想要推翻丘吉尔，而是想要迫使他进一步改组政府。其中绝大多数议员都希望，他能够放弃国防大臣一职。有些议员则希望改组战时内阁。他们全都渴求一种更加精悍的领导力，这主要体现于战争谋划和对抗，同时也包括战争后方防御。[②]

议院的辩论，将在7月的前两天里进行。与1939年以来经常看到的情况一样，议员们相互在下议院的走廊上窃窃私语、暗自斡旋，并召开秘密会议，制定策略。英国政府采取了相应

① 参见《英国议会议事录》，1942年7月2日。

② 参见詹金斯所著的《丘吉尔》，第693—695页以及其他许多资料。

的防御措施，派出执政党的“党鞭”（在这种情况下，则是派出了联合执政的各个党派的“党鞭”），向议员施加压力、哄骗或者威胁，努力获得他们的广泛支持。两名支持政府的议员得知了一个消息：对政府持批评态度的议员打算在6月26日晚上举行一场鸡尾酒会，之后就到多切斯特酒店的一间密室里详细讨论。于是，两人不请自到，说服了其中的两名议员，让他们勾除了在《议事日程表》上的签名。所以，此时议案上的签名就只剩19个了。[1]不过，下议院仍然会就这项议案举行投票表决，因为议案是不能延期的。英国政府并不担心己方会输；它担心的是弃权票数太多，从而露出蛛丝马迹：尽管议会仍然不愿明确表示，但实际上已不再信任丘吉尔的领导力了（而在美国，情况则完全不同）。[2]

在辩论的预备阶段，各种闲言碎语满天飞。“以前从来没有哪一项列入《议事日程表》的议案，比这一次更让人们感到惊慌并纷纷打探消息。”劳合·乔治的首席私人秘书如此描述道。他得知，“1922年委员会”的那位领导人已经说服绝大多数保守党议员（其中包括一些原本更愿意投弃权票的人）放下焦虑，投票支持政府。[3]这位首席私人秘书还密切地关注着持不同政见的自由党人，但不管怎样说，他们的票数都太少了。同时他发现，艾德礼和贝文两人已经安抚住了工党内部的绝大多数“造反派”。因此，他不情不愿地得出结论说，持批评态度的人“处理这件事情的方法不对”[4]（因为他仍然希望劳合·乔

① 参见西尔维斯特于1942年6月26日写给劳合·乔治的信，载于《劳合·乔治文集》，G/25。

② 同上，参见西尔维斯特于1942年6月26日写给劳合·乔治的信。

③ 同上，参见西尔维斯特于1942年7月1日写给劳合·乔治的信。

④ 同上，参见西尔维斯特于1942年6月25—26日写给劳合·乔治的信。

治取丘吉尔而代之)。

就在丘吉尔结束在华盛顿的访问返回英国的那一天，报纸上报道了埃塞克斯郡马尔顿村递补选举的结果。政府一方的候选人是一名保守党人士，他以 1∶2 败给了一名独立的社会主义者候选人。这位社会主义者提出，英国应当与苏联保持更加密切的关系，给予苏联更多的援助，同时希望英国政府发表一份关于战争与和平目标的宣言；总而言之，在民众心中他就是此时跟斯塔福·克里普斯以及左翼联系在一起的那个计划的支持者。当时，还出现了一个很有趣的转折：成功当选的那位候选人汤姆·德赖伯格是一名记者，在比弗布鲁克勋爵旗下的一家报社工作；据说比弗布鲁克勋爵得知选举结果之后，也觉得“非常有意思”。假如有人仍然怀疑的话，那么这场递补选举就给出了进一步的证据，说明英国人民对战争方针感到的不安，已经扩散到了议院之外。

与此同时，克里普斯对待政府和丘吉尔首相的态度，也逐渐发生了变化。他一定是已经认识到，自己的声望有所下降。要说他曾经相信，自己可以简简单单地把丘吉尔赶下台并取而代之的话，那么他此时就不再信心满满了。不过，他仍然认为，必须有人来取代丘吉尔首相才行。6 月 17 日，正值托布鲁克陷落几天之前，每日都有令人沮丧的消息从远东地区和北非地区纷至沓来的时候，他参加了在萨伏伊酒店为他举办的一场晚宴。根据 R.A.巴特勒在日记里的记载，在晚宴上，克里普斯“对一脸惊愕的与会者说，他希望举行一场选举”。若是英国在 1942 年举行一场大选的话，自然会导致另一次政府改组，因为大选肯定会改变议会里的势力平衡。大选很可能会进一步削弱丘吉尔的地位，巩固克里普斯的地位。不属于任何党派、因此即便结束现行党派制度也不会蒙受损失的克里普斯，在那天晚上稍晚时又进一步解释说，“他考虑的是组建一个联合政府，其中包括奥利弗·利特尔顿（他是曾在埃及任职的前国务大臣，支持过在埃及委任一名广受民众欢迎、反抗英国的总理，丘吉尔最近才把他调回国内，让他担任生产大臣）、安东尼·艾登和他自己”。巴特勒接着说，克里普斯“并不否认丘吉尔是战略性战争时期的最佳领导人选……（但）同时又暗示说，到了恰当的时候，丘吉尔就会被推到一边，因为他不懂内政”[①]（事实上，最后这句话预测得不错）。

具有讽刺意味的是，丘吉尔访美期间，为政府在不信任投票之前的议会辩论中制订辩护计划的任务，落到了下议院领袖克里普斯的身上。此时，我们不妨想象一下克里普斯陷入的两难境地：他希望重组政府，最终把丘吉尔首相撇到一边，因为他在一定程度上对批评者的意见深有同感；可是，他又必须带领政府进行辩护。难怪他会像安东尼·艾登所说的那样，“干得太糟糕”了。[②]由于不能由自己这样的“下议院人士”去辩护，所以克里普斯不知道应当由谁来率先代表政府发声。最后，他选定了奥利弗·利特尔顿，后者是他认为的会帮着他把丘吉尔赶下台的两个人之一。利特尔顿进入下议院才两年的时间。他对下议院的了解程度，跟克里普斯算是半斤八两。在辩论的

---

① 参见巴特勒 1942 年 7 月的日记，载于《巴特勒文集》，RAB G14/59。我们并不知道，利特尔顿和艾登两人清楚克里普斯计划中的哪些内容。不过，就在巴特勒所说的这次晚宴的两个月之前，艾登曾在自己的日记里写道，克里普斯从印度回国之后，“他、我和奥利弗必须严肃认真地谈一谈，然后再解决掉丘吉尔”。不过，艾登当时想的并不是挤走丘吉尔，而是说服他在战争的总体方针上与其他人保持一致。

② 参见艾登所著的《清算》，第 385 页。

第一天，利特尔顿开始为政府辩解之后，很快便发现自己陷入了麻烦，并且是“彻底陷入”。据安东尼·艾登说，这是“因为他不熟悉（下议院里的）人物和惯常做法”①。利特尔顿根本没有把控住下议院里的主导气氛，因此在他讲话的过程中，议员们插了35次话，几乎每一次都是对政府施以批评。②

最终，这些其实都无关大局。议会辩论在7月1日正式开始之后，提出此次不信任案表决的保守党议员约翰·西尼·沃德洛-米尔恩勋爵，在原本应当进行深刻批判的过程中，竟然出现了一个严重的失误：他提议丘吉尔卸任国防大臣，转由英王乔治五世的第三个儿子格洛斯特公爵担任。下议院里顿时爆发出了一阵不可置信的笑声。其余的议员都很清楚，格洛斯特公爵是没有能力担任这一职务的。有位议员如此说道：“诚然，格洛斯特公爵小时候的玩具士兵可能比普通孩子多，可能在玩耍的过程中表现出了某些本领。”于是，提出这一议案的约翰·西尼·沃德洛-米尔恩勋爵不但毁掉了这项议案，也毁掉了自己的前程。据目击者称，从美国及时赶回国内参加这场辩论的丘吉尔坐在前排议席上，咧嘴大笑，就像是一只柴郡猫*。③

接下来，就是此项议案的附议者、北朴次茅斯的保守党议员罗杰·凯耶斯勋爵讲话，他是前海军司令，曾在1940年5月促成丘吉尔登上首相宝座的过程中发挥过重要的作用。大家都

① 参见艾登所著的《清算》，第385页。

② 参见《英国议会议事录》，1942年7月1日的“战争的中心方针”。

* 柴郡猫：刘易斯·卡罗尔的名著《爱丽丝漫游仙境》中虚构出来的一只会隐身、经常露齿大笑的猫。亦译“妙妙猫”“笑脸猫”等。

③ 但尼科尔森描述说，那不过是一种“似笑非笑”罢了。参见尼科尔森编著的《尼科尔森》，1942年7月2日，第231页。

以为，他想要再次发挥出重要的作用，助力另一位人物；不过，他却让大家吃了一惊：凯耶斯之所以不信任政府，并不是因为丘吉尔手中的权力过多，而是因为他觉得丘吉尔的权力太少。他并不认为丘吉尔应当下台，而是认为丘吉尔应当有权更加迅速、更加频繁地撤销手下参谋长们做出的错误判断。有位议员打断了他的话，指出此项议案的发起者希望丘吉尔放权，可议案的附议者却想要丘吉尔获得更大的权力，这简直令人难以置信。于是，还不待“造反派”中的第一位支持者发言，“造反派”便拱手把胜利让给了政府。因此，尽管利特尔顿在为政府辩护时表现得很笨拙，但其实无关紧要。

在第二天的辩论中，“造反派”又搞砸了，竟然安排他们最有影响力的一位支持者，即属于左翼的工党议员安奈林·比万率先而不是最后发言，这让其处境变得更加糟糕了。比万和克里普斯战前曾经在团结社会主义者、建立“人民阵线”反对张伯伦的运动中有过合作。他们仍然是关系紧密的政治同盟。克里普斯这位新任的下议院领袖，看到自己以前的同志全副武装地攻击政府及其领袖时，究竟怀着怎样一种纠结复杂的情感呢？比万踔厉骏发地指责道：“首相赢得了一场又一场辩论，却打输了一场又一场战斗。全国人民都开始说，首相是用对待战争的态度来赢得辩论，却是用进行辩论的态度去对待战争。”所有人都聚精会神听着比万的陈述，没有一个人嘲笑他。假如丘吉尔必须在比万之后总结发言，那么形势就会变得截然不同，对丘吉尔来说也会更加艰难。

可恰恰相反，在丘吉尔前面发言的是一个非常令人遗憾的人，即国家自由党的莱斯利·霍尔-贝利沙。“造反派”之所以决定由他来做总结发言，是因为他在战前服过役，在此次战争的最初阶段，他还在张伯伦手下担任过负责战争的国务大臣。不过，这位前内阁大臣只想再次担任内阁大臣，除此之外别无他求，因此，他强调的是英国正在用不如敌人的军事装备作战，可在这一点上，他自己其实也有一定的责任。丘吉尔在霍尔-贝利沙之后讲话，是表决之前最后一个发言的人，他确信，自己应当在听众面前把这些方面都联系起来，以防他们还没有这样做。

“这场长时间的辩论，如今已经到了最后阶段，”丘吉尔开始发言了，“这场辩论，完全就是一个突出的范例，说明了我国的议会制度即便是在战争期间，也赋予了我们无拘无束的自由。我非常支持这种自由，而其他任何一个国家，在我们经历的此种生死攸关时期，都不会使用这种自由，也不敢使用这种自由。但是，事情并非到此为止，因此我现在向下议院提出申诉。”接下来，他一一驳斥了“造反派”的指责和批评，因为只有他自己能够做到这一点。他没有表现出一丝一毫的疲惫、沮丧或者压抑情绪。这一次，他没有声泪俱下。相反，他向议员们摆出了一组组数字：在各个战场之上的兵力以及枪炮和飞机的数量（没有泄漏出敌人尚不知道的任何机密）；他精打细算地评估了英军武器的质量，其中包括霍尔-贝利沙离任之后制造出来的经过改良的一些武器装备。他并没有将英军的损失与失败最小化，而是坚持说，总体来看，英国及其盟国的前景仍然是光明的。他毫不犹豫地警告说，这种辩论会让英国的敌人放下心来；不过，他是用一种典型的优美辞句提出这种警告的：“假如民主和议会制度要在这场战争中取胜，那么，依赖于这种民主与议会制度的政府，应当能够行动并且敢于行动；皇家政府的各位公职人员，应当不为闲言和怒骂所扰；敌人的宣传，不应当毫无必要地经由我们自己的手灌输给民众，从而让我国的声誉在全世界遭受贬损。这一切就是绝对必须的。”他精心控制着自己的讲话时间，在下午5时准点结束了讲话，此后再也没有人可以散播怀疑论调。比万的指责，其实也有一部分属实，那就是丘吉尔在辩论的时候，就像是在作战。

丘吉尔结束讲话之后，随即开始了分组表决。他又一次在议会里获得了胜利，这一次的票数是475∶25。与2月的情况一样，这看似一场完胜；但与此同时，这一比分也像2月的情况一样，产生了某种程度的误导作用。丘吉尔之所以赢得议会的支持，是因为议会仍然不敢把他这个在1940年曾经挽救英国于危难之中的人赶下台。可是，丘吉尔并没有消除整个议会对他怀有的种种疑虑之心。“从来没有过这么多的议员，带着如此严重的忧虑之情给政府投了支持票。”劳合·乔治的首席私人秘书在写给他上司的信件中，着重强调了这一句话。据他估计，丘吉尔的演讲说服了50—80位保守党议员，使他们对原本应当投弃权票的这项议案投了反对票；尽管如此，三大党派中还是有大约40名议员投了弃权票。①

此次表决并未驱散议会里的不安气氛，不到两个星期之后，这一点就进一步表现出来了；至少对一个人来说，情况就是如此。粮食大臣弗雷德里克·伍尔顿会晤了“1922年委员会”的主席，后者在召集保守党议员投票支持首相的过程中至关重要。尽管他在投票表决前为丘吉尔出了大力，但心中仍然觉得不安。

① 参见西尔维斯特1942年7月3日写给劳合·乔治的信，载于《劳合·乔治文集》，G/25。

"他们都想知道，首相究竟能够坚持多久。"会晤过后，伍尔顿在日记里如此写道。这位主席"来我这里是为了看一看，我对继任首相有何看法。只要我愿意，我党并不介意由我来担任此职（,）因为他们都很清楚，战争一结束，我是不会想要再留任的"。伍尔顿最后还哀哀怨怨地说道："我不想担任首相。"①（不过，后来他似乎又重新考虑过自己的立场）

与此同时，斯塔福·克里普斯仍在严阵以待。他可能不再认为仅凭一己之力就能够取代丘吉尔。他甚至认为自己无法成为三人执政中的一员，至少在近期是不太可能了。不过，他依然想要控制局势，事实上他也打算如此去做。他一直都对战争的走向忧心忡忡。他认为，在丘吉尔的领导下，英国在这场战争中打得很不科学、很无能，而且仍然有可能失败。他认为，自己知道如何解决问题。就在不信任案表决的那一天，他给丘吉尔送去了一份长长的备忘录。假如丘吉尔同意，他就有可能付出巨大的努力，去满足议会里对丘吉尔持批评态度的人的要求。在这份备忘录里，克里普斯建议擢升一些更年轻、更具创造力的军队将领，再成立一个由三人组成的军事委员会来取代参谋总部。新成立的军事委员会的唯一职责，就是为国防大臣（即丘吉尔）提供作战计划、战略和战术方面的建议。克里普斯还建议说，生产大臣应当行使更大的权力，其中包括对新成立的"材料和机械工具部"实施监管。他希望把与战争相关的科研和发展部门合理地组织起来。最后，他建议重新考虑英国的轰炸机政策。他认为，原有的政策深受"空

① 参见伍尔顿于1942年7月13日所写的日记，载于《伍尔顿文集》。

军部僵化呆板的观念（尤其体现在空军大臣身上）”之苦。而这位空军部大臣，恰好是丘吉尔的老朋友兼盟友阿奇博尔德·辛克莱。①

丘吉尔没有马上回复克里普斯。相反，他制订了更多国际访问的计划，先去莫斯科，他将在那里首次会晤斯大林；然后前往开罗，在那里他能够帮助制订对抗隆美尔的作战计划以及采取其他一些措施。自然，他是在仔细考量了重要的军事和外交问题之后，才计划这些出访活动的；不过，丘吉尔在战争期间的出访次数比其他任何一位政府首脑都要多，这一点也很值得我们注意。在1942年，国际出访既不容易也不舒服，甚至还很危险，但对丘吉尔而言，这些出访活动都令人精神振奋。至于原因，我们不得不推断，部分就在于不在国内时，他就不必去应付别人的挑剔找碴（还有一个原因，那就是他偶尔也会开一开自己乘坐的飞机，因为他特别喜欢这项活动，尽管这样做让其他人全都紧张不安）。不过，要让克里普斯知难而退，可不是一件容易的事。就在丘吉尔首相准备动身时，克里普斯又给他写了一封信：“过去一两周的时间里，我一直都在给您撰写一份报告，供您在仔细考虑早前那份备忘录时参考。我打算本周呈交给您，请您安排时间，与我谈一谈。”由于丘吉尔已经做好了出访计划，此时两人就不可能再会晤了。不过，首相或许可以在出访途中阅读那份报告。只是不管在什么时间、什么地点看到第二份报告，丘吉尔都会感到烦躁，因为其中只是重申和强调了克里普斯早

① 参见克里普斯1942年7月2日写给丘吉尔的信，载于《丘吉尔文集》，CHAR 20, 56/B。

前提出的建议。①

回到英国之后，丘吉尔首相马上就与他的参谋长“巴哥犬”·伊斯麦以及内阁秘书 E.E.布里奇斯会商。接下来，他便在 9 月 2 日给克里普斯写了一封信，驳回了后者提出的几乎所有建议。②克里普斯的女儿曾在第二天的日记里如此写道：“父亲……和首相的观点从根本上来看截然不同，因此他们永远都不可能成为搭档。”③此时，克里普斯就必须考虑考虑，自己究竟还能不能在丘吉尔的战时内阁里发挥出有益的作用了。他会最后再努力一把，在另一份冗长而经过严密论证的报告里竭力坚持自己的诉求；不过，到了那时，形势进一步削弱了他的影响力。④

之所以如此，原因就在于，身为下院领袖的克里普斯，再一次误解了下议院。这一次，政府安排了一场为期两天的议会辩论，讨论政府对印度的政策问题；显而易见，没有哪位议员希望就这个问题展开辩论。9 月 7 日，丘吉尔在议会里发表了一次讲话，就在他讲话的时候，议员们纷纷走出了辩论室。艾德礼起身发言的时候，丘吉尔也离开了议会。此时仍然留在辩论室里的绝大多数议员，也都准备起身离去。最后，议事厅里只剩下 16 名议员依然坐在那里。第二天，在回答一个问题的时候，克里普斯说：“议员们……连听完辩论开头两个

---

① 参见克里普斯 1942 年 7 月 30 日写给丘吉尔的信，载于《丘吉尔文集》，CHAR 20，56/B。

② 同上，参见丘吉尔 1942 年 9 月 2 日写给克里普斯的信。

③ 参见特丽莎·克里普斯 1942 年 9 月 3 日所写的日记，载于《克里普斯文集》，SC35/3，A3/1。

④ 参见克里普斯 1942 年 9 月 21 日写给丘吉尔的信，载于《丘吉尔文集》，CHAR 20，56/B。

重要人物的发言都等不及，的确让我这个议院领袖不得不非常严肃地来考虑这个问题了。”他批评说，这种行为很是失礼。此外，他又以谴责的态度总结道：“我认为，除非议员们都准备好把注意力更多地放在他们肩负的义务之上，否则，我们就无法再在这里带着我们应当具有的尊严与价值来讨论议程了。”①

其实，议员们离开议事厅，有两个原因：首先，保守党议员们都同意政府制定的对印政策（自克里普斯没能完成使命以来，政府制定的对印政策，就已经不再考虑印度战后立即获得独立这个方面了），因此觉得没有任何理由再就这个问题展开辩论；其次，议员们当时都要用午餐了，丘吉尔正是在他们最想吃饭的时候开始发言的。通常来说，一到午餐时间，不管是谁在讲话，议员们都会离开议事厅。克里普斯应该是清楚这一点的，但这种做法还是让他觉得不舒服。然而，他竟然敢就此大发牢骚，因此引起了议员们的公愤。在第二天（即9月8日）下议院开会的时候，一些怀有敌意的质询者马上就威胁说，要把克里普斯赶下台。“阁下是一位有学问的绅士，昨天您有什么权力来指责诸位议员阁下呢？”有位议员如此发问。“（当首相或者副首相讲话的时候），议员难道有什么特殊的义务必须在场吗？”另一位议员质问道。“难道议会里那种孤陋寡闻的批评意见，不会对全国产生什么不利的影响吗？”第三名议员责问说。“我冒昧地问一问博学多闻的绅士阁下，他是不是觉得身为议会领袖，提出这种指责就是维护了议会的尊严呢？”第四位议员又质问说。克里普斯毫不退让，局面变得

① 参见《英国议会议事录》，1942年9月7日。

更加复杂了；他坚持说，“议会的义务”就是至少保持有法定的人数在场。①

丘吉尔首席私人秘书的职责，就是将议会里保守党普通议员的观点告知首相；他向首相报告说：“议员们都认为，在您发表讲话之后，辩论如此迅速地草草收场，是您迄今为止获得的最佳信任投票。他们对掌玺大臣关于在场人数的讲话极其反感，因为他的讲话彻底破坏了这种效果。”②“1922 年委员会”向保守党“党鞭”报告，而该党“党鞭”又向首相汇报说：“下议院的威望遭受了沉重的打击……对于斯塔福勋爵所说的话，我们不应当避而不答。”③工党的议员们同样觉得自己受到了侮辱。格林伍德将他们的愤怒之情传达给了艾德礼，而艾德礼也把情况告诉了丘吉尔。④此时，首相一定是再一次露出了微笑吧。他已经疏远了这位难以对付的同僚一段时间，而削弱克里普斯影响力的策略也终于显现成效。让克里普斯担任议院领袖，其实是丘吉尔故意给他斟了一杯毒酒。最终，克里普斯果然将这杯毒酒一饮而尽。

在 9 月 9 日的战时内阁会议上，丘吉尔直接向克里普斯提及此事。据会议纪要记载，首相与掌玺大臣之间的对话如下：

> 首相：为什么要鼓励议员们批评我呢？
>
> 掌玺大臣：没有啊。遗憾的是我没有机会来表达对您

① 参见《英国议会议事录》，1942 年 9 月 8 日。

② 参见哈维 · 沃特 1942 年 9 月 12 日写给丘吉尔的信，载于剑桥大学丘吉尔学院的《哈维 · 沃特文集》，HARV 2/1。

③ 参见詹姆斯 · 斯图亚特 1942 年 9 月 9 日写给丘吉尔的信，载于《丘吉尔文集》，PREM 4/60/4。

④ 参见沃特 1942 年 9 月 12 日写给丘吉尔的信，载于《沃特文集》，HARV 2/1。

的支持。

首相：无声的支持最好。下议院的气氛非常好，最好是由他们去。

掌玺大臣：总体效果并不好。

首相：我可不同意您的说法。

掌玺大臣：……他们可以等到——起码也应当等到——首相讲完话再走。

首相：不要担心我——午餐时难免都有应酬之类的事情。[①]

于是，克里普斯的声望直线下跌。有一位工党议员，在日记里写道："他最近对议员们的抨击，让所有党派都大为不满……我认为克里普斯连任的可能性，要比以前小了。"[②]丘吉尔终于觉得可以自由自在地表达出自己的想法了。一位偶尔会与丘吉尔首相共进午餐的记者曾经写道，在一场午宴上，"首相非常辛辣地讥讽了斯塔福·克里普斯，说到了克里普斯'以豌豆和扁豆为食，偶尔也放纵放纵，用胡萝卜和南瓜当年夜饭'的生活方式。他说，只要提到克里普斯的名字，斯大林就会纵声大笑，揶揄克里普斯的素食习惯"[③]。

两人争斗的高潮不可能长久拖延，而最终结果也不会再悬而未决。克里普斯的朋友们都认识到了这一点。其中一人曾经写信给另一人，如此说道："斯塔福……已经遭受了莫大的羞

① 参见国家档案馆，CAB 195/1，1942 年 9 月 9 日。
② 参见杰弗里斯编著的《埃德》，1942 年 9 月 20 日，第 97 页。
③ 参见伊德 1942 年 9 月 30 日的《与丘吉尔先生共进午餐……》，载于《伊德文集》，2/2。

辱……丘吉尔……可以无视他了。”[1]克里普斯自己也认识到了这一点。他给丘吉尔首相写了一封信；考虑到起初他曾打算继任首相，因此态度或许还有那么一点儿不真诚。他在信中说道：“7 个月前，我加入内阁的时候，曾经希望自己能够与您通力配合，为战争付出努力，对国家有所助益……（但是）我们之间的关系已经发生了变化，因此如今我认为您不再信赖我的协助了。”[2]他并没有用辞职相威胁，但其中暗示的意思昭然若揭。然而，他面对的丘吉尔，却是一个精于做出模棱两可回复的高手：“从您 7 个月前首次上任以来，我完全没有看出我们之间的关系发生了什么变化。”[3]丘吉尔认为，克里普斯若是此时辞职的话，就会大大削弱政府的实力，因为当时英美两国正在准备实施“火炬行动”。而且，他错误地认为，克里普斯是故意要削弱政府的力量，甚至是故意要搞垮政府。他深信，克里普斯仍然打算取而代之。

9 月 30 日晚上 11 时，丘吉尔把克里普斯召至唐宁街 10 号首相官邸，请求他不要辞职。克里普斯原本一直都在犹豫，不知道究竟要不要走到最后一步；可接下来的这场会晤，丘吉尔却几乎是故意把他逼往这种境地。丘吉尔使用的不是胡萝卜，而是大棒；可这种高压手段，不管在什么时候用来对付斯塔福·克里普斯，都是不妥的。丘吉尔批评这位掌玺大臣，说他

---

① 参见詹妮·李 1942 年 9 月 17 日写给高登·金的信，载于《丘吉尔文集》，CHAR 20/58。

② 参见克里普斯 1942 年 9 月 21 日写给丘吉尔的信，载于《丘吉尔文集》，CHAR 20/56/B。

③ 参见丘吉尔 1942 年 9 月 22 日写给克里普斯的信，载于《丘吉尔文集》，CHAR 20/54/B。

招来了“四面八方的批评……如果辞职，他就不会有未来，因为保守党和社会主义者都不会支持他”。克里普斯并没有忍气吞声。他后来告诉艾登说，他“反驳了”，引用了“说明战争进展得非常糟糕的一些例子”。在三个半小时的时间里，首相和掌玺大臣针锋相对、互不相让，他们先是劲头十足，后来虽说两人都较为平心静气了，可最终仍然“没有达成共识”①。

之后的两天里，一连串紧张的会议，见缝插针地填满了每日本已忙乱不堪的、持续12个小时的议程。先是克里普斯与艾登在10月1日磋商，后者可能是克里普斯最敬重的一位同僚。这位外交大臣竭尽全力想要安抚克里普斯，可徒劳无用。接下来，克里普斯又与奥利弗·利特尔顿商谈，并对后者说，他已经“决定”辞职。晚上11时，艾登在唐宁街10号见到了首相和艾德礼两人。此时，丘吉尔仍然认为，克里普斯准备引发一场危机。他的心中，始终都忘不掉劳合·乔治与阿斯奎斯的例子。利特尔顿到来之后，如实地汇报说，克里普斯已经将自己肯定会辞职的消息告诉了他。这个消息，更证实了丘吉尔的怀疑。那天晚上，艾登曾在自己的日记里写道：“温斯顿竭力反对，不愿意协商。”艾登和艾德礼两人都试图让首相冷静下来，他们对丘吉尔说，不管克里普斯在2月是怎么想和怎么计划的，如今这位前大使都不会再自觉有实力去模仿劳合·乔治的做法了。他已经丧失了这样做的太多资本，而他自己也是心知肚明的。他们向丘吉尔提出建议说，要么委任克里普斯去美国协调给养的事宜，要么就让克里普斯去主管飞机生产部，但不在战时内阁里占有席位。这样做，既可以充分利用克里普斯杰出的

① 参见艾登1942年10月1日所写的日记，载于《埃文伯爵文集》。

组织能力，同时又可以将他移出权力中心，使得他发挥不出制造麻烦的本事。丘吉尔同意了这一方案。

尽管当时很可能早已过了午夜时分，但艾登和艾德礼这两位战时内阁大臣还是不辞辛劳，动身去找克里普斯。疾步行走了 5 分钟，他们就从唐宁街来到了克里普斯位于白厅联排别墅的两居室。在那里，他们把两种选择摆到了他的面前。艾登后来在自己的日记里写道，克里普斯“似乎两种选择都喜欢，尤其是喜欢后一种（即担任飞机生产部大臣）”。对于克里普斯而言，这两个职位都是让他体面地摆脱目前僵局的好办法。虽说他仍然严重怀疑丘吉尔的领导能力，但他很清楚自己不再有实力取而代之，甚至没有实力再对丘吉尔施加影响。回到唐宁街之后，艾登和艾德礼把他们取得的进展报告给了丘吉尔，后者表示满意。

然而第二天上午，丘吉尔首相却改了主意。在午饭前的一次会议上，丘吉尔对克里普斯提出要求，请他同意将议会里的任何动议都推迟到“火炬行动”实施之后。克里普斯手里原本攥着自己的辞职信，在这种情况下，他便回答说，必须再去跟艾登协商一下。克里普斯一离开，丘吉尔便给外交大臣打了电话，因此等克里普斯到达外交部时，艾登早已知道自己应该说些什么了。他提醒克里普斯说，此时的政府可承受不起他辞职可能引发的政治危机。克里普斯“辩称，我（即艾登）提出的办法没有解决任何一个难题；事实上，他确信如果没有温斯顿，我们大家都会相处得更好”。于是，他们全都再次回到了原点，只在一个方面迥然不同：在 2 月时，克里普斯的政治声望正日益上升；而到了 10 月，他的政治声望实际上已经不复存在。无论他认为丘吉尔是一个怎样无能的首相，他都没有实力替换掉

“温斯顿”，而他自己也清楚这一点。克里普斯把辞职信给艾登看了看，又一个问题出现了：这封信，完全就是一通强烈的谴责。“我告诉他说，没有哪位首相能够接受这个。”艾登在日记里写道。[①]

最终，克里普斯完全崩溃了。他又写了第二封辞职信，语气变得温和了一些，也同意推迟辞职，因为国家利益要求他这样做。他会按照丘吉尔的意愿，等待“火炬行动”的结果。这一点，就是一种关键证据，表明克里普斯不但品格高尚、超脱名利，在政治上也很单纯。[②]在艾登的协助之下，丘吉尔在谋略上完胜克里普斯。假设“火炬行动”进展得很不顺利，那么克里普斯就会与其他所有的大臣一样，辞去职务；假如“火炬行动”进展顺利，那么就只有克里普斯一个人辞职。丘吉尔与艾登两人，已经说服他接受了这样一个提议：“脑袋您来掉，至于尾巴，您可以与大家一起割。”

因此，假如抛出的硬币掉下后是正面朝上，那么除了克里普斯，其他任何人都不会有什么损失。“火炬行动”一开始就在法属西非地区取得了成功；接下来，11 月 11 日，英军地面部队司令伯纳德·蒙哥马利将军，又率军在北非地区的阿拉曼击败了隆美尔。这是英军在陆地战场上对德军的第一场大捷。在英国国内，“造反派”议员不再从鸡蛋里面挑骨头，起码暂时地不再吹毛求疵了。丘吉尔还发表了一个著名的宣言：即便这两次胜利没有预示战争终结阶段即将开始，但一定预告了战争开始阶段即将终结。全国一片欢腾。几天之后，当克里普斯

① 参见艾登 1942 年 10 月 2 日所写的日记，载于《埃文伯爵文集》。

② 参见克拉克所著的《克里普斯的脚本》，第 366 页。

辞去战时内阁阁员一职，转而担任飞机生产部大臣的时候，几乎没有人注意到这一变化。英国一家社会研究机构“大众观察”曾做过一项民意调查，数据显示有43%的男性和67%的女性都无法对克里普斯的行为做出评价。[①]

此时，丘吉尔能够高枕无忧地做出安排，实施业已推迟的内阁改组了。此次改组最值得注意的，就是他将内政大臣赫伯特·莫里森擢升至战时内阁，取代了已经降职的克里普斯。这样一来，丘吉尔首相便让战时内阁一如往昔，其中工党拥护者和保守党拥护者的比例完全没有变动。艾登暂时兼任下议院领袖。直到战争结束，克里普斯一直担任飞机生产大臣，位列政府内阁，但不再是战时内阁大臣；虽然他做出了有益的贡献，但这种作用相对来说不那么为人所知。

在1942年的大部分时间里，温斯顿·丘吉尔和斯塔福·克里普斯两人之间为了首相宝座展开了一场艰巨的较量，尽管英国政府未曾公开细节，但结果就是丘吉尔首相获胜。

① 参见《关于斯塔福·克里普斯爵士的第十份报告：克里普斯离开了战时内阁》，载于《克里普斯文集》，SC36/1。

第九章　独行的猫

在对付斯塔福·克里普斯的过程中，温斯顿·丘吉尔既表现出了耐心，也表现出了狡黠。而对战时内阁里的另一位阁员、同样对他的位置构成重大挑战的比弗布鲁克勋爵，丘吉尔除了再次展露这两种特质，还表现得见识超群、自制隐忍和善解人意。不同于克里普斯曾经的所作所为，比弗布鲁克勋爵代表了另一种对丘吉尔的考验；因为比弗布鲁克勋爵只是心血来潮，想要发动一场政变，或者说他是希望自己在首相倒台之后，变得万人瞩目。尽管如此，与克里普斯相比，他却给丘吉尔首相带来了更多的焦虑不安和杂事麻烦。虽说出生于加拿大的比弗布鲁克勋爵才华横溢、活力十足且办事效率很高，但他也难以管束、放纵恣意、顽固执拗。与克里普斯共事，您会心里有数；可与比弗布鲁克勋爵共事，您却永远都不知道他可能说出或者做出什么样的事情。他会小题大做，把鼹鼠打洞时形成的小丘说成是大山；不过，他也能够夷平真正的大山。与克里普斯相比，他之所以更不太可能与丘吉尔首相作对，只是因为他对于努力登上首相宝座更摇摆不定。然而，他从来都没有表现得品格高尚、理想崇高或者天真单纯，几乎只显露出世故狡猾、精于算计和冷酷无情，因此他也彰显了一种更大的危险。

比弗布鲁克勋爵对登上首相宝座的渴望，并不像他对冒险的渴望那样强烈；但他偶尔也会觉得，要是自己去当首相的话，能够比其他任何人干得更好。他希望自己亲历现场。而一旦身处现场，他往往又会希望自己能够在幕后干点什么。他不希望自己成为发动者，可有时他又认为，为了祖国的利益，他应当去做一个发动者。更准确地说，他全力希望的，就是让自己变成发动者必须依赖的那个人。他寻求的是一位可以追随的领袖，是一个值得他去支持的英雄人物。在战争时期的温斯顿·丘吉尔身上，他找到了这样一位领袖和英雄人物的影子。

像对待每个人一样，对于丘吉尔，比弗布鲁克勋爵也是极尽阿谀奉承之能事。“您的威望真是无与伦比，整个美国如今都受到了您的影响。”①又或者：“您对深处这场危机当中的人民的重要性是不可估量的，超过了我国历史上的任何一个人物……胜利到来的时候，所有的荣耀都将归于您一身。”②还有：“我写这封信，是为了向您这位我国的领导人、我国民众的救星、自由世界抵抗的象征表示感激和忠诚。”③甚至还有这样肉麻的话：“您是人类唯一的守护神。”④这种勃发出来的情感，不但表明了比弗布鲁克勋爵性格当中的英雄崇拜，也表明了他喜欢操纵别人，因为比弗布鲁克勋爵始终都希望在战时内阁里得到丘吉尔的支持。无论丘吉尔如何看待这些激情洋溢的阿谀之辞（我们很难相信，他不喜欢这种奉承），它们都组成了一条将两人紧紧绑在一起的纽带，从中我们能够深入地洞悉比弗布

①④　参见比弗布鲁克勋爵写给丘吉尔的信，未标注日期，载于《丘吉尔文集》，CHAR 20/24。

②　参见比弗布鲁克勋爵1941年11月30日写给丘吉尔的信，载于《丘吉尔文集》，CHAR 2/416。

③　参见比弗布鲁克勋爵1942年2月26日写给丘吉尔的信，载于《丘吉尔文集》，CHAR 20/52。

鲁克勋爵的性格。

不过，从近七十五年之后的今天来看，比弗布鲁克勋爵在其职业能力中首先表现出来的，就是冷酷无情。虽说他的确善于操控，的确活力十足，但他也经常表现得苛刻、好辩、顽固、无情，甚至是残忍，这主要是出于形势所迫。如果说这场战争让他承受了巨大的压力，那么这场战争同时也让他做事无所顾忌、名正言顺，因为这样他既可以驱策自己，也可以驱策别人，让所有人都把能力发挥到绝对极限。在当时的环境下，没有几个人敢于向他表示抗议。比弗布鲁克勋爵的秘书就认为，他身上“有那么一点儿施虐倾向”①。他会恐吓、吓唬害怕他的人，打击其余与他作对的人。约翰·莫尔-布拉巴宗在1942年2月的内阁改组中，丢掉了飞机生产部大臣的官职；他曾经回忆说，与比弗布鲁克勋爵共事的时候，自己“总是觉得结结巴巴，说不出话来，完全就像是一名小男生努力要与校长进行一场成年人之间的交谈”②。比弗布鲁克勋爵在写给丘吉尔的一封信中给出的自我评价，正好说明了莫尔-布拉巴宗产生这种感受的原因：“我就是‘复仇女神’*的牺牲品。新不伦瑞克省**礁石嶙峋的岸边，海浪无休无止地拍打着。偶尔会涌来一个极其危险的大浪，恶狠狠地砸在岸边的礁石上。这种海浪，叫做‘暴

---

① 参见奇泽姆与戴维合著的《比弗布鲁克》，第394页。

② 参见约翰·莫尔-布拉巴宗所著的《布拉巴宗逸事》(*The Brabazon Story*)一书（伦敦，1956年），第201页。

* 复仇女神：古希腊神话中的形象，为三姐妹，即阿勒克托、墨该拉、提西福涅。她们在大地上追逐杀人凶手（特别是血亲相弑者），使他们发疯发狂，是希腊人最惧怕的神祇，亦音译为“孚里埃”。

** 新不伦瑞克省：加拿大东南部的一个沿海省份，东临大西洋，省会为弗雷德里克顿。

浪’。那就是我。”[①]

不管怎样，比弗布鲁克勋爵都在不停地要求获得更大的权力和更多的工作。要知道，国家正处在危难之中，而他也很清楚，自己能够生产出东西来。他一向都是如此：担任飞机生产部大臣时，生产飞机；担任供应大臣时，生产坦克。随着时间的推移，丘吉尔又会让他去掌管粮食部，燃料、电力和照明部，农业部，或许还有其他各部以及各种各样的其他事务。丘吉尔很重视并经常采纳比弗布鲁克勋爵的建议。即便比弗布鲁克勋爵不在政府任职，只要这位朋友身在国内，丘吉尔仍会继续定期地跟他商量，倚赖他提出的建议。他处于丘吉尔的密友圈内，其中还包括布伦丹·布雷肯以及科学顾问弗雷德里克·林德曼“教授”；这几个人，经常与首相一起喝酒、抽烟，为其出谋划策，直到凌晨。

不过，尽管喝着白兰地、抽着雪茄烟会让比弗布鲁克勋爵才智焕发和心情愉快，但除了丘吉尔，实际上没有一个人信任他。“比弗布鲁克自始至终都是一个阴谋家，”有一位关注他多年的人如此写道，“他是一个更加危险的人物，因为他的阴谋诡计从不遵循我所见过的任何原则，总是出于个人目的，出于他想要在幕后操纵的疯狂激情。”[②]有人这样评价过他：“他身上只有2%的天才，其余98%都是坏水。”[③]他无法在集体里做事，哪怕丘吉尔让他掌管这个集体也不行。他竭力反对一切约束，

---

① 参见比弗布鲁克勋爵1941年10月25日写给丘吉尔的信，载于《丘吉尔文集》，CHAR 20/20。

② 出自A.G.加德纳这位了不起的自由党编辑之口，引自奇泽姆与戴维合著的《比弗布鲁克传》，第438页。

③ 参见西尔维斯特1941年10月24日写给劳合·乔治的信，载于《劳合·乔治文集》，LG/G/24/1。

尤其反对让他无法在自己擅长的领域里行使一切权力的约束。待他的失望情绪达到顶点之后，他就会给丘吉尔写上一封辞职信。由于经常感到失望，所以可以说他辞过无数次职。他写得最好的辞职信中，有一封出现过这样的话："我可不是一个适合在委员会里任职的人。我是一只独行的猫。"①

他辞了无数次职，但并不是为了表露内心想过宁静生活的渴望；不过，这些辞职信无疑也证明了他不喜欢受到阻碍，以及他对于掺杂在当时危难中的干扰、低效、怠惰、无能的万分愤怒。他辞职是为了发泄自己的怒气，同时期待着丘吉尔驳回他的辞职。不过，比弗布鲁克勋爵之所以辞职成瘾，有时也是因为他觉得丘吉尔赞同他的这种策略。他认为："您（丘吉尔）希望我继续留任，接下来我又大发脾气，然后威胁辞职，最后再次撤回辞呈。"简而言之就是："我让辞职变成了家常便饭。这种做法，变成了一种有意为之的宣传行为。这样做的目标，就是'紧迫和速度'。"②

比弗布鲁克勋爵认为自己知道首相希望从他身上获取的东西，反过来首相却没那么了解比弗布鲁克勋爵想要的回报。好在要想弄清比弗布鲁克勋爵总是辞职的原因（从某种程度上来看，丘吉尔无疑很清楚），我们并不需要理解他的内心。当时没有人真正知晓或能够知晓他心中所想。除了遵循自己的意愿，比弗布鲁克勋爵也并不是始终都明白自己想要的究竟是什么。丘吉尔费了九牛二虎之力，才找到对付比弗布鲁克勋爵的恰当

① 参见比弗布鲁克勋爵 1941 年 1 月 3 日写给丘吉尔的信，载于《丘吉尔文集》，CHAR 20/20。

② 参见比弗布鲁克勋爵 1942 年 3 月 17 日写给丘吉尔的信，载于《丘吉尔文集》，CHAR 20/55。

方法以及更好地利用这个加拿大人出色的工作和组织能力的办法。他会连哄带骗地对比弗布鲁克勋爵说："您虽然受到了束缚，但您还是得继续干下去。"①他会尽力安抚比弗布鲁克勋爵说："我的工作之中，有一部分就是努力让局面保持平静，并将整个团队团结在一起……让我们一起艰难前行，看看再过一年之后，是个什么情况。我认为那时的形势会好得多。"②他会向比弗布鲁克勋爵求助："没有人会比您更加清楚，我是多么仰仗于您给予的意见与安慰。"③如果比弗布鲁克勋爵某一次的辞职要求提得太多，而丘吉尔又快耗光耐心，他可能就会简单地回答说："我拒绝接受（您的辞呈）。"④假如耐心耗尽，丘吉尔可能就会训斥比弗布鲁克勋爵一番："您的辞职毫无理由，会被视为擅离职守。"⑤在这样的一封回信里，他还会更加深入地指出："没有哪一位大臣，获得过我为您提供的这种支持。"⑥

这是实情。丘吉尔需要努力博得贝文与艾德礼两人的好感，需要努力忍受伍尔顿与亚历山大两人，需要努力鼓励艾登和其他人；可他做出的最大和最持久的努力，就是把比弗布鲁克勋爵留在自己身边。当后者发牢骚说内阁的同僚掣他的肘、密谋对付他的时候，丘吉尔曾经在信中如此安慰道："绝对没有什么同僚针对您的阴谋；就算有的话，我也不会允许。"⑦当比弗

---

①③⑤　参见丘吉尔写给比弗布鲁克勋爵的信，未标注日期，载于《丘吉尔文集》，CHAR 20/20。

②　参见丘吉尔 1940 年 12 月 15 日写给比弗布鲁克勋爵的信，载于《丘吉尔文集》，CHAR 20/4A。

④　参见丘吉尔 1942 年 1 月 12 日写给比弗布鲁克勋爵的信，载于《丘吉尔文集》，CHAR 20/52。

⑥　同上，参见丘吉尔写给比弗布鲁克勋爵的信，未标注日期。

⑦　同上，参见丘吉尔 1941 年 10 月 30 日写给比弗布鲁克勋爵的信。

布鲁克勋爵认为那些喜欢小题大做的批评者让他举步维艰时，首相又充满同情之心和激励之情地给他写信说："在面对这些琐碎的烦恼之时，您务必不要忘记大局，不要忘记我们是站在这个灯火辉煌的历史舞台上。"①对于比弗布鲁克勋爵提交的每一封辞职信，丘吉尔都会写上一封措辞谨慎但几乎总是鼓舞人心的回信。如果他觉得面对面交谈的效果要比再写一封信好，他还会安排一次面谈："如果您愿意的话，我们可以在明天开车……去参加午宴的时候谈一谈。"②

丘吉尔没有想到的是，比弗布鲁克勋爵竟然开始认为，自己可以成为一个比他本人更能干的首相；这种想法与克里普斯的如出一辙，几乎同时出现。

比弗布鲁克勋爵在1916年打倒阿斯奎斯首相、让劳合·乔治登台掌权的过程中发挥过作用，因此有些人认为，他是一个"成也萧何、败也萧何"式的人物，既可以拥立国王，也可以废黜国王，甚至自己还有可能去当国王；哪怕是在1940年夏季的危险时期，哪怕坐在首相宝座上的丘吉尔高度赞扬比弗布鲁克勋爵在担任飞机生产大臣时取得的成就——"他已经干出了惊人的成绩……他创造了奇迹。"③——他们依旧如此认为。这些从来没有打消英国共产党人的疑虑，他们预测比弗布鲁克勋

① 参见丘吉尔写给比弗布鲁克勋爵的信，未标注日期，载于《丘吉尔文集》，CHAR 20/52。

② 参见丘吉尔1941年10月26日写给比弗布鲁克的信，载于《丘吉尔文集》，CHAR 20/20。

③ 参见克罗泽所著的《不得发表》中1940年7月26日对温斯顿·丘吉尔的采访。

爵很快就会让丘吉尔领导的英国政府垮台①；这些也没有阻止与比弗布鲁克勋爵互为对手的一位报业巨头在几个月之后提醒安东尼·艾登说，“麦克斯*……觊觎首相一职……麦克斯正在大力为自己宣传”②。

事实上，在当时极度危险的时期，比弗布鲁克勋爵在行动上一直完全忠于丘吉尔，他曾在无数公开和私下场合里承认过这一点。不过，尽管奉承一大堆，言辞很肉麻，但他对同僚们的看法通常都是不佳的；这些看法，他决不会只憋在自己的心里而不说出来。因此，不久之后，他就对一位记者说，赫伯特·莫里森“从来都没有干成过什么事情”，说贝文没有紧迫感，说辛克莱虽是“一个好人”，但只是遵照空军将领们的吩咐行事，至于格林伍德呢，“哦，您对他的情况是了如指掌的”（这是在影射格林伍德酗酒的问题）③。假如一个人发言太久，哪怕是丘吉尔，他也从不掩饰自己的不耐烦。哈利法克斯勋爵曾经描述过 1940 年 10 月一次战时内阁会议时的情况，说这次会议是他“见过的最混乱、最没有秩序的一次……麦克斯·比弗布鲁克简直绝望了”④。

人们之所以一直都在喋喋不休、不合逻辑地说他居心不良，部分也是他自己的行为导致的。之后，德国入侵苏联，一切都

---

① 参见西尔维斯特 1940 年 7 月 8 日写给劳合·乔治的信，载于《劳合·乔治文集》，LG/G/24/1。

* 麦克斯：比弗布鲁克勋爵名字中“麦斯维尔”的昵称。

② 参见艾登 1941 年 5 月 15 日所写的日记，载于《埃文伯爵文集》。这位竞争对手，就是卡姆罗斯勋爵。

③ 参见克罗泽所著的《不得发表》中 1941 年 5 月 21 日对比弗布鲁克勋爵的采访，第 218 页。

④ 参见哈利法克斯勋爵 1940 年 10 月 14 日所写的日记，载于《哈利法克斯文集》，A.7.8.3.12，FACS。

变了。德军突袭苏联，代表了第二次世界大战中的一个重大转折点，其意义甚至比日军偷袭美国的珍珠港还要重大，只是绝大多数英国人（包括英国的军事专家）起初都没有迅速察觉到这一点。他们当时都感到庆幸，因为希特勒终于把邪恶的目光从他们身上转移开了；不过，他们认为这种转移不会太久。斯大林刚刚整肃过苏联陆军中的主要将领，因此，这支军队怎么可能会比自吹自擂的法国陆军更加有力地抵挡住德国的装甲部队呢？连斯塔福·克里普斯也提醒过丘吉尔，说苏联人很可能抵挡不住德军。

比弗布鲁克勋爵强调的，却是局势的不同之处。他并不清楚苏联能够坚持多久，但他明白一点：苏联坚持得越久越好。苏联拥有几乎用之不尽、取之不竭的人力资源；倘若把这些人员恰当地武装起来，他们就会给德军带来无穷无尽的麻烦。因此他认为，凡是能够支持苏联的事情，英国都必须做到。苏联以波兰、波罗的海沿岸国家和芬兰为代价，从西部边境向外扩张，斯大林不但清除了手下的将领，还牺牲了不计其数的人，他制定的政策导致人民遭受了无法形容的痛苦与死亡，这一切都不再重要。比弗布鲁克勋爵本身一向都是反对共产主义的，但这一点也不再要紧。既然苏联加入了战争，并站在英国这一边，那么任何事情都有可能发生；如果没有苏联，英国面临的最乐观结果，就是战事胶着，甚至是战败。他的逻辑其实很简单：竭尽全力支持苏联，不再限制支援。英国政府应当发起一场为期数周的“为苏联制造坦克”的运动。英国应当将粮食、弹药、枪炮和其他给养送往苏联，尽管运送物资前往摩尔曼斯克的一路上可能困难重重、危机四伏。同样是这个比弗布鲁克勋爵，在担任飞机生产大臣时曾经强烈反对英国向加拿大和南非派遣飞行员和飞机，反对训练两国空军，因为英国无法匀出这些飞行员和飞机（即便这些人、物最终会返回英国也不行）；如今，他却满腔热情地支持丘吉尔派遣 300 架“飓风”战斗机去对付入侵苏联的德军。比弗布鲁克勋爵此时已经开始考虑，英国应当派遣部队到欧洲大陆上去牵制德军，使之无法进攻列宁格勒和莫斯科。他认为，那些说援助应当有条件或者希望对援助加以限制的同僚，都暴露出了他们目光短浅甚至更愚蠢的一面。

比弗布鲁克勋爵思考的，还有一个方面。他意识到，与苏联联手会给英国国内工厂的生产带来刺激作用。直到此时，在工会内部拥有巨大影响力的英国共产党人，仍在谴责这场战争，说它是相互竞争的帝国主义国家之间的一场战争。因此，在时任飞机生产大臣或供应大臣的比弗布鲁克勋爵要求延长工作时间、加快生产速度、提高生产能力的时候，这些共产党人都不肯配合。但是，德军入侵苏联改变了他们的观点。此时，由于苏联这个社会主义“母国”遭到袭击，这些共产党人便全心全意地支持比弗布鲁克勋爵提出的生产运动了。这位保守的帝国主义者、身为百万富翁的贵族，生平第一次与共产党的工会代表们完全达成了一致；这些工会代表，就是工人与工会领袖们沟通的媒介。或许，这种新的联盟在比弗布鲁克勋爵的心中播撒下了某些种子，因为他必然明白，自己这样一位支持为苏联提供援助的战时内阁大臣，同时还有工会代表们在背后支持，有可能变成一场声势浩大的运动的领袖。①

---

① 参见泰勒所著的《比弗布鲁克勋爵》，第 530—531 页；德赖伯格所著的《比弗布鲁克》，第 280—283 页；奇泽姆和戴维合著的《比弗布鲁克》，第 435—442 页。

比弗布鲁克勋爵旗下的报纸，也纷纷随声附和，呼吁尽一切可能去支持苏联。这种情况，导致他与政府同僚产生了嫌隙。他与新闻宣传之间究竟是什么关系呢？他的回答是，自己与新闻宣传之间没有任何瓜葛。战时内阁里的人当然不信。内阁大臣们都认为，他正在竭力从外部对政府的政策施加影响。反正，其中的绝大多数人从来就没有信任过他。于是，比弗布鲁克勋爵提出辞职；可丘吉尔却不愿接受他的辞呈。不过，我们从这件事情就能够看出，最终导致两人分道扬镳的第一道裂隙。

对于委派去担任驻苏大使的斯塔福·克里普斯，丘吉尔从来都没有真正信任过；可对于比弗布鲁克勋爵，他确实非常倚赖和钦佩，因为后者可能是他与约瑟夫·斯大林之间的一位天生密使。在第一次世界大战中，比弗布鲁克勋爵曾经分别代表劳合·乔治和保守党领袖安德鲁·博纳·劳，在两人之间穿针引线，表现出了自己作为中介人的非凡本领。1941 年 9 月 22 日，丘吉尔派遣自己的这位朋友，率领一个由 23 人组成的英国代表团，加上埃夫里尔·哈利曼率领的 11 名美国人，出访莫斯科。比弗布鲁克勋爵很清楚自己的使命：让苏联继续努力作战。他说他出访莫斯科，“不是去讨价还价，而是去送东西”，“这将是一场布置了圣诞树的派对，我们必须让苏联人没有理由再认为，圣诞树上挂着的礼物当中，没有他们应得的公平份额”①。

这就是让斯塔福·克里普斯深恶痛绝的那次出使，因为比弗布鲁克勋爵和哈利曼两人将他排除在所有的重要会议之外，几乎是无视他的存在。然而，比弗布鲁克勋爵却深受苏联东道

---

① 引自奇泽姆与戴维合著的《比弗布鲁克》，第 412 页。

主的喜爱；他和斯大林相互开玩笑，其中有些竟然是取笑克里普斯的。他曾经对斯大林说，克里普斯这个人太讨厌了。

> 斯大林："在这个方面，他比不比得上麦斯基（苏联驻伦敦大使）呢？"
>
> 比弗布鲁克勋爵："不，他比得上麦斯基夫人。"①

斯大林把头往后一仰，大笑起来。不过，撇开玩笑（还有一次又一次的敬酒、一场又一场的宴会和豪饮；这一切，信奉清教主义的克里普斯全都不喜欢），这次使命的本质其实与比弗布鲁克勋爵的设想一样，那就是提供大量的军需给养，拖住苏联继续这场战争。他避开了所有的棘手问题。一次又一次，他高高兴兴地放弃了美国承诺给予英国的援助，只要那些援助最终给了苏联就行。他放弃援助时是如此的慷慨大方，以至于有一次，苏联的翻译竟然兴奋得从椅子上跳起来，大声说道："这样，我们就能打赢这场战争了。"②最终，连斯大林也表达出了满意之情；比弗布鲁克勋爵发现，斯大林在聆听外交使节讲话时，还在自己笔记本的页边上速绘了几匹狼，这深深吸引了他。后来比弗布鲁克勋爵致电丘吉尔，汇报说："苏联人都深表感激，信心十足。我很高兴，如今我们有了一个忠诚可靠的盟友。"③丘吉尔则回电说："衷心祝贺……除了阁下，没

---

① 引自奇泽姆与戴维合著的《比弗布鲁克》，第 416 页。

② 引自泰勒所著的《比弗布鲁克勋爵》，第 487 页。

③ 参见马丁·吉尔伯特编著的《丘吉尔战时文集》第 3 卷《战争日益扩大》（*Ever-Widening War*）一书（纽约，2001 年）中比弗布鲁克勋爵于 1941 年 10 月 2 日写给丘吉尔的信。

人能够办成这件事情。”[①]身在莫斯科的斯塔福·克里普斯可能认为，自己也能够完成这项使命。可是，当时他对这一切却毫不知情。

1941年10月10日，这位由报业巨头转行而成的外交官，胜利地返回了伦敦，顺道带回了25磅鱼子酱。“此时，他正站在世界之巅，幸福到了极点。”他最近的一位传记作者如此写道。[②]关于他想当首相的流言蜚语，又开始增多了。自从战争开始以来，这种流言蜚语首次有了一定的现实根据。

1941年底，正是人们对丘吉尔纷纷感到不满的一个时期。议会里的普通议员克莱姆·戴维斯、维尔夫·罗伯茨和赫伯特·威廉斯，正在要求改组和精简政府，以便提高效率。许多议员都希望，丘吉尔放弃兼任国防大臣。新闻界里的某些机构，也掺和了进来。克里普斯的朋友们一再要求他回国，向首相发起挑战。至于克里普斯本人，他正在莫斯科因为比弗布鲁克勋爵如此对待他而怒火中烧，也谋求回国，并希望回到国内之后，迫使政府施行重大变革。

丘吉尔面临的这种棘手的政治局势，意味着首相宝座可能易主。当然，这是对克里普斯而言，只要他能够及时回国，抓住这一时机。不过，这也是比弗布鲁克勋爵的一个机会，不管他是否打算利用，都是如此。到了此时，许多人都以为，他定会利用这个机会。“我刚跟一位工党人士交谈过……那是与供应大臣关系密切的一名议员，”劳合·乔治的首席私人秘书曾经如此写道，“他透露说，比弗布鲁克肯定会设法取代斯宾塞

① 参见丘吉尔1941年10月3日写给比弗布鲁克勋爵的信，载于《丘吉尔文集》，CHAR 20/43。

② 参见奇泽姆与戴维合著的《比弗布鲁克》，第419页。

(丘吉尔的中间名)。”[①]第二天，这位首席私人秘书又报告说：“还有一个熟人说……大家都看好一个人，而且只看好这个人，他叫比弗布鲁克。”与此同时，不管比弗布鲁克勋爵的意图是什么，他手下那些报纸都在厚着脸皮替他大吹大擂。对此，这位秘书也有后续描述：“您购买的是比弗布鲁克的报纸，乘坐的是比弗布鲁克的飞机，驾驶的是比弗布鲁克的坦克，听说的是比弗布鲁克到苏联履行的使命。”这当然是“比弗布鲁克的宣传”，他承认说，“只是太过具有比弗布鲁克的风格了”[②]。

比弗布鲁克勋爵当然展望过自己担任中枢职位之后的情形，因为 10 月 12 日他在英国广播公司发表的一场演讲中，就清晰地表达过这一点。或许我们可以猜到，他在讲话中盛赞了斯大林和苏联对希特勒的抵抗。不过，他也暗示说，这场战争一方面取决于他与苏联这位领导人建立起的私人关系，另一方面则取决于他与英国生产工人建立起的私人关系。他声称，在他担任飞机生产部大臣呼吁工人们增加生产时，他们就已注意到他。如今，他又在敦促他们付出更大的努力，不只是为了他们自己的祖国，也是为了斯大林的祖国。他对工人们说，英苏两国有着共同的命运。这次讲话，与几个月之后斯塔福·克里普斯从苏联返回国内在英国广播公司发表的那次广播演讲相比，没有什么太大的不同，只是比弗布鲁克勋爵抢先了一步。在这场演讲中，他几乎没怎么提及克里普斯。

此时，他认为自己能够盖过克里普斯的风头，成为英国国

---

① 参见西尔维斯特 1941 年 10 月 29 日写给劳合·乔治的信，载于《劳合·乔治文集》，LG/G/24/1。

② 同上，参见西尔维斯特 1941 年 10 月 24 日写给劳合·乔治的信。

内最重要的支持苏联的一个人物。他还认为，自己能够盖过工党领袖们的风头，因为不论苏联红军与德军作战多么激烈和成功，工党的领袖们依然坚定地反对共产主义。还是劳合·乔治的首席私人秘书，曾经如此写道："比弗布鲁克心想，他是有能力去**领导**工党的。"①（粗体字是后加的）他当然做不到这一点，因为他必定早已清楚，自己永远都不可能成为工党名义上的领袖。不过，他的确有可能以为，自己这样一个既支持苏联、又有工会代表和工厂工人支持的报业巨头，足以从整体上领导劳工运动。他可能还想过，自己既可以领导这样一场运动，又可以继续忠于现任首相。

不过，情况可能正好相反，我们找到的证据，都是模棱两可的。10 月 20 日，他向战时内阁的国防委员会呈交了一份题为《援助苏联》的备忘录。他写道："如果我们现在硬是不去帮助苏联人，他们就有可能溃败……我们等待的做法是很愚蠢的……我们必须行动起来，不能等到为时已晚才去后悔。"②该委员会讨论这份备忘录的时候，据会议记录者称，比弗布鲁克勋爵又说，"他希望把国内民众因援助苏联而高涨的民意充分利用起来。其他大臣却不想这样做。他希望做出最大的努力，提高生产，来援助苏联。其他大臣却不想这样做。他希望切实履行自己在莫斯科达成的那份协议里的方方面面。可其他大臣却不想这样做。他希望英国陆军采取行动去支持苏联。可总参谋部却不想这样做"③。于是，他发出了一种警告：假如同僚们都拒绝支

---

① 参见西尔维斯特 1941 年 10 月 31 日写给劳合·乔治的信，载于《劳合·乔治文集》，LG/G/24/1。

② 引自奇泽姆与戴维合著的《比弗布鲁克》，第 421 页。

③ 同上，第 422 页。

持，那么他就不得不“考虑一下自己的位置”了。

那个会议记录者抬起头来看了看。“嗬，”他心想，“这个家伙想要坐上最高的那个位子吧。”①

历史学家A.J.P.泰勒是比弗布鲁克勋爵的朋友；他认为，这位报业巨头从来都没有存心或者积极地想要把丘吉尔赶下台，只是他在1941—1942年间的部分时间里，在无法入眠的漫漫长夜里，对这个方面有所幻想罢了。但是比弗布鲁克勋爵最近的传记作者们都认为，在这一时期，成为英国领袖的前景显然对他产生了吸引力；不过，他们并没有得出什么明确的结论，说比弗布鲁克勋爵曾经积极主动地试图夺取领导权。记者汤姆·德赖伯格曾是比弗布鲁克手下的一名员工，他先是以独立社会主义者的身份，赢得了马尔顿村的递补选举，后来又担任了将近三十年的工党议员；在描述比弗布鲁克勋爵时，他曾写道：“在1941—1942年间的不同时期，他都相信自己就是即将登台掌权的英国首相。”②丘吉尔的一位老朋友看了德赖伯格的著作之后，却提出了质疑：“我不认为（比弗布鲁克勋爵）是个‘自大狂’，也不认为他想过自己能够在这样一个时刻取代丘吉尔；但公正地说，他的确对自己是一个‘幕后操纵者’极感自豪。”③德赖伯格并没有让步；他对丘吉尔的这位朋友解释说，比弗布鲁克勋爵读过该书的手稿，然后强迫他删掉了部分内容，

---

① 引自奇泽姆与戴维合著的《比弗布鲁克》，第422页。

② 参见泰勒所著的《比弗布鲁克勋爵》，第530—535页；奇泽姆与戴维合著的《比弗布鲁克》，第435—443页；德赖伯格所著的《比弗布鲁克》，第283页。

③ 参见伯纳姆·卡特1964年6月16日写给德赖伯格的信，载于《维奥莱特·伯纳姆·卡特文集》，第169集。

“还以提起法律诉讼相威胁。但是，他无法强迫我们把那句清楚地表明了其野心的话语删除，这一点可能很重要……无疑，这是因为他推断，我们是能够找到亲历者来证明这一点的。”[①]德赖伯格心中的亲历者，包括同为比弗布鲁克勋爵手下雇员的记者迈克尔·富特；后者在1945年当选为工党议员，后来又在1980—1983年间当选为工党领袖。

丘吉尔自己是怎么看的呢？1941年10月20日，当比弗布鲁克勋爵威胁说，假如同僚们不给予苏联更多、更快的援助，他就要辞职的时候，丘吉尔是不是认为，自己的这位老朋友想要“坐上最高的位子”呢？他有可能这样想过，因为据国防委员会委员奥利弗·哈维的说法，丘吉尔“马上就解决了他”[②]；这个哈维，是外交大臣安东尼·艾登的幕僚。哈维还用扑克牌里的一种术语写道，丘吉尔是在“跟比弗布鲁克勋爵对赌”。丘吉尔警告说，假如比弗布鲁克勋爵辞职、退出政府的话，那么“他们**全都**‘不得不考虑自己的位子’了”（粗体字是原文）。他的意思就是说，比弗布鲁克辞职，有可能让整个政府倒台。这位老朋友是不是的确不希望看到这种结局呢？“比弗布鲁克勋爵气势汹汹，大发牢骚，”哈维接着写道，“可最终还是勉强同意了丘吉尔的要求。”会议过后，丘吉尔曾经对艾登说过，虽然他不相信这位老朋友会辞职，但他也没有低估比弗布鲁克勋爵辞职可能带来的致命危险。假如比弗布鲁克勋爵因为援助苏联的问题而辞职，然后发动一场群众运动来

---

① 参见德赖伯格1964年6月18日写给伯纳姆·卡特的信，载于《维奥莱特·伯纳姆·卡特文集》，第169集。

② 参见奥利弗·哈维1941年10月21日所写的日记，引自吉尔伯特所著的《战争日益扩大》一书，第1362页。

向政府施压，那就“意味着跟他决一死战”了。丘吉尔更愿意相信，比弗布鲁克勋爵不过是在使用他的惯常伎俩罢了。可令人不安的是，这一次他并不是采用私信的方式，而是公开提出了辞职。

比弗布鲁克勋爵和丘吉尔的关系，迅速恢复到了常态。在1941年秋季和初冬，比弗布鲁克勋爵曾给首相写过数封辞职信，而丘吉尔首相全都驳回了。于是，比弗布鲁克勋爵便不再坚持。但是，他把自己惊人的精力和注意力，从为英国的抗战进行生产，转移到了为苏联的抗战进行生产和提供其他所有形式的援助。他在战时内阁会议上提出，英国应当与苏联这个盟友团结一致，向芬兰宣战，因为芬兰虽然签署了停战协定，结束了1939—1940年间的冬季战争*，但在1941年6月德国入侵苏联的同一天，该国却又开始与苏联交战了。他还认为，英国应当承认苏联占领波罗的海诸国的事实。他用无可辩驳却不招人喜欢的逻辑指出：“除非我们承认战略前沿的原则，否则，我们也无权占领直布罗陀（那里是英国在地中海西端的战略前沿）。”①他的同僚们都不承认这两种情形具有相似性。比弗布鲁克勋爵后来发牢骚说：“艾德礼在一些朋友的支持下，一而再、再而三地阻挠这一政策。”②

或许正是在这个时候，他开始暗暗瞧不起这位工党领袖；

---

* 冬季战争：苏联与芬兰在第二次世界大战期间爆发的一场战争，自1939年11月30日由苏联向芬兰发动进攻而展开，苏联最终获得惨胜，后于1940年3月13日双方签订《莫斯科和平协定》而结束。

① 参见莱斯利·霍尔-贝利沙1942年3月15日所写的日记，载于《霍尔-贝利沙文集》，HOBE 1/9。

② 参见比弗布鲁克勋爵1942年3月3日写给艾登的信，载于《比弗布鲁克文集》，BBK D/427。

而这种态度，在1942年的内阁重组过程中，就会表露出来。此时，他自然而然地断定，艾德礼和工党的其他领导人都已脱离了工党的基层党员；他确信，工党的基层党员都希望看到一种更加强劲有力地支持苏联的政策。他甚至向战时内阁提出建议，说丘吉尔应当就这个问题向全国发出号召。虽然他从未想过自己可以当上工党的领袖，但他有可能盘算过，假如他在一场大选中倡议给予苏联更多的援助，而工党的领导人却反对这样做的话，那就有可能削弱工党领导人的影响力，巩固他自己和其他所见略同者的影响力。有意思的是，不久之后克里普斯也得出了他自己可在一场大选之后获得机会的类似结论。然而，丘吉尔像艾德礼一样对苏联疑虑重重，因此从来都没有认真地斟酌过这种想法。大选必须等到对德作战取得胜利之后才会举行。

与此同时，英国国内的政治形势还在继续恶化。不过，1941年12月7日日军偷袭美国的珍珠港，丘吉尔在5天之后动身前往美国去跟罗斯福总统商谈的时候，还是把比弗布鲁克勋爵带上了。他认为，没有其他哪一个英国人能够比他的这位老朋友更加努力、更加高效地敦促美国人提高战时生产；而接下来的情况，也证明他的看法是正确的。比弗布鲁克勋爵可能并不是在1940年担任飞机生产大臣的伦敦，而是在1941年底至1942年初的华盛顿为英国的战时事业做出了最大贡献，因为他说服了美国的决策者，使得后者决定大幅提高他们的生产指标。①

1942年1月14日，丘吉尔和比弗布鲁克勋爵回到了英国，

① 参见汤姆森所著的《不信任案》，第57页。

只比斯塔福·克里普斯从苏联返回英国早了几个星期。比弗布鲁克勋爵渴望变成英国国内最支持苏联的一个人物，变成英苏两国之间的传话人；不过，这是克里普斯已经扮演过，而且决意要再次扮演的一个角色，尽管此时他已经对苏联式的共产主义不再抱有幻想。比弗布鲁克勋爵可能已经开始想到自己是丘吉尔首相的一位潜在继任者，只是没有明确说出来罢了；或许，他自己在内心里还没有承认这一点。就在此时，克里普斯的心中却明确地掂量过这种可能性，并已经向自己的密友说过多次了。比弗布鲁克勋爵和克里普斯在莫斯科的时候产生了龃龉；因此，他们在伦敦必然会再次爆发冲突。丘吉尔将不得不找出办法，调解这两个人之间的关系；假如这种方法行不通的话，他至少也得想出某种策略，既利用好两人的才能，又保护好自己，不因这两人的勃勃野心而受害。

在 1942 年初的这段时间里，发生了一系列的事件：独立工党曾经发起了一场针对丘吉尔政府的不信任案表决，但最终只获得了 2 票；丘吉尔首相曾经想要委派比弗布鲁克勋爵担任战时生产大臣，委派克里普斯担任飞机生产大臣，却未成功；贝文对任何一位生产大臣都寸步不让，尤其不可能对比弗布鲁克勋爵这位大臣让步；3 艘德国军舰沿着法国海岸北上；新加坡陷落；克里普斯发表了许多关于苏联的演讲，举行了多场记者招待会，这进一步增强了他的声望，也激起了他的雄心壮志。此时的丘吉尔，一定比以往更加深切地体会到了四面楚歌的滋味。

形势的发展，迫使丘吉尔马上采取行动。他必须留住克里普斯，起码要暂时性地留住他，因为国家需要克里普斯。他必须留住贝文，因为工党要求他留住贝文；他必须留住工党；他必须留住艾德礼，因为后者正是工党的领袖。他可以继续留住比弗布鲁克勋爵，只要他的这位朋友愿意在生产大臣的权力方面向贝文做出妥协，在对苏援助问题上向艾德礼做出妥协。可他的这位朋友却不愿那样去做。因此，正如前文所述，1942 年 2 月 18 日，首相只好极不情愿地让比弗布鲁克勋爵走人了。

起初，这位报业大亨以为，这是一种幸福的解脱。此前，一切与公职相关的东西，都让他火冒三丈、怒不可遏。他没法与贝文、艾德礼和克里普斯等人共事；事实上，此时他几乎无法与任何人共事。英国皇家空军在很大程度上是他创立起来的，已经打赢了“不列颠之战”；而且，尽管德国的军舰在法国沿海游弋，使得英国国内的气氛再度变得紧张，可德军入侵英国本土的威胁却减轻了。美国的决策者们已经认可了他提出的生产指标。他可以说服自己，说他已经尽到了本分。“我对首相深感敬重，”他在 3 月 3 日写信对艾登说道，“我既不会做出、也不会说出任何有损首相权威的事情。”①

不过，比弗布鲁克只能是比弗布鲁克，不会变成另一个人；所以，前一年 10 月那次会议的记录者或许说得很对，此时的比弗布鲁克勋爵，没准真的正在考虑“最高位子”的问题呢。就在向艾登保证永远都不会损及丘吉尔的两个星期之后，比弗布鲁克勋爵与莱斯利·霍尔-贝利沙在萨伏伊酒店共进了午餐；后者是前内阁大臣，曾于 7 月在下议院举行的辩论中，代表提出不信任案的一方做总结发言。“麦克斯……说他已经决定反对

① 参见比弗布鲁克勋爵 1942 年 3 月 3 日写给艾登的信，载于《比弗布鲁克文集》，BBK D/427。

政府了，”霍尔-贝利沙曾经在自己的日记里如此写道，“他会提供所需的一切资金，来成立一个反对党。”[①]在日记当中，霍尔-贝利沙并未提及自己是如何回应的。接着，比弗布鲁克勋爵又邀请牛津大学的独立派议员阿瑟·索尔特爵士，到他的乡间别墅里去共进晚餐。索尔特刚刚从美国回来，丘吉尔派他前去督促美国的舰船生产，这一使命他完成得很出色。比弗布鲁克勋爵想知道的是：“阿瑟爵士愿不愿意同他一起，组建一个反丘吉尔的政党呢？”[②]索尔特回答说，他不愿意。比弗布鲁克勋爵还与帝国化学工业公司的董事长哈里·麦高恩一起吃过饭。当时，麦高恩问他会不会重新加入政府。比弗布鲁克勋爵回答说：“永远不会了，除非是我当首相。”[③]

同时，比弗布鲁克勋爵还告诉过艾登，说他“认为自己可以自由地鼓吹他对苏联的观点”，因为他已经不再是政府里的一员了。[④]在 3 月 17 日写给丘吉尔的一封信里（其中含有更多表达忠诚的话语，尽管在写这封信的同一天，他还请霍尔-贝利沙共进了午餐），他列举了下述观点：承认苏联在波罗的海沿岸的新边界；再给苏联支援坦克和飞机；组建“一支进入欧洲大陆的远征军”，他指的就是越过英吉利海峡，开辟对德作战

---

① 参见霍尔-贝利沙 1942 年 3 月 17 日所写的日记，载于《霍尔-贝利沙文集》，HOBE 1/9。不过，即便是在此时，比弗布鲁克勋爵表达的也是一种矛盾心态，因为他告诉前来共进午餐的这位客人说，“他觉得自己与丘吉尔息息相关”；丘吉尔没有让比弗布鲁克勋爵离开政府，但却遗憾地接受了他的辞呈，并委派给他一个新的任务，那就是第二次前往美国协调“资源集中”事宜。

② 引自奇泽姆与戴维合著的《比弗布鲁克》，第 439 页。

③ 参见哈利法克斯勋爵 1943 年 10 月 10 日所写的日记，载于《秘密日记》。

④ 参见艾登 1942 年 2 月 28 日所写的日记，载于《埃文伯爵文集》。

的“第二战场”。[1]他发动了手下的各大报纸。丘吉尔看到了报纸上支持苏联的文章，大为光火。差不多也是在这个时候，他得知这位老朋友曾经对手下的一名助理说过一句话：“现在，要么是当上首相，要么就是一无所有。”[2]（可那位助手后来却说，他不记得曾经听到过这句话）不论比弗布鲁克勋爵说没说过这句话，丘吉尔首相都有理由认为，与待在政府里面相比，这位老朋友待在政府外面或许会带来更加严重的麻烦。

丘吉尔已经引狼入室，委任克里普斯进入战时内阁；而另一条狼，即比弗布鲁克勋爵，则被赶走了（更准确一点来说，他是任由比弗布鲁克把自己开除了）。他认为，比弗布鲁克勋爵不会真的想用阴谋诡计来扳倒他。这位报业大亨诸多表示忠诚和友好的话语，他都认可。不过，他也清楚，在英国政界的最高层，这些话语几乎是没有什么分量的（传闻，劳合·乔治曾经说过这样一句话：“身居高位是没有朋友的。”[3]丘吉尔也认同这一观点）。以前，丘吉尔把有可能变成他政治敌手的人派往国外（例如，把霍尔派往西班牙，把哈利法克斯勋爵派往华盛顿）。即使他最初派比弗布鲁克勋爵前往美国不是为了暂时赶走他，但如今这一点一定是他的目标之一。正如他接受比弗布鲁克勋爵的辞呈之后不久对当事人所说的那样，他希望的是，比弗布鲁克勋爵离开政府之后，至少他的战时内阁会暂时获得

① 参见比弗布鲁克勋爵 1942 年 3 月 17 日写给丘吉尔的信，载于《丘吉尔文集》，CHAR 20/55。

② 参见汤姆森所著的《不信任案》，第 135 页以及泰勒所著的《比弗布鲁克勋爵》，第 517 页。

③ 例如，可以参见“乔治勋爵学会”2007 年 7 月 17 日发表的《身居高位，不要奢望友谊》一文，网址：http：//lloydgeorgesociety.org.uk/en/article/2007/130326/there-is-no-friendship-at-the-top。

一种“安宁”①。

然而，丘吉尔首相并没有获得安宁，即使比弗布鲁克勋爵按照丘吉尔的吩咐，横渡大西洋，表面上去跟美国人协调军需给养的问题之后，也是如此。这位加拿大人先是前往里斯本，然后乘坐水上飞机到了特立尼达的西班牙港；1942 年 3 月 24 日，他在西班牙港曾对记者说道：“我就是一个病人，需要休息休息。”②此时，他其实已经后悔辞职，后悔接受丘吉尔的新任命。他在心里反复考虑过这件事情，之后得出结论说，这样做，相当于是给他降了级。③丘吉尔已经让他靠边站，可比弗布鲁克勋爵却仍然希望离权力核心更近一点儿。由于做不到这一点，所以他想自己采取行动。6 天之后，他又在佛罗里达州的迈阿密市发表了广播讲话：“人类的希望……全都集中在约瑟夫·斯大林和红军正在苏联抵抗侵略者的战斗上……他手下的军队需要更多的坦克、更多的飞机、更多的反坦克大炮和更多的防空火炮，需要大量装备精良火炮的汽车，即机动火炮。”这完全就是重申他在战时内阁里曾经发表过的观点；当时，战时内阁驳回了这些建议，就算不能说是完全驳回，起码也是部分地驳回了。接下来，他首次在一场公开讲话中提出了开辟“第二战场”的建议：“大英帝国和美国的自由民族当中……采取进攻行动的呼声正在日益高涨。对于那些伟大的国家来说，下定决心继续保持伟大，才是一种恰当的精神。”④

① 参见《比弗布鲁克文集》，BBK D/448。这是比弗布鲁克勋爵一份长达 19 页的文件，记述了他辞职前后的一些事件。文件标注的日期是 1942 年 2 月 28 日。

② 参见路透社的报道，载于《丘吉尔文集》，CHAR 20/55。

③ 参见奇泽姆与戴维合著的《比弗布鲁克》，第 430 页。

④ 参见 1942 年 3 月 31 日的《每日快报》。

这个“需要休息的病人”，状态其实不错。他北上华盛顿，与罗斯福总统和其他人士商讨；但是，他们对军需给养问题讨论得并不多，主要讨论的是承认苏联扩大的疆域，以及向该国提供更多、更快的援助。这种做法本身算不上不忠，只是对丘吉尔没有什么好处。3 月 25 日，比弗布鲁克勋爵拜会了哈利法克斯勋爵，与这位英国驻美大使展开会谈。“这个小个子男人是多么不同寻常啊，”过后，哈利法克斯大使马上在日记里如此写道，“他幽默、顽皮、活力十足，善于抓住机会。”①这位加拿大人对他说：“我完全忠于丘吉尔，我认为丘吉尔有可能是我国最伟大的一位领袖。”不过，请注意他说话时的“推测”语气，以及语气背后的怀疑腔调：“我希望，永远都不会有什么事情，让我改变这种看法才好。”在同一天所写的“秘密日记”里，哈利法克斯勋爵又记录道，比弗布鲁克勋爵还用一种沉思的嗓音对他说：“我可能是负责这场战争的最佳人选。战争需要的是一个冷酷无情、无所顾忌的严苛之人，我认为自己做得到这一点。”②仅仅一个星期之前，就是动身前往美国的时候，他还对军事史学家李德·哈特抱怨过，说丘吉尔“对机械化战争一窍不通”，他的战争观念仍然停留在“马尔伯勒公爵*时代战争”的水平上呢。③

在美国逗留期间，比弗布鲁克勋爵曾经接受了“美国报业经营者联合会”的邀请，到该联合会 4 月在纽约市举行的年度

---

①② 参见哈利法克斯勋爵 1942 年 3 月 25 日所写的日记，载于《哈利法克斯文集》。

* 马尔伯勒公爵（1650—1722）：英国历史上最伟大的军事统帅之一，曾经参加和指挥过英荷战争、对法战争等多次战争，精于谋略、善于治军。丘吉尔是他的后代。

③ 引自奇泽姆与戴维合著的《比弗布鲁克》，第 431 页。

盛会上发表了一场演讲。从罗斯福总统那里，他得知美国政府对尽快在欧洲开辟“第二战场”的问题持支持态度。他很清楚，丘吉尔认为英国起码需要一年的准备工作，才能开辟“第二战场”。于是，比弗布鲁克勋爵返回佛罗里达州，开始了仔细的思考。他又来到佐治亚州沿海的“海岛”，坐在水边继续考虑。他在海滩上信步而行，问自己：为什么世界上最伟大的海军不能越过英吉利海峡，去保护英美联合舰队呢？为什么英美联军不能在舰队将他们送到之后，马上在欧洲大陆上建立起一个滩头阵地呢？而后他自己又回答说：他们其实是做得到的。之所以拖延，只是因为缺乏政治意志罢了；不是美国缺乏，而是英国缺乏。他决定在纽约的演讲中全力敦促英美两国立即开辟“第二战场”，而不管丘吉尔首相心里是什么想法。这一次，他又是采取了一种奇怪的忠诚表达方式：可能是想打击首相，也有可能只是想要督促首相走上正确的方向而已。不管是哪种情况，丘吉尔的反应，我们都是可以料想到的。据说，比弗布鲁克勋爵坐在一张撑着遮阳伞的沙滩椅上，向秘书口述演讲稿的时候，曾经停顿了一下，问道：“他不会喜欢我的演讲，对不对？”这里的“他”，指的就是丘吉尔首相。“对的，阁下，”秘书回答道，“我认为他不会喜欢。”①

丘吉尔并不知道比弗布鲁克勋爵的计划。他仍然认为，与待在美国相比，这位朋友待在英国可能给他带来更多的麻烦。因此，当罗斯福总统提出，让他手下的一位高级顾问哈里·霍普金斯以及军事参谋乔治·马歇尔将军陪同比弗布鲁克勋爵返

---

① 引自泰勒所著的《比弗布鲁克勋爵》，第 527 页。

回伦敦，去安排一场横渡英吉利海峡的远征时，丘吉尔表示了反对。他的这位朋友，必须留在美国协调军需给养方面的问题。他突然想到，或许可以诱导比弗布鲁克长时间地留在美国。他打算让比弗布鲁克勋爵取代哈利法克斯勋爵，担任英国驻美大使。他也考虑让比弗布鲁克勋爵为英国独掌联军军需给养的事宜，在美国的华盛顿特区驻留一段时间。情况就是这样：他欣赏比弗布鲁克勋爵，他重视和佩服比弗布鲁克勋爵，他享受着比弗布鲁克勋爵给他带来的鼓舞；可是，如今他却开始怀疑，两人之间的政治纽带，两人之间的友好关系，甚至是他的首相职位，还能不能够勉强维持。接下来，待比弗布鲁克勋爵在纽约市发表了那场演讲之后，丘吉尔就不得不弄清，上述方面中究竟哪一个能一如往昔。

4月20日，比弗布鲁克勋爵前往纽约时在华盛顿停了下来，他再次见到了哈利法克斯勋爵。“真希望我知道他的心里都在想些什么，”那位大使后来如此写道，“他对我说，他认为克里普斯是当前英国政界的关键；不过3个月之后，假如继续出现军事上的不利情况，那么民意就有可能转到他的身上，民众就有可能要求某种出格的东西了！”哈利法克斯不置可否，但他不难推断出比弗布鲁克勋爵心里的想法。罗斯福总统的顾问哈里·霍普金斯第二天会晤了比弗布鲁克勋爵，并马上就猜到了他心中所想。“他非常肯定，麦克斯·比弗布鲁克认为英国政府在这段时间的某一天就会倒台，而他比弗布鲁克将会是下一任首相。”哈利法克斯勋爵如此写道，因为霍普金斯曾向他吐露这种判断。他表示同意，又老于世故地加了一句：“可我认为，麦克斯不过是一厢情愿罢了。”[1]

不管是不是一厢情愿，比弗布鲁克勋爵都是在耍两面派，他自己很可能仍然不承认这一点。他不愿去干打击首相的任何事情，只是作为一个普通公民，支持他坚信的援苏政策罢了；但支持这些政策，他就必然会对首相构成打击。从某种程度上来看，他无疑明白这一点。如果克里普斯的威望日益下降，而丘吉尔首相又出于一些原因倒台或是被人推翻，那么，比弗布鲁克勋爵自然就成了取代丘吉尔的最热门人选。

4 月 23 日，被太阳晒成古铜色、神采奕奕、穿着晚礼服、纽扣孔里插着一朵白色康乃馨的比弗布鲁克勋爵，迈步走上了纽约市华尔道夫酒店宴会厅舞台上的讲坛，准备发表演讲，打击丘吉尔首相了。他的讲话，经由麦克风从大西洋的东海岸传播到了西海岸。他先是热情地歌颂了他的前领导：“丘吉尔是如今英国精神的化身。”接着，他开始播下怀疑的种子，同时表面上又对这些怀疑大加抨击：“我听说……（丘吉尔）不到这个夏季结束就会倒台。你们必须与我一起，消灭这种恶毒的谣言。”其实大家都明白，否认谣言最易让谣言扩散。

在后来的演讲中，比弗布鲁克勋爵并没有表示坚定不移地支持丘吉尔。他的确进一步大加称颂了丘吉尔，称颂了英勇无畏的英国士兵、水兵和飞行员，称颂了过去两年里做出过巨大牺牲的英国人民。可他的要点却是：“在德军占领下……长达 2 000 英里的海岸线上的某个地方”，美英联军应当马上开辟“第二战场”。“英国几乎每一个地区的民众都发出‘进击’呼

① 参见哈利法克斯勋爵 1942 年 4 月 21 日所写的日记，载于《哈利法克斯文集》。

声的日子，已经到来!”他的讲话，直接否定了丘吉尔的观点。下面这些话，也是如此：“斯大林领导下的共产主义，已经让欧洲出现了一支作战最英勇的陆军。斯大林领导下的共产主义，已经给我们提供了爱国主义的榜样，堪比最辉煌的历史。斯大林领导下的共产主义，已经培养出了此次战争中最优秀的将领。”还有更令人震惊的话：“加害基督徒？不是这样的。（苏联）没有宗教迫害……种族迫害？根本没有。犹太人与其他人一样生活得好好的。政治大清洗？当然有。可是，如今已经真相大白，那些受到打击的人都打算背叛苏联，投入德国敌人的怀抱。”①

在英国国内，比弗布鲁克勋爵旗下的各家报纸都把这次演讲刊登在头版，还翻印成了宣传册。丘吉尔也看到了这篇演讲稿。记者们询问丘吉尔对这篇演讲稿的看法时，他回答说：“我宁愿让他去宣传‘第二战场’，也不愿他去宣传和谈。”②这种回答非常高明，可实际上，丘吉尔首相的内心极度不安。他的这位朋友无论是处在大西洋的哪一边，都给他带来了灾难。丘吉尔决定干干脆脆地把他召回国内，然后对他提高警惕。后来，他还会重新考虑这个问题。或许，应当把比弗布鲁克勋爵派往开罗、莫斯科或者西印度群岛，或者再次把他派回美国的华盛顿特区。

因为比弗布鲁克勋爵在返回英国之后，并没有老老实实地待着。据其传记作者兼手下雇员，也就是赢得了马尔顿村递补

---

① 参见比弗布鲁克勋爵 1942 年 4 月 23 日在“美国报纸出版商协会”广告处所做的演讲《开辟欧洲“第二战场”，援助苏联》，网址：www.ibiblio.org/pha/policy/1942/1942-04-23b.html。

② 引自汤姆森所著的《不信任案》，第 156 页。

选举的汤姆·德赖伯格称，比弗布鲁克勋爵还雇用了一名宣传员，“在英国全国范围内发起了一场有计划的政治诽谤运动。他要手下的诽谤者这样说：‘丘吉尔即将下台……比弗布鲁克勋爵才是我们拥护的人……派人请比弗布鲁克勋爵上台吧。’”①也有可能，这名宣传员不是他雇用的，而是由他的一名崇拜者雇用的；因此，待丘吉尔就此事向他发了牢骚之后，比弗布鲁克勋爵便终止了这场运动。②关于这一事件的两种说法相互矛盾，比弗布鲁克勋爵也从未在公开场合谈及这件事情（不过，他允许德赖伯格在书中将不那么可信的说法发表出来，这一点可能也具有参考意义）。还有一件事情，人们的描述也相互矛盾。据说，比弗布鲁克勋爵曾经在暮春时节找过他的劲敌欧内斯特·贝文，商量丘吉尔倒台之后会出现什么样的局面。贝文这位工团主义者打断了他的话。这可不是他愿意考虑的一个问题。不过，贝文后来把这件事情报告给了丘吉尔，并问比弗布鲁克勋爵是在密谋反对政府吗？③还是说，比弗布鲁克勋爵根本就没有密谋，只是想散布点儿流言蜚语，好从中投机呢？④丘吉尔当时的想法是第二种。首相仍然相信，这位朋友绝对不会积极主动地搞阴谋诡计来反对他。他认为，比弗布鲁克勋爵虽说极其讨厌，但并不是真的对他不忠。他可能还认为，假如自己真的下了台，由比弗布鲁克来接任首相，也是可以接受的。就在前

---

① 参见德赖伯格 1964 年 6 月 18 日写给伯纳姆·卡特的信，载于《维奥莱特·伯纳姆·卡特文集》，第 169 集。

② 参见汤姆森所著的《不信任案》，第 169 页。

③ 参见阿伦·布洛克所著的《欧内斯特·贝文的辉煌岁月》（*The Life and Times of Ernest Bevin*）第 2 卷《劳工大臣：1940—1945》（伦敦，1967 年），第 177 页。

④ 参见汤姆森所著的《不信任案》，第 177 页。

往美国之前，比弗布鲁克勋爵还对手下的一位记者说，首相告诉过他，假如他真的接任最高职位，那么“我丘吉尔很乐意为您效劳”①。

不管最终目标是什么，比弗布鲁克勋爵全身心地投入了一场支持在欧洲大陆马上开辟“第二战场”的运动。英国政府强烈反对；丘吉尔及其手下的将领们都认为，在1942年开辟“第二战场”，远远超出英美联军当时的实力。他们还不顾美国的支持态度，反对在1943年开辟“第二战场”；这一点，不但令苏联非常苦恼，也令英国国内数量日益增加、支持苏联的友好人士非常苦恼。联军挺进法国的“大君主行动”，是在1944年6月实施的。如今绝大多数人都认为，丘吉尔坚持等待的决策是正确的，只有俄罗斯人不这样看。②可在当时，他始终都没能让比弗布鲁克勋爵心服口服。这个加拿大人提供资金，成立了一个叫做“民情舆论中心”（CPC）的国际组织，在全国范围内发起了一场支持“立即开辟第二战场”的运动。他旗下的各家报纸，都大张旗鼓地报道“民情舆论中心”组织的集会。英国各地纷纷向他的办公室发来邀请函，请他前去演讲。光是1942年最后几个月里，他就收到了40封邀请函。一位秘书将邀请函按照邀请单位的字母顺序排列，其中第一封来自“阿伯丁英苏团结运动组织”，最后一封则来自伦敦东区的“维多利亚公园教区牧师协会”③。这位身为百万富翁的贵族，同时也是一位报业大亨、一名保守党人、一位帝国主义者、一个以

---

① 参见汤姆森所著的《不信任案》，第135页。

② 然而，若想看到经典的驳斥观点，请参见约翰·格里格所著的《1943：绝非胜利》（*1943: The Victory That Never Was*）一书（伦敦，1999年）。

③ 参见《比弗布鲁克文集》，BBK/D/454。

前支持过绥靖政策的人，竟然还接到了“英苏友谊委员会”、英国共产党各个地区委员会、共产主义者占优势的工会、产业工人委员会、工人代表委员会、工人生产委员会等团体的邀请，要他去给英国的共产主义者及其同道中人，还有其他所有支持“立即开辟第二战场”运动的人演讲。

其中最著名的，就是比弗布鲁克勋爵接受邀请，在 1942 年 6 月 21 日，即希特勒突袭苏联一周年的那天，到“英苏团结运动组织”的“伯明翰委员会”发表了一场演讲。有人把此次演讲拍摄了下来，因此如今我们在网上还可以看到这一事件的视频。[①]看着这段视频，我们就会明白，为什么比弗布鲁克勋爵当时有可能以为他能够领导一场大众化的左翼运动，甚至有可能认为，如果丘吉尔倒台的话，他的民意支持率完全足以让他登上首相宝座。演讲之前，1 万名工人、地方军战士以及其他团体的成员，挥舞着旗帜，吹奏着乐曲，雄赳赳、气昂昂地列队行进，经过舞台和讲台；其中的许多人，都向比弗布鲁克勋爵（还有伯明翰市市长，以及“伯明翰委员会”的主席、丈夫是巧克力制造商的劳伦斯·吉百利夫人）敬上共产党的握拳礼。在行进队伍的上方，一面苏联的斧头镰刀旗在伯明翰市政府的楼顶迎风飘扬。一面苏联国旗和一面英国国旗缝制在一起，从他发表演讲的讲台之上垂落。他扫视了一下面前维多利亚广场上集会的 3 万名听众（根据另一种记载，是 5 万人）[②]，开始演讲：

---

① 比如说，在“独立电视新闻公司（ITN）原始资料”网上就可以找到此次演讲的视频剪辑。网址：www.itnsource.com/en/shotlist/BHC_RTV/1942/06/25/BGU408230002/?s=beaverbrook%20speech。

② 参见泰勒所著的《比弗布鲁克勋爵》，第 536 页。

> 现在已经到了需要紧急行动的时候。我们必须马上派遣第二支远征军，到“第二战场”去作战，不要再做无谓的耽搁。我们，我们当中的每一个人，都必须工作，都必须竭尽全力去工作。我们必须在英国的工厂、铸造车间和造船厂里工作。你们还记得“为苏联制造坦克周”吗？请记住当时的盛况，再来一次。让我们为“第二战场”制造坦克。为“第二战场”制造飞机。为“第二战场”制造战舰……我们生产出来的装备，苏联理应共享。我们能够提供的援助，应当心甘情愿地给予他们，而且送去的时候，应当高高兴兴、欣然予之……我们可能还必须与苏联人分享我国的面包……以及食糖。我们必须提供人员，装备坦克和飞机……（海军）封锁并没有让我们获得胜利……轰炸机也不会让战争结束……陆军才能打赢这场战争……在我看来，陆军已经装备齐整，准备出征并渴望出征……让大臣们立刻行动起来吧。①

听众发出了雷鸣一般的欢呼声。此时的比弗布鲁克勋爵处于权势的巅峰，正在浪尖之上驰骋。他在这样的盛大集会上，受到如此热烈的欢迎；他的这场运动，在全国也产生如此巨大的反响；他又怎么可能没有野心勃发呢？

事实上，比弗布鲁克勋爵那天正是站在一个巨浪之巅；不过，这个巨浪已经涨到顶峰，即将跌落。在发表演讲的时候，

---

① 参见比弗布鲁克勋爵 1942 年 6 月 21 日在伯明翰的演讲打印稿，载于《比弗布鲁克文集》，BBK/C/56。

他可能已经清楚了这一点。就在他走上讲坛之前，手下的一名记者把他拉到了一边，说隆美尔已经占领了利比亚的托布鲁克。一听到这个消息，比弗布鲁克勋爵的眼中马上就布满了阴云；至于原因，很可能是消息太过糟糕了，但也有可能是因为他立刻就明白，形势的发展让他的所有希望都化为了泡影。他还是会发表这次挑衅性的演讲。可是，丘吉尔永远都不会同意，在苏伊士运河陷入危险的情况下，再在欧洲开辟“第二战场”；他会动用权力范围内的一切手段，来保护英国在中东地区的战略地位。就算是此时正在维多利亚广场上欢呼的人们，倘若得知最新的失败，也会把苏联抛到一边。他们会要求立即采取复仇行动；不过，是在利比亚采取行动，而不是在欧洲大陆采取行动。“6 月 21 日上午，开辟‘第二战场’几乎还是一件很有把握的事情，”比弗布鲁克勋爵后来如此说道，“可到了那天傍晚，这种可能性只有 1% 了。”①

结果，他登上首相宝座的可能性，也同样变得微乎其微了。他原本已经确信，作为一场势不可挡的运动中手执长矛的主将，他自己也是势不可挡的，或者说有可能变得势不可挡。如今呢，长矛却折在了他的手里。没有这支长矛，他就只能是丘吉尔的朋友和同盟；虽然他最终有可能再次成为丘吉尔的同僚，却永远都不会是丘吉尔的继任者了。

他没有马上结束“立即开辟‘第二战场’”的运动，但也没有再用他无情的狠劲，去推动这场运动。他礼貌地拒绝了所有向他送来演讲邀请函的机构。对于其中的少数几家机构，他

① 参见比弗布鲁克勋爵 1942 年 6 月 21 日在伯明翰的演讲打印稿，载于《比弗布鲁克文集》，BBK/C/56，引自第 536 页。

还发了措辞谨慎的电报表示支持，但也仅止于此。他已经不再把这场运动看成是推进自己政治生涯的工具，而是只把它当成向政府施压，从而让政府采取他认为正确的措施的手段；不过，他很清楚，政府并不会马上采取这些措施。他旗下的报纸仍在鼓吹开辟“第二战场”的问题。7月，他举办了一场跨党派的晚宴，并在晚宴上就开辟“第二战场”游说议员们。有一次，他还在上议院里就这一问题发过言。[①]他仍然与那场日益减弱的运动保持着千丝万缕的联系；因此，丘吉尔在1942年8月前往苏联，要把当年不会开辟“第二战场”的消息告知斯大林的时候，并没有邀请比弗布鲁克勋爵同行。

此时的比弗布鲁克勋爵已经不再那么专注于“第二战场”的问题，因此这位报业大亨也不必再在自己的野心与对丘吉尔的忠诚之间摇摆不定了。他放弃了自己的野心，重新开始忠于丘吉尔。他终于面对现实了。他曾经给一位美国朋友写信说：“丘吉尔的威望仍然与两年之前一样高……他是无人匹敌的。”给另一位朋友的信中，他又如此写道：“他的位置稳如磐石。”[②]他一向都坚决果断，而在开始怀有当首相的念头之前，他也一向都是一个非常现实的人。现在，比弗布鲁克勋爵终于恢复到了常态。用哈利法克斯勋爵的话来说，就是他终于不再深陷在“一厢情愿”中而不能自拔了。

与1940年夏季的情形一样，在1942年夏季，比弗布鲁克勋爵再一次表现出了他对丘吉尔首相坚定不移的忠诚之心。伯明翰集会的10天之后，就在下议院对沃德洛-米尔恩提起

---

① 发言日期是1943年2月23日。

② 引自泰勒所著的《比弗布鲁克勋爵》，第537页。

的那项灾难性、还因为罗杰·凯耶斯爵士附议而变得更加糟糕的不信任案展开辩论的第一天，比弗布鲁克勋爵在上议院里发表了演讲，声音洪亮地为“我曾经属于一员的政府”辩护。批评者们都抱怨说，在北非的英国陆军装备不足，武器质量也很低劣。对于英国国内生产方面的事实与数据，比弗布鲁克勋爵比其他任何一个人都更加了如指掌；因此，他权威地总结道，情况并非如此。英军部署在北非的枪炮和坦克，与德意两军部署在北非地区的装备相比，数量更多，质量也更好。托布鲁克之战失利，责任并不在于政府，因此更不在于丘吉尔，而只可能在于战场上指挥不力的将领。他这么说或许是因为，此时他已经得知消息，丘吉尔首相有意将克劳德·奥金莱克将军撤下，换上哈罗德·亚历山大将军。几天之后，丘吉尔还任命了伯纳德·蒙哥马利，而后者将领导英军成功地反攻。

在这场演讲中，比弗布鲁克勋爵还特别替丘吉尔首相坚持继续兼任国防大臣的想法做了辩护：“假如你们想要的是分权，以及由此而导致的战机贻误与争论不休，假如你们想要的是优柔寡断而不是果断坚决，那么我们就只能同意这种分权，因为只有分了权，才能达到这样的目的。”对于批评者说是因为英军的坦克都派往了苏联，才导致新加坡和托布鲁克战事失利的指责，他也替丘吉尔做了辩护（从而也替自己做了辩护）：“哦，简直是一派胡言，完全不是事实；这种情况，是完全不可能出现的。”首先是因为，如今英国的坦克已经有了富余（他有部分功劳）；其次则是因为，丘吉尔绝对不会犯这样的错误：“不要跟我说，他竟然疏忽到忘记将武器送往前线了：这种情况，是完全不可能出现的。”①

1943 年 4 月，比弗布鲁克接受了罗斯福总统的邀请，再次出访美国。他深深地吸引了富兰克林·D.罗斯福总统，因为只要是不讨厌他的人，几乎都会被他迷住。差不多与此同时，丘吉尔发觉，英美之间需要就战争策略的问题更多地磋商，因此他也将前往美国。到了美国之后，丘吉尔坚决不让他的这位朋友参加任何军事磋商。他还试图不让比弗布鲁克勋爵参加他与罗斯福总统之间的私人会谈，但没有成功；不过，到了战争的这个阶段，此种会谈其实并不是特别危险了。蒙哥马利已经打赢了阿拉曼战役，英美联军已经登陆北非，成功地实施了“火炬行动”。第一批美国军队，已经抵达英国。丘吉尔非常自信，觉得可以发表他那场著名的“终结这场战争的开始阶段”的演讲了。A.J.P.泰勒曾经写道，1943 年春季“胜利在望”，是丘吉尔首相而不是比弗布鲁克勋爵站在时代的巅峰，后者绝不可能对丘吉尔首相构成威胁，而两人也都清楚这一点。在前往美国的“玛丽女王”号上，两人一起玩着牌，仿佛他们之间从来都没有出现过什么嫌隙。据埃夫里尔·哈利曼称，当时照例是比弗布鲁克勋爵赢了牌。

然而，比弗布鲁克勋爵仍然是以前那些同僚和议员们都不喜欢的一个人。这种情况，始终都没有改变。1942 年 7 月议会举行了那场不信任案表决，他也在上议院里发表了忠心耿耿的演讲之后，谣言四起，都说丘吉尔有意重新委任他加入战时内阁；因此，不喜欢他的人便做出了强烈的回应。贝文曾经对再

① 参见 1942 年 7 月 1 日的《战争方针》，载于《英国议会议事录》第 123 卷，网址：http：//hansard.millbanksystems.com/lords/1942/jul/01/conduct-of-the-war。

次短暂返回英国的哈利法克斯勋爵说过，“假如传言是真的，温斯顿打算把比弗布鲁克再次安插到政府里面的话，他一定会辞职”。艾德礼也“语气强硬，反对麦克斯·比弗布鲁克重回政府”[①]。克里普斯的态度是一样的。而且，对此持有反对意见的，并非只是工党。连保守党的“党鞭”也写信对丘吉尔说：“这种性质的流言，非常严重地干扰了议会里面的绝大部分舆论。”[②]丘吉尔安慰所有人说，他完全无意让比弗布鲁克勋爵重回政府任职。

这是一句谎话。他其实非常想要比弗布鲁克勋爵回到政府。政府里面，没有其他哪一个人像比弗布鲁克勋爵一样，能够为他做那么多的事情。“温斯顿无疑是一个非常孤独的人。”劳合·乔治的首席私人秘书曾经如此写道。[③]接下来，正如我们已经看到的，战争形势变得对英国有利了。1943 年夏季，丘吉尔和美国人已经开始严肃认真地计划开辟“第二战场”。丘吉尔首相曾经对自己的一位朋友说过这一点。由于他的地位再次变得难以撼动，由于比弗布鲁克勋爵重新开始支持他，并对开辟“第二战场”感到很满意，所以丘吉尔终于能够采取他早已计划好的措施：1943 年 9 月，他提出重新委任这位加拿大人担任政府里的掌玺大臣，他确信比弗布鲁克勋爵会接受这一任命。

但是，丘吉尔仍然必须提防比弗布鲁克勋爵的对手。为了安抚这些人，他保证这一职位并不会让比弗布鲁克勋爵位列战

---

① 参见哈利法克斯勋爵 1942 年 7 月 15 日所写的“秘密日记”，载于《哈利法克斯文集》。

② 参见詹姆斯·斯图亚特 1942 年 7 月 15 日写给丘吉尔的信，载于《丘吉尔文集》，CHAR 20/52。

③ 参见西尔维斯特 1942 年 7 月 13 日写给劳合·乔治的信，载于《劳合·乔治文集》，LG/G/25。

时内阁。此时，所有的障碍都已清除，只剩下一块绊脚石。担任飞机生产大臣的斯塔福·克里普斯，强烈反对这一任命。丘吉尔用自己一贯的沉着冷静来对付他，致信说："一位首相去跟所有的同僚协商，并不是什么常见的事情……但根据同僚的建议行事，他能更好地代表陛下的臣仆向王室表达敬意。不过，在我国的制度之下，不管结果是好是坏，首相都必须自己承担责任。"这样一来，丘吉尔便轻而易举地让克里普斯彻底泄了气。在这封打印的信件上，他还附上了亲手写下的一句话："我希望，我们很快能够一起吃顿饭。"①

比弗布鲁克勋爵接受了这一任命。不再位列战时内阁，并不要紧。他和首相可以（也的确）重新一起谈话、谋划、喝酒、吸烟，直到深夜。丘吉尔将比以往更加倚重于他，这种倚重在 1945 年大选的预备阶段达到了最高点。

如今看来，斯塔福·克里普斯和比弗布鲁克勋爵两人的挑战，似乎都没有什么了不起的。最明显的原因就在于，两人手下都没有政党；实际上，两人都不能说是效忠于党派的人。这就意味着，两人在议会里都没有掌控过一个投票集团。原因也有可能是，几乎没有人信赖比弗布鲁克勋爵；尽管有许多人信任克里普斯，可下议院里却只有少数议员信任他的政治意识。最后一个原因，就是两人实际上都没有真正对丘吉尔下过战书；他们只是利用计谋寻求自己的位置，充其量考虑过下战书罢了。

然而，假如他们换一种出牌方式，丘吉尔也换一种应对方

① 参见丘吉尔 1943 年 10 月 1 日写给克里普斯的信，载于《丘吉尔文集》，CHAR 20/94B。

式，而战争形势又继续恶化，那么，他们两人中的一位也是有可能当上首相的。要知道，丘吉尔在 1940 年遭受的挫折，与克里普斯、比弗布鲁克勋爵遭受的挫折非常相似，可他却成功地登上了顶峰。后面两人所处的境况，丘吉尔也经历过：他没有政党在背后支持；没有几个人信任他的政治智慧；他也犹豫过很长的时间，不知道究竟要不要向内维尔·张伯伦下战书。总而言之，不管如今我们看来如何，他在 1940 年夺权时的情况，与 1942 年克里普斯或比弗布鲁克勋爵想要夺权时的情况一样，前景并不光明。

我们必须记住，丘吉尔的同僚，并不像如今人们经常表现的那样尊重他。这些同僚并不知道，后人将如何看待丘吉尔的功过是非。当时他们无疑都认为，丘吉尔虽然是一个杰出的、才华横溢的人，但同时也是一个不好对付、有缺点的人。在他们看来，丘吉尔太过喜欢表现自己，太过独断专横，太过相信自己的判断。有些人觉得他喝酒喝得太多。有些人还担心他的健康状况。简而言之，他们把丘吉尔当成一个普通的人，认为他与所有的人一样，并不是十全十美的。七十五年之后，我们中的绝大多数人都认为他是当之无愧的英国首相，可在 1941 年底到 1942 年初，并不是每个人都认为他是人心所归、不可替代的英国首相。丘吉尔必须使用极其狡猾的手段，才能保证自己的位子不被克里普斯夺走；他必须显示出一种沉着、更沉着的胆量，才能保证自己的位子不被比弗布鲁克勋爵夺走。他不能指望这两个人的忠心，哪怕比弗布鲁克勋爵是他的老朋友。在政治这座尖塔之上，没有忠诚，只有算计、野心和意识形态。

丘吉尔对付斯塔福·克里普斯，是给了后者一根足够长的政治“夺魂索”，使其自己吊死在了上面。他对付比弗布鲁克勋爵的方法则大不相同：首先是保持极大的耐心和眼力，然后不那么狡猾地把他派往了国外。不管怎样，他从来都不相信自己的这位老朋友会努力把他赶下台。因此，他不需要用一根绳索把比弗布鲁克勋爵吊死，而是只需要用绳子拴住他，直到某种新的局面出现。实际上，他根本就不想使用绳索，只需一根小针，把比弗布鲁克勋爵内心膨胀起来的气球捅破就行。与此同时，丘吉尔首相还跟自己的军事顾问们一起，成功地说服了美国，推迟了开辟“第二战场”的时间。英国与苏联签署了一份友好条约，但并没有承诺马上登陆欧洲大陆展开反攻。得知托布鲁克失守的消息时，丘吉尔正在美国访问。具有讽刺意味的是，这个消息对英国来说是噩耗，可对丘吉尔来说却是喜事，至少从一种意义上来看就是如此：这个消息，正是一根针，捅破了比弗布鲁克勋爵内心膨胀起来的气球。这个消息，终结了比弗布鲁克勋爵这个加拿大人对他首相大权构成的威胁，因为它终结了“立即开辟第二战场”的运动，从而终结了比弗布鲁克勋爵爬上最高位置的种种野心；不论比弗布鲁克勋爵曾经多么严肃认真地怀有这些野心，也不论比弗布鲁克勋爵曾经多么想要实现这些野心，都是竹篮打水一场空。丘吉尔首相只需等着更多的消息，直到形势发展到他能够把这位老朋友调回国内的政界。结果，他再一次心想事成了。

第十章　贝弗里奇教授的冲击

1940 年 6 月，与墨索里尼谈判的提议遭到反对、大家一致同意与德国血战到底之后，战时内阁里的大臣们，包括社会主义者和保守党人士都明白，他们必须学会相互合作和彼此妥协，否则的话，英国就打不赢这场战争。不管有多么不情愿，右翼大臣们一致认为，为了最有效地战斗，政府必须拥有一些新的权力，能够对整个国家经济实施干预。属于左翼的大臣们也都承认，政府目前对经济的干预，并没有达到他们认为该有的频率和深度。

尽管如此，即便是在 1940—1942 年间，英国正处于极其危险之境地的时间里，“大联盟”政府依然出现过意识形态方面的矛盾。左翼人士感觉到，历史的潮流正在随着他们而动。进出议会的左翼议员，从来都没有停止过向工党大臣们呼吁，要求政府实施进一步的改革，干预经济。艾德礼、贝文和其他人都承担着风险，因此对这些要求视而不见；可他们也不能完全忽视这些要求。保守党人试图通过支持一些不那么具有深远影响的措施，来抵制这些要求。像艾登、伍尔顿和 R.A.巴特勒（就是鼓吹失败主义的前外交次长）之类的中间派，在这个方面发挥了带头作用。可实际上，巴特勒最终还是通过议会，全面改革了教育制度，尽管这场改革并不像许多左翼人士希望的那样全面。

虽然保守党内有温和派，但事实是，在国家如何组织的问题上，社会主义者和保守党人的观点仍然是大相径庭的；战争时期是如此，战争结束之后也是如此。对于战后的英国应该是个什么样子，双方的许多人士都加入了论争，或者抱有各自的希望。美国参战之后，胜利似乎在望，但战时内阁、议会和全国范围内意识形态方面的矛盾，反而更加尖锐了。丘吉尔使尽浑身解数，想要遏制这种矛盾。最终，他的努力可以说是成败参半。

在人生这个时期的每一场意识形态论争中，丘吉尔都是本能地支持右翼而不支持左翼；不过，他并不喜欢自己的战时内阁出现任何一种矛盾。他认为，发表对内政的不同看法，会分散大臣们对他们承担的主要使命，即打赢这场战争的精力；此外，论争也有可能破坏战时内阁里好不容易才形成的团结。不管怎么说，此时的他并不是很关注国内的政策。他更愿意把精力集中在战争本身引发的一些战略问题上，或者集中在英国战后的国际地位可能面对的一些挑战上。1940 年 10 月，他把讨论国内经济政策的任务，从战时内阁移出，转交给了“枢密大臣委员会”；自内维尔·张伯伦引退之后，该委员会便由无党派的职业公务员约翰·安德森爵士担任主席。

这是一种精明的选择。“这个人和蔼可亲，总是认可别人的意见。”有一次，比弗布鲁克勋爵曾经对丘吉尔如此评价安德森，但他本人其实并不喜欢安德森。在内阁会议上，比弗布鲁克勋爵和布伦丹·布雷肯两人会相互传递一些嘲讽安德森的纸条；1941 年 7 月 21 日，丘吉尔任命布雷肯担任情报大臣，取代了达夫·库珀。他们称安德森为“浮华佬”（Pomposo）[①]。温

---

① 参见布雷肯 1945 年 3 月 27 日写给比弗布鲁克的信，载于《比弗布鲁克文集》，BBK/D/128。

文尔雅的艾登虽说从不喜欢他们的做法，但也在日记里吐露了自己对安德森的看法："一名优秀的委员，但在内阁里面什么也不是。"[①]丘吉尔首相可能认为，这样一个人不太可能提出一些全面的措施。他似乎并没有意识到，自己的这种态度中存在着根深蒂固的偏见。在命门被纳粹紧扼的时候，对于提倡采取一种临时性或者有限改革措施的人，也就是说，对于保守党人或者像安德森这样的政府官吏来说，反对空谈理所应当。可对于已经步入政坛，目的旨在支持工人阶级，而且为英国设想好改革远景的人来说，哪怕此时纳粹即将扼住他们的命门，全面改革也势在必行。

因此，毫不奇怪，就算丘吉尔让枢密院议长来负责处理国内问题，此种温和的态度也没有满足一些人迅速高涨的呼声；这种呼声，要求政府把更多的注意力放到德国战败后英国应当具有何种面貌的问题之上。丘吉尔曾经略施小惠，来满足这种异口同声的要求：1940 年底，他委派战时内阁里终日醉眼蒙眬的同僚亚瑟·格林伍德去研究这个问题。这位掌玺大臣，有一个"五六人组成的班子"[②]协助他，其中主要都是一些资历较浅的大臣。丘吉尔曾经提醒格林伍德说："任何一位掌管部门事务、精力主要放在战争之上的大臣，都不可能真正去关注战后重建的问题。尽管不情愿，但我还是得说，我也在这些大臣里面。"[③]他认为，格林伍德的委员会相当于一个"安全阀"；而

---

① 参见艾登 1942 年 2 月 18 日所写的日记，载于《埃文伯爵文集》。

② 参见 1940 年 12 月 30 日的《战后问题研究》，载于《丘吉尔文集》，CHAR 23/4。

③ 参见丘吉尔 1941 年 2 月 4 日写给格林伍德的信，载于《丘吉尔文集》，CHAR 23/21A。

且，正如他期待并私下里希望的那样，格林伍德领导的委员会虽然开过几次会，进展却很缓慢。

然而，由于进展实在是太过缓慢，最终连丘吉尔都觉得，他必须采取措施才行了。在 1942 年内阁重组的过程中，他终于炒了格林伍德的鱿鱼，换上了威廉·乔伊特爵士；此人是一个不好酒贪杯却相当圆滑的人，曾经是一名自由党议员，后来在 1929—1933 年间的工党政府里担任过检察总长（此前，他还“煞费苦心地拜会了劳合·乔治”①，解释了自己辞去自由党议员席位的原因），接下来又成了国家工党的候选人，却没有在政府中竞选成功。此时他终于成了工党的一名议员，同时在“大联盟”政府里担任主计大臣。乔伊特爵士曾经说过，他“希望自己拥有一些信念”②。或许，丘吉尔委派乔伊特爵士取代格林伍德，就是因为他认为乔伊特爵士可能跟安德森一样，对影响深远的改革不太可能有过多的想法。③

要是确实如此的话，那么乔伊特爵士自然就会尽力去迎合丘吉尔的心意了。“我发现，很难看出他正在干什么。我怀疑，他几乎什么都没有做。”有名内阁大臣曾经如此说道。④不过，

①② 参见托马斯·莱格和玛丽-露易丝·莱格在《牛津国家人物传记词典》中“威廉·艾伦·乔伊特”一条下撰写的说明。

③ 丘吉尔还组建过第二个委员会，由前法官兼上议院议员奥古斯都·阿斯瓦特担任主席，研究如何避免战后土地方面出现的投机行为；第三个委员会则由大法官斯科特领头，调查战后农村地区土地利用的问题。两人过去的经历都表明，他们不会支持采取激进的措施。因此，丘吉尔首相可能认为，到了此时，他已经约束住了两党内部的空想家：要么是让他们为了维持这个“大联盟”政府而自行反省，要么是通过政治牵制，要么就是让他们忙于单调乏味的委员会事务。但如果他真的这样认为，那么这种自信就是很不合时宜的。

④ 说这话的是伍尔顿。引自史蒂芬·布鲁克所著的《工党的战争》（牛津，1992 年），第 169 页。

乔伊特爵士曾经委托“国内情报处”实施了一项关于“战后重建民情”的调查。这样一来，这个渴望取悦丘吉尔首相的人，就在无意当中让丘吉尔首相陷入了一种非常不讨巧的境地。“国内情报处”的调查报告发表于1942年11月，暴露出自内维尔·张伯伦时期以来，民情变得异常激进。此时，大部分英国人都希望，打败德国之后，国内应当出现五个方面的重大改变：

1. 必须为所有能够工作的人提供就业岗位，应当提供可以满足最低生活标准的工资。

2. 牟取私利不能再是工作的主要动力；每个人首先必须是为了整个社会的福祉而工作。

3. 不能工作的人必须获得经济保障。

4. 每个人都必须拥有体面的住宅，而住宅的价格不应让人们陷入贫困。

5. 每个人都必须能够获得同样的教育，从而获得均等的机会。①

“国内情报处”的调查结果，让许多保守党人士感到不安，但同时也肯定了自1940年春季以来，一些具有敏锐政治嗅觉的左翼观察家一直都在提出和仔细考虑的问题：民情正在显著倾向于他们这一方。“国内情报处”的调查结果，也与另一个委员会两年以来一直都在证实的研究结果相吻合。1942年12月，

① 参见英国国内情报处1942年11月的《战后重建民情》报告，见于英国国家档案馆，CAB 118/73。

即“国内情报处”的报告出炉一个月之后，第二个委员会也发表了报告《社会保险及相关服务》；后者简直就像一声惊雷，让第一个委员会的报告变得不值一提了。

第二个委员会的主席，就是威廉·贝弗里奇；他以前是一名公职人员，还是伦敦政治经济学院的院长，此时正担任牛津大学大学学院*的院长。1940年9月，欧内斯特·贝文曾经任命这个出类拔萃、雄心万丈的人担任劳工部次长，可他很快就发现，贝弗里奇可不是一位好对付的同僚。贝文试图摆脱手下这位麻烦且以自我为中心的次长，就把他派给了亚瑟·格林伍德（此时，格林伍德仍然主管着“重建委员会”），让他按照工会的要求，领头开展一项关于整合社会服务方面的调查研究。由于不愿靠边站，所以贝弗里奇便把新的任务变成了一项针对社会服务方面种种不足之处、范围广泛的调查。他率领的委员会接访了几百位证人，咨询了许多的专家，其中也包括工团主义者和社会主义者。结果就是，以前口头鼓吹社会改革是英国必需的一种战略要求和实际要求的贝弗里奇，平生第一次真正被一种社会公正的愿景激发出了强烈的热情，他认为社会公正就是一种道德理想。①实际上，他此时已经认同了“国内情报处”报告中绝大部分英国人都相信的那些东西：出于道德原因以及实际原因，政府应当并能够确保民众充分就业，应当并能够通过国家提供资金的丰厚福利项目，以及雇主与员工共同出资，保证每一位英国人在一生之中都不会贫困无知、悲惨肮脏

---

* 牛津大学大学学院：牛津大学众多学院中的一个，历史悠久，创建于1249年。

① 参见约瑟·哈里斯在《牛津国家人物传记词典》中撰写的“威廉·贝弗里奇”一条。

和营养不良。在发表这份报告之前，贝弗里奇已在广播节目和新闻报道中大出风头，竭力宣传自己的观点，将它们的影响扩展到最大。他打算掀起一场关于战后重建问题的论争，这是丘吉尔一直都在努力阻止的。

在贝弗里奇多方求证、撰写润色和大力宣传的时候，保守党人日益不安起来。保守党内一些后座议员代表着在煤、气、电方面拥有利益的地区，他们担心他会提出把这些行业全都国有化的建议。保守党的“党鞭”曾经警告说，代表“乡村地区”的议员，“也不喜欢”贝弗里奇即将出台的报告。[①]保守党内一个由顽固分子组成的委员会，还向丘吉尔呈交了一份秘密报告，他们在其中抨击了最低社会保险平均化的观点，声明国家没有义务提供这种最低的社会保险；相反，战争结束之后，政府应当首先降低税赋，至于这一问题，可以慢慢处理。他们声称，90%的保守党后座议员都支持他们。[②]

贝弗里奇也让保守党的大臣们感到担忧，连原本怀有改革思想的保守党大臣也是如此。R.A.巴特勒曾在1942年8月与贝弗里奇会面，两人共进了晚餐。“他说，我们正生活在革命的年代里，”当时正任教育大臣的巴特勒后来回忆道，“他还提出，自己要为革命做出贡献……我不禁对威廉·贝弗里奇爵士的观点感到不安。”[③]巴特勒试图把自己与这位激进的就餐同伴区别开：“我们信仰的，是从下到上逐步改革，而不是完全平

① 参见詹姆斯·斯图亚特1942年5月12日写给丘吉尔的信，载于《丘吉尔文集》，CHAR 20/60。

② 参见凯文·杰弗里斯所著的《丘吉尔的联合政府与战时政治，1940—1945》（英国曼彻斯特，1991年），第119页。

③ 参见R.A.巴特勒撰写的回忆录中对1942年8月27日的记载，见于保守党档案馆，RAB 2/6-10。

等；我们信仰的是多样性，而不是一致性。”①

大家对贝弗里奇的担忧日益增加，连丘吉尔也受到了影响。他将自己的目光从海外的英军战场上收回，暂时性地聚焦到这个特立独行的人以及他那些不受人们欢迎的计划之上。丘吉尔首相认为，贝弗里奇是“一个极其饶舌而又不切实际的人”②。他曾经写信对财政大臣说：“我希望您能够充分关注我国在战后的经济形势。没有什么会比民众觉得受到欺骗更加危险，因为人民已经受到引导，期待出现一些诱人的计划，可最终结果却表明，这些计划在经济上不可能实现。”③金斯利·伍德可不需要这样的督促。他安慰丘吉尔说，他打算彻查贝弗里奇提出的成本预测，绝对不会允许政府做出超出其支付能力的承诺。④接下来，他又告诉巴特勒说，希望贝弗里奇会提出“诸多尽可能高尚和精彩的建议”，或许是因为他觉得这些建议都很容易被驳倒吧。⑤

工党的大臣们也对贝弗里奇感到忧虑，只是他们担忧的理由有所不同。实际上，其中也有一位大臣的理由与保守党的理由是一样的：辜负丘吉尔期望的威廉·乔伊特，曾经对手下委员会的秘书 E.E.布里奇斯说，英国承担不起代价高昂的措施；他打算向内阁提交“一份旨在说明英国国库空虚的文件”⑥。在

---

① 参见巴特勒 1942 年 8 月 21 日写给 C.奥尔波特的信，载于《巴特勒文集》，RAB G14/68。

② 引自杰弗里斯编著的《埃德》，1943 年 2 月 16 日，第 119 页。

③ 参见丘吉尔 1942 年 12 月 17 日写给财政大臣等人的信，见于英国国家档案馆，CAB 123/43。

④ 同上，参见伍德 1942 年 12 月 17 日写给丘吉尔的信。

⑤ 参见 R.A.巴特勒撰写的回忆录中对 1942 年 8 月 28 日的记载，见于保守党档案馆，RAB 2/6-10。

⑥ 参见 E.E.布里奇斯 1942 年 8 月 29 日写给安德森的信，见于英国国家档案馆，CAB 123/43。

战时内阁的工党大臣们里面，本身很不喜欢贝弗里奇的贝文认为，贝弗里奇提出的家庭补贴措施，会削弱工会就工资增长问题展开谈判时的底气。他还认为，贝弗里奇制定的雇员缴纳社会保险的数额过高。然而，他、艾德礼和莫里森（后者刚刚接替克里普斯在战时内阁里的席位）三人的主要担忧，其实是贝弗里奇会给他们带来政治上的麻烦。他们都很清楚，对于一份能够补充工党在重建问题上观点的报告，整个工党都会表示欢迎，党内的左翼人士还会要求立即实施，将其作为社会主义的一部分。但是，他们在“大联合”政府里不得不共事的保守党人，定会大力反对。因此，这几位工党大臣都担心，他们会夹在中间，两头受气。

1942 年 11 月 16 日，战时内阁召集会议，就这位惹人烦忧的大学教授以及他打算发布的报告、他这样做可能引发的政治斗争展开讨论。贝弗里奇已经宣布，他准备在月底公布报告。贝文反对贝弗里奇自定日程的做法：“我们不应当接受**他的**公布日期。让他呈交报告，由政府来决定究竟什么时候公布。然后我们可以定一个**不同的**公布日期。”（粗体字是原文）战时内阁同意了这一提议，命令情报大臣布伦丹·布雷肯驳回贝弗里奇希望安排一场记者招待会，“以便他能够详细地说明其报告”的请求。贝弗里奇希望对下议院大厅里的记者发表讲话。战时内阁决定不给他这样的机会。“我们还是要讲一点儿秩序和纪律的。”丘吉尔劝诫道。金斯利·伍德的立场最为强硬，他引用了近期《每日电讯报》上的一则标题表示反对，说政见已经让贝弗里奇“走到通往莫斯科的半路上了”①。

① 参见 1942 年 11 月 16 日的《战时内阁会议记录》，见于英国国家档案馆，CAB 195/2。

10天之后，战时内阁再次召开了会议。此时，大臣们面前都摆上了《贝弗里奇报告》的副本，只是这份报告还没有公开发表。由于讨论的议题已经不再是允不允许贝弗里奇去宣传这份报告（和他自己），而是大臣们对报告内容的第一印象，所以他们之间的党派分歧立刻凸显。

> 丘吉尔：费用。
>
> 伍德：直接费用是1亿英镑。
>
> 丘吉尔：……假如我们承诺实施如此大方、远远超出美国标准的政策，美国人可能就会说："我国也将被迫承担这样的支付标准。"
>
> 艾德礼：美国人的反应可能还算好的，他们没准会对我们的大胆刮目相看……
>
> 丘吉尔：最严重的反应还是在财政。税率。
>
> 伍德：这些推荐的措施，必须与其他服务方面的要求结合起来，根据手头可用的资金情况来考虑。
>
> 艾登：还要记住……战后必要的武器装备支出。

无党派大臣安德森也对《贝弗里奇报告》持反对态度；不过他担心，政府如果只是简单地驳回，公众会有何种反应。"我们难道不能在原则上接受这份报告吗？"[①]此刻，他的政治嗅觉可要比那些保守党同僚敏锐得多。

政府最终同意，让贝弗里奇在12月2日公布报告。正如许

---

① 参见1942年11月26日的《战时内阁会议记录》，见于英国国家档案馆，CAB 195/2。

多人担心的那样，这份报告引起了轰动。《社会保险与相关服务》也成了英国历史上最受欢迎、阅读量最大的官方出版物。短短的几天之内，它就售出了 7 万本。下议院里的各个党派，都大声要求讨论这份报告；工党议员们都表示支持，而绝大多数保守党议员则持保留意见。战时内阁做出了安排：从 1943 年 2 月 16 日开始，在下议院里举行一场为期 3 天的辩论。不过，战时内阁首先必须确定好自己的立场才行。乔伊特手下的委员会将审查这份报告，提出建议；安德森将把这些建议汇报给战时内阁，供其进一步讨论。

丘吉尔缺席了之后几乎所有的讨论，以便把注意力集中于真正让他关注的事情，集中于他认为最重要的一个问题——战争。1943 年 1 月 12 日，他飞往卡萨布兰卡*，会晤罗斯福总统；然后，他又从那里启程，前往马拉喀什**、开罗、土耳其、塞浦路斯和阿尔及尔。他在回国之后不久的 2 月 11 日曾对下议院说，此次出访的目的，就是与各个盟国制订计划，讨论如何才能“在力所能及的每一个方面都让敌人燃烧和流血”①。由此我们可以推断出，他并没有花很多的时间去考虑威廉·贝弗里奇的报告。接下来，他就生病了。一场轻微的感冒发展成了肺炎，他只能卧床养病。

对《贝弗里奇报告》展开辩论之前的几个星期里，乔伊特

---

* 卡萨布兰卡：摩洛哥西部濒临大西洋的一座历史文化名城，现名“达尔贝达”（Dar el Beida），有“摩洛哥之肺”“大西洋新娘”等美誉。

** 马拉喀什：摩洛哥西南部城市，是该国南部地区的政治中心，也是摩洛哥历史上最重要的古都之一，有“南方的珍珠”之称。

① 引自吉尔伯特所著的《胜利之路》，第 337 页。

手下的委员会开始为政府拟定一种可行的回复。或许是因为听取了安德森的意见，这个回复表明，政府原则上欢迎贝弗里奇提出的绝大部分建议，将与相关的委员会就此展开讨论；不过，这一回复将所有的立法措施都推迟到了战后。在此期间，由于丘吉尔缺席，所以副首相艾德礼主持召开了几次非常棘手的战时内阁会议。大臣们对乔伊特所做回复的讨论没有结束；也就是说，他们之间的分歧并没有弥合。工党和自由党大臣都希望，政府能够马上认可贝弗里奇提出的措施，哪怕不承诺具体的实施日期；保守党的大臣则希望，政府应当只把贝弗里奇提出的措施当成一种有益的改革指导，仅此而已。

2月12日召开的战时内阁会议上，争论尤其激烈。“关于儿童津贴，”金斯利·伍德对贝弗里奇提出的这项建议沉思良久之后，说道，“我们根本不要指望迅速采取这一措施之后能够将其加以推广，因为制定具体细则需要很长的时间；这一点，也适用于整个计划。”支持政府认可并立即实施贝弗里奇计划的莫里森，则反驳说：“这种勉强同意是不合时宜的。如果政府打算为这些措施买单，那么我们最好还是赢得信用。”当伍德表达出另一种保留意见，即“我们无力承担发放养老金的义务”时，自由党人阿奇博尔德·辛克莱又重申了莫里森的观点：“声明的真正意义就在于，我们不但必须认可这些原则，而且必须尽早根据这些原则采取行动。最可靠的做法，就是给下议院树立一个坚定的榜样。”伍德仍然不服气。快到会议结束的时候，他又特别提出了自己对养老金问题的担忧：“我们必须避免给那些不需要的人增发养老金。”艾德礼则代表工党回应道：“您这就是说，我们无法确认那些毫无疑问需要社会保险的阶层。这是行政方面的难题。”①

与此同时，丘吉尔正卧病在床，发着高烧。疾病并没有阻止他与美军驻欧洲战场总司令德怀特·D.艾森豪威尔、英国陆军驻北非第八军司令伯纳德·蒙哥马利将军、斯大林元帅以及其他许多人沟通，交流大战略。尽管病势严重，但他仍然念念不忘“让敌人燃烧和流血”的使命。虽说如此，随着议会辩论的日期逐渐临近，他还是挤出了时间，较为仔细地研究了一下《贝弗里奇报告》。他认为，英国负担不起“种种空洞的‘乌托邦’和‘黄金城’式的幻想”②。但与此同时，他也跟安德森一样，意识到这份报告已经广受民众欢迎了。因此，他同意了乔伊特当时建议的办法：表示欢迎，但不做出承诺。他还撰写了一份备忘录，指出目前的这届议会自 1935 年以来一直就没有改选，因此不能再代表全体选民的意见，不应当制定具有争议性的法律法规；此外，对于战后英国的经济形势，他们现在也无法做出预测。这届“大联合”政府，应当为下一任首相及其政府“做好一切准备”，“使之可以自由地实施或者放弃某种计划”③。2 月 15 日，他从病床上爬起，主持了下议院辩论之前的最后一次战时内阁会议，向大臣们说明了这些观点。

此次战时内阁会议，争执的气氛比上一次更加激烈。丘吉尔提出的第一点遭到了艾德礼的迎头抨击，他说在第一次世界大战期间，就有一届任期比目前这届更久的议会，制定了一些重要的法案：“要是根据首相的原则来，我们就需要举行一场

---

① 参见 1943 年 2 月 12 日的《战时内阁会议记录》，见于英国国家档案馆，CAB 195/2。

②③ 参见 1943 年 2 月 15 日的《关于战后状况的承诺，附首相的批注》，载于《丘吉尔文集》，CHAR 23/11。

大选了。”他多半担心，丘吉尔正是想要举行大选。尽管“国内情报处”的报告说明民意向左，尽管工党支持、保守党反对的贝弗里奇计划广受欢迎，但所有的工党大臣都认为，假如举行一场大选的话，他们还是会输掉。他们无法想象，全国人民都会投票反对温斯顿·丘吉尔所属的政党。这就意味着丘吉尔与他们争论时，只需做到毫不让步就行了。

不过，艾德礼和他那些社会主义同僚还是做出了奋勇的抵抗。这位工党领袖，已经针对丘吉尔的备忘录，准备了一份中肯的驳斥。①在战时内阁会议上，他和盟友们一再重申自己的主要论点：

艾德礼：假如不做出某些决定，您甚至都无法制定计划……

丘吉尔：不要答应，不要承诺，但要做好每一种可能的准备。

艾德礼：准备工作全都涉及政策上的决定……

丘吉尔：我会赞同这届议会为战后做好准备而立法，但不会赞同议会为做出决定、约束未来而立法。

莫里森：假如认同这一观点，即政府可以没有应对战后问题的法律法规，那么我们就会陷入一种无法说明政府正当性的境地。

丘吉尔：（我）不是说要禁止你们为做好准备工作而立法。

---

① 参见艾德礼 1943 年 2 月 15 日写给丘吉尔的信，载于剑桥大学的《艾德礼文集》，ATLE 2/2。

伍德：我们不建议，这个星期我们就**应当**立法（粗体字是原文）。

丘吉尔已经委派安德森负责处理所有国内事务的委员会，因此在第二天的议会辩论中，安德森应当第一个代表政府发言。他试图弄清伍德的观点，表示“我想知道的是，我是不是应该说，我们**不会**建议这届议会立法。”（粗体字是原文）尽管国家自由党的欧内斯特·布朗回答了安德森（“那样将是致命的”），会议纪要中也称“劳工大臣（即贝文）和其他人都一致附议”，可丘吉尔和伍德两人还是独行其是：在议会辩论中，安德森不会做出承诺，不会为采纳《贝弗里奇报告》中任何一个方面的措施而立法。

24 个小时之后的 2 月 16 日，议会召集会议，讨论由战时内阁批准、亚瑟·格林伍德（此时他虽然身处议会后座，却仍然是工党的副党魁）提出的下述动议：“本院欢迎威廉·贝弗里奇爵士关于‘社会保险与相关服务’的报告，它全面地审视了这个方面的现行规定，可以在战后重建过程中，有效帮助政府确认政策制定应遵循的发展、立法原则。”当安德森起身阐述政府的立场时，他开始照本宣科，遵照丘吉尔的指示发言：“我们自然会有必须做出艰难决策的时候……可如今还不是。”他有可能像艾登所说，是一名优秀的委员，但没有掌控下议院的本领。一位工党议员大声喊道：“听他说是没有什么用的。”这位议员早已断定，政府是在拖延时间，而认可政府所走路线的工党领袖，也已背叛了他们的追随者。从这一刻起，后座上的社会主义议员，便开始不停地打断安德森的发言。他们一直吵吵嚷嚷，而那位“浮华佬”则费劲地发着言。有位保守党议员一度起身，要求他们保持一点儿秩序：“我们当中有些人想要听一听他的发言，可反对党的议员们却从始至终，一直都在嘀嘀咕咕。”不过，这种任性胡来的情况，并非仅在议会里的一方出现。那天晚上，一位工党议员曾经在自己的日记里悻悻地写道，安德森讲话的时候，“保守党人顽固地欢呼着，不断低声赞同，而政府则会将整个问题搁置一边”①。

2月17日上午的报纸，记录下了一场严重的政治危机。②保守党人由于不敢明确地反对贝弗里奇广受追捧的计划，所以认可了政府的动议，反正这项动议也没有做出任何承诺；但是，工党的普通议员们却打算提交一项修正案，要求政府尽快实施贝弗里奇的计划，即便是在战争期间，也应当如此。自由党议员和保守党内一些持不同政见的议员，将与他们一起提出这项修正案。这将是1940年5月以来，议会里规模最大的一次“反叛”。在议会工党举行的一场闭门会议上，艾德礼和莫里森徒劳地敦促“造反派”放弃修正案。他们发现，自己完全陷入了不想陷入的那种境地：左边是自己隶属的政党，右边则是同朝为官的保守党大臣，他们夹在中间，左右为难。

那天稍晚一点儿，战时内阁召集了会议，这一次社会主义者和保守党人在意识形态方面的分歧，非常危险地扩大了。艾德礼和莫里森两人汇报完闭门会议得出的令人不满的结论之后，伍德只是重申，政府遵循的是一种恰当的做法：政府欢迎那份报告，会与相关的委员会协商，并准备立法。丘吉尔则重申，

① 参见杰弗里斯编著的《埃德》，1943年2月16日，第119页。

② 同上。1943年2月17日，第121页。

战时内阁必须把精力集中到战争引发的问题上。实施贝弗里奇推荐的措施，取决于战后英国的经济形势。

怒火爆发了。

艾德礼：（我们）加入这届政府的基础，并非只是为了应对战争。（我们）始终明白，我们是能够为解决战后问题做好准备的。而且，民众也极其关注他们在战后的生活条件。这届政府，要么必须切实执政，要么就得通过举行（一场）大选，换上一个愿意切实执政的政府。（不过，他只是在虚张声势罢了。他担心大选的结果会对工党不利。）例如，我们已经与苏联签订了一份为期二十年的和约。这就使得未来有了保障：我们不能以没有管辖权为由，而将其他方面排除在外。

丘吉尔：这样做，对财政稳定是很危险的，因此是不负责任的承诺。我们必须让士兵回国，让他们都能就业。我并不是根据“没有义务”的理由来反驳这个问题的。我们应当根据议案本身来讨论这个问题。就算起草甚至是采用了这样的议案，它在战争期间也是无法实施的……大家都想要实施，可你们付得出那么庞大的资金吗？你们不能在不清楚自己所处的局面之前，就通过这项议案……

莫里森：如果这一届政府不为下一届政府做好立法方面的准备工作，使之能够应对战后的问题，那我们就是在背叛整个国家。

最后，劳工大臣出于性格使然，进行了干预，才让事态平息。身为工团主义者，贝文信仰的是忠诚。战时内阁在前一天已经达成了一致意见，同意了乔伊特手下委员会推荐的方针。他可能并不喜欢这种方针，但他依然会坚持这种方针。不过，这种方针还是有回旋余地的。

> 贝文：星期一我们已经达成了一致的意见。我支持那种意见……不过应当马上着手准备，包括准备制定法案……假如走到了那一步，而战争仍在继续的话，那么我们也已做好准备，可以带着法案前行，保留其实施日期，只受到其他方面财务状况的制约……

他巧妙地修正了乔伊特的方针：政府应当准备好立法；在提出立法建议的同时，继续打这场战争；即便是在战争时期，也要承诺实施立法，除非受制于经济形势；不限定实施法案的日期。丘吉尔首相认可了下述解决办法：

> 丘吉尔：假如（实施的）核准日期不定，那么我就不会反对提出议案。但我认为，这样做并不明智，因为提出议案会占用议会的许多时间，还会引发诸多的争议。只要我们保留在战争结束之后何时实施的决定权……

最后一句话，又让艾德礼这位工党领袖担忧起来。

> 艾德礼：至于立法，我们可不能保留否决的权利。

丘吉尔没有反驳。随着这一点形成文字记录，战时内阁便弥合了巨大的分歧。

那天下午晚些时候，议会再次就贝弗里奇的计划开始辩论。代表政府发言的金斯利·伍德对于议会民意的判断能力，并不比安德森强。他只是口头同意了书面的沟通结果。他似乎不只是支持拖延，而且是期待拖延。他承认，政府**能够**在战争期间实施改革，但首先必须与相关各部讨论贝弗里奇的建议，而讨论是需要时间的；接下来，政府必须准备立法，而这件事情会耗时更久。此外，完成这一切之后，政府也不可能保证实施改革，因为“只有仔细考虑和权衡经济方面的形势，对国家和全国人民才是正确、恰当和公平的做法”。就在此时，亚瑟·格林伍德突然插嘴道：“如果这些问题都得在战争结束之前解决的话，那就需要一场漫长的战争了。”之前他率先代表政府提出了欢迎《贝弗里奇报告》的动议，现在却批评起政府的立场了。最终，他还会投票支持针对自己这项动议而提出的修正案。没有哪个方面会比上述更能说明，工党对政府在贝弗里奇计划方面的态度不再抱有幻想。

工党的领袖们都发现，自己陷入了困境。他们认为，丘吉尔始终都有能力举行大选、赢得大选、打败他们；为此他们在战时内阁里想尽千方百计，与他达成默契。但在工党的普通议员们看来，这些领袖出卖了他们。其中的“造反派”，仍然坚持要求提出他们的修正案。贝文在第二天上午举行的一场议会工党会议上，曾经努力想要解决这些问题；那天是 2 月 18 日，正是议会举行第三次、也是最后一次辩论的日子。不过，就连这位了不起的工团主义者，也不知道如何去平息满满一屋子心存怀疑的工党议员们的怒气。他讲了话，骂了人，还发了脾气。“他说，”当时在场的一位议员如此写道，“工党提出的修正案，实际上就是对他的一次不信任投票，他们在提出修正案之前，从来都没有给过他发言的机会，他不习惯受到这种待遇，这不是工会内部的行事方式。”他这样说，只是激起了议员们更多的愤怒之情。提出这项修正案的议员坚决不同意撤回议案，而议会工党里的绝大部分议员，也继续支持他们的行动。

下午，就在各党派议员陆续走进议会辩论大厅的时候，气氛变得紧张起来。一位工党大臣发现，该党的一名左翼议员“正在四下奔走，眼睛里面闪烁着狂躁的神色。他让人想起了那种为了让自己感到快乐，决意要放一把火，看着房子燃烧垮掉的人。”①来到大厅的贝弗里奇长着一个硕大的鹰钩鼻，满头都是长而稀疏的银发；据国家工党议员哈罗德·尼科尔森描述，贝弗里奇的样子“就像是隐多珥的女巫”。* “哦，您很喜欢这样吧？”尼科尔森问道。“我正在享受人生的快乐，”贝弗里奇回答道，“我的报告……将让政府倒台。”②

辩论重新开始之后，发言的工党和自由党议员都要求政府承诺迅速实施贝弗里奇建议的措施。保守党议员们虽然不喜欢这份报告，但不敢冒天下之大不韪来反对，因此只是不冷不热地支持政府欢迎这份报告的动议。考虑到安德森与伍德两人的发言，他们都相信，政府不会很快实施贝弗里奇提出的措施。接下来，在辩论快要结束的时候，赫伯特·莫里森起身，最后一次阐述政府的正式观点。他的处境尤其尴尬，因为他之前在

---

① 参见平洛特编著的《休·道耳吞日记》，1943 年 2 月 18 日，第 555—556 页。

* 隐多珥的女巫：《圣经》中的一个人物，曾经替扫罗召唤撒母耳的鬼魂，让扫罗询问他与非利士人交战能不能打赢。据《圣经》记载，撒母耳是以色列的第一位先知，曾立扫罗和大卫为王。

② 参见尼科尔森编著的《尼科尔森》，1943 年 2 月 18 日，第 282 页。

战时内阁和公开的讲话中，一直都支持实施报告中提出的措施。此时，他却必须支持一种不同的行动方针。不过，莫里森身处一个以妥协为基础的联合政府，尽管以前的政府代言人都没有明确地表明这一点，但他会阐述清楚。《曼彻斯特晚报》曾称，他是“下议院里工党一方最危险的一位辩论者”[①]。今天，他就会表现出自己的厉害。他曾经通过一场毁灭性的讲话，协助打倒了张伯伦领导的政府；如今，他又会发表一场才华横溢的支持性讲话，帮助挽救丘吉尔的政府。

莫里森一上来就指出，贝弗里奇本人也希望报告中提出的措施到战后再实施。

> 议员们：不是的。
>
> 莫里森：是这样的，我可以满怀敬意地如此说。我们不妨仔细看一看报告。（他提到了相关的章节。）因此议员阁下们都错了……我认为，这就说明了问题。（讲话被打断。）我会进一步说明。这不但可以让我在讲话的时候不再被人打断，而且会彻底驳倒打断我的人。

他指出，没有哪一个负责任的政府会在不考虑经济形势的情况下承诺改革，无论这种改革有多么令人满意；安德森和伍德两人也指出过这一点，只是莫里森表达得更加令人印象深刻。十年前，他担任伦敦郡议会领袖时，就受过这样的教训；所以，此时他不会不长记性：“有太多的反对党派和半独立的反对人

---

① 参见 1940 年 9 月 7 日的《曼彻斯特晚报》。

士，提出过一些不计后果的措施，做出过一些不切实际的承诺；可一旦上台，他们不会去兑现。我可不会加入一个做出此种政治欺诈行为的政党。”

最重要的是，他改变了政府辩解的语气。安德森和伍德两人已经强调过政府的否定观点，而莫里森则提醒议员们说，政府已经原则上认可了贝弗里奇提出的六大基本观点和总共 23 条建议中的 16 条，包括全民医保（但还会保留私立医院）、每周 5 先令*的儿童补贴（贝弗里奇建议的是每周 8 先令）、为无法维持生计的学生试行免费就餐制度以及发放养老金（起步标准高于贝弗里奇提出的标准），这些已经够多的了。

工党的议员都抱怨，政府对贝弗里奇的报告只是说得好听。莫里森则说明情况恰恰相反，政府认可并信赖这份报告，原则上认可其中的改革措施，他刚刚列举的方面就是证据。他用公职人员安德森和财政大臣伍德都无法媲美的娴熟驾驭议会的方式，解释了实施改革之前广泛协商的必要性：“在这个国家里，假如您在采取措施之前，没有与受措施影响的人充分协商的话……他们就会非常生气，就会制造麻烦。我说的这些话，都是切身感受。当年我提出强制性的《防火令》时，非常仓促，因为当时整个国家都有被大火夷为平地的危险。可工会里的朋友们指责我没有同他们商量，民众也毫无理由地发牢骚，说我没有去跟他们沟通。”一位议员发问，协商过后，政府是不是会“保证提出必要的立法”。莫里森没有含糊其词：“我正要说到这一点。所有这些预备工作，都会逐渐为制定一项或多项法案铺平道路。对于已经说过的那些方面，我无需再细说。我们

---

* 先令：1971 年前英国流通的货币单位，合 12 便士，20 先令合 1 镑。

无法给出制定这一法案的具体日期……但我们不会浪费必要的时间。在工作时我们会服从优先要求，那就是打赢这场战争。”

他并没有否定安德森与伍德两人的发言，可绝大多数听众都以为他否定了，只是否定得比较含蓄。当他最后总结说，“政府已经加快了行动。我们自己已经达成了合理的一致意见，取得了有重大进步意义的成果”时[①]，大多数工党议员都以为，政府支持贝弗里奇建议的措施，并会尽快实施，可能在战争结束之前就会行动。他们仍会投票支持那项修正案，因为除此之外，他们几乎别无他法；不过，只有少数极左翼议员迫切希望“造反”了。这位内政大臣，让政府和工党领导层在他们眼中的形象恢复至少是暂时性地恢复如初了。

赫伯特·莫里森在议会里展现出了一种令人赞叹的本领。大家都清楚和认同这一点。这种成功，会让一个一开始本来就不乏自信的人更感骄傲。这种成功，也会激发他的雄心壮志。如果说在发表这场演讲之前，他还不能完全与战时内阁里的其他工党大臣平起平坐的话，那么，现在他就完全可以了。慢慢地，丘吉尔首相也将不得不对他另眼相看。这场关于英国战后及未来的辩论，只是开始。

---

① 参见《英国议会议事录》，1943 年 2 月 18 日。

第十一章 “自大的伦敦佬”与关于战后英国的辩论

议会对《贝弗里奇报告》展开辩论的预备阶段，虽然被辩论本身盖过了风头，但其实是英国战时政治中一个标志性的分水岭。在此之前，关于战后重建的争论，气氛相对都比较缓和；至少，与之后展开的辩论相比，不算激烈。但在此之后，这种争论的气氛就日益紧张起来，并在 1945 年大选一方提出要求、另一方反对要求的过程中达到了高潮。这可不是贝弗里奇一个人导致的。到了 1942 年底，第二次世界大战的发展趋势已经反转，因为盟军在苏联的斯大林格勒、北非的阿拉曼和南太平洋地区的瓜达尔卡纳尔岛等地都获得了胜利。英国似乎不可能再战败。但是，这也意味着，丘吉尔无法再把战后英国的安排当成一个分散精力的问题而不予理会了，尽管他可能很想那样做。胜利的现实前景无论多么遥远，政府都有理由严肃地讨论未来局势。

从 1942 年秋季直到 1945 年大选的预备阶段，有一个人最频繁、最有效地阐述了工党关于社会主义改造的理由，那就是赫伯特·莫里森。在针对《贝弗里奇报告》的辩论中，他不但稳稳当当地登上了全国舞台，而且进入了舞台的核心；此后，他一直待在这个核心位置。由于一目已盲、西服凌乱、额头上总有一缕不听话翘起的头发，公众很容易辨认出他。在两次战争之间，一些有政治觉悟的英国人已经知道，他是伦敦政界里的一位主导人物。他担任过市议员和市长，在伦敦建造了一台强大有力的政治机器，并带领它在 1934 年的伦敦郡议会里取得了胜利；接下来，他又把伦敦的所有交通系统整合起来，置于一个市政当局即“伦敦乘客运输委员会”的领导之下，从而说明了“市政社会主义”可以是个什么样子。英国人也知道，他是工党这个全国性政党里面的一位领导人，在下议院里，他又是代表南哈克尼区的工党议员。他在工党制定社会主义纲领的过程中，发挥出了突出的作用；他曾经努力想让这一纲领吸引各个阶层，而非只是吸引工人阶级。他在该党一些最重要的委员会里担任要职，始终强调采取切实可行的措施，认为它们可以一步步地实现伟大的目标；他提倡企业公营（比如“伦敦乘客运输委员会”），认为公营企业是实现政府管制的最佳形式。最后，他还因为通情达理、作风民主和管理高效而著称。他会仔细倾听别人说话，提出一些聪明的问题，得出合乎逻辑的结论，然后迅速根据结论采取行动。

然而，工党内部也有一些人不信任他。工党里的左翼人士认为，他那种费边式的社会主义 * 强调政府各个委员会的作用，代表的是一种从上到下的态度，并没有从底层工人中吸纳民主意见的余地。一群实力强大的工团主义者，甚至对他怀有一种更加出自本能的疑忌之心。他们认为，在拉姆齐·麦克唐纳首相的第二届工党政府里担任运输大臣时，莫里森的野心几乎就已超越了他自己坚持的原则；这种看法，很可能是对的。据不

---

* 费边式的社会主义：19 世纪后期流行于英国的一种社会主义思潮，是英国费边社的思想体系和政治纲领，简称“费边主义”。该社成员认为社会改革应当循序渐进，因此他们以公元前 3 世纪因主张等待时机、避免决战的战略而闻名的古罗马将军费边的名字，命名所属社团。

信任莫里森的人称，1931 年，经济萧条的情况最为严重，政府在应该采取何种措施方面产生了分歧，莫里森想要紧紧追随首相；可拉姆齐·麦克唐纳首相当时正打算解散内阁，组成一个以保守党人为主的国民政府，然后在自己要求举行的大选中与隶属的工党对着干，争取获得一种“医生式的授权”，通过削减政府的支出，弥合局势。据他们说，麦克唐纳并不想要莫里森。[①]这帮持有怀疑态度的人，以欧内斯特·贝文为首。贝文认为，莫里森是一个不可救药的狡猾之徒。莫里森在 1935 年争夺工党内的领导位置时，正是贝文和他的工会盟友，确保了艾德礼最终胜出。结果，莫里森就无法指望自己能够像在伦敦郡议会里左右那些工党同僚一样，再在议会工党里占据主导地位了。不过，他依然心怀大志；而迄今为止，他的种种志向也都一一实现了。

1940 年 5 月，丘吉尔任命莫里森为供应大臣；6 个月之后，又委任他为内政大臣，从而让莫里森朝着实现野心的方向迈进了一大步。最终表明，在“伦敦大轰炸”情况最严重时的第二次任命，具有非常关键的意义。丘吉尔意识到，这个典型的伦敦人，这个“自大的伦敦佬”（但他其实出生于伦敦以南 * 而不是伦敦东区，因此严格说来，他并不是“伦敦佬”），能够最有效地组织首都的民防系统，就像他在战前曾经组织伦敦的市

① 在这一点上，他们说得很对。参见最优秀的两位传记作者多诺霍与琼斯合著的《莫里森》，第 159—179 页。

* 伦敦因泰晤士河分为南、北两部分，北面又分有西伦敦、东伦敦和北伦敦。在伦敦当地人看来，北岸代表着英国的传统政治、繁荣经济以及高层次文化，而南岸的消费水平要低一些，不能代表真正的伦敦。

政部门和交通运输部门一样。丘吉尔还认为，莫里森能够最有效地在政府面前代表伦敦这个大城市，在伦敦市面前代表英国政府；凡是能够为首都做到的事情，莫里森也会替其他各个地方城市做到。

事态发展证明，丘吉尔的判断是正确的。不管德军轰炸了哪里，赫伯特·莫里森都会很快出现，对幸存者表达同情，明智而审慎地听取他们的牢骚与建议，承诺迅速采取行动，然后履行。他夜以继日地工作，成功地改进了伦敦的防空洞，又在地下深处新挖出许多的防空洞；他将防空洞的使用变得有条有理，还改善了其中的设施。“到 1941 年春季的时候，”他的传记作者如此写道，“绝大多数躲在地下防空洞里的伦敦人，都在相当文明的集体宿舍里歇息。”[①]他还下令设立室内避难所，供受到轰炸时更愿意待在家里的人使用；后来这些室内避难所还被冠以“莫里森式防空洞”而闻名于世。他成立了“消防值班员”制度来协助消防队，并将消防队收归国有。他以同等的热情、怜悯和组织才能，承担着全国各地的责任；因此，到内政大臣一职的任期结束时，他已经整治了英国的整个民防系统，使其效率比以前大为提高。1942 年 11 月，丘吉尔擢拔他进入战时内阁。在海德公园举行的一场集会上，丘吉尔盛赞了莫里森“勇敢而足智多谋的领导才能”，而与会民众也报之以热烈的欢呼。[②]在工党内部，只有一些实力强大的工团主义者和少数左翼分子，继续对他抱有疑虑和不满的

---

① 参见多诺霍与琼斯合著的《莫里森》，第 289 页。

② 同上，第 296 页。

态度。

莫里森进入战时内阁之后，坐在椭圆形办公桌的右侧一端，左边挨着艾登，而贝文则坐在艾登的左边；这么多年过去了，贝文对莫里森的嫌恶之心并没有减弱，反而发展成了一种憎恶。丘吉尔坐在另一边，夹在艾德礼和一位秘书中间。多年之后，艾登曾对一位采访者称，在会议上，不管什么时候，只要莫里森一发言，贝文就会低声地嘲笑和讥讽。他发觉，坐在这两个人中间“相当不舒服”。莫里森听得见贝文的声音，却从来都没有回应过。[①]他一定受到了伤害和冒犯，可这并没有让他却步；在战时内阁里，他像在其他任何位置上一样称职。“莫里森当然不是一个沉默寡言或害羞的人，”艾登曾经回忆说，“他往往都很了解情况，把自己的观点阐述得很清楚。”[②]

到了1942年底，这位内政大臣已经让自己手下的部门运行得非常平稳了。他认为，如今既然苏联与美国都已参战，英国就一定会打赢这场战争；他也清楚，贝弗里奇不久就会公布那份报告。莫里森从来都没有疏忽过自己身为内政大臣的诸多职责，也没有忽视过自己对工党负有的诸多义务；如今他终于觉得，自己能够把心思转到战后的问题上去了。同年12月，他就这个问题发表了一系列的讲话。在议会对《贝弗里奇报告》举行辩论的两个月之前，他就已经在反驳那些认为福利国家代价太高的保守党人了。例如，他在史云顿市的一场演讲中指出，“一些人过于世故，他们小心、谨慎，在孩子们还挨着饿的时

① 参见多诺霍与琼斯合著的《莫里森》，第314页。

② 参见1968年9月25日对安东尼·艾登的采访，载于《莫里森文集》，6/1。

候却在算计自己的机会，这将为我们这个大家庭的未来生活埋下可悲的祸根”①。在下议院就贝弗里奇的计划举行辩论的3天之前，他在诺丁汉市的一场演讲中，又进一步做出了回击。出于种种现实原因，英国政府已经同意，在转向和平时期的过程中保持某些物价控制措施。莫里森希望采取更多这样的措施："为了国内的公平起见，为了让国家这艘巨轮保持平稳起见，应当采用适当的定量配给制。我们必须控制原材料……我们还希望控制物价。"他预计说，这样一来，英国就能遏制住"自私自利和地方主义"的蔓延。②

与此同时，工党领袖艾德礼正忙得不可开交，因为他不但要完成政府方面的工作，还要对付手下喜欢争论的政党和他的同僚；对于战后的问题，他在很大程度上保持了沉默。贝文虽说对莫里森的态度可能很无礼，但工会让他学到的，还是忠诚。丘吉尔劝诫不要动摇好不容易形成的“大联合”，他注意到了这一点，因此也尽量避免对战后重建这一问题发表不切实际的言论。在这段时间里，克里普斯的做法也大体如此；他原本沐浴着的那道荣光，暂时性地变得晦暗了。因此，待莫里森挺身而出，在议会辩论《贝弗里奇报告》的过程中捍卫政府的时候，他就声名鹊起了：他不但被人们认为是一位出色而广受欢迎的内政大臣，也成了战时内阁中最愿意表达出工党对未来抱有何种渴望的工党大臣。接下来，他又称政府会尽快采纳贝弗

---

① 参见赫伯特·莫里森1942年12月20日在史云顿市发表的演讲《社会保险和国家福利：未来的规划》，载于莫里森所著的《愿景与政策》（纽约，1944年），第2—9页。

② 同上，另外还可参见1943年2月13日莫里森在诺丁汉市发表的演讲《战后的贸易、内政与出口》，载于同一著作中的第10—18页。

里奇建议的措施，让工党议员们都感到很满意，从而进一步巩固了其声望。这种声望，为他将来做出努力打下了良好的基础。很显然，这种威望也将他推到了一个促进其政治事业的有利位置。不久，莫里森就会双管齐下。

此时的温斯顿·丘吉尔，情况又如何呢？2 月 15 日，在议会对《贝弗里奇报告》举行辩论前夕，他主持了最后一场战时内阁会议，然后就因为肺炎而不得不回到病榻之上，体温也一度上升到危险的 102 度 * 。尽管如此，除了偶尔停下看看小说《摩尔·弗兰德斯》**，疾病并没有阻止他向各位将领、外交官员、权威人士、总统、首相和英王乔治六世写出并派送一份份备忘录或信件。他的信件内容，涉及此时已经确定将于 6 月实施的盟军登陆西西里岛行动（即“哈士奇行动”）、北非地区持续的战事、苏联到处出现的激烈战斗、甘地在印度的绝食抗议，以及西非地区的“自由法国人”***。还有：“汤姆森先生这位绅士，好心送我的一头狮子。”丘吉尔特意搞清楚了动物园可以喂养这头狮子：“目前我既不想在唐宁街、也不想在契克斯别墅里喂养这头狮子，以免破坏政府内阁里平日的安静气氛。不过，动物园不太远，说不定哪天我会极其需要它。”①在他撰写的多卷本《第二次世界大战回忆录》中，描述这个时期

---

* 此处为华氏温度。华氏 102 度（℉）约合摄氏 38.89 度（℃）。

** 《摩尔·弗兰德斯》：英国作家丹尼尔·笛福第一部以女性为主人公的长篇小说。它以第一人称的手法，讲述了出身贫寒的女主人公的一生。

*** 自由法国人：指 1940 年法德休战后继续抗击德军的法国人，后来有时也称作“战斗的法国人”。

① 参见温斯顿·丘吉尔所著《第二次世界大战回忆录》，第 4 卷，《命运转折点》（纽约，1985 年），第 651—652 页。

的章节虽然提到了上述所有的事情，却一句也没有涉及贝弗里奇。然而，几乎就在此时，丘吉尔确实收到过贝弗里奇教授的一封信，在议会举行辩论的第一天他给后者写了一封简短的回信：“谢谢您……我希望将来有机会跟您谈一谈，但目前我无疑必须把主要精力放在战争上。”①

不过，对于贝弗里奇最终提出的问题，丘吉尔也没法全然不管。他躺在病床上，听取了首席私人秘书对于这场辩论情况的口头汇报。②保守党“党鞭”给他送来了消息，说议会里支持政府的议员与反对政府的议员决裂了。在自由党的议员中，除了3位，其余人士全都投票支持针对政府动议而提出的修正案。除了工党的几位大臣及其下属，几乎整个议会工党也都对修正案投了支持票。③只有保守党的议员不支持修正政府提出的动议，丘吉尔很清楚绝大多数保守党议员对《贝弗里奇报告》的真正看法。最终结果表明，这次针对修正政府动议的投票，是他首相任期之内议会中规模最大的“反叛”事件。丘吉尔终于意识到，总有一天，他必须公开解决战后重建的问题。

在丘吉尔的首相任期内，曾经出现过一个关键时刻，虽然很少有人如此认为。在这个关键时刻，他原本可以把握住日益

---

① 参见丘吉尔1943年2月16日写给贝弗里奇的信，载于《丘吉尔文集》，CHAR 20 93/A。

② 参见1943年2月19日的《首席私人秘书的报告》，载于《沃特文集》，HARV 3/1。

③ 所有的保守党和国家自由党议员都支持欢迎《贝弗里奇报告》的动议；但是，除了各位大臣和“党鞭”，工党只有2位议员、自由党只有3位议员表示支持。格林伍德对自己提出的这项动议投了反对票。总计来看，包括计票员在内，有338位议员投了赞成票，121位议员投了反对票。参见詹姆斯·斯图亚特1943年2月19日写给丘吉尔的信，见于英国国家档案馆，PREM 4/65/1。

高涨、具有深远意义的战后改造运动。不过，这需要他认识到当时正在迅速高涨的势头，需要他认可这场运动的全面目标（至少应当接受其中的许多目标），并需要他得到保守党内的大部分支持。丘吉尔实际上只是部分理解这场热潮的势头，在内心深处，他既不认同、也不接受这场运动的目标。他认为，政府完全不应当采取诸多的管控措施。他对战后改造的问题不是很感兴趣，仍然觉得热情支持这场运动的人都是一些糊里糊涂的理想主义者。

尽管如此，但丘吉尔很清楚，自己必须采取行动了。3月3日，他的身体好转了一点儿，可以前往契克斯首相别墅之后，他就开始起草一份讲话稿。他坐在浴缸里，一边打草稿，一边用脚趾头开关水龙头。他还会从浴缸里出来，身上只披一块浴巾，在房间里踱来踱去，背诵讲稿中的章节。[①]3月11日，他把R.A.巴特勒召过去讨论这份讲稿，尤其是讨论其中关于教育的部分。巴特勒在描述此次会晤的情况时曾经明确地指出，这份讲稿，就是丘吉尔9天之后发表的关于战后改造问题的广播讲话。

从病中康复之后，丘吉尔在1943年3月20日发表了广播讲话。讲话一开始，他便安慰所有的听众（或许准确地说，并不是全部听众）说，他在生病期间，仍然“始终密切关注着议会里的事态，以及议会对于和平到来之后我国民政方面的讨论”。他效仿赫伯特·莫里森的发言，因为后者的演讲稿他无疑已经看过，说道：“就我而言，没有什么事情会比做出一堆承诺后毫不费力地马上获得大量欢呼声和登上热情洋溢的头条

① 参见吉尔伯特所著的《胜利之路》，第354页。

新闻更加容易的了……可我决定不那样做。”①

不过，他确实想要吸纳、重领国内左翼所持观点形成的民意风潮，于是他提出了一个“四年计划”。他宣布，支持制定“国民医疗保健制度”。他说支持人人均可获益的高等教育，支持充分就业，支持在战后的过渡期内继续保持物价管控措施。至于社会保险，他说：“你们必须相信，我和我的同僚们，都坚决支持在全国范围内为所有阶层的英国人实施强制保险，并保障一生的政策。”乍一看，我们似乎很难区分，这话与工党支持者的要求有什么不同。在一年之后的工党大会上，亚瑟·格林伍德的话可能说得很对：“首相的广播讲话……让英国的许多听众都大吃一惊。”②

有些人认为，这次讲话让人回想起了第一次世界大战之前的时期；当时，身为自由党人的丘吉尔曾与戴维·劳合·乔治共事，协助制订英国的第一批社会保险计划。这种观点，有一定的道理。然而，仔细看一看这次讲话，我们就会得出一个不同的结论：这实际上是一种煞费苦心的欺骗民众的做法。丘吉尔谈到了战后改革的问题，可他没有提出任何具体措施，也避开了争议性的问题。比如，他在谈到“国民医疗保健制度”时，并没有提到是否废除私立医院和私立医疗机构，而许多工党人士却希望这样做。在谈到教育问题时，他也没有像工党倡议的那样，提出废除“公学”里的“教育特权”；所谓“公学”，就是一些历史悠久的私营独立学校，比如丘吉尔的母校

---

① 关于此次讲话，参见温斯顿·丘吉尔 1943 年 3 月 21 日在“战后国际问题会议”上发表的演讲《为英国制订的四年计划》，后于伦敦经由英国广播公司播出。网址：www.ibiblio.org/pha/policy/1943/1943-03-21a.html。

② 参见《工党第 43 届年会报告》（伦敦，1944 年），第 113 页。

伊顿公学及哈罗公学等。在谈到充分就业问题的时候，他说国家会制订计划，但私营企业也必须“尽力”发挥作用。至于战后的政府管控措施，他只是重申了政府业已制定的政策：在英国从战时经济转为和平经济的过渡期内，应当对一些物价采取管控措施。此外，他无疑还把自己的态度与社会主义者的态度区分得清清楚楚：“我国人民绝对不会答应受到一种官僚政治的统治。自由就是他们的生命之源。”最重要的是，他还像议会辩论《贝弗里奇报告》之前，自己在战时内阁里的做法一样，继续坚持说，在德国被打败、英国选举成立一个新的政府来评估经济形势之前，任何计划，包括他自己提出的计划，都不应当实施。

在不疏远自己与保守党基层党员的关系、不否定自己信念的情况下，丘吉尔希望在民众的心中，拉近自己与贝弗里奇那份广受欢迎的报告的关系，这一点似乎是很清楚的。他已经尽力去做，可在许多人的眼里，他做得还不够多。他的主要目的，不是制定战后改革的方案，而是“简化和缓和政治分歧，使我国所有的政治力量都能够团结一致地朝着主要目标前进，并尽可能地逐步实现这一目标”[①]。在战时内阁里，他曾经如此说道：“我最不希望听到的，就是对战后问题无休无止、叽叽喳喳的激烈争论。”[②]不过，他说得还不够充分，并没有彻底平息这种叽叽喳喳。要说有什么改变的话，那就是这种叽叽喳喳的声音变得越来越大，气氛也变得越来越紧张。

① 参见丘吉尔的《四年计划》。

② 见于英国国家档案馆，CAB 195/2，1943 年 4 月 15 日。

实际上，在议会保守党里，这种叽叽喳喳的声音也变得响亮了。丘吉尔发表广播讲话之后不久，保守党内的右翼人士便在4月成立了一个“全国自由联盟”（NLF）。这个组织认为，所有的政府干预措施，都必然会导致极权主义；这种观点，一年之后在弗里德里希·哈耶克的名著《通往奴役之路》一书中得到了阐述。保守党人可能都很担心，害怕丘吉尔正在沿着这条道路走下去。1944年，有位保守党人将在一封写给丘吉尔的信中，引述哈耶克的话：“任何一个读过哈耶克教授著作的人……都会认识到日益增多的国家管控措施所带来的危险。”[①]“全国自由联盟”在第一份宣传册前言中声明，组织的直接目标是“与英国人民自由正日益面临的威胁作斗争，而代表了这种威胁的，就是许多政府官员如今正在关停企业、干预私事、发行各种各样的表格……因而正在逐渐扼杀贸易和自由的做法”[②]。其中的成员完全反对贝弗里奇提出的方案，反对丘吉尔对待这些方案的态度，尽管他表现的姿态可能只是半心半意的。他们希望，战争一结束，政府就取消管制措施。他们可能代表不了整个保守党，但起码也代表了议会保守党内部绝大多数成员的意见。

然而，有些年轻的保守党议员却对《贝弗里奇报告》表示欢迎。这些议员约有40人，绝大多数都比较年轻；他们曾经对丘吉尔的首席私人秘书说，让一位与他们同龄的保守党大臣（比如说R.A.巴特勒）在议会辩论《贝弗里奇报告》时代表政

---

① 参见沃尔德伦·史密瑟斯1944年6月8日写给丘吉尔的信，载于《丘吉尔文集》，CHAR 20/146B。

② 参见布伦丹·埃文斯和安德鲁·泰勒合著的《从索尔兹伯里到全国》（*From Salisbury to Major*）一书（曼彻斯特，1996年），第67页。

府发言，会比让金斯利·伍德发言更合适。[1]接下来，他们又提交了一份议案，要求任命一位社会保险大臣，为贝弗里奇已经勾勒出轮廓的立法做准备工作。[2]就在丘吉尔提出“四年计划”的前一天，这些议员又成立了一个永久性委员会，即“保守党改革派”（TRG）[3]。他们认为，反对《贝弗里奇报告》的保守党人，都是在自毁政治前程。在他们发表的首份新闻公报中，他们宣称“社会改革正是保守党希望保持的一种传统”[4]。“保守党改革派”开始发布一些论述当前政治问题，比如论述土地与农业、煤炭与就业政策的公告。该组织鼓吹一条保守党的“中间路线”。这些议员都认为，丘吉尔首相采取的，并不是这样的路线。

丘吉尔的广播讲话，甚至没能安抚住他在政府里的保守党同僚。巴特勒不停地提起丘吉尔让他去经办的教育问题，认为首相的计划会分散他要求在其他领域里施行全面改革的注意力。艾登在贝弗里奇发布那份报告之前就已说过：“社会保险必须是战争结束之后我国内政的首要目标。”[5]如今，他又说：“想象一下，如果所有的管制措施都被撇到一边，如果回到以前经济自由混乱的状态……那么我们不但会身败名裂，而且会遭受灭顶之灾。”[6]就连比弗布鲁克勋爵，也在喋喋不休地

① 参见《议会秘书的报告》，载于《沃特文集》，HARV 3/1，1943 年 2 月 26 日。

② 同上，1943 年 3 月 12 日。

③ 同上，1943 年 3 月 19 日。

④ 参见 1943 年 3 月 18 日的《泰晤士报》。

⑤ 参见艾登 1942 年 5 月 29 日在伦敦市长官邸的讲话，载于《埃文伯爵文集》，12/2/27-31K，《演讲》，第 5 页。

⑥ 参见艾登 1942 年 9 月 26 日在利明顿的讲话，载于《埃文伯爵文集》中的《演讲》，第 19 页。

为胜利在望的英国提出种种计划。这个“老海盗”式的人物，在议会辩论《贝弗里奇报告》之前，已为自己支持的保守党战后改革措施制定出一份非常仓促与直率的纲要。他虽然反对社会主义，但同时也认识到，时势不可能再回到1939年的样子了。他提倡一种家长式的资本主义，认为应当由国家来主导公共住房和公共卫生事务；他还提倡男女同校的教育制度，主张废除公学。“工厂里每种类型的劳动，”他曾在一份备忘录里写道，“都会变成一种责任，这种责任应当比其他任何一种责任都更加重要……现在和此后，第一责任人都应当是劳动者，而不是股东。”①他把这份备忘录的副本，送给了保守党内一位比他更有权威的人物，即“1922年委员会”的主席。“这是不是说，”那位对比弗布鲁克勋爵的最后一条建议尤其感到惊讶的绅士问道，“一家公司应当雇用600个工人去干500个人就能完成的工作呢？”②比弗布鲁克勋爵并未灰心，他又写了一份简短的声明，重申他的主要观点：“这个计划不是社会主义，也不是法西斯主义。它并不是要我们回到战前的状态……工业产业必须承担起责任。”他提出的，是“一种新的资本主义，只要敢想、敢做，它就会使生产和消费迅速增长”③。

粮食大臣伍尔顿勋爵是位无党派人士，战后将马上加入保守党阵营；他同样参与了这场吵闹不休的骚动。他想知道：“国有和私营企业，对于普通百姓来说又有什么分别呢？”与

① 参见比弗布鲁克勋爵的《战争之后》，载于《比弗布鲁克文集》，BBK/D449。

② 同上，参见厄斯金·希尔1942年12月24日写给比弗布鲁克勋爵的信。

③ 同上，参见希尔1943年3月1日写给比弗布鲁克勋爵的信。

“保守党改革派”一样，他也倡议保守党遵循一条“中间路线”。英国在战后应当“通过私营企业或者政府的行动，为英国人民提供住房，让他们体面地生活”。英国应当“制定最低工资标准和最低就业条件，从而让雇主可以自由地生产自己喜欢并能够出售的东西，因为只有这些值得尊敬的雇主，才能在商业领域里利用劳动力”。他问道：“如果我们可以给酒店旅馆（比如说酒吧）颁发执照……那么我们有什么理由不给雇主和生产经营场所颁发执照，让劳动者清楚哪个雇主……已经为其他人制定了一种标准呢？”①

与艾登和巴特勒两人不同，伍尔顿可能是暂时地、草率地怀有一种领导一个独立中间派政党的想法；而前面两人则很清楚，无论形势让他们多么沮丧，他们的政治前程都取决于保守党。伍尔顿曾在刘易斯百货商店董事会担任过四年主席，他把自己演讲稿的副本寄给了该董事会的一名前董事，并对后者说，他计划再发表3次讲话。这名董事刚刚为保守党内的一些进步分子成立了一个“保守党研究中心”，他建议伍尔顿等到秋季再发表这份讲话；因为那时，伍尔顿应该会对接下来的3场演讲心中有数。然后，“您就可以发表……公开坚持自己的立场了……这次演讲，将让您以一个中间派政党领袖的身份进入政界……您正在极好地打下这一基础”②。伍尔顿及时地对“保守党改革派”发表了讲话。他的前同事如此写道：“一个紧凑的、由50名议员组成的小群体，背后还有一个组织的支持，

① 参见伍尔顿1943年3月6日在“宪法俱乐部”里的讲话，载于《伍尔顿文集》，*Ms Woolton*，第13页。

② 参见胡珀1943年6月6日写给伍尔顿的信，出处同上。

供您驱策。”[①]

丘吉尔有没有觉得，自己手下这位粮食大臣发出的声音太响亮了呢？他或许是想将潜在的威胁扼杀在摇篮里，但更有可能是因为意识到自己平息争论的希望落空，想要至少吸引住那些提倡适度改革的人，所以，他在1943年委派伍尔顿担任了一个刚刚设立的职位，即“复兴大臣”，让其进入战时内阁。（起初，他想让比弗布鲁克勋爵担任此职，可工党的大臣们都群起反对，只得作罢。）担任新职之后，这位前粮食大臣便把自己当领袖的梦想全都抛之脑后，甚至都没有告诉他那位来自刘易斯百货商店的朋友，后者还在一些地方性的报纸上写了一系列的文章吹捧他呢。在一封写给丘吉尔首相的语气谄媚的信里，尴尬不已的伍尔顿不承认有这些文章，也不承认有这样一位朋友。[②]不过，他奉行的仍然是“中间路线”。升职两天之后，他与“1922年委员会”的主席举行了一次长时间的会谈；这位主席，也就是比弗布鲁克勋爵激怒的那位人士。当时，伍尔顿是怀着悲痛之心而不是愤怒之情，试图向其指出，保守党究竟在哪个地方出了错：

> 我要他想一想，作为一个政党，他们是否同意我为保证幼儿健康提出的如下观点：应让所有哺乳的母亲都能够轻而易举地购买到牛奶，应知一些富人眼中唾手可得的“奢侈品”（比如可消除富裕阶层托儿所内佝偻病的橙汁和鱼肝油），穷人家的孩子根本无法同等享用……我指出，

---

① 参见胡珀1943年12月17日写给伍尔顿的信，载于《伍尔顿文集》，*Ms Woolton*，第15页。

② 同上，参见伍尔顿1944年2月7日写给丘吉尔的信。

> 尽管这些方面都很简单、很不起眼，但保守党从来都没有在下议院里发出过支持的声音。①

他还提出了一条“中间路线”，认为保守党在对待工会、管理工业企业和就业条件等方面都应当遵循这条路线。“1922年委员会”主席的想法，当时并没有记录下来。或许他没有多少想法；R.A.巴特勒就认为，这位主席“太过愚蠢，除了搞阴谋诡计，其他什么也干不成”②。

至于工党，此时普通党员鼓噪的声音比以前更加响亮。不过，丘吉尔已经把几位工党大臣都管理得服服帖帖。虽说他们与普通党员一样，心怀社会主义目标，但他们同时也相信“大联合”政府。他们认为，假如自己的计划推进得太狠，丘吉尔会猛拉鱼钩，解散“大联合”政府，要求举行大选，而保守党就会在大选中获胜。总体来看，他们在公开场合都闭口不谈未来的局势发展，只有赫伯特·莫里森除外。他毫不怀疑，一位工党大臣应当大胆地呼吁，不但要比社会主义同僚更加敢于呼吁，也应当比提倡“中间路线”的保守党人向丘吉尔提出更多的要求。莫里森在议会辩论《贝弗里奇报告》之前发表的演讲已经说明，他认为工党在战后的政策应当是个什么样子。议会辩论过后，他的演讲继续如此，只是语气更加尖锐，阐述得也更加详尽。

---

① 参见伍尔顿1943年11月13日“与E.希尔关于保守党未来的谈话”，载于《伍尔顿文集》，*Ms Woolton*，第15页。

② 参见戈登·F.迈勒在《牛津国家人物传记词典》中“亚历山大·盖洛韦·厄斯金-希尔爵士”一条下的说明。

在议会辩论过后的几个月里，这位“自大的伦敦佬”发表了一系列强硬有力的演讲，从而巩固了他作为工党社会主义发言人的声望。1943 年 5 月 3 日，他在伯明翰对听众说，他所在的工党一向都支持贝弗里奇提出的措施，最终，自由党人也转而接受了这些建议，保守党人同样如此（通过表决，欢迎贝弗里奇提出的建议）。因此，“（如今的）真正问题……就是关于国家与工业企业之间关系的重大议案”。工党必须赢得这场争论。工党必须说服全国人民，让他们明白国家应当“找到某种方法，通过公有制或者某种形式的管制，确保（组织集中行业的）经营有利于增加国家财富，确保贯彻充分就业的政策”。如果工党在这场论争中无法获胜，那就不会出现什么公有制；如果没有公有制，也就不会有什么充分就业。若是没有充分就业，莫里森预计说，“贝弗里奇的报告和其他许多方面最终都会前功尽弃”①。

可能有人会劝莫里森，要他在发表这场讲话之后稍稍缓和一下态度。如果真的如此，那么他肯定是拒绝了。不过，6 天之后在布朗维奇发表的一场演说中，他好像做出了回应某人的答复：“只要我们保持正确的观点，我相信，这种对未来的担忧非但不会阻碍战事，反而会有利于战事。”接着，他转向了自己的中心主题：“管制已经在战争中促进生产最大化。它帮助我们解决了物价和工资的问题……也必将帮助我们解决战后面临的许多类似问题。我们必须在管制和混乱中二选一。”

莫里森拥有一种本领，那就是他能够用浅显易懂的话语

① 参见莫里森的《工党的未来与垄断管制的问题》一文，载于《愿景与政策》，第 28—38 页。

清晰阐述复杂的问题。在这场演讲中，他提醒听众，不要被“那些……对您说我们是为了自由才打这场战争的人，说战争导致的所有限制、规定和管制都令人讨厌、都应当被彻底废除的人”愚弄。他还抢先驳斥了保守党人可能会提出的一种观点：

> 现在，假如我们取消所有的管制措施，那么您认为，会有什么样的结果呢？……将出现一种疯狂的、大家彼此竞争的混乱局面……物价会飞涨，钱包鼓鼓的人会活得舒坦，富人会在穷苦人家的主妇还买不起新锅碗瓢盆的时候就购买汽车，百万富翁将在遭到轰炸而无家可归的码头工人还没有新家的时候就买下豪宅，而政府与产业一些原本不应拖延的核心需求，则会长久地耽搁下去。①

这正是工党的支持者们渴望听到的观点。与温斯顿·丘吉尔不同，赫伯特·莫里森并非只是动动嘴皮子，在口头上表示支持；他是全心全意地渴望战后的英国从根本上得到改造。

几个星期之后，他又回过头，在邓迪市发动攻势。“通过一种公平分配的制度，我们应该已经打赢了这场战争，而这种制度意味着管制；通过一种在适当的地方满足我们需求的制度，我们应该已经打赢了这场战争，而这种制度意味着管制；通过一种根据轻重缓急将资源分配到最急需地方的制度，我们应该已经打赢了这场战争，而这种制度也意味着管制。战争结束之

① 参见莫里森的《战后的经济问题》一文，载于《愿景与政策》，第39—47页。

后，我们还会需要这些制度。”[1]

在伦敦，他发表了一场题为《重申一些社会主义原则》的演讲；在这次演讲中，他试图理顺“国家与工业产业之间的正确关系”。他支持将“集中化的行业”、垄断企业、垄断联盟以及其他所有主导“公共福利和国家政策”的企业统统社会主义化，但不包括小型企业，因为小型企业“提供了一种真正的社会红利”。实际上，他还特地对小型企业主保证说，在工党主导的政府领导下，“我们之间会出现大量的、不属于国家实施或管制的商业活动”[2]。这就是典型的莫里森：他试图让自己所称的“有用阶级”放心，说社会主义并不会伤及他们，新的经济秩序也符合他们的利益，而并非只是符合工业无产阶级的利益。

莫里森只说自己深信不疑的东西。他希望英国变成一个更加公正、更加人道和更加平等的国家，他相信社会主义能够实现这一点。他希望自己所在的政党能够毫不含糊地表明这一点。不过，他同时也希望当上工党的领袖，并最终登上首相宝座。发表这些演讲之后，他提升了自己的形象，也有实力面对即将到来的领导地位之争；关于这一点，他当然是很清楚的。他的传记作者如此写道，到了 1943 年中的时候，“工党运动中没有其他哪一位人物……（像他那样）象征着……必须由工党塑造英国战后命运的意愿”[3]。此时，艾德礼仍然没有把莫里森视为

---

① 参见莫里森的《战时工业紧急管制措施在战后的未来》一文，载于《愿景与政策》，第 48—55 页。

② 参见莫里森的《重申适应战后工业组织问题的一些社会主义原则》一文，出处同上，第 56—75 页。

③ 参见多诺霍与琼斯合著的《莫里森》，第 329 页。

威胁；不过，坚定不移地忠于艾德礼和丘吉尔两人的欧内斯特·贝文，却敏锐地察觉了。因此，他决定粉碎莫里森的妄想。

1943年1月后不久，贝文的机会就来了；当时，莫里森正在谋求获得工党财务主管一职的提名。莫里森希望，这一职位成为他当上领袖的跳板——就算不是现在，也可以在下一次大选之后当上领袖；他清楚，大选过后，工党就会举行投票，决定由谁来担任党魁。因此，当亚瑟·格林伍德宣布自己也参与提名竞选的时候，莫里森不啻遭受一记重击。休·道耳吞曾在自己的日记里写道，格林伍德那些身居高位的同僚都很清楚，“这个可怜的老家伙已经风烛残年”，可他在工党内部的威望仍然很高，是一匹经验老到、却受到丘吉尔卑鄙对待的战马。①尽管如此，莫里森还是认为自己可以单打独斗，击败格林伍德。可是，接着又出现了由矿工工会提名的第三位候选人。

这次财务主管选举，将在1943年6月召开的工党年度代表大会上举行，随着时间推移，气氛也日益紧张。莫里森获得了工党各个地方分支的绝大多数代表的支持。他的盟友们在工会领导层中网罗选票，卓有成效。不过，第三位候选人分走了格林伍德的反对票，贝文又在关键时刻发动致命一击，把手下规模庞大的“运输和杂工工会”的集体支持票投给了格林伍德，从而促使其成功当选，莫里森只能铩羽而归。

这位内政大臣，一直对自己的失败耿耿于怀。但他仍然处于权力巅峰，势不可挡。一周之后，他又重新出山，开始巡回演讲。“对我们的社会制度修修补补，是不够的。根本问题就在于，由谁来主导工业产业。”他在伦敦对另一群听众苦口婆

---

① 参见平洛特编著的《休·道耳吞日记》，1943年6月15日，第607页。

心地说道。[1]他已经恢复过来，重新从头做起，而且加倍努力，代表工党大胆地宣传战后社会主义的思想。他一定安慰过自己，这次受挫只是暂时的。

在此期间，丘吉尔则有仗要打。1943 年 5 月 4 日，他乘坐“玛丽女王”号前往美国，进一步协商军事方面的问题。令人惊讶的是，威廉·贝弗里奇也订了这艘船的一张船票。丘吉尔躲不开身，只好邀请他共进午餐。于是，两人终于有机会讨论家喻户晓的《贝弗里奇报告》了。不过，进展并不顺利。丘吉尔的医生曾在日记里写道，“首相将一个他不太感兴趣的熟人召到桌边之后”，他们会相互寒暄几句。但是过后，丘吉尔“却不会想要继续交谈，他会坐在那里，弓着背、皱着眉，看着自己的盘子，心不在焉”。那位医生最后说，以这次交谈为例，“到差不多两点半时，这种冷场，才逐渐消失”[2]。

5 月 20 日，丘吉尔在美国国会发表演讲，获得了美国议员们雷鸣般的掌声。一周之后，他又动身前往非洲，商讨非洲战事及迅速而果断地战胜意大利的必要性。他直到 6 月 5 日才返回英国。接下来，他在 8 月又一次出访，参加如今广为人知的“魁北克会议”；此次会议，最终严肃认真地制订出“大君主行动”，即在法国开辟“第二战场”的计划。后来，他又从魁北克动身，再次前往华盛顿特区，与美国进一步协商。这一次，他直到 9 月 20 日才返回伦敦；然后，他又前往开罗，还与罗斯福、斯大林两人一起参加 11 月在德黑兰举行的会议。在此期

① 引自多诺霍与琼斯合著的《莫里森》，第 329 页。

② 参见莫兰勋爵所著的《莫兰勋爵日记中的丘吉尔》（*Churchill: Taken from the Diaries of Lord Moran*）一书（波士顿，1966 年），第 100 页。

间，因为憎恶莫里森的提倡，一些不安、恼火的保守党人一直都在大发牢骚。因此，丘吉尔回国之后，除了其他方面的问题，还必须应对这些保守党人，最终也必须应对莫里森。

这位内政大臣在邓迪市发表的战后必须实施管制的演讲，让保守党人深感不安。其中有一个人还发出通告说，他打算在下议院里提出一个问题：莫里森讲的话，究竟是不是代表政府的观点？丘吉尔或许对比了华盛顿给他满堂掌声的美国国会与伦敦令人讨厌的英国议会，便给莫里森打电话说："您为什么要这么不安生呢？……您为什么要让我陷入困境呢？"莫里森后来对一位记者说："我们展开了一场直来直往的交锋。"他还说："不过，这场交锋的气氛还算不错。"①情况或许如此，但也有可能不是如此。在议会里，丘吉尔引用了金斯利·伍德的话，他提醒保守党人，连那位传统的财政大臣都说过，"我们必须对经济生活实施一种重要的管制措施，战后也应如此"。接下来，丘吉尔说出了自己的想法："在一个为了战争而组建的国民联合政府里，观点多样化，或者至少是重点多样化，对于党派忠诚而言是必不可少的。然而，我还是衷心希望，我们能够避免党派纷争……在这个时候，所有的斗争精神都应当用到敌人身上。"这种态度很难说是在支持他手下的那位大臣，也没有让那位大臣的对手们感到满意。另一位保守党议员发声了："尊敬的首相阁下会不会考虑，建议这位内政大臣加入'全国自由联盟'呢？"②

实际上，连丘吉尔自己也感到不满。他原以为，莫里森到

---

① 参见克罗泽所著的《不得发表》中 1943 年 10 月 22 日对赫伯特·莫里森的采访，第 384 页。

② 参见《英国议会议事录》，1943 年 10 月 12 日。

处发表演讲没什么了不起，如今他却意识到，莫里森发表的一系列演讲都有一个中心主题，它们加起来就变成了一场运动。丘吉尔不赞成这场运动。他把内政大臣叫到一边，两人“发生了争吵”。莫里森后来曾对另一位工党大臣说道：“之前，首相一直都不介意我关于战后管制措施的演讲，可如今他恼火了。”①然而，这一点并没有阻止莫里森继续发表此类演说，也没有阻止莫里森用其他的方法继续给丘吉尔首相制造麻烦。

1943 年 2 月，工党大臣们都很不情愿地默认了伍德与丘吉尔两人强行通过的关于《贝弗里奇报告》的决议：在战争结束、英国的经济形势明朗之前，政府不会对战后重建的问题作出规定。莫里森在议会辩论《贝弗里奇报告》时发表的著名演说，曾经强调政府会尽快做出决定，其实是违背自己心意欺骗了工党的议员们。5 月，他撰写了一份文件，题为《做出决定的必要性》，重新论述了这个令人烦恼的问题。6 月上旬，艾德礼和贝文两人对文件加以润色，并和他展开讨论；这三个人，无论什么时候，只要相互配合，就能形成一个强大有力的组合。6 月 26 日，他们向战时内阁提交了一份语气强硬的备忘录，要求政府彻底转变立场。他们希望政府“现在就尽量充分地阐明英国战后的金融和经济形势，并以此为基础，对政府准备在战争结束之前就制定法律、贯彻实施的一些问题做出重大的决定”。他们列举出自己认为应当加以考虑的问题：土地使用、不动产开发权、补偿、供水、住房建设项目的资金筹措、交通运输的重组、供暖和供电。他们还希望了解，战后改革的财政预算会对社会保险、教育、农业、全面就业、国内工业的未来、

① 参见平洛特编著的《休·道耳吞日记》，1943 年 11 月 2 日，第 663 页。

出口贸易、医疗与殖民地政策等领域，产生什么样的影响。“光有正式的计划还不够，”他们认为，“光是对它们做出‘原则上’的决定也不够。……因此，我们强烈要求政府对重建计划早做决定，以便必要的时候，在战争时期也能立法实施。”①

丘吉尔把这份文件转交给伍德，要他谈一谈看法。这位财政大臣很不喜欢。他在答复中，详细列举了政府里曾经多次、以多种方式声明过，现在还**无法**做出此种决定的诸位大臣；其中最突出的就是丘吉尔首相，也包括莫里森本人，证据就是莫里森在议会辩论《贝弗里奇报告》时所做的发言。不过，他并没有提出新的理由来拖延。②丘吉尔首相派人把伍德的备忘录送给了艾德礼，艾德礼在返回备忘录时刻薄地指出：“我带着浓厚的兴趣拜读了财政大臣的高见；可在我看来，他似乎回避了我们提出的实质性问题。我欢迎尽早对此讨论。”③

不过，后来他们并没有讨论这个问题，因为丘吉尔动身到魁北克去了。6个星期之后，丘吉尔再一次出访的时候，莫里森沮丧不已地给工党领袖艾德礼写信道：“我很理解首相把主要精力都集中在其他问题上的做法，可我真的认为，我们应该尽快讨论文件中宽泛的原则问题，不能再拖延了。”④但是，这场讨论还是拖过了1943年的整个夏季，之后又拖到了秋季。在这段时间里，大家都没想到金斯利·伍德突然离世了；丘吉尔短暂回国，指定枢密院议长约翰·安德森爵士取代伍德，担任财政大臣。艾德礼则会填补安德森原来的职务。“没有了这个小

---

① 参见战时内阁文件《做出决定的必要性》，1943年6月26日，见于英国国家档案馆，CAB 118/33。

② 同上，参见伍德1943年7月1日写给丘吉尔的信。

③ 同上，参见艾德礼1943年7月13日写给丘吉尔的信。

④ 同上，参见莫里森1943年8月30日写给艾德礼的信。

个子，并不会造成什么损失。”艾登曾在自己的日记里如此不友好地提到伍德。①不过，丘吉尔或许会怀念伍德。在针对尽早实施贝弗里奇所提建议的斗争中，他失去了一个最强大的盟友。

到了10月底，丘吉尔终于挤出时间，给艾德礼写了一封回信。或许，伍德的离世给他带来了沉重的损失。而全国继续左倾的形势，也对他造成了打击。其中的一种迹象就是：几乎在每一场递补选举中，新成立的“公民党”——一个社会主义组织——的实力都大大增强。尽管“大联合”政府里的每一个党派，还有共产党人，全都反对这个组织，可它的递补选举候选人，几乎总是能够获得相当体面的选票。“公民党”在3个选区都获得了胜利，并在这一过程中撵走了一名国家自由党人和两位保守党人（两名“公民党”成员成功当选下议院议员，一位曾经是自由党人，另一位以前是无党派人士）。不用说，这个组织支持迅速采取贝弗里奇提出的建议以及更多的措施。②丘吉尔觉得自己不得不进一步做出退让了。“为了实现战后最初几年粮食和就业的重大目标，现在必须做出决定，”他承认说，“不管这些决定是否涉及立法，或者是否具有争议。”③

待战时内阁召集会议，讨论丘吉尔就工党提交的那份文件做出的回应时，首相的身边全都是保守党内一些最具影响力的人物：比弗布鲁克勋爵、巴特勒、安德森、利特尔顿（他以前是位商人，丘吉尔先是任命他为驻开罗的国务大臣，后来又让他担任生产大臣）以及弗雷德里克·林德曼（即彻韦尔勋爵，

---

① 参见艾登1943年9月21日所写的日记，载于《埃文伯爵文集》。

② 若想了解更多情况，请参见艾迪生所著的《道路》，第159—160、225—226、249—250页。

③ 参见丘吉尔所著的《第二次世界大战回忆录》，第5卷，《缩紧包围圈》（波士顿，1951年），第170页。

林德曼是丘吉尔的密友兼科学顾问，此时丘吉尔已经任命他担任主计大臣）。不过，工党也形成了一个强大的阵营，其中包括艾德礼、贝文、莫里森、克里普斯和道耳吞（他此时担任经济战争大臣，兼任“特别行动处”主任）。大家都很清楚，左翼政党此时已经是如虎添翼。最终，所有保守党大臣都同意了丘吉尔所做的让步。他们或许都以为，这样就足够挡住民意左倾的大潮了。

然而，莫里森的要求却更高，因为他间接地提出了将某些工业产业国有化的可能性问题。他说，希望政府“不要因为受到妨碍就不去考虑改革特定行业组织的问题；改革的目的，就是提高这些行业的效率，使之能够提供更加丰富、更加持久的就业机会”。接下来，他又说，“恳请首相考虑某些建议，他会把这些建议呈送给首相，请首相修改其备忘录里的一些章节，以便满足这两个方面的要求”①。这似乎太过蛮横了，可工党的大臣们都很清楚，他们背后有民众的支持。两天之后，莫里森便向《曼彻斯特卫报》的编辑大肆吹嘘：“首相……现在很愿意承认，恰当的时候必须采取某些实实在在的措施。”②

在这场战争最后的一年半里，工党将会继续前进，而保守党则会步步后退。考虑到当时整个国家的氛围，他们可能已竭尽全力。正是在讨论“决定”的那次会议之后不久，丘吉尔委派伍尔顿掌管新成立的复兴部。成立这样一个部门，就其本身而言，又是一次让步。接下来，政府公布了一系列著名的“白

---

① 参见 1943 年 10 月 21 日的《战时内阁决议》，见于英国国家档案馆。

② 参见克罗泽所著的《不得发表》中 1943 年 10 月 23 日对赫伯特·莫里森的采访，第 384 页。

皮书”：“医疗卫生白皮书”“就业白皮书”“城镇规划白皮书”“土地使用白皮书”以及更多；在工党的立场面前，它们全都做出了更多的让步。还有一种值得注意的让步，其中一个典型的例子，就是丘吉尔首相显然开始相信鼓吹在经济衰退时期实行反周期支出的凯恩斯主义经济学。“政府当局的做法，”好似灵光乍现的丘吉尔首相曾在 1944 年 5 月对同僚们解释道，“应当与通常情况下的个人做法相反：形势看上去很糟糕的时候，政府不应当打退堂鼓，而应当反其道行之，安排各种各样的新支出。”[①]不过，他不可能真心实意地喜欢这样干。

在 1945 年 1 月写给艾德礼的一封信里，丘吉尔证明了此时工党在他这届政府里拥有巨大影响力的事实，他说“一个拥有 4 名最具才能、威望的社会主义政治家（即艾德礼、贝文、莫里森和克里普斯），其中有 3 位还位列战时内阁的坚实集团……发挥着一种主导性的作用”[②]。可他一直都没有把这封信发出去，部分原因或许就在于，尽管工党继续前进，可该党并没有真正占据主导地位。只要这场战争仍在继续，工党的大臣们，甚至包括莫里森，就不敢进逼得太过厉害，以免激起一场大选，因为他们全都确信，在大选中工党一方会落败。尽管民意左倾，他们（而且不只是他们，还有他们的保守党同僚，甚至包括丘吉尔首相本人）还是相信，英国人民绝对不会投票反对这个曾经在 1940 年拯救英国于危难之中的人，也不会反对他隶属的政党。具有讽刺意味的是，工党人士都没有意识到，丘吉尔从来都没有真正想过要在战争时期举行大选，因为他也不希望这个

① 参见平洛特编著的《休·道耳吞日记》，1944 年 5 月 19 日，第 748 页。

② 参见丘吉尔 1945 年 1 月 20 日写给艾德礼的信，载于《丘吉尔文集》，CHAR 2/4。

“大联合”政府分裂；他认为，在德国投降以前，英国必须拥有一个多党联合的政府。这些相互牵制的阻力，约束了战争时期各党派在国内问题方面的意识形态冲突；只是这种矛盾从未消停，事实上还随着胜利日益临近而变得更加激烈。

才能非凡、政治悟性极高的丘吉尔，粉碎了克里普斯与比弗布鲁克勋爵两人对其领袖地位的威胁。他没有打败莫里森，但当时莫里森也从来没有向他的首相地位直接发起挑战。不过，莫里森却成了一场费边式的、即将达到高潮的社会主义运动的化身，远远胜过艾德礼、贝文，甚至克里普斯。自 1940 年以来，英国的社会风潮一直都在向左翼倾斜。连温斯顿・丘吉尔也无法阻挡这种潮流；1945 年的大选，即将残酷地证明这一点。

第三部分

战时内阁分裂

第十二章　丘吉尔势力日衰

丘吉尔的战时生涯，并不是一条非常光滑、一路向上的弧线，而是相当粗糙、多有起伏。自内维尔·张伯伦在 1939 年 9 月让他进入政府任职，到 1940 年春夏两季几场危机结束，他走了一段令人瞠目结舌的上坡路。丘吉尔推动着自己向上爬升，引导着自己步步前进，不但登上了英国首相的宝座，也变成了英国不可或缺的一个人物。尤其是在 1940—1941 年间，他用优美如莎士比亚诗文的语句，说出了大家心中的希望。全国人民都认识到，他就是英国奋力求生意愿的化身。因此，尽管其中偶有小小的挫折，他还是登上了这条弧线的顶点；此时，很可能就是 1941 年 12 月 7 日，他得知美国即将参战、对抗轴心国的那一刻。站在这个伟大的高地上，他终于能够看到一条虽需付出艰辛努力、高昂代价，但最终通往胜利的清晰道路了。

不过，达到顶峰之后，必定就是一条下坡路。由于国家社稷不再岌岌可危，丘吉尔便不得不去对付议会里批评他的人和“造反派”。起初，这些人无关紧要，可后来他们却日益危险，或者起码开始让人感到危险了。他必须阻止有可能与之争夺领袖地位的人。他孜孜不倦的注意力开始消退，身体陷入病痛，情绪沮丧抑郁，偶尔出现阵阵疲惫，还有惹人伤心的顾影自怜。不过接下来，他还会获得一场场不小的胜利。他并不清楚自己正在走下坡路，其他人也不知道。有的时候，他和其他人一定都以为他仍然是在往上走呢。可事实上，温斯顿·丘吉尔在

1945 年 7 月，即德国投降仅仅 2 个月之后，就注定会跌入深渊。他曾经希望，在欧洲取得胜利之后，仍然能够维持“大联合”政府；可他无力支撑，因此只好举行大选。他在竞选之初满怀信心，认为自己定会获胜。大家的想法都跟他一样；即便是他的对手，也都如此认为。可结果呢，选民罢免了他的政党，让工党在议会里占有了绝大多数席位。这一回，轮到温斯顿·丘吉尔拱手交出自己的官印了。在万分震惊之余，他便将自己关于战争年代的回忆录的最后一卷，命名为《荣耀与悲剧》。

此前，曾经出现过一些警告信号，只是他没有注意到罢了。

1944 年 5 月 15 日星期一，当丘吉尔和他的老朋友南非总理扬·史末资以及英王乔治六世，由英美两国许多高级军事人员组成的参谋团陪同、整个战时内阁随行，在哈默史密斯路的圣保罗学校济济一堂的时候，他对自己战时首相任期的可怜结局，可以说还一无所知。当时，这所学校是伯纳德·蒙哥马利将军的伦敦指挥部；其中的学生与教职员工，早在 1939 年 9 月就被安置到距伯克郡克罗索恩不远的东汉普斯特德公园的房舍。他们所在房间的前方，有一座讲台；讲台之上，立着一幅巨大的诺曼底海滩地图，稍稍前倾，以便大家既看得见、也看得清海滩上的具体地形。此时担任盟军欧洲总司令的德怀特·D.艾森豪威尔将军，手执教鞭，走上了讲台；而那一帮威风凛凛的人，则一排排地坐在他的前面。接下来，这位美国的军队统帅，便宣布了大家都渴望听到的一个消息：在天气允许的情况下，人们期待已久的盟军向欧洲大陆发起攻势的“大君主行动”，将于 3 个星期之后实施，苏联人要求已久的“第二战场”也将开辟。

自这场情况通报会到向欧洲大陆发动攻势的时间里，战时内阁可以说是无所事事。5 月 22 日，英国外交部官员亚历山大·卡多根曾在自己的日记里写道："内阁定于下午 5 时 30 分开会，但由于没有讨论事项，因而推迟到了 6 时。可议程越短，聊天的时间就越久；我在 7 时 50 分离开的时候，他们还没有聊完。" 8 天之后，他又写道："5 时 30 分的内阁会议，照例又推迟到了 6 时 30 分才开始，因为没有什么事项需要讨论……我们一直漫无边际地聊天，聊到了 8 时 45 分。"温斯顿·丘吉尔一直都不擅长组织会议。他只会高谈阔论、揣测思索，然后发表武断的意见。他只喜欢听到自己的声音和想法，不喜欢听别人的。欧洲大陆上的这场军事行动久拖未决，加剧了他毫无纪律的习气。"天哪，要是这种情况下内维尔·张伯伦在就好了。"卡多根一边哀叹，一边想起了已故的前任首相。他认为，不管怎么说，张伯伦都称得上一位令人钦佩的会议主持人。

在这段时间里，丘吉尔完全无法掩饰自己的紧张之情。皇家总参谋部司令艾伦·布鲁克认为，当时的丘吉尔处在"高度紧张的状态中"[①]。为什么不能紧张呢？艾伦·布鲁克曾承认，当时他也"被疑虑和担忧折磨得体无完肤"，而他其实只需监督军事问题。[②]丘吉尔必须考虑的，不但有军事方面的问题，还有政治方面的事务。如果"大君主行动"失利，盟军虽说不致落败，但也会严重受挫。已经被战争拖得疲惫不堪的英国人民的士气，就会一落千丈；美国人民的士气也会大降，从而影响罗斯福在悬而未决的总统大选中的前景。苏联同样会出现希望破灭的可悲局面。斯大林可能会考虑单独与希特勒签署和约，

① 参见丹切夫与托德曼编著的《艾伦·布鲁克》，1944 年 6 月 5 日，第 554 页。

② 同上，1944 年 5 月 27 日，第 551 页。

而希特勒则会起死回生。丘吉尔、战时内阁、英军将领，实际上每一个人都努力拼搏了四年，才让实施“大君主行动”成为可能。此时，这场行动即将开始，绝对不能失败。

这种紧张情绪自然造成了影响，不单是体现在组织糟糕、徒劳无果的会议方面。在各自的日记里，同僚们都零零散散地提到过丘吉尔在这几个星期里经常怒气冲冲地骂人、大发脾气的情况。①他受不了“自由法国”的领导人夏尔·戴高乐，并对这一点毫不隐讳。对于那些在戴高乐的问题或其他任何问题上跟他对着干的大臣，他都大为光火。由于坐立不安、紧张焦虑，同时又太过顽劣和大胆，他竟然希望自己能够亲临盟军登陆法国的现场。他完全不顾手下将领和内阁同僚必然提出的反对意见。最后英王出面，才让他打消了这种疯狂的冒险念头。这一切的背后，必定隐藏着他对即将到来的搏杀怀有的深切忧惧之情；如果“大君主行动”没有按照计划展开，那就尤其如此了。就在诺曼底登陆日的前夕，快过午夜时，他踱步来到了唐宁街 10 号配楼的地下地图室里。他知道，此时第一批盟军士兵即将驾驶滑翔机，空降到诺曼底。他对夫人克莱芒蒂娜说道：“您有没有意识到，等您早上醒来的时候，可能已经有 2 万士兵牺牲了呢？”②

当天晚上他上床就寝时，只有少数几个英国人完全清楚即将发生的事情。10 个小时之后，所有的人都知道了。上午 9

---

① 参见迪尔科斯编著的《卡多根》，1944 年 6 月 1 日和 6 月 5 日，第 633—634 页。

② 参见威廉·曼切斯特和保罗·雷德合著的《最后的雄狮：王国守卫者温斯顿·斯宾塞·丘吉尔，1940—1965》（*The Last Lion: Winston Spencer Churchill, Defender of the Realm, 1940—1965*）一书（波士顿，2012 年），第 838 页。

时，英国广播公司的播音员引用“德国海外新闻”的消息，报道说：“今天凌晨，空降部队在塞纳河河口登陆，期待已久的英美联军进击行动开始了。”①下议院里，议员们都在焦急地等待首相提供更多的消息。哈罗德·尼科尔森曾在自己的日记里写道，正午前3分钟，首相过来了，“面色苍白如纸”②。丘吉尔首先汇报了盟军在意大利的战事，说一切都进展得很顺利。美国的马克·克拉克将军和英国的哈罗德·亚历山大将军率领的部队，已经解放了罗马。议会里一片欢腾。这是一个好消息，但并不是那些前来的议员们想要听到的消息。接下来，丘吉尔便满足了他们的要求：“我还得向议会宣布，昨天晚上和今天凌晨，武装登陆欧洲大陆系列行动中的第一场已经开始了……敌方海岸炮台的火力，大部分都被我方压制住了。敌人在海中修建的障碍，最终也不是太过棘手……一切都在按照计划进行。”③谢天谢地，盟军在诺曼底登陆日的阵亡人数，并没有像丘吉尔担心的那样达到2万人，而只牺牲了差不多3 000人。

此时的丘吉尔，便从大伤脑筋的紧张状态，进入了一种兴高采烈、无限乐观的状态，因为他可以说是又踏上了一段上升的弧线。然而，那道弧线原本是整体下滑的。6月10日，他和布鲁克、史末资乘坐一艘英国驱逐舰，横渡英吉利海峡，与蒙哥马利将军共进午餐（此时，蒙哥马利将军已经把自己的指挥部从圣保罗学校搬到了诺曼底的一座城堡里）；史末资并非只是丘吉尔的一位老朋友和同僚，他还是丘吉尔既信任、又认为

---

①② 参见尼科尔森编著的《尼科尔森》，1944年6月6日，第375页。

③ 参见温斯顿·丘吉尔所著的《第二次世界大战回忆录》，第6卷，《荣耀与悲剧》（波士顿，1953年），第5—6页。

可以与之比肩的唯一一位政治家。丘吉尔巡视了英军在欧洲大陆上的这个“有限的桥头堡”。在乘坐“开尔文”号驱逐舰返回英国的途中，看着海岸逐渐远去，想到德军就在几英里开外的内陆上，他对舰长提议说：“既然相距这么近，为什么我们不在回国之前亲自炮轰他们一次呢?”舰长答应了他的要求：“片刻之后，我们的所有火炮就朝着寂静无声的海滩开射了。”①随后，驱逐舰掉转船头，迅速朝着英国驶去。

这个故事中欢欣鼓舞、令人振奋和英勇无畏的一面，大抵就是如此：丘吉尔因为一次军事胜利而感到高兴，并亲自对着敌人胡乱射击了一通。然而，这个故事还有另一面，即国内和政治问题；这一面对丘吉尔首相来说，就不是那么美妙了。或许是因为兴致高涨，他没有理会甚至没有看到这一面。不过当时，也没有几个人看到这一面。

他已经很不情愿地同意，在6月4日，即诺曼底登陆日的两天之前，将他很不喜欢的夏尔·戴高乐从阿尔及尔请来，把这场即将实施的行动告知他。两人将在丘吉尔的专列上会晤，而那趟专列，就停在距朴次茅斯不远的德罗克斯福德。英国首相将再次由史末资陪同，还有外粗内秀的欧内斯特·贝文随行；对于后者，丘吉尔已经产生了一种无比敬重但又小心谨慎的钦佩之情。外交大臣安东尼·艾登将乘坐汽车，从乡间别墅赶来，同他们会合。到了指定的日期，这位外交大臣早早就到了；他陪着戴高乐，沿着铁轨一路走向丘吉尔的专列。“首相深感于自己的历史使命，在铁轨上张开双臂，迎接戴高乐将军。”艾

① 参见温斯顿·丘吉尔所著的《第二次世界大战回忆录》，第6卷，《荣耀与悲剧》（波士顿，1953年），第13页。

登如此回忆道。[1]戴高乐这位“自由法国”领导人很是拘谨、不太自然，没有对这种欢迎做出回应；而随后的会谈，进展得也不是很顺利。不过，在会晤中的配角而非领袖之间进行的一场短暂交流，呈现出了联合政府当时的情况。

由于丘吉尔正在忙其他的事情，贝文和艾登两人便找了个时机商谈。他们商议的时候，或许是站在铁轨上，或许是站在车厢的一条过道里；其中一人身材修长、姿态优雅，出身男爵世家，另一人则外表粗犷、身材魁梧，是一位抛妻弃子的农民的后代。在第二次世界大战的这个关键时刻，两位至关重要、不相匹配却又相互敬重的战时大臣讨论的，不是戴高乐，不是英法关系，甚至也不是他们和众多同僚梦想并计划了多年的“大君主行动”。相反，他们商议的是政治。贝文对艾登说，他认为战后英国应当继续由一个联合政府来领导。艾登表示同意。贝文想知道，“老头子”（劳合·乔治）会不会想领导这样一个政府。艾登表示不清楚。贝文声明，如果丘吉尔靠边站，他本人“不会在意他们两人分别担任什么职务”。艾登回答说：“我也不会在意。”贝文只提了一个条件，那就是将煤矿收归国有。艾登同意了。听上去，两人好像是在瓜分丘吉尔卸任之后联合政府里的最高职位，决定国内方面的优先任务。几分钟之后，史末资注意到了他们之间的简短交谈，便问他们谈论的是什么。艾登和盘托出之后，史末资只是回答了一句：“物有所值啊。”[2]他指的是贝文为了继续与保守党合作而开出的条件。

如果一位首相最亲密的两位同僚在他的背后嘀咕着商议

---

①② 参见艾登所著的《清算》，第 526 页。

将来的安排，而首相却不在这种安排之内，那么，即便他们的安排最终彻底失败，这种现象也是值得注意的。其中有一个证据，说明丘吉尔当时没有看到，或者是有意选择不去理会国内政治问题：贝文与艾登两人如今可以想象出战后政府的模样了，可丘吉尔却不在其中。这就是一种确切的标志，暗示尽管英国的军事形势日益好转，可丘吉尔正在走一条下坡路。

奇怪的是，尽管开了个小会，艾登和贝文两人却也没有看出这一端倪。他们一起站在德罗克斯福德，虽说不是全然在密谋对付他们的现任领袖，但起码也是在描绘空中楼阁。两人都不希望丘吉尔继续留任；他们认为，丘吉尔已经实现了自己的辉煌。可与此同时，两人又都认为，只要丘吉尔希望留任，他的首相职位在战后就不可能被别人夺走；因此，在这个时候，两人又都做好了继续在丘吉尔手下效力的心理准备。具有讽刺意味的是，这种态度对身为保守党人的艾登来说，要比身为社会主义者的贝文更加难以坚持。早在 1940 年 9 月，丘吉尔就曾承诺过，一旦英国的敌人被打败，他就会靠边站，转而支持艾登。[①]正如他曾经在多个场合说过的，到了那时，他就是一个老人了。1942 年 2 月，他还给英王写过一封著名的信件，并在信中建议说，万一他去世了，英王应当任命艾登为英国首相。[②]尽管如此，我们并不清楚，丘吉尔是否真的认为战争获胜会标志着其首相任期的结束；随着英国距胜利越来越近，这样一种前景对他而言似乎越来越没有吸引力了。丘吉尔曾经在自己的回

① 参见艾登 1940 年 9 月 30 日所写的日记，载于《埃文伯爵文集》。

② 引自索普所著的《艾登》，第 272 页。

忆录里写道，到了1945年，他认为："我的心中怀有整个世界的形势，我也相信，自己拥有知识、影响力甚至是权威；这些方面，可能都有用处。因此，我认为尝试（继续担任首相）既是我的义务，同时也是我的权利。我不相信，人们会拒绝给予我这种义务和权利。"①

艾登只能在自己的日记里咬牙切齿，发泄不满；不过在日记里，他也没有直白地说自己渴望担任最高职位（但是，他当然渴望），而只是说丘吉尔"无疑日益堕落下去了"②。其实，这是其他许多记录日记的人士都证实了的一种判断。③丘吉尔无法主持会议；他酗酒；他会经常对同僚吹胡子瞪眼睛。不过，无论是保守党人、自由党人还是工党人士，没有一个人相信，英国战后真的会出现一个由别人领导的政府。连英国的选民们也是如此——尽管他们不久后就会投下创纪录的选票来反对丘吉尔隶属的政党，他们认为，战争结束之后，丘吉尔仍会是英国的首相。几乎没有一个人明白，此时的温斯顿·丘吉尔，真正站在那条弧线的哪个位置。

一旦决定战争结束后不会靠边站，丘吉尔便希望成为一个战后联合政府的首相，而不只是一个保守党政府的首相了。他与艾登、贝文两人的意见，竟然一致到了如此程度。他曾经对史末资说，尽管相互之间存在攻讦和争斗，但他手下战时内阁里的同僚，还是组成了"英国前无古人、后无来者的最强一届

---

① 参见丘吉尔所著的《荣耀与悲剧》，第590页。
② 参见艾登1944年7月6日所写的日记，载于《埃文伯爵文集》。
③ 例如，可以参见科尔维尔所著的《权力边缘》，1945年4月23日，第591—592页。

政府"[1]。可一场普普通通的大选，就会让这届政府土崩瓦解。丘吉尔想到了一种权宜之计：自己要求举行大选，然后组建一个新的联合政府，保持议会里新的权力平衡。他万万没有料到，自己竟然不是新联合政府的首相。

丘吉尔仍然信不过也不喜欢许多的保守党人，不认同他们的观点；至于那些保守党人呢，也是如此看待他。张伯伦、哈利法克斯勋爵和金斯利·伍德都已不在，因此他在战时内阁里已经没有一个传统的、资历很老的保守党同僚了（不过，他还有几位不那么传统的保守党同僚）。他并非只是支持一个政党，而是支持两个政党：首先就是他自己隶属的保守党；但与此同时，他在一定程度上也支持自己曾经隶属的自由党。或许，他提出的"四年计划"，就说明了这一点。（在 1945 年的大选活动中，他还会这样声称："我心向自由党，正如我心向保守党。"[2]）因此，当他在 1943 年提出那个计划时，曾经做出一番预测，就不足为奇了："这个计划，必须由一个正式代表了全国三大党派、跟如今这届政府一样的国民政府，提交给全国人民；或者，由一个各党派中最优秀的、愿意在政府里效力的人士组成的国民政府，提交给全国人民。"[3]

他很清楚，尽管许多基层的保守党人可能更愿意回到一种党派政治状态，但对于他联合各党派的观点，他们也是会赞同的。他们永远都不会公开反对"这个打赢了战争的人"；他是保守党这一方最大的选举资本。丘吉尔认为，工党也会支持他；

① 参见丘吉尔 1944 年 12 月 3 日写给史末资的信，载于《丘吉尔文集》，CHAR 20/176。
② 参见 1945 年 6 月 27 日的《泰晤士报》。
③ 参见 1943 年 3 月 22 日的《泰晤士报》。

至于原因，则正好相反。工党领袖们都还记得戴维·劳合·乔治，因为后者也是“打赢了”一场世界大战，在1918年突然举行了一场“非常时期的大选”。劳合·乔治曾经是一些不再继续忠于阿斯奎斯的自由党人士的领头者，后来又取代阿斯奎斯当上了英国首相；他曾经向战时联合政府里的保守党搭档安德鲁·博纳·劳请教，看哪些候选人应当获得“优待”（一种对他们支持的赞许）。接下来，他们便获得了压倒性的胜利，消灭掉了阿斯奎斯那些没有获得“优待”的追随者。那场大选，标志着自由党不再是英国的一股主要政治力量。工党的领袖们都担心，如果丘吉尔也举行一场“非常时期的大选”，在第二次世界大战结束之后采取自己的“优待措施”，那么他就有可能将工党打得一败涂地，或者至少对工党造成重创。假如丘吉尔清楚下述情况的话，他肯定会非常高兴：1943年9月，莫里森和经济战争大臣休·道耳吞对哈利法克斯勋爵说起过“战后继续保持一个国民政府的重要性”[①]，后者当时从美国回到了英国；几天之前，道耳吞还向艾德礼提出过同样的观点，艾德礼表示赞同。[②]贝文也想到了这一点，因为他曾经向艾登说明过。[③]在1943年的秋季，他们这些人的分析，全都与丘吉尔的判断一致：继续在丘吉尔领导的联合政府里效力，得到一点儿好处，总比什么都没有要好。

然而，到了最后，工党的领导人又改主意了。他们感受到活力十足、势力日盛的左翼的压力。共产党与新成立的“公民

---

① 参见巴特勒本人1943年9月17日所写的备忘录，见于保守党档案馆，RAB 2/6—10。

② 参见平洛特编著的《休·道耳吞日记》，1943年9月14日。

③ 参见史蒂芬·布鲁克所著的《工党的战争》（牛津，1992年），第304页。

党”以及工党内部的左翼人士，全都不会仅仅满足于得到一点儿好处。假如工党只能做到这一步，那么这三大派别就会联合起来，要求获得更多的利益。工党的领导人都是假装右倾，因为他们想要拉拢中产阶级，也就是莫里森用费边式的术语所称的“体力劳动者与脑力劳动者……即‘普通工人’”①。不过，他们同时更加果断地转向了左翼，试图团结、引导和满足那些激进分子，至少是部分地引导和满足。莫里森开始了他一系列关于战后必须实施管制的演讲。他、艾德礼和贝文三人，曾在不情愿的战时内阁里，努力推动“必须做出决定”的运动。他们呼吁实施凯恩斯主义中的各种需求管理措施，其中包括1944年全面就业白皮书中最显著、详实地阐明过的一些战后管制措施，而战时内阁也或多或少、勉勉强强地同意了。在一年之后的大选中，工党的领导人将宣称，要不是他们努力的话，政府永远都不会提出这样一种方案。他们做了大量的工作，来安抚工党内的左翼与“公民党”，同时还抑制了一些更加激进的共产党人的号召力，选举结果会证明这一点。不过，他们的做法也部分地导致了这样一种后果：随着战争接近尾声，丘吉尔“大联合”政府里的党派分歧是在日益增大而不是在日益减小；因此，组建第二个联合政府的前景，不容乐观。

尽管一开始支持，但到了最后，工党的领导人都断然反对组建战后联合政府。1944年8月，艾德礼曾对自己领导的工党“全国执行委员会”下辖的一个特别委员会说，他相信“丘吉尔首相很快就会（对我）说，在一起经历欧洲这场大战之后，他希望我们以一个达成一致意见的方案为基础，在大选中继续

① 参见史蒂芬·布鲁克所著的《工党的战争》（牛津，1992年），第309页。

并肩前行。到那时（我）将回答说，恐怕这是不可能的；而大选开始（我们不应当催促举行大选）之后，我们必须让全国人民在这两种方案中做出选择”[①]。其余各党的领导人也说过类似的话。尽管温斯顿·丘吉尔抱有种种美好的愿望，可这些人限定了“大联合”政府的寿命，倒计时开始了。

从这个意义上来看，工党其实是迫使不情愿的温斯顿·丘吉尔，不得不在1945年举行了大选；工党从来都没有想过，本党能在大选中胜出。不过，比起新的党派联合和可能由此引发的工党分裂，工党的领导人更愿意领导一个彻底的反对党，更愿意看到工党团结一致。不过，尽管有此偏好，他们却无法强行定下大选的时间。正如艾德礼在1944年8月表明的，他们认为，大选举行得越晚，对他们就越有利。他们希望，在德国投降和举行大选之间留出一段间隔，因为在此期间，丘吉尔的威望或许会有所下降。丘吉尔的首席私人秘书曾经如此说道：“拖延得越久，他们努力播撒流毒来败坏阁下名声的时间就越充裕。”[②]此外，他们之所以支持大选延期，也是因为他们希望看到最新的选民登记册。原有的选民登记册，可能会让支持工党的选民丧失选举权；因为在战争中，这些选民很可能比保守党选民流动得更加频繁。所以，在完成此时正在准备中的新登记册之前，不应当举行大选。

相比之下，如果说这次大选势不可免的话，那么保守党人则

① 参见史蒂芬·布鲁克所著的《工党的战争》（牛津，1992年），第305页。这似乎是一种确凿的论点，反驳了一些历史学家强调英国在战时具有广泛政治共识的观点。而第一部、也是最充分地支持这一论点的作品，就是艾迪生所著的《道路》。

② 参见“……1945年4月14日结束的那一周”，载于《沃特文集》，5/1。

更希望迅速举行，避免延期，他们不仅仅是想要利用此时可能对他们有利的选民名册。工党希望，时间削弱丘吉尔的名望；保守党人则希望，在出现此种情况之前，充分利用丘吉尔的声望。“大家的普遍意见，都是支持趁早举行大选。”前面那位首席私人秘书在1945年4月监督保守党议员讨论这一问题之后，曾经如此向丘吉尔汇报。[①]在保守党为选举代理人召开的一次会议上，也出现了同样的观点，正如该党主席所说的：“只有一两个人认为，选举延期到秋季举行会对我党有利。”[②]丘吉尔首相也摸清了他那些既非工党、又非自由党的其他高级同僚的态度。这些人几乎一致认为，“大联合”政府可维持到日本战败，那时再举行大选。不过，要是工党提出异议的话，那么，他们就会如伍尔顿所说：“要求尽早举行大选。”[③]有一位保守党内阁大臣，就是敏锐的R.A.巴特勒，表示反对：“除非目前我们相对于社会主义者的战术位置确实比看上去更加有利，否则的话，我更愿意在10月举行大选。”[④]可是，根本就没有人注意到他的意见。

无论如何，这个问题都必须等待军事形势的发展。在德国投降之前，没有人提出举行大选。1944年秋，希特勒用“V-2”火箭弹对英国狂轰滥炸。随着盟军从四面八方日益逼近德国，希特勒又下令在东线和西线展开孤注一掷的反击；可是，这些最终都是徒劳。双方人员均伤亡惨重。到1945年2月，西线盟军已经挺进莱茵兰省。到了3月下旬，盟军又跨过了莱茵河，数百万大军朝着德国本土进发。而在另一面，苏联军队在1月

① 参见“……1945年4月14日结束的那一周”，载于《沃特文集》，5/1。

② 参见拉尔夫·阿什顿1945年5月15日写给丘吉尔的信，载于《丘吉尔文集》，CHAR 2/549。

③ 同上，参见伍尔顿写给丘吉尔的信，未标注日期，但应当是1945年5月11日。

④ 同上，参见巴特勒写给丘吉尔的信，未标注日期，但应当是1945年5月11日。

上旬就已攻入华沙，并向南挺进，在3月底攻入奥地利。最后，数百万苏联军队继续推进，攻入德国本土。到4月24日，苏军已经对柏林形成合围之势。4月30日，正当苏军在激烈的战斗中向元首地堡逼近时，阿道夫·希特勒自杀身亡了。一周之后，德国投降。

丘吉尔再一次站到了事业的巅峰。5月8日，他乘坐汽车，穿过人潮攒动、民众欢欣鼓舞的街道，前往白金汉宫，与英王共进午餐。接下来，他回到唐宁街的首相官邸，向全国发表了广播讲话："在英勇的法兰西被敌人打败之后，我们在英伦本岛，在我们的联合王国，继续独自抗争了整整一年的时间，直到苏联的军事力量汇入，后来又得到美利坚合众国压倒性的实力与资源相助。最后，整个世界几乎全都团结起来，与作恶多端的敌人斗争，而为恶者如今已经自绝于我们面前。"只有日本仍在负隅顽抗，但该国支撑不了多久（丘吉尔了解原子弹的研究进展情况，但他在讲话中并没有提到这种武器）。"前进，大不列颠！"他用振聋发聩的声音，结束了这次广播讲话，"自由事业万岁！天佑吾王！"①

之后，他从唐宁街的首相官邸出发，乘坐一辆敞篷汽车，来到不远处的下议院。兴高采烈的民众越聚越多，几乎堵住了他的去路。司机花了半个多小时，才驶完从首相官邸到下议院短短的几百码距离。哈罗德·尼科尔森曾经在写给儿子的信中描述说，待丘吉尔终于来到下议院的辩论大厅时，"整个议会里的人都齐刷刷地站起来，不停地欢呼，挥舞着手中的议事日程表"②。丘

① 引自吉尔伯特所著的《胜利之路》，第1344页。

② 参见哈罗德·尼科尔森1945年5月8日写给奈杰尔·尼科尔森的信，引自尼科尔森编著的《尼科尔森》，第457页。

吉尔重述了一遍他刚刚发表过的广播讲话。下午晚些时候，他在卫生部大楼一座俯瞰英国政府办公楼的阳台之上，对更多民众发表了讲话；晚餐过后，由于聚集的民众未见减少，所以他又在议会街的另一座阳台上发表了讲话；据报业巨头、《电讯报》的老板卡姆罗斯称，当时“民众一遍又一遍地大声欢呼”①。接着，民众又唱起歌来，先是《希望与光荣的土地》，然后就是《他是个快乐的好小伙》。

丘吉尔正在走下坡路？他的每一次露面，表明的情况都恰好相反；这样觉得的人，似乎也不只是他自己。丘吉尔认为自己在英国任何一场大选中都会获胜，这种想法是情有可原的。既然工党拒绝加入联合政府，那么还有什么理由继续推迟这场较量呢？

4 月底，丘吉尔委派艾登和艾德礼两人作为英国的首席代表，到美国旧金山参加联合国的成立大会。这就意味着，德国投降时，国内只有莫里森和贝文两人代表工党发表意见。5 月 8—10 日，工党里面这两位最不协调的同僚会晤了一次，讨论和决定工党的立场。但是，他们实际上早已清楚工党的立场，因此这一次两人达成了一致的意见。左翼，而且不只是左翼，还有工党坚强的核心层，都在一如既往地要求返回政坛。支持工党的绝大多数人，此时都在期待着他们与保守党人面对面地对抗。如果无视这种态度，不但会造成领导人脱离普通党员的危险局面，或许还会使得大量党员投入“公民党”或共产党的怀抱。他们必须终结“大联合”政府。这种联盟，是在一个绝

---

① 参见《卡姆罗斯文集》，引自吉尔伯特所著的《胜利之路》，第 1347 页。

望的时刻为了拯救英国而形成的。它的使命已经完成。出于前文已经解释过的原因，贝文和莫里森两人都希望这个联盟的终结出现得迟一点儿，而不是早一点儿。不过，他们显然还得做出一个决定，那就是大选应当在什么时候举行。

5月11日午夜12时30分，贝文和莫里森两人前往唐宁街10号首相官邸，向温斯顿·丘吉尔说明了这一点。虽说丘吉尔并不喜欢解散政府的主意，可在必要的时候，他也无所畏惧。莫里森后来向艾德礼汇报，他“提醒了首相，说目前这种选民登记的方法很糟糕，首相一定会碰到这种或那种不完善的问题”①。因此，他提出了秋季登记的办法。贝文支持他的观点。丘吉尔没有应允任何日期，但他也意识到，自己必须赶紧做出决定才行。“我还没有最终定下来是6月到8月之间的哪一天”，会晤过后，他立即电告了远在旧金山的艾登。不过，“在接下来的三四天里，就必须做出决定”②。

后来做出决定的时间，实际上比三四天更久，而且有点儿一波三折。5月16日，艾德礼急急忙忙地赶回了英国。在他回国的那天晚上，丘吉尔便与他碰了头；第二天，两人又见了一次面。工党的这位领袖，还记不记得五年之前，在唐宁街10号同一个房间里的那次会晤呢？当时他对张伯伦说，工党绝对不会在后者的手下效力。不过，艾德礼认为，目前的情况与那时可没法相比。他并没有意识到，自己手中仍然掌握着优势；他以为，优势是在丘吉尔一边，因为丘吉尔不久就会变成“打赢了战争的人”，与1918年的劳合·乔治一样。当

---

① 参见莫里森1945年5月11日写给艾德礼的信，载于《贝文文集》，3/3。

② 参见丘吉尔1945年5月11日写给艾登的信，载于《丘吉尔文集》，CHAR 2/550。

丘吉尔首相反对在某个日期举行秋季大选（他很清楚，艾德礼支持那个日期），并根据保守党同僚的建议，提出了另一种死板的选择——要么在春季举行大选，要么就等日本投降之后再举行大选（而不管日本可能要到什么时候才投降）——之后，艾德礼并没有提出异议，只是答应说他会与自己的高级同僚商量。

第二天，即5月18日上午，艾德礼召见了自己的高级同僚。道耳吞与贝文两人都同意艾德礼的观点，即春季举行大选的前景太过危险。工党没有别的选择，只能继续在联合政府里效力，直到日本战败，就像丘吉尔所说的那样；他们只能尽力安抚好左翼，做好大选的准备。然而，莫里森却断然不同意。他不想等到日本投降，因为他觉得，日本可能在数年之内都不会投降（他完全不知道原子弹的研究情况），他还预测说，就总体而言，整个工党也不希望等待。艾德礼提出了一个折中办法。工党将满足丘吉尔的愿望，继续留在“大联合”政府里；但条件是，首相必须答应，迅速实施早前发表的白皮书中勾勒的关于社会保险和全面就业的措施。当时的情况，就像是他们再一次起草“必须做出决定”那份备忘录一样。如果要工党留在政府，直到远东地区的战争获得胜利，首相就必须接受这个条件；至于文字表达，或许是艾德礼一个人，或许是艾德礼与其余三个人一起琢磨出来的。恰好，工党即将在英国西北部的黑潭市召开年度代表大会。这种情形，与1940年工党跟张伯伦谈判时的很相似；当时，工党是在伯恩茅斯召开年度代表大会。艾德礼拟定文件之后，贝文、道耳吞和莫里森便坐火车参加年会去了。

艾德礼拿着文件，回到唐宁街10号，与首相进行了最后一轮会谈。丘吉尔看了文件之后，马上就同意了其中的条件。[①]他以为，作为对他答应实施社会保险和全面就业等措施的回报，艾德礼已经答应，说服工党继续留在政府效力，直到打败日本。“他走的时候，我当然认为，他会尽力让我们团结在一起。”后来，丘吉尔如此写道。[②]至于艾德礼，他在动身前往黑潭市的时候则以为，作为对工党继续参加“大联合”的回报，丘吉尔会实施提出的改革措施，并在秋季的某个时候举行大选。[③]他并没有把大选与日本战败挂钩。对于两人之间达成的一致意见，他的理解与丘吉尔的理解其实是相悖的。

在黑潭市的代表大会上，艾德礼按照自己的理解，把情况介绍了一番。不过，一开始，工党的“全国执行委员会”就通过投票表决，反对将大选延期到秋季举行；接下来，在 5 月 21 日，全体会议的表决结果也是如此。绝大多数工党党员，都急不可耐地要与保守党人一决高下。连贝文和道耳吞两人也转了向，支持此种立场，因而艾德礼最终也接受了。在莫里森的协助之下，他写了一封信给丘吉尔，表达了这种更加激进的观点：“正是在改造国家经济生活的问题上，党派之间的分歧才最为尖锐。现在需要做的，就是采取果断的行动。这一点，只有一个基于原则和政策团结的政府才能做到。”[④]此时的情况很奇怪，

---

① 参见丘吉尔 1945 年 5 月 18 日写给艾德礼的信，载于《丘吉尔文集》，CHAR 2/550。

② 参见丘吉尔所著的《荣耀与悲剧》，第 593 页。

③ 参见埃文斯 1945 年 5 月 30 日写给比弗布鲁克勋爵的信，载于《比弗布鲁克文集》，BBK/D/475。这是一份机密备忘录，报告了贝文与丘吉尔讨论之后的观点。

④ 参见艾德礼 1945 年 5 月 21 日写给丘吉尔的信，载于《丘吉尔文集》，CHAR 2/550。

因为它又是1940年情况的翻版：之前，艾德礼是先打电话，将工党的决议告知了张伯伦，然后才写信给他，声明工党不会在他的手下效力；现在呢，艾德礼又是打电话给丘吉尔，告诉了他同样的消息。

丘吉尔感到非常遗憾。他指责莫里森，说莫里森是硬来。[①]他认为艾德礼已经背叛了他。他给这位工党领袖写了回信说："我曾经独自努力，创造出可以让我们一起共事的种种妥协条件。从您这封信的语气以及贵党的态度来看，这些条件显然都不再存在了。"[②]但是，他从来都没有想过，自己此时正在走下坡路。他完全没有认识到，支持左翼提倡的改革措施的民意，究竟有多大的分量。

1945年5月23日，他无疑是带着遗憾之情，但同时也带着极度的自信，向英王提交了辞呈；英王随即责令，由他负责组建一个临时的"看守"政府，直到举行大选。丘吉尔从原来的政府里挑选出了一些主要的保守党人士，比如艾登、比弗布鲁克勋爵和利特尔顿（此人正担任生产大臣），还有年轻一代保守党人中的一些代表，比如巴特勒和哈罗德·麦克米伦，以及安德森和伍尔顿这两位无党派人士。令人惊讶的是，他还邀请克里普斯加入这个"看守"政府，因为当时克里普斯还没有重回工党的怀抱。"我不能那样干，尽管我很钦佩丘吉尔这位老人。我们的想法不一样。"克里普斯后来曾对艾登和克兰伯恩勋爵如此说道。他从唐宁街10号首相官邸的内阁会议室出来时，正好碰到了站在门外的两人。接下来，他又无力地重述了

① 参见对亚历克斯·布莱克的采访，载于《莫里森文集》，6/1。

② 参见丘吉尔1945年5月22日写给艾德礼的信，载于《丘吉尔文集》，CHAR 2/550。

一遍原来抱有的种种希望：成立一个联合政府，但其中不能有丘吉尔这个提倡联合的伟大人物。克里普斯还低声对这两位保守党人说："如果是安东尼这样问我的话，那就大不一样了。"①

丘吉尔建议英王在6月15日解散议会。大选投票日定在3个星期之后的7月5日，少数几个地方的日期有所不同。计票将于7月26日开始。7月5—26日的这3个星期，是留出来把国外士兵的选票运回国内的。令工党领导人懊恼，却让工党的普通党员以及绝大多数保守党人高兴的是，丘吉尔终究还是举行了一场突如其来的"非常时期选举"。

尽管如此，对于以前的同僚，丘吉尔仍然充满了感情。"我们一起经历了那么多。"他曾在自己的回忆录里如此写道。②5月28日，他邀请以前的政府大臣来到唐宁街10号的首相官邸，在他们原来经常碰面的内阁会议室里，举办了一场"家宴"。他们都习惯围坐的那张内阁会议桌上，铺上了桌布，变成了一张自助餐桌。几乎所有的前工党大臣以及绝大多数保守党、自由党和无党派大臣，全都围在桌子边上，加起来超过40人。③"气氛非常友好，但也非常紧张。"丘吉尔后来回忆道。当他来到桌前，脸上流淌着泪水，向客人们致辞的时候，客人们全都站在那里，手里端着酒杯或者拿着甜点。尽管最近发生了一些事情，但丘吉尔提到艾德礼的时候，仍然称艾德礼是他的"好朋友"。不过，他们全都是好朋友。"他说，"休·道耳吞在日记里如此写道，"我们在一个非常艰难的时期走到了一

① 参见艾登所著的《清算》，第622页。
② 参见丘吉尔所著的《荣耀与悲剧》，第596页。
③ 参见平洛特编著的《休·道耳吞日记》，1945年5月28日，第865页。

起，成为一群团结一致的朋友，坚持了下来。历史将会记住这一点。”道耳吞不但记下了首相的原话，如此写道：“历史的光辉将照耀在各位的头盔上”，而且写下了自己对这些话的回应：“我也稍稍感受到了那一刻。”或许，他是记起了 1940 年的那一天，在同一间会议室里，丘吉尔曾经向他和其他人解释当时的英国已经陷入怎样一种绝望的境地，以及他仍然完全坚定地想要战斗下去的情形吧。

然而，保守党有两位重要的人士没有参加这场令人动情的聚会。前一天晚上，比弗布鲁克勋爵就在位于萨里郡的乡间别墅里，款待了一小群人。在“吃完一顿丰盛的晚餐、喝了一大瓶香槟酒和许多的白兰地”之后，这群人开始了“一段长时间的政治性谈话……那天晚上很有意思，弥漫着一种海盗和欺诈的气氛”。一位参加了这场聚会的人如此写道。流言满天飞，诋毁嘲讽的话语不绝于耳。贝文、艾登和安德森三人挨的谩骂尤其多。魅力非凡、聪明机敏的布伦丹·布雷肯是丘吉尔的追随者，而性情暴躁、积习难改的比弗布鲁克勋爵则是丘吉尔的心腹，这两个人定下了聚会的调子，主导着整场聚会。这位过后在自己的日记里记录下当时情景的客人，还如此预测说，“他们（即比弗布鲁克勋爵和布雷肯两人）自然……会对保守党在这次选举中的结果和日后发展造成巨大的损害”①；这种先见之明，或许连这位客人自己都不知道。

第二天，比弗布鲁克勋爵送别了留下来过夜的客人。他会继续待在乡下，因此错过了丘吉尔当天下午举行的“家宴”。布雷肯坐车去了伦敦，可他也没有参加唐宁街的这次盛会。这

① 参见科尔维尔所著的《权力边缘》，1945 年 5 月 27 日，第 604 页。

两个人几乎没有什么时间来多愁善感，但花在政治上的时间却很多。“我渴望推动并想要做一些不安分的事情，直到这次选举结束。”①几个月之前，比弗布鲁克勋爵就已经提醒过保守党的“党鞭”了。而布雷肯，正好也有相似的打算。

---

① 参见比弗布鲁克勋爵1944年9月27日写给斯图亚特的信，载于《比弗布鲁克文集》，BBK/D/145。

第十三章 余 震

他们已经不再是“一帮朋友”了。我们似乎有理由来问一问，他们曾经是否真的是一帮朋友？不然的话，在1945年的这场大选当中，他们又怎么会一个个变得如此刻薄呢？或许，是因为战胜德国之后释放出来的种种压抑已久的情绪，助长了接下来这场政治竞争中的恶劣气氛。比弗布鲁克勋爵，或许还有布雷肯，自然与其中出现的难听之语脱不了干系。丘吉尔自然也觉得，工党和自由党内那些以前的搭档辜负了他，因为他认定这些人已经抛弃了他，所以决意要报复他们。在唐宁街10号首相官邸举行的“家宴”上，他曾经向这些人表达了自己的称颂之意。可是，此时聚会已经结束，而他也一向都是一个顽强不屈、精力充沛的活动家。“他基本上是一个兼听则明的人，”一位知情人士写道，“可一旦坚定地支持某种东西，那他就是九头牛也拉不回来了。”[①]在1945年的竞选中，丘吉尔到处巡回演讲，每次都情绪激烈。战时内阁里许多隶属于各个党派的前成员，也是如此。在这一点上，我们可以毫不夸张地说，许多听众也是如此。

丘吉尔的首次广播讲话，就定下了基调。他是在6月1—3日那个周末准备好讲话稿，然后星期一晚上在契克斯乡间别墅的一个小房间里发表的；那个房间里，悬挂着英国风景画大师

---

① 参见詹金斯所著的《丘吉尔》，第790页。

约翰·康斯特布尔的一幅幅小型油画。他对着麦克风讲话的时候，与他跟别人面对面谈话时相比，姿势更加放得开，仿佛是在面对一大群听众做演讲。[①]他的双手在空中猛劈猛砍，也是在对着工党猛劈猛砍。他说，工党里面的人，“早已渴望走上政治斗争的道路了，而大量民众则觉得，如果不给他们战斗的机会，就会对他们的健康不利，因为这是他们想要的战斗。因此，我们也会给予他们这样一个机会”。

很显然，他一直都在阅读弗里德里希·哈耶克的《通往奴役之路》：

> 朋友们，我必须告诉你们，社会主义政策是与英国的自由思想格格不入的……社会主义就是……对普通人自由呼吸，不被无情、笨拙、专制之手捂住口鼻的权利……的一种侵犯……没有哪一个引导国民生活和国家产业的社会主义政府，能够允许民众自由、尖锐或激烈地用言语表达出自己的不满情绪。他们（社会主义者）会借助某种形式的**盖世太保**……[②]

最后一个词，他是用一种浊音说出来的，或许是为了让它听上去更加邪恶一点儿吧。

对于此次大选来说，这场讲话就是一种灾难性的前奏；后来，巴特勒还会称之为“一种公认的战略失误”[③]。许多人都知道，工党的领导人在保守党领袖发表谴责之前，就已谴责过盖

① 参见科尔维尔所著的《权力边缘》，1945年6月1日，第606页。
② 参见1945年6月5日的《泰晤士报》。
③ 引自哈里斯所著的《艾德礼》，第256页。

世太保；要知道，盖世太保首先是在德国的劳工运动和社会主义运动中，迫害过工党人士的同志（还有犹太人）。大家都知道，在这场战争中，许多支持工党的人都牺牲了自己的生命，来捍卫“英国的自由思想”。大家也都知道，在过去的五年里，丘吉尔一直都与现在他宣称将会对整个国家实行专制统治的人共事，还经常颂扬他们。丘吉尔的夫人克莱芒蒂娜此时的政治嗅觉要比丘吉尔更敏锐，在他发表讲话之前，曾经请求他删掉涉及盖世太保的那段话。可是，丘吉尔却不愿意。

对这种轻率的语言攻击率先做出公开回应的，就是工党领袖克莱门特·艾德礼。据说，有一次在谈到艾德礼的时候，丘吉尔称他是一个“在许多方面都应当谦逊的谦逊者”[①]。倘若丘吉尔的确说过这种话，那他就大大低估了艾德礼（他否认自己曾经说过）。艾德礼永远都不能被小瞧。他对丘吉尔的指责所做的回应，也是在广播中发表的，产生了毁灭性的效果：

> 昨天晚上，听到首相如此歪曲工党政策的讲话之后，我马上察觉了他的目的。他希望选民看出，这个统一国家战争时期出现的伟大领导人温斯顿·丘吉尔，与保守党的领袖丘吉尔先生之间，具有多么巨大的差异。他担心的是，在战争当中承认其领导地位的人，可能会出于感激之心而经不住诱惑，继续追随他；我感谢他，因为他让这些人彻底不再抱有此种幻想了。因此，昨天晚上我们听到的，是

---

① 例如，可参见“思考存在”网站（ThinkExist.com）上的“温斯顿·丘吉尔引用过的话”，网址：http：//en.thinkexist.com/quotation/mr-attlee_is_a_very_modest_man-indeed_he_has_a/150133.html。

丘吉尔先生的声音，可其中的思想，却是比弗布鲁克勋爵的。①

于是，这位谦逊者便毫不犹豫地收下了一个伟人向他发下的战书。

1940—1945 年间，艾德礼从来都没有耍过阴谋诡计来对付丘吉尔。当克里普斯幻想着用中间派的“三人执政”取代丘吉尔首相的时候，艾德礼曾经疏远克里普斯。当比弗布鲁克勋爵短暂地幻想着自己登上首相宝座的时候，艾德礼也没有给这个加拿大人任何机会。事实上，他并不喜欢比弗布鲁克勋爵，两人经常发生公开的冲突，尤其是在苏联问题上；他也信不过比弗布鲁克勋爵对丘吉尔的影响，认为最近的广播讲话已经说明，这种影响是有害的。与许多同僚不同，艾德礼既不传播流言蜚语，也不耍弄阴谋诡计。他的行为一向都表明，他是丘吉尔首相一位忠诚而得力的同僚；不过，他当然永远都记得，要在一定的限度内为自己政党的利益服务。我们可以想见，假如有一种不同类型的选举，他将是一位令人敬重且意志坚定的竞争对手；但就 1945 年的选举而言，丘吉尔可能胜过他，甚至压过他。可事实恰好相反，选民都开始觉得，与丘吉尔脾性相反的克莱门特·艾德礼魅力无穷：他从容不迫、心平气和、通情达理、温和稳健，而且宽容大度。他们感受到了艾德礼的力量。在不经意间，丘吉尔便把一个原本可能需要耗费很大力气才能获得公众关注的人，推到了台前。

---

① 参见 1945 年 6 月 5 日的《竞选演说》，载于牛津大学的《艾德礼文集》，dep.17。

接下来，丘吉尔又犯下了一个错误。同样，他原本是可以采取大不相同的做法，给自己带来更多优势的。首相宣布，大选之后，他准备前往波茨坦，与斯大林、哈里·杜鲁门会晤；4 月 12 日富兰克林·罗斯福总统逝世之后，杜鲁门就继任了美国总统。在波茨坦，盟国的领导人将决定如何惩处战败的德国。丘吉尔想让外国人看到英国的联合阵线，因此向工党领袖发出了同行邀请。[①]（他有没有想过，这是一种非常奇怪的邀请呢？因为他不久前才说过，如果工党在大选中获胜的话，艾德礼就会用盖世太保的方法来统治英国。在选民看来，这种邀请是不是说明，他起初那些指责完全是夸张之辞，甚至是虚妄之言呢？）不管怎样，伦敦政治经济学院教授、长期从事工党政党工作的左翼政治学家哈罗德·拉斯基听到邀请一事之后，说了一句自以为无伤大雅的话："艾德礼先生很难……承担起……将由首相丘吉尔先生缔结的那些条约的责任。"[②]拉斯基认为，工党领袖只应当以观察员的身份去参加波茨坦会议，因为一旦赢得大选，工党自然会采取一种与丘吉尔在任时不同的外交政策。这位教授可能还认为，艾德礼需要他的这种提醒，因为艾德礼一直都太过认同丘吉尔的外交政策。在其他的公开讲话中，拉斯基还如此说过好几次。

此时，拉斯基正担任工党主席；这个职位每年都由工党"全国执行委员会"里资历最老却从未上马的成员担任。丘吉

① 奇怪的是，尽管他认为这位工党领袖心怀种种可怕的企图，他还是热心十足地给后者写信道："您带上一名公务随从……来照看您的行李，解决您的个人需求……可能会方便一点儿。"他还推荐了唐宁街 10 号首相官邸里的一位雇员："他非常可靠，是个非常优秀的贴身随从。"参见丘吉尔 1945 年 7 月 11 日写给艾德礼的信，载于《丘吉尔文集》，CHAR 194/B。

② 参见 1945 年 6 月 15 日的《泰晤士报》。

尔认为，这是拉斯基给他创造的一个机会，因此揪住了这一点。在一封写给艾德礼、同时也发表在报纸上以求达到最大宣传力度的信中，他质问究竟是谁在决定工党的政策，是选举出来的党魁，还是不经选举产生并得到不经选举产生的“全国执行委员会”协助的党主席？①丘吉尔首相指责说，拉斯基提供了进一步的证据，证明工党内部没有民主基础，工党不信仰英国式的自由。接下来，两人之间便开始了一场漫长的公开通信。艾德礼在一系列措辞尖锐却又简洁有力的信件中，坚称拉斯基在工党内部的作用和影响力有限；丘吉尔则始终揪住这位教授的险恶目标和权威不放。一些重要的保守党人士，也开始效仿他们的这位领袖。奥利弗·利特尔顿原本担任着看守政府里的生产大臣，但丘吉尔同时委任他为贸易委员会主席，从而扩大了他的职责范围；他声称，拉斯基和工党“全国执行委员会”里的其他人是一个“隐秘的、未经选举产生的幕后小集团”②。负责殖民地事务的国务大臣奥利弗·斯坦利则预言说：“在‘三强会议’*上，杜鲁门将代表美国，斯大林将代表苏联，而倘若我国恢复一个社会主义政府的话，那么艾德礼代表的，就是拉斯基教授了。”③身为副大臣和前首相之子的理查德·劳也指责说：“社会主义者打算废除议会的控制权，代之以‘社会主义大委

① “全国执行委员会”中的委员，都是由参加工党年度代表大会的代表选举出来的。但他们并不是由一般的普选选举出来的。

② 参见 1945 年 6 月 27 日的《泰晤士报》。

* 三强会议：即波茨坦会议。1945 年 7 月 17 日—8 月 2 日，美、英、苏三国首脑杜鲁门、丘吉尔（7 月 28 日后换成了新任首相艾德礼）和斯大林在柏林近郊的波茨坦举行战时第三次会晤，主要目的就是商讨战后德国的处置问题和解决战后欧洲安排的问题。

③ 参见 1945 年 6 月 17 日的《星期日泰晤士报》。

员会’专政。那样一来，”劳接着说，“他们就是故伎重施，前景险恶。”①

保守党人对拉斯基的评价，不过如此。首相似乎是在暗示，一个连名字听上去都不像英国人的人，实际上就是工党邪恶的幕后操纵者。比弗布鲁克勋爵更进一步，在斯特里汉姆的一场演讲中，他曾提到，拉斯基手下的“全国执行委员会”有份“秘密协议”，这种说法无意间让人回想起俄国炮制的声名狼藉的反犹书籍——《犹太人贤士议定书》*。接下来，他“据此宣称，拉斯基的目的就是要废除英国的议会制度”②。战争部副大臣克罗夫特勋爵的做法，有过之而无不及。他曾经嘲讽地称拉斯基为“那个英国工党老头”。克罗夫特勋爵在女儿嫁给一个德国的犹太难民时，曾经对女儿说，她这无异于“社交自杀”③；丘吉尔可能知道这件事情，便写信给克罗夫特说：“请千万要谨慎，哪怕再忍不住，也不要卷入任何一场可能会被人们认为是反犹的运动。”④毫无疑问，这个曾经为了各个民族而领导民众讨伐过纳粹极端民族主义的伟人，对于自己给类似论调提供机会的做法，已经感到后悔。在针对哈罗德·拉斯基的

① 参见1945年6月17日的《星期日泰晤士报》。

* 《犹太人贤士议定书》：据说是由沙皇俄国秘密警察组织“奥克瑞那”在19世纪90年代末至20世纪初虚构出来的一本反犹太人书籍，是一本对“贤士们”新进成员的指导手册，讲解如何经由控制媒体和金融来操控世界，以及如何用大量宣传取代传统社会规则，实际上是描述了犹太人意图征服世界的阴谋。因此，它曾经被纳粹当成反犹太人的宣传工具，是现代阴谋文学的发端。

② 参见1945年6月21日的《泰晤士报》。

③ 参见安德鲁·S.汤普森在《牛津国家人物传记词典》中“亨利·佩奇·克罗夫特”一条下的说明。

④ 参见丘吉尔1945年6月20日写给亨利·佩奇·克罗夫特的信，载于剑桥大学丘吉尔学院的《亨利·佩奇·克罗夫特文集》，CRFT1/2。

一整场口诛笔伐中，他也有理由感到后悔。没有迹象表明，这种口诛笔伐在选民中引起了共鸣。情况恰好相反，正如一位杰出人物曾经所写的那样："绝大多数民众并不理解，他（即丘吉尔）想要干什么。"[1]如果表现得宽宏大量，向艾德礼发出邀请，然后就此罢手，他给人留下的印象可能要好得多；尤其是因为，工党的这位领袖根本就没有打算任由拉斯基或者其他的任何人在幕后操纵。十有八九，如果完全不提拉斯基，丘吉尔的结局会体面得多。

这一事件中，其实也有可悲的一面。拉斯基原本既是一位著名的学者，也是工党里一位杰出的左翼人士；可惜的是，他却患有妄想症，时而宣称自己具有某种并不存在的影响力。[2]他经常用一封又一封亲笔书写、字迹小得难以辨认的信，鼓动一些重要人物，其中既有工党人士，也有工党以外的人士。他还利用一种微不足道的关系，鼓动过温斯顿·丘吉尔，因为丘吉尔刚开始进入议会任职时，曾经得到过拉斯基父亲的协助；后者曾经是曼彻斯特犹太人社区里一位很有影响力的人物，当时丘吉尔设法让这个犹太社区投了他的支持票。

就在工党召开黑潭市年度代表大会之前，拉斯基曾经写信对丘吉尔说，他将担任这届年会的代理主席："不管我在这一职位上发表什么看法，都只是出于党派工作的目的；撇开党派，难道我不是同自己的父辈一样，一向深深敬重您吗？"[3]假如他是在利用所谓的家族关系，希望预先避开丘吉尔可能会针对他

---

① 参见詹金斯所著的《丘吉尔》，第 794 页。

② 参见金斯利·马丁所著的《哈罗德·拉斯基：传记回忆录》（*Harold Laski*：*A Biographical Memoir*）一书（伦敦，1953 年）。

③ 参见拉斯基 1945 年 4 月 21 日写给丘吉尔的信，载于《丘吉尔文集》，CHAR 20/198/A。

新近擢升做出的抨击，那么这就注定是一种无效的做法，也是一种幼稚的做法。在残酷的政治斗争领域里，丘吉尔是一位不会宽恕别人的老手，绝对不可能因为这种恳求而动摇自己的决心。

就在大选刚刚开始，关于艾德礼在波茨坦会议上的地位问题还没有引发骚乱之前，拉斯基又给丘吉尔写了一封信："我那些曾经在近期的'大联合'政府里、在您手下效力的同僚要我转告您……无论政见分歧多么巨大，他们个人对您的敬重和爱戴之情不曾减少。我希望，您能够让工党领袖坚定地保持这一观点。"①丘吉尔没有回信，只是派人往拉斯基的私人办公室里送了一张便条："我不知道，拉斯基先生给我写信究竟是出于何种正式目的。我与他之间，并不存在私人交情。"②假如得知其中的内容，那么这张便条自然会让拉斯基教授深感难堪。我们不免会留下这样一种印象：拉斯基希望甚至是期待获得一种特殊的豁免，希望自己因为与丘吉尔之间具有某种私人关系（但只存在于他的妄想），就可以免受政治上的沉重打击。结果却完全相反，他变成了大选中保守党非常厌恶的一个人，从而搬起石头砸了自己的脚。

在1945年的这场大选中，保守党和工党展开了激烈的角逐，两党都想获得胜利。自由党人没什么分量。他们提名了306位候选人，根本就没有机会达到议会里640票的多数党标准。他们大张旗鼓，支持拒绝加入工党的威廉·贝弗里奇。最终结果表明，贝弗里奇是一位相当差劲的候选人，连人们认为

---

① 参见拉斯基1945年6月3日写给丘吉尔的信，载于《丘吉尔文集》，CHAR 20/198/A。

② 同上，丘吉尔用私人办公室信签所写，1945年6月17日。

属于自由党安全席位的那一票都没有获得。担任空军大臣的自由党人阿奇·辛克莱，也失去了自己的议员席位。最终，选民们只让12位自由党人回到了议会。曾是1940年反张伯伦政治斗争中主要组织者之一的克莱姆·戴维斯，将变成战后自由党这一部分残余议员的领袖，也算是对他的一种可怜回报吧。至于国家自由党——有位年老的自由党女士曾称之为“阑尾”①，她认为该党毫无用处——只是因为他们在保守党这一方没有对手，所以在49名候选人里，倒是有11人获胜。有一位保守党人，有意地避开了国家自由党里的一名候选人；丘吉尔还给这位保守党人写信，如此说道：“我感谢您做出的大度之举……这是一种把国家利益置于政党利益之上的做法，因为在这种节骨眼儿上，国家的命运其实取决于能否彻底打败社会主义。”②

这就是丘吉尔希望选举人做出的选择。“作为一名老资格的政治活动家，您会认识到，‘让社会主义者与其他人对立’要比‘让保守党与其他人对立’更有利。”③他曾经在写给一位老朋友兼政治盟友的信中如此说道。保守党人希望，通过承诺实施丘吉尔两年之前勾画出的“四年计划”，其中涵盖国民保险、家庭补贴、教育改革和国民医疗服务等方面，争取自由派选民和思想进步的选民。他们希望，通过呼吁结束战时的管制措施，争取保守党内的基层党员。他们以为，通过要求温斯顿·丘吉尔重新执政，可以争取到每一个选民。他们紧紧跟随

① 参见伯纳姆·卡特1945年6月1日写给丘吉尔的信，载于《维奥莱特·伯纳姆·卡特文集》，MS 164。

② 参见丘吉尔写给斯图克利少校的信，未标注日期，载于《丘吉尔文集》，CHAR 2/546/A。

③ 参见丘吉尔1945年3月17日写给克罗夫特的信，载于《克罗夫特文集》，CRFT1/2。

在丘吉尔的身后，把他捧上了天。他们鼓吹，要是没有丘吉尔，英国很可能早在1940年就被敌人打得一败涂地；他们希望，只需这一个理由，丘吉尔就能够在1945年重新上台掌权。

从工党这一方来看，该党在《竞选纲领》中早已明确指出，工党是"一个社会主义政党，并以此为豪"。该党要求将燃料和电力行业、国内运输以及钢铁生产等收归国有。工党全然不会废除经济和物价控制措施，而是打算继续维持，目的则是"在国家由战争过渡到和平时期的过程中，确保优先事务优先解决，让每一位公民……都获得公平"①。至于温斯顿·丘吉尔，他是保守党在人选方面的一张王牌，工党的领导人不会笨到去否认他的伟大。不过，正如贝文在一场演讲中提到的，这场战争不是"一个人的事情。我们都做出了各自的贡献"②。

英国的选民在1945年面临的，完全就是一种关于国内政策的抉择。两党在外交方面的差异，并不是非常明显。它们的领导人都日益对苏联染指东欧尤其是波兰的计划感到担忧。他们都打算与美国保持密切的联系，都希望对英国领导下的英联邦国家和殖民地进行某种分组，从而塑造一个在经济、军事实力上可与美苏两国媲美或者不相上下的第三强国。哈罗德·拉斯基曾经担心，艾德礼领导下的工党会采取一种与丘吉尔很相似的外交政策，这种忧虑是正确的。在这个方面，左翼派别（其中包括工党里面的左翼人士）制定一种"社会主义外交政策"的希望，注定会以落空而告终。

至于他们对待大英帝国的态度，与之前战时内阁大臣们的

---

① 参见1945年的《工党竞选纲领》："让我们面对未来"。

② 参见贝文在1945年4月7日的演讲，载于《贝文文集》，Bevin 4/8。

态度相比，只在程度上稍有不同罢了。但丘吉尔是个例外，因为他在这个问题上属于明显的异类。绝大多数前大臣代表了整个国家的绝大多数民意，他们或多或少都希望加快剩余殖民地的独立进程，希望组成一个多民族的英联邦，使之作为一个整体，在国际事务中发挥作用；英国是英联邦中的第一大国，但联邦内各国平等。然而，丘吉尔却反对任何削弱大英帝国的影响或者势力范围的做法。对于殖民地独立的问题，他只是嘴上说得好听，从未明确提出日期。他甚至反对自治领真正获得独立，因为他曾经在1945年4月3日对一群自治领代表和印度代表说过："如果大家的想法一致，那么独立和联合其实就是一回事。"他一厢情愿地以为，那天围坐在桌边的人士全都与他"想法一致"①。

大选期间，丘吉尔"大联合"政府里的大臣们纷纷赶赴全国各地，推动各自的竞选计划，抨击各自的前同僚。丘吉尔在第一次广播讲话中，已经定下了这场竞选运动的基调。接下来，保守党人又开始抨击"拉斯基长官"②。《每日快报》把工党与德国的纳粹党、意大利的法西斯党相提并论。③而另一方，左翼报纸《论坛报》则提醒读者说："保守党的大臣当中，几乎没有几个人的

---

① 参见1945年4月3日的《战时内阁会议记录》，载于剑桥大学丘吉尔学院的《博格斯文集》。

② 参见1945年6月19日的《每日快报》。哈罗德·麦克米伦似乎是率先使用这一侮辱性称呼的人。

③ 威廉·巴克利曾在1945年6月6日的《每日快报》上如此写道："一旦对英国持有一种社会主义观点，您就不可能再拥有原来那个对个人福利保持警惕之心的下议院了。您在德国或意大利并没有看到这样的下议院……在两国孳生的社会主义观点，如今已被我国军力消灭了。"

战前履历不带有支持纳粹的污点。”《论坛报》甚至还深入挖掘，披露了丘吉尔的女婿邓肯·桑迪斯在1936年10月替德国《欧洲评论》撰写的一些诋毁（实际上还很令人震惊）文章。[①]

一场场政治集会，人声鼎沸；一声声质问抨击，激烈凶猛。丘吉尔手下负责印度事务的国务大臣利奥·艾默里在伯明翰发表了一场演说，获得了雷鸣般的掌声。[②]比弗布鲁克勋爵在帕西顿发表演讲，支持自己的朋友布伦丹·布雷肯。《泰晤士报》第二天上午发出的报道称：“现场充斥着嘘声、嘲笑声、喊叫声和喝彩声，乱成一团。”[③]6月18日，他又在巴特西区对一群吵闹喧哗的民众发表了演讲，支持另外两位保守党候选人。《每日快报》报道说：“他提醒打断他讲话的人，说他们追求的事业受到了非常不公的对待。”那些人听后开始齐声喊道：“坐下。坐下。”比弗布鲁克勋爵斥责激烈质问之流都是“流氓阿飞”。可这样说，根本就没有让他们安静。于是，他大喝一声，划破了会场的喧嚣：“无所事事和放荡不羁的人来到这里，是为了剥夺言论的自由……噢，不！你们是绝不可能让崇尚自由的人闭嘴的！”[④]《泰晤士报》报道说，“集会结束的时候，尽管他又对着麦克风讲了几分钟，可听众是不可能听清他说了什么的”。比弗布鲁克勋爵在竞选运动中发表了12次演讲，绝大多数集会现场都出现了类似情况。

连温斯顿·丘吉尔演讲的时候，也遭遇过这种局面。7月3

---

① 参见1945年6月22日的《论坛报》。

② 参见1945年6月23日的《泰晤士报》。

③ 参见1945年6月24日的《泰晤士报》。

④ 参见威廉·巴克利第二天即将发表于《每日快报》的打印稿，载于《比弗布鲁克文集》，BBK F/165。

日，在伦敦东北郊的沃尔瑟姆斯托体育馆，他对 2 万名群众发表了一场演讲。“他刚一开始，就有不少人打断他的话头，”《泰晤士报》如此报道说，“嘲笑声、嘘声，与支持者声音更高的一轮轮掌声、喝彩声，交织在一起。”不过，这位久经沙场的老将，还是表现出了一种胜于比弗布鲁克勋爵的自信风度。与那位加拿大人侮辱批评者的做法不同，丘吉尔是态度和蔼地刺痛他们。“在一个自由的国度里，每一个人都完全有权利来欢呼或者喝倒彩，愿意多久就多久。（此时，听众中既有欢呼声，也有嘘声。）胜者当欢呼，败者喝倒彩。”他跟这群庞大的听众开玩笑说：“我到这里来，首先就是要和你们说点儿完全没有争议性的东西。因此，欢呼的也好，喝倒彩的也罢，都可以休息一下。我想要祝贺伦敦……在战争期间取得了辉煌的成就。对于这句话，你们要喝倒彩吗？”《泰晤士报》的记者写道：“现场一片肃静。”

在演讲中，他后来又说：“在战争爆发的前一年里，我们建造了 35 万栋房屋……请注意。请在你们的椅子上坐好了。我要说的，是你们不喜欢听的：这些房屋当中，有三分之二都是由私营企业建造出来的……尽情地给这种情况喝喝倒彩吧，它们可都是私营企业。”这些房屋，后来都被德军的轰炸机炸毁了。大家很清楚这一点。可是，它们为什么没有重建起来呢？此时，一部分群众开始齐声说：“我们需要工党。”丘吉尔则以子之矛，攻子之盾：“正是出于这个原因，我们才需要劳动力 * 。”记者记述道：“这句俏皮话博得了满堂喝彩，而

* 在英语中，“工党”（Labour）与“劳动力”（labour）是同一个词。丘吉尔巧妙地调换了两词的意思。

开怀大笑也让大家的心情再次舒畅。”

于是，演讲继续进行。在讲话中，丘吉尔还提到“为愚蠢的意识形态、荒唐的乌托邦式哲学梦想而发动派系斗争是可笑的，（除非）……人类的心灵与人类的思想有了巨大的进步，否则乌托邦式的世界不可能出现”。这句话，引起了听众的骚动。“我很遗憾，有人听到这种话会觉得受到伤害。我说快了……我再说一遍吧，只有人类的心灵和思想有了进步，我们才能实现社会主义空想家摆到我们面前的无比美好的乌托邦。现在，喝倒彩的人都到哪里去了？”这些人，马上就喝了一阵倒彩。他转过头去，看着另一个方向：“这边的人能帮帮忙不？”[①]于是，那些人便大喝其彩。

在丘吉尔看来，这似乎还不算是一场异常吵闹的集会。几天之前，在伦敦南部的图廷贝克，一个17岁的建筑系学生迈克尔·格洛尔·勒佩莱，竟然朝着丘吉尔首相扔了一个炮仗。警察将其逮捕之后，他告诉警察：“我也不知道自己为什么那样做。”他对地方法官说：“我的唯一目的，就是要弄出点儿动静来。”[②]地方法官按照最高上限，罚了他40先令。后来，老勒佩莱先生写信给丘吉尔说：“身为这个无法无天的孩子的父亲……我希望就发生的事情向您表达最深切的歉意。”[③]丘吉尔连这事也淡然处之：“结果好，就一切都好。我当然希望这个孩子的学业不要因此而受到影响，希望他最终变成一个真正有

① 参见1945年7月4日的《泰晤士报》。

② 参见1945年7月5日的《泰晤士报》。

③ 参见勒佩莱1945年7月5日写给丘吉尔的信，载于《丘吉尔文集》，CHAR 2/553/B。

益于英国的人。”[1]他在这些场合中的温和敦厚和宽容大度，与他提到盖世太保、持续抨击拉斯基时的情形相比，简直是判若两人。在这场大选里，他似乎是游走于两个极端之间：一面是仁慈宽厚和脾气温和，另一面则是心胸狭窄和言辞激烈。不过，就算是在仁慈宽厚的时候，他也完全低估了全国范围内民意左倾的势头。

6月25日，丘吉尔开始了一场声势浩大的全国巡游。他乘坐火车，还把汽车也装到了列车上，以便他可以驾车前往需要发表演讲的地方：第一天是拉格比、利明顿、考文垂和伯明翰，第二天是克鲁郡、曼彻斯特、奥尔德姆、哈德斯菲尔德和利兹；接下来的两天里，他又一路前往苏格兰，到过7个以上城市，然后打道回府。在沿途其他许多选区，他也停下来发表过演讲，或者起码要露上一面，因此平均每天都要发表10场讲话。这是一种令人筋疲力尽的日程安排，对于他这样一个快72岁的老人来说，尤其如此。他在火车上过夜，但完全不是为了休息。“这是首相在巡游过程中，与英国政府始终保持联系的唯一办法。”他手下的一位工作人员如此解释道。[2]

不管他走到哪里，群众都是成千上万、夹道相迎，场面堪比王室出巡。丘吉尔曾经写信给保守党的前“党鞭”、1940—1942年间在他手下担任陆军大臣的戴维·马杰森说：“我希望明天在格拉斯哥和爱丁堡之间不要做任何演讲，也不要因为路线而惊动百姓。否则的话，他们都会挤到路边，手里举着旗子，

---

① 参见丘吉尔1945年7月7日写给勒佩莱的信，载于《丘吉尔文集》，CHAR 2/553/B。

② 参见唐宁街10号首相官邸发布的备忘录，未标注日期，载于《丘吉尔文集》，CHAR 2/553/A。

站上好几个小时；在这种情况下，我不可能走得很快，只能停下来，接受他们好心好意的致敬。”[①]有一位保守党候选议员，请求首相在巡回演讲的过程中一定要经过他所在的选区，好让选民们可以“摸一摸您的衣角”[②]。丘吉尔婉言拒绝了这种荣耀，但巡回演讲途中民众对他的热烈欢迎，却让他坚定了自己的信念：到选民投票的时候，他和他的政党必将获胜。

可他完全没有理解这一切。“我们向这个老伙计欢呼，并不意味着我们打算投他的支持票。”一位选举人曾经提醒说。[③]无论如何，说这句话的人都不可能将选票投给丘吉尔；除非他住在伍德福德，因为那里正处在丘吉尔所属的埃塞克斯郡选区。许多英国人在丘吉尔做巡回演讲的时候，都是兴高采烈地向首相致敬，同时心里却打算将选票投给工党。与此同时，艾德礼非常精明地针锋相对，也开始了自己的全国性巡回演讲。他和夫人开着自家的“奥斯汀”牌轿车，既没有大张旗鼓，也没有随从如云，便前往各地了；不过，他在所到之处做相关演讲的时候，会场外面都是“人山人海、拥挤不堪，热情洋溢的民众纷纷聆听扩音器里的声音”[④]。相关资料中既没有提到激烈的质问，也没有说演讲受到干扰。这种鲜明的对比，又怎么可能对他不利呢。

丘吉尔针对拉斯基和工党的攻讦，既让工党的领导人感到迷惑，也激起了他们的怒火。正如格林伍德所说的：“丘吉尔

---

① 参见丘吉尔 1945 年 6 月 27 日写给马杰森的信，载于《丘吉尔文集》，CHAR 2/553/A。

②③ 参见约翰·拉姆斯登所著的《丘吉尔与艾登的时代：1940—1957》（*The Age of Churchill and Eden, 1940—1957*）一书（伦敦，1995 年），第 84 页。

④ 参见克莱姆·艾德礼 1945 年 7 月 3 日写给汤姆·艾德礼的信，载于牛津大学的《艾德礼文集》，MS Eng.，C 4793。

先生并不相信自己在广播讲话中提及的这些问题……他是在一些恶毒的政治顾问的怂恿之下才如此说的，因为那些政治顾问懂得如何利用恐惧谋利，而恐惧则是所有政治武器中最卑劣的一种。”[①]格林伍德心中所想的“政治顾问”，就是比弗布鲁克勋爵和布雷肯两人。其他的人也这样想。艾德礼在自己的第一次广播讲话中，早已指出了这一点：广播讲话中的声音是丘吉尔先生的，可声音背后的思想，却是比弗布鲁克勋爵的。

这种怀疑，也有实实在在的根据。尽管比弗布鲁克勋爵和布雷肯两人并没有直接参与丘吉尔首相的第一次广播讲话，但他们确实对丘吉尔的其他几次广播讲话产生了影响，也更加广泛地对保守党的竞选运动产生了影响。一个有关布雷肯冷嘲热讽态度的例子，就足以说明这一点。有一次，丘吉尔让布雷肯就约翰·安德森爵士准备在英国广播公司发表讲话的演讲稿谈一谈看法。布雷肯看完之后，写信答复道：“尽管我同意财政大臣关于在重建时期必须对投资保持某种控制措施的观点，可我看不出他煞费苦心地强调这种必要性的任何理由。在您的广播讲话中，您曾经抨击管制措施，让我国绝大多数饱受管制之苦的民众欢欣鼓舞……我希望您能说服他，不要提及这些方面。”[②]换言之，布雷肯认为约翰·安德森这位财政大臣应当对听众施以故意的误导。至于比弗布鲁克勋爵，他旗下的报纸都在喋喋不休、欣欣然地持续鼓吹拉斯基教授对民主构成的所谓威胁。比弗布鲁克勋爵在演讲的时候，也是如此。[③]他很有可能

① 为亚瑟·格林伍德在1945年6月20日的《泰晤士报》上所说。

② 参见布雷肯1945年6月6日写给丘吉尔的信，载于《丘吉尔文集》，CHAR 2/548/A。

③ 参见比弗布鲁克勋爵写给丘吉尔的信，未标注日期，但从内在证据来看，应当是1945年6月27日，载于《丘吉尔文集》，CHAR 2/552。

提出过建议，要丘吉尔也这样干，因为首相在发表广播讲话和写给艾德礼的公开信当中，就含有比弗布鲁克勋爵评价拉斯基的一些言论。①

工党人士里面，让首相恼火的可不只是拉斯基一人。丘吉尔似乎对莫里森尤其怀有敌意，至于原因，并非仅仅是他认定手下的这位内政大臣迫使工党分裂了整个“大联合”政府。在大选中，莫里森十分准确地抨击说，战争即将结束、德军的“V-2”火箭弹开始对伦敦狂轰滥炸的时候，丘吉尔曾经禁止就此向公众发出警报。莫里森是在曾经被“V-2”火箭弹大肆蹂躏的刘易舍姆选区发表这一抨击的，他希望自己能够在下一届议会里代表该选区。丘吉尔认为，这是一种低劣的抨击。他有充分的理由禁止发出警报，比如警报有时会引发恐慌、警报经常都发得太迟、警报会暴露英国无力阻止本国遭到火箭弹轰炸等。他前往刘易舍姆选区，发表了驳斥莫里森的演讲。“在我失去的所有同僚当中，”他曾经对听众说，“莫里森是我在失去之后最不感到难过的一位。”②他手下这位前内政大臣则机敏地回击说，丘吉尔“对我恶毒而小气的攻讦，是一个政党领袖不齿为之的，更别说是一位首相了”③。

对于斯塔福·克里普斯，丘吉尔也心怀憎恶。战争爆发之前，克里普斯就有过一些极端的言论。有一次，他曾经建议工人们完全停止生产武器。在1945年的大选中，保守党人便以此

① 比如说，可以参见丘吉尔1945年7月3日写给艾德礼信的“未完稿”，载于《丘吉尔文集》，CHAR 20/194/B（尽管没有准确引述原话，完成稿中还是采用了比弗布鲁克勋爵的观点）。

② 参见1945年7月5日的《每日快报》。

③ 参见1945年7月5日的《泰晤士报》。

为由，指责克里普斯；此时，克里普斯刚刚给地方工党党员写了一封信，其中说道：“我们必须确保，自己的行为标准能够为每一个人树立起诚实和体面的榜样。”[①]不过，他对批评者称，战前那句话只是努力迫使张伯伦下台而采取的措施中的一部分，对此大肆指责是不对的。无论两人之间的分歧有多大，丘吉尔以前都是敬重克里普斯的；一个月之前，他还试图让克里普斯加入看守政府。然而，此时他却写信给艾登说：“斯塔福爵士做出这个极端而理直气壮的决定时，还是鲍德温先生担任首相呢。这就推翻了他能够立脚的那一点儿残余理由，证明他是一个骗子，在业已确定的细节面前从来都是面不改色心不跳。”[②]

这场竞选运动，似乎不但让丘吉尔首相，还让战时内阁里其他一些大臣失去了自控力。最终，比弗布鲁克勋爵还会把他多年来原本只是私下里嘀咕、评价工党领导人的话语，全都当众说出来。“艾德礼先生并不是一个什么了不起的怪物，”他在伦敦的西富勒姆区对听众如此说道，“但具有成为一个优秀的小个子殉道者的所有品质。”“贝文……目前已经过了退休的年纪……他的年龄太大，没法再干更多的恶事。”至于莫里森，比弗布鲁克勋爵则说，共产党人“曾经到哈克尼区去，把他赶走。他拼了老命，飞快地跑过了伦敦桥，或者其他什么地方，一路跑到了老肯特路。（大笑）他一路不停，跑到了刘易舍姆……赫伯特·莫里森竟然成了一个长跑运动员”[③]。实际情况

---

① 参见克里普斯 1945 年 5 月 28 日写给“一般委员会和执行委员会”的信，载于《克里普斯文集》，SC12/2。

② 参见丘吉尔 1945 年 6 月 14 日写给艾登的信，载于《丘吉尔文集》，CHAR 20/194/B。

③ 参见比弗布鲁克勋爵 1945 年 7 月 3 日演讲的记录稿，载于《比弗布鲁克文集》，BBK/F/65。

是，莫里森放弃了哈克尼选区工人阶级支持的安全席位，转到了刘易舍姆选区，那里中产阶层较多，因此竞选起来风险也更大；至于这样做，并不是因为他害怕哈克尼区的共产党候选人，而是为了证明工党具有广泛的选举号召力（结果，他心想事成，赢得了那个席位）。

自然，此时的工党，也终于能够公开表达出该党对比弗布鲁克勋爵的看法了。据艾德礼说，比弗布鲁克勋爵是一个“在公共生活中，各党派的正派人士都极其不信任”的人[1]。贝文则称之为“混乱大臣”和“伦敦新闻界里的疯子”[2]。格林伍德提醒选民们说，比弗布鲁克勋爵还是一个支持过绥靖政策的人。就在丘吉尔对纳粹带来的威胁提出警告之时，“比弗布鲁克勋爵仍在宣称英国不会卷入战争”[3]。

“不要理会枝节问题和人身攻击，因为他们提出这些方面，只是为了迷惑你们的思想。”艾德礼在一份公开发表的《致人民的呼吁》中，如此告诫过选民。他说，应当把注意力集中在“你们必须做出决定的根本问题上”[4]。

尽管相互诋毁、相互揭短，但双方的确都试图在选举过程中解决一些关键性的问题。哪怕是一些主要的诋毁者，也是如此。比弗布鲁克勋爵在许多场合下，都发出了响亮而引人注目地支持自由企业和民主制度的呼声。艾德礼、贝文和莫里森则经常严肃地提出实施政府计划制度的理由。丘吉尔阐述的是，保

---

① 参见 1945 年 6 月 21 日的《泰晤士报》。
② 参见 1945 年 6 月 16 日的《泰晤士报》。
③ 参见 1945 年 6 月 23 日的《泰晤士报》。
④ 参见 1945 年 6 月 25 日的《泰晤士报》。

守党将监督一项大规模的主要由私人提供资金的住房建设计划。加入工党之后的克里普斯在全国做巡回演讲，宣传工党的观点，清晰地阐述了社会主义在道德伦理和基督教方面的基本原则。看守内阁里的无党派人士伍尔顿此时已经担任枢密院议长，而同样无党派的安德森则担任财政大臣，两人都为丘吉尔重返首相宝座和恢复国民政府一事而奔走，在英国广播公司发表了一系列严肃而稳健的讲话。伍尔顿用浅显易懂的话语，解释了一些复杂的论点，听上去可能跟赫伯特·莫里森的演讲风格差不多：

> 我们绝大多数人关注的一件事情，就是日复一日的衣食住行问题。我有没有工作可干？我能够组建一个家庭，获得充足的食物，养大我的孩子，让他拥有一种比我自己更好的发展机会吗？这些方面，就是日常生活中实实在在的问题，也正是我一直努力要为国家解决的问题。假如你们把选票投给支持目前政府的议会候选人，让丘吉尔先生获得独立的多数票，那么你们就可以指望，这个政府将大力采取一种开明的国内政策。①

而安德森呢，即便有布雷肯提出的建议，要他在广播讲话中删掉某些内容，他也只发表了一份呆板单调的讲话。“连皇家经济学会举行的一本正经的会议，也可能要比这场讲话受欢迎得多。”布雷肯曾经叹息道。②尽管如此，考虑到这场大选的

① 参见《泰晤士报》，未标注日期。此处引自《丘吉尔文集》CHAR 2/588 中的一份剪报，其中还有数百份别的剪报。

② 参见布雷肯 1945 年 6 月 6 日写给丘吉尔的信，载于《丘吉尔文集》，CHAR 2/548/A。

整体基调，有些选民可能也会喜欢财政大臣推理谨慎、语气稳健、为自由企业制度辩护的讲话。①

在极端困难的情况下，安东尼·艾登还是为我们做出了一种令人瞩目的节制和优雅榜样。他比艾德礼晚了近一个星期，于5月17日从旧金山回国，参加了这场大选。10天之后，他在英国广播公司发表了一次讲话，关注的主要是外交政策。在讲话中，他并没有提到拉斯基教授。②不过，他成年之后，几乎一直都饱受胃病之苦，而此时病痛已经把他的身体搞垮了。医生诊断出他患有十二指肠溃疡，嘱咐他卧床休息一个月。他的母亲在6月19日去世，可当时他病情太严重，连葬礼都没能出席。他本性不是一个喜欢揭人短处的人，可待在家里看着这场大选，除了日益不安之外，他连揭一揭的机会都没有。他曾经对一位朋友说，这是他所知的“最肮脏和最恶劣的一场竞选”③。6月27日，他才从病榻上勉强起身，穿着睡衣和睡袍，于自家的乡间别墅，对着一台临时连接的装置再次发表了一次支持丘吉尔的讲话。在这场两极分化的竞选运动中，他提倡走“中间路线”：“不要以为，这场竞选摆在你们面前的，只有社会主义政党阐述的彻底的国家社会主义，和毫无限制的私营企业制度所导致的无政府主义两种选择。私营企业和政府控制，能够也理应相互共存。”他既没有泛化问题，也没有抨击个人，只是向自己的听众做出了一种承诺：“我们将在人力方面竭尽

---

① 参见1945年6月8日的《每日电讯报》。

② 参见1945年5月27日的“安东尼·艾登的广播讲话”，载于《丘吉尔文集》，CHAR 2/548/A。

③ 参见詹姆斯所著的《艾登》，第304页。

一切努力，在最短的时间内建造出最多的住房。”[①]

同一天，他的秘书给他送来了发自伦敦的一封电报。我们并不清楚，秘书究竟是在艾登发表广播讲话之前还是之后把电报交给他的。假如艾登的传记作者们知道他在讲话之前看过这份电报，那么他们肯定会照实描述的；可是，这些传记作者并没有说明。然而，7月11日的《泰晤士报》却称，艾登在发表广播讲话之前，看过这份电报。不论情况如何，电文内容都是一样的：“空军中将帕克致安东尼·艾登电：已经获悉贵公子所在中队的空军中校报告，贵公子于6月23日星期六驾驶的飞机，没有抵达孟买的目的地。”[②]艾登的日记表明，他非常宠爱自己的儿子。我们很难想象，他需要多大的自制力，才能在听到这样一个消息之后，马上就发表一次面向全国的讲话。

不管那天他是什么时候收到这份电报的，艾登在之后的一个星期里，都表现出了惊人的自我控制力。他的日记，记录下了他的心绪：他逐渐意识到噩耗一定是真的，但部分地控制了自己的情绪，尽管幸存希望日益渺茫，但搜索队尚未发现飞机的任何残骸。丘吉尔给他写了信表示慰问，艾德礼也是如此。不过，艾登要求对公众封锁这一消息，直到7月5日投票结束。一想到民众会出于同情而投票给他，他就无法忍受。他从病榻之上爬起，回到了外交部。投票日到了，又过去了。之后，艾登前往波茨坦，参加了“三强”讨论德国问题的会议，继续过着清心寡欲的生活，等待英国选民在7月26日计票截止后做出裁决。他也一直都在等待那封可怕的电报，它将证实他心里其

① 参见1945年6月29日的《皇家利明顿温泉导游与沃里克郡标准》。

② 参见空军中将帕克1945年6月27日发给艾登的电报，载于《丘吉尔文集》，CHAR 20/197/A。

实早已清楚的结果。7 月 23 日，电报终于到了。他儿子驾驶的飞机找到了。飞机的确已经坠毁。机上没有生还者。

丘吉尔结束竞选的方式，与他开始竞选的方式并无二致。6 月 30 日，他发表了第四次广播讲话，也是最后一次广播讲话，痛斥“迄今为止几乎默默无闻的拉斯基教授……（以及）他身后完全违反宪法和缺乏民主的机构……将决定一个社会主义政府在某些具体问题上采取什么样的行动……这样一个政府，将要求大臣们服从它的意志”①。他几乎完全是在引述比弗布鲁克勋爵曾经写给他的一封建议信。他在 7 月 3 日再次写信给艾德礼，重申了这些指责，同时也把这封信发给了新闻媒体。7 月 4 日，这封信便与艾德礼所写的驳斥信一同被公之于众；这种现象进一步提醒了想要了解大选情况的世人，这场大选有时出格得多么严重。两封信被公之于众的第二天，英国的选民终于投票了。

从 7 月 5 日投票日到 7 月 26 日计票日的这段时间里，丘吉尔在法国的大西洋沿海地区（就在西班牙的北面）休了一周半的假；这是他自 1940 年以来，第一次真正的休息。“我画了很多的画。”他曾经给比弗布鲁克勋爵发电报说。②然后，他又前往波茨坦，与杜鲁门和斯大林会晤。艾登与他同行。艾德礼也一起前往（真是对不住拉斯基教授啊）。这次会议之所以值得注意，部分在于丘吉尔没能保护波兰免遭苏联染指，在于波兰的西部边

① 参见 1945 年 7 月 1 日的《泰晤士报》。

② 参见丘吉尔 1945 年 7 月 11 日发给比弗布鲁克勋爵的电报，载于《丘吉尔文集》，CHAR 2/548/B。

界扩张到了德国境内，在于杜鲁门曾经告诉过丘吉尔这位英国首相，说美国已经在新墨西哥州的一次实验中成功地引爆了一枚原子弹，可对斯大林提起的时候，却只是说美国拥有了一种大型的新式武器（然而，斯大林其实早已通过自己的渠道得知了这一消息）。7月25日，丘吉尔返回伦敦，翌日就得知了选举的结果。

在这段时间里，比弗布鲁克勋爵和保守党主席拉尔夫·阿什顿两人一直都在给他发电报，内容是关于此次大选的各种预测。根据保守党选举代理机构的报告，阿什顿预计保守党会以超出对手100席的优势而成为多数党。①几天之后，比弗布鲁克勋爵获知了工党做出的估计，该党预测说他们将获得302个席位，其中包括共产党人以及大约50名自由党人。那样的话，保守党及其盟友仍然会因多38个席位而成为议会里的多数党。②在比弗布鲁克勋爵看来，这是一种最糟糕的情况；而在艾德礼看来，情况则正好相反。大选结束之后，他曾经对丘吉尔的私人秘书说过，“根据最乐观的估计，他认为运气好的话，保守党的多数席位会在40席左右”③。丘吉尔在出国之前，曾经谨慎地向英王做过预测，说他赢得的多数票将介乎10—80席之间，所以，此时他看不出有任何理由来修改自己的预估。如果说一定要修改的话，那么他只会认为自己低估了胜算。④

他是在7月25日晚从柏林返回伦敦的，此时，他仍然信心十足。凌晨1时，他才上床就寝，这个时间休息，对他来说算

---

① 参见阿什顿1945年7月10日写给丘吉尔的信，载于《丘吉尔文集》，CHAR 2/548/B。

② 同上，参见比弗布鲁克勋爵1945年7月15日写给丘吉尔的信。

③ 参见科尔维尔所著的《权力边缘》，第611页。

④ 参见威廉·曼切斯特和保罗·雷德合著的《最后的雄狮：王国守卫者温斯顿·斯宾塞·丘吉尔，1940—1965》（波士顿，2012年），第943页。

是早的了。“就在拂晓之前，我突然惊醒，身体感到了一阵刺痛，”他在自己的回忆录里如此写道，“一种迄今为止一直潜藏的想法，突然明晰地浮现在我的心中，挥之不去：我们要被打败了。”①他努力压下种种不好的念头，翻了个身，继续睡觉，直到上午9时才起床。一个小时之后，他正在沐浴的时候，一位助手匆匆忙忙地跑了进来，将大选的初步结果告知了他：工党夺走了目前在任的10位保守党议员的席位。丘吉尔虽说不是如遭雷击，但也惊愕不已。②

他已经提前做了安排，让人布置好地图室，大选计票的时候，结果可以投射到屏幕上显示。一洗完澡，他便穿着一身“警笛套装”，指间夹着雪茄，一路来到布置好的地图室，在一张椅子上坐了下来，或许心中又感受到了那种尖利的刺痛。他邀请了比弗布鲁克勋爵、布雷肯和保守党前“党鞭”马杰森三人，与他一起观看计票结果；此外，还有他的私人秘书、他的一个女儿和他的兄弟。当天晚些时候，丘吉尔夫人和他的另一个女儿也会来到这里。到了那时，大选结果就非常明朗了。事实上，正如丘吉尔的私人秘书所说：“半个小时之后，形势就很明朗了，左翼将会获得压倒性的胜利。”③丘吉尔原本打算保守党每增加1票，他就祝贺一番，给客人们敬一次白兰地。“我相信，那天只祝贺了3次。”他的一位助手回忆道。④

到了下午1时30分，他们休息了一会儿，吃了中饭。丘吉尔及其家人与比弗布鲁克勋爵、布雷肯两人一起共进午餐，而

① 参见丘吉尔所著的《荣耀与悲剧》，第675页。

② 参见马丁·吉尔伯特所著的《温斯顿·S.丘吉尔》，第8卷，《永不绝望，1945—1965》（波士顿，1988年），第106页。

③④ 同上，第107页。

他的女儿玛丽后来描述说，那顿午餐的气氛“如地狱一般阴郁”。他们几乎承受不了这场灾难的打击。“也有可能是塞翁失马呢。”克莱芒蒂娜对丈夫说。“从目前来看，这匹马好像失大了。”他回应道。[①]接下来，他们又回到了地图室。

在那漫长的一天中，他的朋友、同僚和亲戚都一个接一个地失利了：5 位保守党内阁大臣，其中包括艾默里和布雷肯；8 位部门大臣和 19 位副大臣；向他做出过乐观估计的保守党主席拉尔夫·阿什顿；他自己的儿子伦道夫；他的女婿邓肯·桑迪斯；还有艾默里的儿子。丘吉尔战时内阁里的主要成员中，工党的几位大臣全都当选，而自由党大臣辛克莱则落选了；无党派大臣中，安德森继续当选，而伍尔顿却没有坚持住；保守党大臣中，比弗布鲁克勋爵落选，只留下了艾登。丘吉尔虽然获得了自己所在选区的支持，但民意大潮其实已经涨到了他的脚下。为了向他表示敬重，工党和自由党都没有提出与他直接竞争的候选人。可是，一个叫做亚历山大·汉考克的农民却乘虚而入，插了这个空当。此人作为独立候选人参选，鼓吹要为劳动者争取公平待遇——每个工作日只工作 1 个小时。他竟然也获得了 10 000 多票，而丘吉尔只获得了 27 688 票。假如丘吉尔面对的是一个正儿八经的候选人，那么结果就会更接近，或许还会让人大吃一惊。[②]

1945 年的大选，是英国在 20 世纪里一场“一边倒”的选举。工党获得了 393 个席位，比其他所有党派多出了 146 席，

---

① 参见曼切斯特与雷德合著的《守卫者》，第 950 页。

② 许多年后，1945 年还是独立工党党员的社会主义中坚人士芬内·布洛克维对笔者说，在当年的大选中，他原想挺身而出，与丘吉尔一决高下，可独立工党领袖詹姆斯·麦克斯顿否决了这一提议。布洛克维认为，如果参加竞选，他可能会获胜。

占绝对多数，该党破天荒地第一次大获全胜。保守党及其盟友在选举之初，原本共占585席；在这场大选中，他们失去了220席（要不是自由党分走了一部分保守党的反对票，保守党失去的席位可能还会更多）。在1945年的这个时候，绝大多数英国选民都不愿支持保守党，因为该党在战前曾经采取绥靖政策，让战前的英国失业率居高不下；他们也不想要一个似乎只喜欢战争，但对战后复兴没有任何规划的首相。他们在1940—1945年间已经得到教训，开始信任政府制订的经济计划，可绝大多数保守党人却反对这样做。其中有些民众或许以为，他们可以把选票投给工党，同时丘吉尔仍能继续担任首相。下午7时，丘吉尔勇敢地面对了这一结果。他转头对一位助手说道："把车子开过来，我必须前往王宫，上交官印。"[①]他说的车子，就是指他那辆"亨伯"牌汽车。他已经成了一个不合时代潮流的人。

他也已经抵达那条下坡路的最低点。不过，刚刚发生的一切，对他来说也是一种证明。"他们完全有权利按照自己的喜好去投票，"那天晚上，回到唐宁街10号首相官邸，但不再是首相的丘吉尔曾经如此说道，"这就是民主。这就是我们一直为之奋斗的东西。"[②]

与此同时，在附近的运输大楼里，正在发生一件奇怪而透露真情的事。运输大楼是工党总部的所在地，位于史密斯广场，从议会沿着泰晤士河往上游直走就可以到达。艾德礼、贝文和莫里森三人全都参加了伦敦地区议员席位的角逐，早已得知了

① 参见吉尔伯特所著的《永不绝望》，第109页。
② 同上，第111页。

他们获胜的消息。那天下午，他们与其他几个人聚集在工党总部，先是收听广播里更多的选举结果，然后在贝文的办公室里商讨下一步的措施。莫里森在两天之前曾给艾德礼写了一封信，此时就算没有拿在手里，艾德礼也能完整复述："不管此次选举的结果如何，新的议会工党必定会吸纳许多新的成员。我认为，他们理应获得机会，决定他们想要一个什么样的领导阶层。在这种情况下，我已经决定，假如当选进入新的议会，那么我应当获得党魁的提名。"①

莫里森拥有一些举足轻重的盟友。其中之一，就是哈罗德·拉斯基。还有一位，是爱琳·威尔金森。她是代表贾罗选区的工党议员，不久将担任教育大臣。她与莫里森曾经在内政部共事，两人可能还有过一段私情。斯塔福·克里普斯似乎是莫里森的另一位盟友。一些重要的记者和工会会员同样支持莫里森，而他在刘易舍姆的选举代理人兼行事高效的政治调停人吉米·雷森，也是如此。②他们全都认为，艾德礼缺乏远见与领袖气质，时代需要一个更有活力的领导人，因此他们判断，议会里的工党议员，尤其是其中的左翼议员，都会选择莫里森。如果举行票决，最终结果可能会证明，他们的判断很正确；当然，结果也有可能正好相反，因为艾德礼刚刚领导该党经历了战争的洗礼，并在大选中获得了胜利。他的威望，从来都没有如此时这般高涨。

然而，莫里森要求担任党魁的理由，其实是在曲解该党的

---

① 参见莫里森 1945 年 7 月 24 日写给艾德礼的信，载于牛津大学的《艾德礼文集》，dep.18。

② 参见第二次对吉米·雷森与梅贝尔·雷森夫妇的采访，未标注日期，载于《莫里森文集》。

章程。工党的章程里面并没有明文规定，该党在组建一届政府之前，必须举行一次特殊的领导人选举。此外，他也没有认真地准备竞选党魁的相关事宜。能力出众的雷森后来回忆道："在选民投票与计票之间的3个星期里，赫伯特什么也没干，或许是因为他不相信（绝大多数工党候选人）一定会获得胜利吧。"①

不过，如今他们的确获得了胜利，而莫里森也提出了这一要求。临近晚上7时，丘吉尔托人带了个信给艾德礼，说他正打算到王宫递交辞呈，并向英王提出建议，由艾德礼组建新一届政府；当时，艾德礼还在与贝文和莫里森两人密谈。莫里森马上提出，在议会工党重新确认艾德礼的领袖地位或者选举别人（比如他自己）担任领袖之前，就算受到国王召见，艾德礼也不应当去觐见。贝文一下子发起火来。亲眼见证这一切的威尔士议员吉米*·格里菲斯还记得当时的情景，如此描述了贝文的样子："他脸色铁青。"②贝文认为，莫里森的这一做法，完全证实了自己在过去二十年里对他的种种负面看法。艾德礼与往常一样简洁明了，只说了一句话："如果国王要求您去组建一个政府，您只能回答'行'或者'不行'，而不能回答'我过后再告诉您'。"③莫里森仍然不依不饶。接着，电话响了。克里普斯希望与莫里森谈一谈。莫里森刚刚走出房间，贝文就悄悄地对艾德礼说："去王宫吧。"其实，艾德礼已经拿定了主意。莫里森回来之后，说克里普斯也支持举行一场领导人选举。

---

① 参见第二次对吉米·雷森与梅贝尔·雷森夫妇的采访，未标注日期，载于《莫里森文集》。

* "吉米"是"詹姆斯"的昵称。

② 参见1968年1月12日对议员詹姆斯·格里菲斯的采访，载于《莫里森文集》。

③ 引自哈里斯所著的《艾德礼》，第263页。

但艾德礼和贝文两人都不愿意再讨论这个问题。

片刻之后，艾德礼便离开了运输大楼，而工党领导人的问题似乎仍然悬而未决。但是，真实情况并非如此。艾德礼夫人开着自家那辆小小的“奥斯汀”牌轿车，把艾德礼送到了白金汉宫门口，然后停在那里等候，而她的丈夫则进入王宫与英王会谈。乔治六世要求他组建新一届政府。艾德礼接受了这一任命。这一切，莫里森都毫不知情。

那天晚上晚些时候，他们又在中央大厅*一场盛大的工党庆祝活动中碰面了。大厅里人潮攒动、气氛热烈、欢呼阵阵、一派喧闹。莫里森现身了，笑容满面。在庆祝活动上，他的盟友仍在替他四处游说。“我们不能选艾德礼，他不好，我们需要赫伯特。”爱琳·威尔金森对一位工党议员说道。[①]她还把另一人逼到角落，然后“两人在女盥洗室里对着镜子交谈”[②]。莫里森则把两位朋友拉到一边说：“国王可能要求我担任首相。我不太确信，自己是否有实力担任此职。你们觉得怎么样？”[③]接下来，艾德礼登上讲台，开始讲话。原本喧嚣的大厅，一下子安静下来。这个小个子男人宣布，他刚刚从白金汉宫返回，已经接受了英王要求组建新一届政府的任命。大厅里顿时爆发出阵阵欢呼声。莫里森与他那位选举代理人面面相觑，然后转身就走了。[④]艾德礼再一次打败了他。

---

* 中央大厅：即威斯敏斯特中央大厅，是伦敦中心区最大的会议活动中心，于1912年对外开放使用。

① 参见1968年8月8日对莉亚·曼宁女爵的采访，载于《莫里森文集》。

② 参见1968年9月24日对萨默斯基尔女士的采访，载于《莫里森文集》。

③ 引自多诺霍和琼斯合著的《莫里森》，第341—342页。亦请参见1967年2月27日对R.H.布恩的采访，载于《莫里森文集》。

④ 参见第二次对吉米·雷森与梅贝尔·雷森夫妇的采访，未标注日期，载于《莫里森文集》。

第二天，工党领袖艾德礼便开始组阁：与朋友和盟友们协商，起草名单，平衡私利与才干，把能干之人召入麾下，实现一些人的梦想，打破另一些人的希望。差不多五年之前，丘吉尔也是这样干的。艾德礼正在组建的，是英国历史上的第三届工党政府。此时的形势虽然与1940年不同，但仍然非常棘手。德国对欧洲大陆的绝大多数国家造成了毁灭性的打击，还差一点儿葬送了英国。战后重建的任务庞大繁杂，国库里面却空空如也。英国仍在与日本交战。艾德礼的任务，就是组建一个政府，应对这一切，同时为建设一个社会主义社会打好基础。

前景虽然艰难，但一个新的世界已然来临。作为英国20世纪最非凡的政府里最非凡的首相，丘吉尔必将名垂青史。

尾　声

在1940年5月丘吉尔组建他的“大联合”政府之前，20世纪的英国在多党联合执政方面，其实经验丰富。1915年，自由党首相H.H.阿斯奎斯曾经让保守党人士加入政府，以更有效地应对第一次世界大战，维持国家的团结。1916年，阿斯奎斯的继任者、自由党人戴维·劳合·乔治，维持并扩大了联合政府的覆盖面，让工党领袖也进入了政府。1919年初，在第一次世界大战刚刚结束之际，英国举行了一场“非常时期的选举”。劳合·乔治组建了另一个联合政府，持续执掌了三年的大政。1931年，拉姆齐·麦克唐纳组建了国民政府，应对“大萧条”。斯坦利·鲍德温在1935年大选后继麦克唐纳担任首相，接下来内维尔·张伯伦在1937年继鲍德温担任首相，虽说这届国民政府其实已彻底由保守党把持，只徒有其名，可这两位首相还是声称，自己保持了政府的“国民”性质。到丘吉尔解散他短暂的“看守政府”，投身1945年大选展开竞争时，英国在过去的三十年里，有二十一年都处于某种形式的联合政府统治之下。

但自第二次世界大战以来，英国的历任首相就很少再组建联合政府了。虽说工党政府偶尔需要依赖下议院里自由党议员的支持票，而保守党政府偶尔也要仰仗北爱尔兰议员们的支持票，但2010年戴维·卡梅伦组建的“保守党—自由民主党联合政府”，却是自丘吉尔时代以来，第一个真正意义上的联合政府。

英国的历史表明，出现联合政府有两种情况。一位首相，可能仅仅出于选票数量的原因而组建一个联合政府，即这位首相所属的政党在下议院里并没有掌握绝对多数席位，戴维·卡梅伦的情况就是如此。一位首相也有可能出于应对全国性的紧急情况而组建一个联合政府，比如阿斯奎斯、劳合·乔治、麦克唐纳和丘吉尔。在丘吉尔组阁的时候，情况最为危急。当时，德国侵略近在眼前，英国极有可能被阿道夫·希特勒打败。单调乏味、冷漠平淡的张伯伦，始终没能激发出全国民众的热情，也没能说服自由党和工党的领导人与他并肩战斗。两党的领导人不信任、不敬重张伯伦，也不喜欢张伯伦。但热情激昂的丘吉尔获得了他们的支持，也获得了国民的支持。

不过，无论信任、敬重和喜爱之情是多么的慷慨无限，仅凭它们本身都是不够的。联合政府的成功，取决于不同党派大臣达成的一系列广泛共识：政治并不是一种“零和游戏”*；某种观点的胜利者不能指望获得一切，失败者也不会因此丧失一切。联合政府里的某一个党派，可能会在某个问题上以某种观点获胜；但之后，该党必须愿意接受其他党派在另一个不同问题上的立场。在一个联合政府里，没有哪个党派可以坚持要求始终胜过其他党派。因此，联合取决于政治家们愿意做出的妥协。与单一党派组建的政府相比，联合政府更加依赖于这一点，因为如果党派之间不愿意做出妥协，联合政府就会倒台；至于单一党派组成的政府，通常只有在失去绝大多数人的支持之后，才会垮台。

---

* 零和游戏：博弈论里的一个概念，属于非合作博弈，指参与博弈的各方在严格的竞争条件下，一方的收益必然等于另一方的损失，即博弈各方的收益和损失相加之后，总和永远为“零”，因而双方不存在合作的可能。亦称“零和博弈”。

独裁者偶尔可能做出妥协，但他们通常都不需要如此为之。民主政府则时而取决于政治家们愿不愿意做出妥协：假如一个民主选举产生的政府坚持实行一种不受民众欢迎的政策，那么选民们就会因为政府没能做出妥协而让其自食恶果。联合政府始终都依赖于妥协，或者至少依赖于一种稳定的相互迁就。联合政府里的任何一个党派拒绝协商交易，都会让联合政府走向毁灭。丘吉尔战时内阁里的大臣们，曾经有两次接近这种拒绝妥协的局面。第一次是在 1940 年 6 月，当时哈利法克斯勋爵暗示，如果丘吉尔不找墨索里尼协商，不请墨索里尼向希特勒求情，他就有可能辞职。然而，丘吉尔立场坚定，毫不让步，哈里法克斯勋爵只好打了退堂鼓。第二次是在 1942 年 2 月，当时艾德礼间接威胁说，工党要退出联合政府强制举行一场大选，并在其间要求迅速实施贝弗里奇计划中建议的措施。但是，艾德礼那时只是在虚张声势，因为他担心工党会在大选中落败。不管怎么说，丘吉尔最终让步了，同意做出一些决定，应允即便是在战争继续的情况下，也实施贝弗里奇提出的政策。在局势持续紧张的五年中，只出现过两次威胁，这个事实是很值得我们注意的。温斯顿·丘吉尔手下政治覆盖面广泛的“大联合”政府最终获得成功，实际上就证明其中各位大臣都愿意有所付出、有所回报。艾德礼 1941 年就在斯托克市说过这样的话：“民主之所以在我国发挥作用，是因为我们愿意让它发挥作用。我们首先都具有宽容大度的秉性，其次愿意服从大多数人的意见，第三讲求实效。”①

在联合政府里任职，与在单一政党政府里任职相比，大臣

① 参见艾德礼未经确认、未标注日期的演讲，载于牛津大学的《艾德礼文集》，dep.2。内部证据表明，这次演讲应该是 1941 年初在斯托克市发表的。

们都会觉得自己更有义务做出让步，在国家面临生死存亡的时候，尤其如此。丘吉尔比绝大多数人都更清楚 1940 年英国面临的形势有多么危急，因此他完全坚持妥协的原则。在保守党人都对工党感到不满时，他尽力安抚，使之不再抱怨；在工党大臣们埋怨保守党人时，他又告诫他们，先将党派分歧搁置一边。五年来，他成功地掌控住了整个战时内阁团队，里面汇聚着非常能干、野心勃勃、意识形态迥异的各方杰出人士。不过，他应付得并不游刃有余、完美无缺。尽管是一个手段高明的人，但他也无法始终都让这些人同时听从自己的使唤。这届战时内阁里的一些大臣，会突如其来地违逆他的命令。不过，在绝大多数情况下，他们也清楚祖国的危险处境，明白他们必须做出妥协，懂得"大联合"政府必须维持。既然具有普遍的共识，那么，是不是只有丘吉尔，才能成功地应付这帮人呢？这个问题的答案，必然是肯定的。我们不可能想象，清教徒一般古板谨慎的斯塔福·克里普斯，或者无所顾忌的比弗布鲁克勋爵，能够长久地让一切顺利进展。而在其他战时内阁大臣中，也没有人真的想要这样试试。

即便有丘吉尔掌控大局，战时内阁里的大臣们也始终都在相互诽谤、相互攻讦。他们钩心斗角。其中有两人，还密谋反对过丘吉尔首相本人。这一点，不应该让我们感到惊讶。如此不和谐的人竟然能够一起共事，要比他们有时无法调和，更让人感到震惊。要知道，他们在意识形态方面的鸿沟，比如正统的保守党人金斯利·伍德与激进社会主义者斯塔福·克里普斯之间的分歧，在 1942 年变得更加巨大了，甚至大过了如今美国保守的共和党人与自由的民主党人之间看似不可调和的鸿沟。

因此，艾德礼在斯托克市声称大臣们全都宽容大度、讲求实效和服从多数原则的时候，就已说出了一个根本性的事实；不过，当时他并没有说出全部的事实。这些大臣，同时也在明争暗斗。随着时间的推移，他给真相涂上的这层假象，逐渐遮住了更加严酷、更乏教益的现实情况。丘吉尔战时内阁里的各位主要人物，都忘记了自己曾经做出过诽谤中伤、倾轧排挤的行径，只是强调他们的合作是多么亲密无间。他们让自己对那个时期的记忆变得光鲜灿烂；这种做法，与后悔年轻时或相对年轻时虚度光阴的老人一样。他们喜欢说自己曾经也是了不起的人物，也曾位居伟人之列。本书正是展现这些伟人的本来面目：他们虽然为了一个共同的目标齐心协力，但也经常背道而驰、相互掣肘。本书在描述丘吉尔的战时内阁大臣以及丘吉尔首相本人时，在描述英国这届规模最大的联合政府里的成员时，完全没有遮遮掩掩。

首相克莱门特·艾德礼、外交大臣欧内斯特·贝文、枢密院议长兼副首相赫伯特·莫里森、贸易委员会主席斯塔福·克里普斯以及财政大臣休·道耳吞，组成了1945年上台掌权的工党政府的核心，取代了丘吉尔解散基础更加广泛的“大联合”政府之后成立的“看守政府”。格林伍德出了局。1940年之后，他其实就已失势。尽管此后他继续在不同的委员会里任职，并担任工党的财务主管，可他一直都没能东山再起。在接下来的五年里，就是前述“五巨头”掌控大权。

掌权之后，他们面对的是一个满目疮痍的欧洲，一个凶狠放肆的美国，一支兵力超过1 100万的苏联陆军，一个动荡不安的大英帝国以及国内民众疲惫不堪、国库空虚的局势。尽管如此，在接下来的六年时间*里，他们还是建立起了工党在《1945年竞选纲领》中勾勒出的慷慨富裕的福利国家。他们制定了国民医疗服务制度。他们实施了工党承诺的国有化计划，首先是将煤矿收归国有，然后就是铁路和英格兰银行，接下来还有其他一些行业。他们发动了一场殖民地自治化的运动，但进展得不是很顺利。外交大臣贝文在协调欧洲对《马歇尔计划》的反应以及成立"北大西洋公约组织"的过程中，都发挥了重要的作用。许多支持工党的人，都把这一时期的工党政府看成一种标杆，尤其是第三届工党政府（1945—1950年）。之后，还有第四届。1950年，第四届工党政府获得的多数票大幅减少，一年之后又提前解散，因为当时艾德礼很不明智地举行了一场提前大选，本意是想巩固这届政府的地位，结果却事与愿违。当然，这两届工党政府都代表了20世纪英国社会主义的最高水平。

然而，工党领导人之间的恩恩怨怨与矛盾冲突，并没有在1945年平息。实际上，这种恩怨和矛盾还加剧了，因为当时英国政府里已经没有什么保守党人、自由党人或者无党派人士，需要"五巨头"再联手对抗。出于一些显而易见的原因，艾德礼不再信任莫里森。贝文从来都没有信任过莫里森。至于莫里森这一方，他仍在觊觎工党领袖的地位和英国首相的宝座。1947年，形势一度达到危急关头，因为当时克里普斯、道耳吞和莫里森三人一致认为，艾德礼必须辞职。不过，克里普斯支持贝文身登高位，可贝文却不想当首相，因为他仍然对"那个

---

* 工党在1950年大选中再度取胜，艾德礼得以连任。但在1951年因为经济困顿和内外政策失利，工党政府垮台，艾德礼只能选择提前大选，最后保守党胜出。此处的六年，即指1945—1951年。

小个子”忠心耿耿。艾德礼一如既往地雷厉风行、果断坚决，提拔了克里普斯，贬谪了莫里森，从而终结了这场阴谋。

到1950年，“五巨头”都已兢兢业业地劳累了十年，因而积劳成疾。贝文吃得过多、喝得过多，体重严重超标。同时，他抽烟也太厉害。他患上了心绞痛和肺炎。他无法再去各地巡游。到了最后，连参加内阁会议的时候，他都是把报告一交，然后就坐在那里打盹。最终，艾德礼认为，他必须下定决心，跟这个最亲密、最强大的同僚谈一谈，让他退休了。艾德礼是在1951年3月9日打电话跟贝文谈及此事的，当时贝文和外交部的其他职员正在庆祝他的70岁生日。那天下午，这个大块头回到家后，曾对夫人说：“我被炒了鱿鱼。”[①]这让他伤心不已。当艾德礼想要缓和这种打击，提出让贝文担任掌玺大臣的时候，贝文凄凉伤感地回答说：“可我既不是勋爵，也不是有利害关系的人，更没有印玺啊*。”4月4日，贝文与世长辞。此时，距工党在1951年10月那场时机选择得很不好的大选中失利，只有几个月的时间。

至于“苦行僧克里普斯”（这是民众给以胡萝卜汁、坚果和浆果为生的素食主义者克里普斯起的绰号），他在应对战后实行紧缩政策所带来的挑战时，似乎确实很享受。担任贸易委员会主席的时候，他在印度独立的过程中发挥了重要作用，并付出了极大的努力，但没能成功地让穆斯林和印度教徒团结一致。在国内方面，用他最优秀的一位传记作者的话来说，他一

① 参见阿伦·布洛克所著的《欧内斯特·贝文的辉煌岁月》，第3卷，《外交大臣：1945—1951》（纽约，1983年），第833页。

* 英文中的“掌玺大臣”一词，由“勋爵”（lord）、“有利害关系的人”（privy）和“印玺”（seal）三个词构成。

度成了英国的“经济统帅”，成了一个民主社会主义者。在他的支持下，英国采取了全面的凯恩斯主义路线。从个人的生活习惯和外貌来看，他与欧内斯特·贝文完全相反；可惜，这一点没有挽救他的生命。他患上了一种脊椎感染症，然后医生又在他的胃里发现了肿瘤。1950 年 10 月 20 日，他在财政大臣任上辞去了职务，比贝文被艾德礼解职早了几个月，后来活得也比贝文稍久一点儿，到 1952 年初才因骨髓癌去世。当时，只差 3 天就到他 63 岁的生日了。

相比于贝文和克里普斯，艾德礼和莫里森两人年老之后，身体都很健康。尽管两人因为各怀野心而矛盾重重，但他们合作得非常好，精心统筹和协调了工党的国内政策。艾德礼仰仗莫里森的政治手段来应对工党和议会，而莫里森也没有让他失望。贝文在外交大臣任上解职之后，艾德礼决定让莫里森接任外交大臣。但这种安排，没有收到什么效果。莫里森对国内事务和国内政治了如指掌，可对外交事务却知之甚少。不管怎么说，他在这一职位上只待了很短的时间，从 1951 年 3 月贝文卸任算起，到工党在 10 月的大选中失利为止。

虽说艾德礼在 1945 年就任命莫里森为副首相，可他并不希望莫里森做自己的接班人。第四届工党政府垮台之后，艾德礼仍然担任该党领袖，目的就是不让莫里森攫取这一职位。这个“自大的伦敦佬”只能等待，牢牢地占据工党二把手的地位，而目光仍然盯着头顶的一把手。艾德礼直到 1955 年工党再次败给保守党之后才放权。因为他很清楚，工党已经准备转向新一代领导人。不过，年届 67 岁的莫里森，在接下来的议会工党选举中，却依旧坚持自己的要求。最终，他的得票数垫底，时年 58 岁的安奈林·比万得票数为倒数第二，获胜的则是时年 48

岁的休·盖茨克尔。对于追求工党领袖一职、幻想因此而有可能登上英国领袖位置已达二十年的赫伯特·莫里森来说，这可真是一种威风扫地的结局。

后来，艾德礼获封艾德礼伯爵，进入了上议院。他的威望仍然如日中天。他会继续发挥工党后台人物的作用，直到1967年去世，享年84岁。莫里森也进入了上议院，并于1959年获封终身贵族。此后，他在政界要比艾德礼活跃，不但调停了上议院里的许多争端，还一度担任过“英国电影审查委员会”主席，只是再也没有进入政坛核心圈。他于1965年辞世，享年77岁。

自由党人阿奇·辛克莱在1945年的大选中，失去了自己的议员席位。他在一场值得注意的、见证了那一年保守党为数不多的一次胜利的三方角逐中，得票数竟然垫底；不过，得票最高者与最低者之间的差异，只有区区的61票。1950年，辛克莱又失利了一次，这一次得票差异稍大了一点儿，因此他再也没有进入议会。他在1952年获封贵族爵位，然后进入了上议院；不过，他的健康状况很糟糕。尽管偶尔会在上议院里讲讲话，但他的政治生涯基本上算是结束了。

1945年，约翰·安德森爵士是以国民候选人，而不是保守党候选人的身份参选的，他保住了自己的议会席位。在工党掌权的那些年里，他一直与丘吉尔一同坐在议会反对党的前排席位上，但并未加入1951年上台的保守党政府。这位“浮华佬”后来担任过伦敦港务局主席和“考文特花园歌剧院信托基金会”主席，以及几家公司的董事等。他也获得了贵族封号，此后，再没有在政治上发挥过什么重要作用了。

相比之下，伍尔顿勋爵则放弃了自己无党派人士的身份，重新投身政界。随着1945年大选的结果不断涌来，他写信给丘吉尔说："我真为民众感到羞耻。"[①]据说，他第二天就加入了保守党。不管怎么说，1946年7月1日，他便担任了保守党主席，扛起了促使该党组织机构全面现代化及改造和复兴的重任。他取得了显著的成就，彻底改革和完善了保守党地区性、全国性的组织结构和财务状况。他为该党参加1950年和1951年两次大选做了众多的准备工作，使得该党先是收复了大片失地，然后又以微弱的优势击败了工党，重新上台掌权。他从来都没有当过议员，可他的确在1951年以枢密院议长的身份加入了政府，同时兼任粮食和农业大臣。作为一个鼓吹"中间路线"的人，他接受福利国家的理念，却坚决不接受社会主义，因此曾经提出将工党业已收归国有的工业产业再度私有化。他反对英国广播公司对电视行业的垄断。在此期间，这个原本考虑过摆脱丘吉尔去组建和领导一个中间派政党的人，却在丘吉尔的推荐之下，一步一步地往上升迁，从子爵升到伯爵，再升到侯爵。在获封最后一个爵位的同一年，即1955年，他从保守党主席任上辞职，终于告别了政坛。对于来自索尔福德中下阶层、身为马具商人之子的伍尔顿来说，这种结局算是功成名就了。

身为保守党人的哈利法克斯勋爵，后来在政界再也没有恢复到原先的地位。1946年，艾德礼把他从华盛顿召回，委派他担任英国驻苏联大使，换下了克拉克·克尔；此前，克尔接替

---

① 参见伍尔顿1945年7月26日写给丘吉尔的信，载于《丘吉尔文集》，CHAR 2/560。

斯塔福·克里普斯，担任着英国驻苏大使。丘吉尔曾经邀请哈利法克斯担任议会的反对党前排议员，可他婉言拒绝了。在余下的岁月里，哈利法克斯不断地获得各种荣誉，致力于各种各样的善举。他到处旅游，打理自己在约克郡的庄园，偶尔也到上议院做做演讲。他似乎从来都没有进行过批判性的反思；而这种反思，有可能会让他重新思考，自己在1940年6月提出请墨索里尼去跟希特勒交涉时，采取的是何种立场。

然而，哈利法克斯勋爵的门生R.A.巴特勒，却继续步步高升。对于把1945年的大选定在6月举行的做法，他差不多是整个保守党统治集团里唯一持反对态度的人。因此，没有听从他的建议，保守党是有充分的理由感到后悔的。此后，该党就比较关注他了；不过对他来说，这种关注或许还不够充分。巴特勒在1951年被擢升为财政大臣，他还在1955年和1959年两届政府里担任过内政大臣，只是一直都无缘最高位置。在民众评选出来的“无缘首相之人”名单中，他是“我国无缘拥有的最佳首相之一”①。

至于安东尼·艾登，还在第二次世界大战期间，他就已经是首相的储备人选了。如今，战争已经结束，因此几乎每一个人都以为，他的等待也一定会很快结束，只有丘吉尔除外。尽管在1945年大选中保守党全面溃败，可艾登却一直安安稳稳地保留着自己在议会里的席位。然而，接下来，他并没有抓住胜利的桂冠，也没有掌握保守党的大权，而是发现自己坐到了议会反对党的前排议席上，再一次被笼罩在温斯顿·丘吉尔的阴

---

① 参见弗朗西斯·贝克特编著的《无缘首相之人》（*The Prime Ministers Who Never Were*）一书（伦敦，2011年）。

影之下。曾经有过一段短暂的时间，他也考虑过，干脆离开英国算了。那时他以为，自己有可能当选联合国的第一任秘书长，可苏联却让他期待的前景化成了泡影。1951 年保守党重新掌权之后，艾登又担任了外交大臣。此时已经年届 77 岁高龄的丘吉尔，也重新开始了自己的首相生涯。

艾登那段长久不幸的婚姻，在儿子牺牲于远东地区之后没有再维持下去。战争结束之后最初的两年里，他既悲伤哀痛，又孤独寂寥。1952 年 8 月，他迎娶了丘吉尔兄弟杰克的女儿克拉丽莎。两年之后，即 1954 年 11 月 30 日，丘吉尔首相 80 岁了。尽管如此，他还是不愿把事业移交给艾登，哪怕这样做，权力仍算是留在他的家族内部。艾登气恼不已。事实上，保守党的内阁也开始气恼了。这个老头，以为自己仍然有本事在美苏两国之间斡旋，从而在世界上发挥出决定性的作用。到了 1955 年 4 月，他才极不情愿地辞了职，而艾登也终于继任了首相，觉得自己终于能够自由呼吸。之后，新任首相表现出了一定程度的勇敢，举行了一场大选。假如在大选中获胜，那么他就可以获得正式组阁的权力。

虽然在大选中的确胜利了，可他很快便陷入了一场大祸，那就是：他竟然与法国和以色列勾结，想迫使埃及总统阿卜杜勒·纳赛尔让出后者刚刚收归国有的苏伊士运河。这种做法很不明智，结果自然很糟糕。在这场大祸中，艾登不佳的健康状况，可能也起到了一定的恶化作用：1953 年，一次胆囊手术对他的胆管造成了永久性的损伤。结果，艾登的腹腔感染不停地复发，疼痛难忍。医生给他开了许多强效的止痛药物，而如今我们都知道，这些药物会损伤患者的判断力。1956 年 11 月，艾登又患上了另一种感染，当时苏伊士运河的有关行动正在进行。此次行动失败与他病倒，差不多同时发生。11 月 21 日，他与夫人离开英国，前往牙买加，到“黄金眼”度假村休养。那个度假村，是“詹姆斯·邦德”系列小说的作者伊恩·弗莱明的。艾登不在的时候，巴特勒会“细心照料好政府”。不过，艾登后来一直都没有再度执政。随着身体每况愈下，他的威望也日渐减弱。不到两个月，他便在首相任上辞职了。哈罗德·麦克米伦一直在保守党内稳步高升，从丘吉尔“看守政府”里的空军大臣，渐渐升到住房大臣，在艾登政府里又升到国防大臣。此时，他便将巴特勒排挤出去，使之没法接替艾登的首相职位。

安东尼·艾登等待登上首相宝座的时间，将近有十五年；可他担任首相的时间，却只有一年半。虽说后来他又活了二十年，获得了各种各样的荣誉，撰写了回忆录，以埃文伯爵一世的身份进入了上议院，可他最风光的时候已经过去了。他于 1977 年 1 月 14 日辞世，享年 79 岁。

许多保守党人，都想为该党在 1945 年大选中的惨败寻找一只替罪羊。他们没花什么力气，就找到了。在一场旨在讨论该党陷入困境的原因与采取补救措施的会议上，一名保守党人大声喊道：“开除比弗布鲁克勋爵！”会议室里挤满了保守党的候选人，其中绝大多数都在此次选举中失败了，他们全都对这一声音报以热烈的欢呼声和掌声。[①]比弗布鲁克勋爵很快便收到了此次会议内容的逐字记录，可他表现得泰然自若。除了 1942 年他认为自己有可能当上首相的那段时间，他从来都没有喜欢过

---

① 参见 1945 年 10 月 5 日的“保守党候选人会议摘要……”，载于《比弗布鲁克文集》，BBK D/479。

政客这种职业。他一直都不是一名优秀的党员，他也很清楚，所有党派中的优秀党员都不喜欢他。他确实喜欢靠近权力中心，但此时他已经不可能再这样，因为丘吉尔不是首相了。待丘吉尔于1951年重新登上首相宝座之后，比弗布鲁克勋爵却与之保持距离，因为他不赞同丘吉尔制定的政策。他一如既往地信仰“帝国特惠制”，即在英国及其殖民地、自治领内部实行自由贸易，同时制定关税，将其他国家的商品拒之门外。他希望英国远离欧洲各国，并与美国保持一定的距离。正如A.J.P.泰勒所写的，他认为“冷战”是一种假警报，认为苏联不会进攻西方国家。这些观点，丘吉尔通通都不接受，而比弗布鲁克勋爵也不愿与丘吉尔发生公开的争执。不过在一个短暂的时期里，两人连面都很少见。

由于一向都静不下来，所以即便是在寒冬腊月，比弗布鲁克勋爵也不停地往返于他在巴哈马群岛、牙买加和法国里维埃拉的住宅。他在英国过春夏两季，要么是住在“切尔克利宫”，要么就是住在伦敦。1945年，他已经过了66岁，可年龄永远都没有让他放慢脚步。此时，他仍然像以前一样，活力十足，多产高效。哪怕是在旅行的时候，他也密切关注和严密控制着旗下各大报纸的编辑和记者，尽管他宣称这些编辑和记者拥有绝对的自由。他也是一位慷慨大方的慈善家，给新不伦瑞克大学捐赠了不少资金，因此该校的教职员工和管理层还选举他为校监。那是一个没有实权的礼节性职位，可他还是很重视。

比弗布鲁克勋爵也在反思自己的过去。除了经营手下的各大报纸，他还撰写了许多著作，主要都是传记和历史。他历史方面的著作，描述的都是H.H.阿斯奎斯和戴维·劳合·乔治两人当权时的事情。连他的许多对手都承认，这些作品的质量是一流的。他曾经希望撰写一本关于丘吉尔在第二次世界大战期间的书籍，但要到这位朋友去世之后，因为他不打算只是替丘吉尔歌功颂德，还要指出丘吉尔的过失，“强调丘吉尔不稳定地执掌权力的戏剧性”①，这一点尤其中肯。

丘吉尔辞去首相职务，永远搬出唐宁街10号之后，这两位老朋友终于再次和好如初了。此后，丘吉尔这位前首相便经常到“切尔克利宫”吃饭，而且经常造访比弗布鲁克勋爵位于法国沿海的别墅。在战争期间，比弗布鲁克勋爵曾经无数次地考验过这位朋友的耐心。他知道自己亏欠这位年长的朋友太多。1958年，他曾经写信给丘吉尔，谈到了1940年：“我承认，那是我一生中最光彩、最辉煌和最刺激的一个年代。我在那12个月的危险和逃脱中获得的东西，要比平淡无奇、毫无刺激地过上八十年所得的还多。”②

比弗布鲁克勋爵忙碌得令人震惊，这种情况一直持续到他生命的最后一刻。1964年5月25日，他在伦敦的多切斯特酒店举办85岁生日派对，主持宴请了600位客人。据当时在场的A.J.P.泰勒说，比弗布鲁克勋爵“吃得很开心，兴奋之情盖过了其他所有人”③。在一场诙谐幽默的讲话中，他告知所有人，他还在期待着更多的冒险历程。他的身体已经衰老，可他的心态和精神，仍跟以前一样蓬勃和活跃。两个星期之后，他便与世长辞了。

丘吉尔究竟知不知道，自己生命中的最后两年与比弗布鲁

① 参见泰勒所著的《比弗布鲁克勋爵》，第657页。

② 同上，第620页。

③ 同上，第668页。

克勋爵这位朋友相比，要糟糕得多呢？他遭受了一系列中风的折磨，沉浸在深深的失落和呆滞中，对周围的人事全无兴趣，也很少说话。

1945 年工党获胜之后，丘吉尔本来可以大度地放弃自己在保守党中的领袖位置。可他没有那样干。他在议会反对党前排议席上坐了六年，然后在 1951 年以 17 个议席的微弱多数，再度入主唐宁街 10 号。此时，他已经 77 岁了。他所有的传记作者一致认为，他已经过了自己的黄金时代。如果说世间还有人可以吃老本，那么这个人就是丘吉尔。尽管影响力已经大不如前，可他还是想要统治一个不好应对的政党和一个不好应对的国家。他号召战争期间在他麾下效力的保守党人士和将领重回政府。虽说几乎所有的人都心存疑虑，但他们还是遵照了他的要求。

他热爱政界的相关事务和浮华威势，却不喜欢细节的工作。他一如既往地魅力无穷、诙谐机智，偶尔也才华横溢。不过，尽管他到职业生涯结束的时候仍是亲自撰写演讲稿，可他不再阅读文件或者签发要求“今天执行”的备忘录了。他在召集内阁会议的时候，效率甚至比战时更加低下，这就说明了很多的问题。最终，他干脆彻底不召集内阁会议了。国内事务一向都让他感到厌烦。他曾经指示相关的大臣，要他们稳定国内形势，比如说，维持国有化行业里的高工资，哪怕这种工资导致了通货膨胀。尽管他在 1945 年大选中粗粗考虑过弗里德里希·哈耶克的观点，可他并没有想过要废除工党创立的福利制度并恢复原状，从而开创了一种政府惯例。总体来说，战后的历任保守党首相都维持着福利制度，直到 1979 年玛格丽特·撒切尔上台执政，才打破惯例。

照例，他的注意力都集中在外交问题。他希望重新确立英国的伟大地位。他认为，这种情况应当以英美两国形成一种坚定不移的同盟关系为基础。他并不知道，外表友善、内心冷酷的艾森豪威尔总统，其实私下里认为他是一个多愁善感的老头，认为英国是一个二流大国。最重要的是，他希望居间斡旋，让美苏两国达成协议，从而让整个世界免遭核毁灭。他的脑海里，又浮现出斯大林与罗斯福两人之间的一次次伟大会晤。他将与美苏两国的新任领导人一起，让此种会晤再度出现。他将再一次成为不可或缺的人物。

可是，事实是他无力再成为这样一个人物了：英国既没有居间斡旋的手段，也没有居间斡旋的实力。无论是谁在领导英国，也无论英国领导人多有资历，情况都是如此。更何况，在1953年6月23日，他又一次中风了，病情严重（四年之前，他已经中风过一次，只是当时病情比较轻微）。这一次，他原本以为自己完蛋了，可过了4个月，他竟然又完全康复了。这就证明他具有顽强的求生意志和统治意志。他会再执掌两年的大权。有的时候，他感觉身体很好，还能够掌控议会。他认为世界需要他，他向往召开国际首脑会议。可与此同时，艾登正在等待登上首相宝座，越来越没有耐心；内阁大臣们也在等待，因为到了此时，他们都坚定地认为，这位老人也确实应该主动让贤了。丘吉尔相当残忍地欺骗艾登，给他写了一封封相辅相成的信件，可最终却总是推迟自己离任的日期。

他之所以迟迟不肯离任，有三个原因。第一，丘吉尔的确认为，世界需要他去促成美苏两国和平相处。可是，艾森豪威尔却没有满足丘吉尔召开首脑会议的要求。这一点，丘吉尔后来才无奈地认识到。第二，正如丘吉尔在1954年对医生所说的："我认为，如果退休，我很快就会死去。如果没有事情可做，那么活着也没有目标了。"[1]最后，他确信自己的接班人没有继任的资本。1955年4月4日晚，他曾经对自己的私人秘书说："我认为安东尼干不了。"只是到了那时，他已经不可能把首相职位转交给其他人了。他清楚自己的身体一日不如一日，而大家也都清楚这一点。就在第二天，他便真正地让出了自己的权力。

之后，他又活了十年的时间，身体逐年衰弱。他拒绝了公爵的爵位，目的就是保留他在下议院的席位。他坐在前排议席上，偶尔会进入分组表决厅，只是再也没有在议会发表过演讲。不过，在刚刚退休的前几年里，他确实偶然发表过一次公开讲话。他还对自己多年前就已开始撰写的一部作品——《英语国家史略》——进行了最后的润色。他酸溜溜地监督着安东尼·艾登的首相任期，直到苏伊士运河那场大祸发生。他的身体日益衰老，耳朵日益失聪，整个人也日益沉默。法国南部和加勒比地区温暖的阳光在召唤他。他喜欢乘坐希腊富豪、船王亚里士多德·奥纳西斯的游艇在海外游览。不过，他健康恶化的势头，又怎可阻挡呢？1962年6月，他还摔了一跤，导致臀部骨折。这种不幸的事故，往往都是一个人生命即将结束的征兆。

老朋友比弗布鲁克勋爵殚精竭虑，为他做了力所能及的一切。他在"切尔克利宫"专门预留了一间卧室，供丘吉尔使用。旁边的浴室里，还有一个用来剃须的杯子，上面刻着丘吉尔的姓氏。[2]前首相臀部骨折之后，有天晚上曾经坐着轮椅，到

---

① 引自詹金斯所著的《丘吉尔》，第887页。

② 参见"切尔克利宫"网站的介绍，网址：www.cherkleycourt.com。

他家吃过一次饭。当时还有几位客人，即比弗布鲁克勋爵的外甥乔纳森·艾特肯以及《每日快报》的首席驻外记者和首席社论作者。丘吉尔在喝第一杯香槟的时候，就举杯向他们祝酒："为了爱，和平与健康，忠实的朋友干杯!"接下来，他便陷入沉默，似乎心不在焉。几位客人轮番上阵，但没有谁能够让他打起精神。最后，这位伟人转过脸，问艾特肯在学校里有没有挨过别人的揍。艾特肯摇了摇头。"太遗憾了。"丘吉尔说道，然后又陷入了沉默。只是在艾特肯引述近期发表在报纸上的一篇文章，说丘吉尔的伟大之处在于演讲的时候，他才再次说话。"恐怕这是胡说八道。我从来都不是一位演说家。"接下来，他又清清楚楚、十分谦虚地解释了自己不是一位演说家的原因。他说，伟大的演说家从来都不会预先知道自己要说些什么："他们说出的话语，来自内心的某种神灵。"至于他发表的每一次演讲，内容都是自己预先写好的。然后，他不再说话，开始打起盹来。①这是一种相当罕见的感叹之语，而丘吉尔发出此种感叹，就更加罕见了。1965 年 1 月 24 日，丘吉尔与世长辞。英国女王颁布诏令，为他举行了国葬。

1945 年 7 月 27 日，丘吉尔在唐宁街 10 号首相官邸的内阁会议室举行了"看守政府"的最后一次会议。在街道对面的下议院里，艾德礼正在忙着起草工党政府的人员组成名单。那里的人们全都忙忙碌碌，心情愉快，目的明确。而在唐宁街 10 号，"看守政府"里的内阁大臣们，或者更准确一点儿说，这些前大臣们却都不知所措地坐在那里，沉默不语。其中的许多

---

① 参见"切尔克利宫"网站的介绍，网址：www.cherkleycourt.com。

大臣，都失去了议会里的席位。保守党这次惨败所带来的深远影响，他们仍然无法理解。丘吉尔神色忧郁地同他们一个个道别。过后，艾登多留了一会儿，陪着丘吉尔说了说话。“他是一个相当不幸、相当可怜的老人。”这位后辈如此说道。接下来，艾登也走出了会议室。“顺着走廊往外走的时候，我不禁回想起战争中的这些年，想到内阁会议室里的所有经历对我产生的意义，”他在自己的日记里写道，“我相信，再也不可能体验到这样的经历了。”①这种经历，他们所有的人都不可能再体验到，也不会愿意再体验到。

① 参见艾登 1945 年 7 月 27 日的日记，载于《埃文伯爵文集》。

致　谢

衷心感谢许多的朋友和机构，感谢他们以不同的方式，在我撰写本书的过程中提供了帮助。

感谢我所在的佐治亚理工学院为我的研究提供了诸多的方便，不但发放了差旅补助，还减少了我承担的教学任务。佐治亚理工学院“伊万·艾伦人文科学学院”的院长杰基·罗伊斯特和“伊万·艾伦人文科学学院”历史、技术和社会学系主任史蒂夫·乌泽尔曼，在这个方面为我提供了大力的支持。我衷心感谢二位。

还要感谢剑桥大学丘吉尔学院丘吉尔档案中心的各位档案管理员、牛津大学博德利图书馆的档案管理员，以及位于基尤的国家档案馆里的全体工作人员，他们都为我查找资料提供了无微不至的帮助。事实上，不管前往哪里研究，我都得到了人们的大力帮助。这些地方，包括大英图书馆、约克大学的博思维克学院、伯明翰大学、伦敦政治经济学院、上议院档案办公室以及剑桥大学的三一学院。在此，衷心感谢这些单位帮助过我的所有档案管理人员。

此外，我要特别感谢博思维克学院，该院允许我引用哈利法克斯伯爵爱德华·弗雷德里克·林德利·伍德的文集；特别感谢现任伍尔顿勋爵，他允许我引用其祖父伍尔顿勋爵一世的文集；特别感谢查尔斯·西蒙先生，他允许我引用西蒙子爵的文集。

曾经阅读过本书手稿的部分章节，或者阅读过初稿的朋友和同事，包括（按照姓氏字母排序）：克里斯·克拉克、约翰·德鲁克、罗布·哈丁、约翰·克里格、戴维·克莱·拉奇、詹妮·史密斯和彼得·韦勒。他们都给我鼓劲加油，还提出了一些优秀的建议。特别是约翰·德鲁克，他不但做到了上面这一点，实际上还按时为我提供食物和饮料。我要感谢上述所有的人，尤其要感谢约翰·德鲁克。

我还要向纽约和伦敦两地的出版代理人克里斯蒂·弗莱彻和皮特·罗宾逊表示感谢，他们两位与其他人一样，都为本书提供了大力的支持。纽约市基本书局（Basic Books）的拉娜·赫尔默特，是一位出色卓越的编辑（我已经深刻体会到这一点）。伦敦市寰宇一家出版社（Oneworld Publishers）的迈克·哈普利还是首次出版我的作品，与他共事是我的荣幸。

照例，我还要最衷心地感谢我的妻子玛格丽特·海曼，她对我的工作从来都没有置若罔闻，也永远不会如此。

参考文献

未出版的文献

剑桥大学

丘吉尔学院：

A.V.Alexander Papers

Leo Amery Papers

Clement Attlee Papers

Ernest Bevin Papers

Brendan Bracken Papers

Lawrence Burgis Papers

Alexander Cadogan Papers

Churchill Papers

Lord Croft Papers

Charles Eade Papers

Maurice Hankey Papers

Hore-Belisha Papers

David Margesson Papers

John Martin Papers

Duncan Sandys Papers

Harvey Watt Papers

三一学院：

R.A.Butler Papers

牛津大学

新博德利图书馆：

Violet Bonham Carter Papers

Stafford Cripps Papers
Geoffrey Dawson Papers
Arthur Greenwood Papers
Walter Monckton Papers
Sir John Simon Papers
Lord Woolton Papers
博德利图书馆：
Clement Attlee Papers
Conservative Party Archive

伦敦政治经济学院
Hugh Dalton Papers
Herbert Morrison Papers

上议院档案办公室
Lord Beaverbrook Papers
David Lloyd George Papers

英国国家档案馆
CAB 66
CAB 118
CAB 120
CAB 123
CAB 127
KV 2/668
FO 800（Papers of Foreign Secretaries）
Anthony Eden
Lord Halifax

伯明翰大学图书馆
Avon（Anthony Eden）Papers
Neville Chamberlain Papers

约克大学（博思维克学院）

Lord Halifax Papers

大英图书馆

Lord Cecil Papers

威尔士国家图书馆

Clement Davies Papers

已出版的文献

图书

Addison, Paul. *The Road to 1945*. London, 1982.

——. *Churchill on the Home Front, 1900—1955*. London, 1992.

Amery, L.S. *My Political Life*, vol.3, *The Unforgiving Years, 1929—1940*. London, 1955.

Attlee, Clement. *As It Happened*. New York, 1954.

Ball, Stuart. *The Conservative Party and British Politics, 1902—51*. New York, 1995.

——, ed. *Parliament and Politics in the Age of Churchill and Attlee: The Headlam Diaries, 1935—1951*. Cambridge, UK, 1999.

Barker, Elizabeth. *Churchill and Eden at War*. New York, 1978.

Barnett, Correlli. *The Audit of War*. London, 1986.

Beckett, Francis, ed. *The Prime Ministers Who Never Were*. London, 2011.

Beevor, Antony. *The Second World War*. Boston, 2012.

Blake, Robert, and William Roger Louis, eds. *Churchill: A Major New Assessment of His Life in Peace and War*. Oxford, 1993.

Boothby, Robert. *I Fight to Live*. London, 1947.

Brooke, Stephen. *Labour's War*. Oxford, 1992.

Bullock, Alan. *The Life and Times of Ernest Bevin*, vol.2, *Minister of Labour, 1940—1945*. London, 1967.

——. *The Life and Times of Ernest Bevin*, vol.3, *Foreign Secretary, 1945—1951*. New York, 1983.

Butler, R.A. *The Art of the Possible*. London, 1971.

Calder, Angus. *The People's War*. London, 1982.

Cannadine, David, ed. *Blood, Toil, Tears and Sweat: The Speeches of Winston Churchill*. London, 1990.

Carter, Violet Bonham. *Winston Churchill as I Knew Him*. London, 1965.

Catherwood, Christopher. *His Finest Hour*. Devon, UK, 2010.

Chisolm, Anne, and Michael Davie. *Beaverbrook: A Life*. London, 1992.

Churchill, Winston. *The Second World War*, vol.1, *The Gathering Storm*. Boston, 1948.

——. *The Second World War*, vol.2, *Their Finest Hour*. Boston, 1949.

——. *The Second World War*, vol.3, *The Grand Alliance*. Boston, 1950.

——. *The Second World War*, vol.4, *The Hinge of Fate*. Boston, 1950.

——. *The Second World War*, vol.5, *Closing the Ring*. Boston, 1951.

——. *The Second World War*, vol.6, *Triumph and Tragedy*. Boston, 1953.

Clarke, Peter. *My Life of Strife*. London, 1948.

——. *The Cripps Version*. London, 2002.

——. *The Last Thousand Days of the British Empire*. London, 2008.

Clegg, Hugh Armstrong. *A History of British Trade Unions Since 1889*, vol.2. Oxford, 1994.

Cockett, Richard, ed. *My Dear Max*. London, 1990.

Colville, John. *The Fringes of Power*. Boston, 1985.

Cowling, Maurice. *The Impact of Hitler*. Cambridge, UK, 1975.

Crowcroft, Robert. *Attlee's War: World War II and the Making of a Labour Leader*. London, 2011.

Crozier, W.P. *Off the Record: Political Interviews, 1933—1943*. Edited by A.J.P.Taylor. London, 1973.

Danchev, Alex, and Daniel Todman, eds. *War Diaries, 1939—1945: Field Marshal Lord Alanbrooke*. Los Angeles, 2001.

Dilkes, David, ed. *The Diaries of Sir Alexander Cadogan, 1938—1945*. London, 1971.

Donoughue, Bernard, and George Jones. *Herbert Morrison: Portrait of a Politician*. London, 1973.

Driberg, Tom. *Beaverbrook: A Study in Power and Frustration*. London, 1956.

Dutton, David. *Anthony Eden: A Life and Reputation*. London, 1997.

Eade, Charles, ed. *Churchill, by His Contemporaries*. London, 1955.

Eden, Anthony. *The Reckoning: The Memoirs of Anthony Eden, Earl of Avon*. Boston, 1965.

Edgerton, David. *Britain's War Machine*. London, 2011.

Evans, Brendan, and Andrew Taylor. *From Salisbury to Major*. Manchester, UK, 1996.

Feiling, Keith. *The Life of Neville Chamberlain*. London, 1970.

Gilbert, Martin. *Winston S. Churchill*, vol. 6, *Finest Hour*, *1939—1941*. London, 1983.

——. *Winston S. Churchill*, vol.7, *Road to Victory: 1941—1945*. London, 1986.

——. *Winston S. Churchill*, vol. 8, *Never Despair*, *1941—1965*. Boston, 1988.

——. *Churchill: A Life*. New York, 1992.

——. *The Churchill War Papers*, vol.1, *At the Admiralty*. New York, 1993.

——. *The Churchill War Papers*, vol.2, *Never Surrender*. New York, 1995.

——. *The Churchill War Papers*, vol. 3, *The Ever-Widening War*. New York, 2001.

——. *Winston Churchill's War Leadership*. New York, 2004.

Goodwin, Doris Kearns. *Team of Rivals: The Political Genius of Abraham Lincoln*. New York, 2005.

Grigg, John. *1943: The Victory That Never Was*. London, 1999.

Halifax (Lord Halifax). *Fullness of Days*. London, 1957.

Harris, Jose. *William Beveridge: A Biography*. Oxford, 1997.

Harris, Kenneth. *Attlee*. London, 1982.

Hastings, Max. *Winston's War: Churchill 1940—1945*. New York, 2011.

Hogg, Quinton. *The Left Was Never Right*. London, 1945.

Holmes, Richard. *Churchill's Bunker: The Secret Headquarters in Wartime London*. New Haven, CT, 2010.

Hunter, Ian, ed. *Winston and Archie.* London, 1988.

James, Robert Rhodes. *Anthony Eden: A Biography.* London, 1986.

Jefferys, Kevin. *The Churchill Coalition and Wartime Politics, 1940—1945.* Manchester, UK, 1991.

——, ed. *Labour and the Wartime Coalition: From the Diary of James Chuter Ede, 1941—45.* London, 1987.

Jenkins, Roy. *Churchill: A Biography.* London, 2001.

Johnson, Paul. *Churchill.* London, 2009.

Keegan, John. *Winston Churchill.* London, 2007.

Kershaw, Ian. *Fateful Choices: Ten Decisions That Changed the World, 1940—1941.* London, 2007.

Kramnick, Isaac, and Barry Sheerman. *Harold Laski: A Life on the Left.* London, 1993.

Lavery, Brian. *Churchill Goes to War.* Annapolis, MD, 2007.

Lee, J.M. *The Churchill Coalition, 1940—1945.* Hamden, CT, 1980.

Louis, Roger, ed. *Yet More Adventures with Britannia.* New York, 2005.

Lukacs, John. *The Duel.* New Haven, CT, 1990.

——. *Five Days in London, May 1940.* New Haven, CT, 2001.

——. *Churchill: Visionary, Statesman, Historian.* New Haven, CT, 2002.

——. *Blood, Toil, Tears and Sweat.* New York, 2008.

Macmillan, Harold. *The Blast of War.* London, 1968.

Manchester, William. *The Last Lion: Winston Spencer Churchill, Alone, 1932—1940.* Boston, 1988.

Manchester, William, and Paul Reid. *The Last Lion: Winston Spencer Churchill, Defender of the Realm, 1940—1965.* Boston, 2012.

Martin, Kingsley. *Harold Laski: A Biographical Memoir.* London, 1953.

Moore-Brabazon, John. *The Brabazon Story.* London, 1956.

Moran (Lord Moran). *Churchill: Taken from the Diaries of Lord Moran.* Boston, 1966.

Morrison, Herbert. *Prospects and Policies.* New York, 1944.

Mukerjee, Madhusree. *Churchill's Secret War.* New York, 2010.

Nicolson, Nigel, ed. *The Diaries and Letters of Harold Nicolson: The War*

Years, 1939—1945. New York, 1967.

Olson, Lynn. *Troublesome Young Men*. New York, 2007.

Parker, R.A.C. *Chamberlain and Appeasement*. New York, 1993.

Pimlott, Ben. *Hugh Dalton: A Life*. London, 1985.

——, ed. *The Second World War Diary of Hugh Dalton, 1940—45*. London, 1986.

Ramsden, John. *The Age of Churchill and Eden, 1940—1957*. London, 1995.

Reynolds, David. *In Command of History*. London, 2010.

Robbins, Keith. *Churchill*. London, 1992.

Roberts, Andrew. *Eminent Churchillians*. London, 1997.

——. *"The Holy Fox": The Life of Lord Halifax*. London, 1997.

——. *Masters and Commanders*. London, 2009.

Roberts, Brian. *Randolph*. London, 1984.

Shinwell, Emmanuel. *Lead with the Left*. Littlehampton, UK, 1981.

Soames, Mary, ed. *Winston and Clementine*. London, 1999.

Strauss, Patricia. *Cripps: Advocate Extraordinary*. London, 1942.

Taylor, A.J.P., ed. *Lloyd George: Twelve Essays*. New York, 1971.

——. *Beaverbrook*. New York, 1972.

——. *The Second World War*. London, 1975.

Thomson, George. *Vote of Censure*. New York, 1968.

Thorpe, D.R. *Eden: The Life and Times of Anthony Eden, First Earl of Avon, 1897—1977*. New York, 2011.

Wedgewood, Josiah. *Memoirs of a Fighting Life*. London, 1941.

Weiler, Peter. *Ernest Bevin*. Manchester, UK, 1993.

Wheeler-Bennett, John. *King George VI: His Life and Reign*. London, 1958.

——. *John Anderson, Viscount Waverley*. London, 1962.

——, ed. *Action This Day*. London, 1969.

Wilson, S.S. *The Cabinet Office to 1945*. London, 1975.

Young, Kenneth. *Churchill and Beaverbrook*. New York, 1966.

在线资料（系统查询）

Hansard

Oxford Dictionary of National Biography

National Archive, UK, CAB 65（War Cabinet Conclusions, “Confidential Annex”, 1939—1945）

National Archive, UK, CAB 195（War Cabinet Minutes, 1939—1945）

图书在版编目(CIP)数据

拯救不列颠:温斯顿・丘吉尔与他的战时内阁:
1940~1945/(美)乔纳森・施内尔
(Jonathan Schneer)著;欧阳瑾,宋和坤译. —上海:
上海人民出版社,2018
书名原文:Ministers at war: Winston Churchill
and his war cabinet(1940-1945)
ISBN 978-7-208-15137-6

Ⅰ.①拯… Ⅱ.①乔… ②欧… ③宋… Ⅲ.①丘吉尔
(Churchill, Winston Leonard Spencer 1874-1965)-生
平事迹 ②第二次世界大战-史料-英国 Ⅳ.
①K835.617=5 ②K561.46

中国版本图书馆 CIP 数据核字(2018)第 082763 号

责任编辑 范　晶
装帧设计 陈威伸

拯救不列颠
——温斯顿・丘吉尔与他的战时内阁(1940—1945)
[美]乔纳森・施内尔 著
欧阳瑾　宋和坤 译

出　　版 上海人民出版社
(200001　上海福建中路 193 号)
发　　行 上海人民出版社发行中心
印　　刷 上海盛通时代印刷有限公司
开　　本 889×1194　1/32
印　　张 14.25
插　　页 9
字　　数 315,000
版　　次 2018 年 9 月第 1 版
印　　次 2018 年 9 月第 1 次印刷
ISBN 978-7-208-15137-6/K・2743
定　　价 75.00 元